Aufblühen oder Verwelken?

Lilo Endriss

Aufblühen oder Verwelken?

Chancen und Risiken der kreativen Selbstverwirklichung

 Springer

Lilo Endriss
Kreatives Management
Hamburg, Deutschland

ISBN 978-3-658-34409-2   ISBN 978-3-658-34410-8   (eBook)
https://doi.org/10.1007/978-3-658-34410-8

Die Deutsche Nationalbibliothek verzeichnet diese Publikation in der Deutschen Nationalbibliografie;
detaillierte bibliografische Daten sind im Internet über http://dnb.d-nb.de abrufbar.

Planung/Lektorat: Eva Brechtel-Wahl
Springer ist ein Imprint der eingetragenen Gesellschaft Springer Fachmedien Wiesbaden GmbH und ist ein
Teil von Springer Nature.
Die Anschrift der Gesellschaft ist: Abraham-Lincoln-Str. 46, 65189 Wiesbaden, Germany

Vorwort

Zusammenfassung:
Das Leben, das wir Menschen geschenkt bekommen haben, veranlasst uns immer wieder auch zu philosophischen Fragen nach dem Woher, Warum und Wohin. Der Wunsch, trotz der Höhen und Tiefen der Existenz alle Möglichkeiten, die dem Menschen zur Verfügung stehen, zu nutzen, um ein erfülltes Leben zu führen und daran bewusst mitzuwirken, ist verständlich. Dazu soll das folgende Werk einen Beitrag leisten.

Das menschliche Leben ist ein Geschenk des Universums. Ein jedes Wesen ist einmalig, hat sich nicht bewusst zu diesem Leben auf dem blauen Planeten entschieden. Jede und jeder war plötzlich vorhanden – wir haben uns nicht selbst erwartet. Unsere Eltern sind an unserer Existenz beteiligt und sind so gesehen die Ursache unserer Existenz, nicht aber die Urheber.

Im Laufe unserer biologischen und psychischen Entwicklung entdecken wir Menschen uns selbst erst nach und nach, lassen uns von anderen vermitteln, wer oder was wir sind oder sein könnten. Dann kommen wir uns auch selbst, unseren Möglichkeiten und unseren Grenzen auf die Spur. Und immer wieder stellen wir uns diese Fragen: „Woher kommen wir und wohin gehen wir? Was ist der Sinn unserer Existenz?"

„Ich leb und weiß nicht wie lang,
ich sterb und weiß nicht wann,
ich fahr und weiß nicht wohin,
mich wundert, dass ich so fröhlich bin.
(Gedicht, frühestens 15. Jahrhundert)

So gehört es auch zu den Aufgaben der menschlichen Existenz, dass sie die eigene Mitwirkung an der Gestaltung des eigenen Lebens freisetzen. Was macht man mit einem Geschenk? Auspacken, erforschen, sich darüber freuen, es wegstellen, weitergeben? Es sich jeden Tag anschauen? Oder ärgerlich wegwerfen, weil man sich was anderes gewünscht hat? Oder weil das Geschenk zu klein geraten ist im Vergleich zu den Geschenken, die andere vermutlich gewährt bekommen haben? Ein Geschenk kann man hegen und pflegen, es wertschätzen, vor anderen verbergen oder es freudig darbieten, es so lange wie möglich behalten, sich daran klammern oder es achtlos bei Seite werfen, dass es nichts taugt oder weil man meint, was Besseres erwarten zu dürfen. Manchmal behält man das Geschenk auch in der Verpackung, um es zu einem geeigneten späteren Zeitpunkt zu öffnen, um die Überraschung darüber noch eine Weile hinauszuzögern. Auch das wäre eine Möglichkeit. Manch einer verachtet es vielleicht auch ungeöffnet, weil unter dem Geschenkpapier vielleicht etwas Befremdliches verborgen sein könnte.

Nichts ist für die Ewigkeit, Geschenke nicht und auch nicht das Leben. Auch wenn kein Verfallsdatum angegeben ist, so wissen wir ja doch jenseits des tagtäglichen Vergessens, dass wir sterbliche Wesen sind. Warum dann nicht in der Zeit, die uns gegeben ist, das Beste daraus zu machen? Aufzublühen, wann immer dies möglich ist.

Inhaltsverzeichnis

Abbildungsverzeichnis

Tabellenverzeichnis

1

Einleitung

Zusammenfassung Die Überlegungen zu Chancen und Risiken der kreativen Selbstverwirklichung als höchstem Ziel eines gelungenen Lebens richten sich primär am Flow-Modell von Mihaly Csikszentmihalyi aus, das Zusammenhänge zwischen Lebensherausforderungen und eigenen Fähigkeiten vorstellt. Dabei wird auf die Bedeutung und Weiterentwicklung von Tugenden und Charakterstärken, die von der Positiven Psychologie im Zusammenhang mit dem „Werteglück" untersucht wurden, hingewiesen, sowie auf die Risiken etwa durch mangelnde Wertschätzung, durch das Verharren in der Opferrolle oder durch einen verbreiteten narzisstischen Zeitgeist. Ausgehend vom ethischen Grundsatz der Goldenen Regel nach Kant wird im folgenden Werk neben dem hedonistischen Wohlfühl- und dem ethischen Werteglück zusätzlich das sog. „Sichwidmen-Glück" herausgearbeitet. Zahlreiche Anregungen zur Selbstreflexion in Form von Aufgaben, Checklisten und Fragebögen sowie speziell zur Entfaltung der eigenen Charakterstärken runden das Werk ab.

Soll das menschliche Leben einen Sinn haben, muss der Mensch als verantwortlich für das Böse wie für das Gute angesehen werden. (Simone de Beauvoir, 1908–1986)

Aufgrund meiner langjährigen selbstständigen beruflichen Tätigkeit als Dipl.-Psychologin, Dozentin, Personalentwicklerin, Coach, Kreativitätstrainerin und Existenzgründungsberaterin hatte ich immer wieder mit Menschen zu tun, die sich sehr bewusst mit ihrer eigenen Selbstverwirklichung beschäftigten. Dabei

L. Endriss, *Aufblühen oder Verwelken?*, https://doi.org/10.1007/978-3-658-34410-8_1

erlebten diese häufig typische Situationen des Erfolges und des Misserfolges in ihrer Lebensführung, die aus meiner Sicht oftmals mit ihren Fähigkeiten, ihren persönlichen Erwartungen und Einstellungen zum Leben sowie mit ihren jeweiligen menschlichen Kontakten und Beziehungen zusammenhingen und die sich auf ihr Wohlbefinden auswirkten. Diese Erkenntnis motivierte mich dazu, selbige systematisch zu untersuchen, in psychologischen Theorien wieder zu finden und mit der Entwicklung von eigenen Instrumenten weiter zu vertiefen. Das Ziel ist, einen kritischen Ratgeber für Chancen und Risiken der Selbstverwirklichung zu schaffen.

Ausgehend vom Flow-Konzept, das sich mit den menschlichen Zufriedenheits- und Glücksgefühlen beschäftigt, möchte ich in diesem Buch beleuchten, was sich im Themenbereich von Über- und Unterforderung in der Lebensgestaltung für den Menschen vorfinden lässt: Was kann jeder Mensch tun, um sein Dasein noch zufriedenstellender und glücklicher zu gestalten, ohne sich dauerhaft als Opfer einer schwierigen Kindheit, ungünstiger Lebensumstände, anstrengender Partnerschaft/Ehe oder ganz einfach aufgrund nicht vorhandener eigener Stärken zu sehen, die sich partout nicht ändern lassen.

Am Ende der Adoleszenz, also mit 18 Jahren, ist der Mensch in unserem Land vor dem Gesetz erwachsen und mündig. Und von da an für die eigene Lebensgestaltung verantwortlich – und niemand anderes sonst. Menschen sind nur dann für andere Menschen verantwortlich, falls diese 1) unmündige und damit schutzbedürftige Kinder sind, 2) aufgrund eines aktuellen und chronischen Gebrechens hilfsbedürftig werden oder 3) aufgrund einer psychischen Erkrankung nicht mehr für sich selbst sorgen können. Daraus folgt, dass zum Erwachsenwerden eines jeden Menschen gehört, eine gewisse Autonomie bei gleichzeitiger Rücksichtnahme auf die Belange seiner menschlichen Umwelt anzustreben.

Hier zeigt sich gegebenenfalls ein Dilemma, mit dem sich die Denker, die sich mit Ethik und Moral beschäftigt haben, immer wieder auseinander gesetzt haben. Berühmt wurde der Philosoph Kant in seinen Grundlagen zur Metaphysik der Sitten (Weischedel, 1977) aus dem Jahre 1785 mit folgendem Statement, das zur Grundlage weiterer Überlegungen meines Werkes dient:

„Handle nur nach derjenigen Maxime, durch die du gleich wollen kannst, dass sie ein allgemeines Gesetz werde."

Davon kann umgangssprachlich folgende *Lebensregel* abgeleitet werden: „Behandle andere so, wie du von ihnen behandelt werden willst". Oder im Umkehrschluss: „Was du nicht willst, dass man dir tu, das füg' auch keinem andren zu." Vor diesem Hintergrund möchte ich das Konzept der

kreativen Selbstverwirklichung untersuchen, das heutzutage einerseits vieler-
orts als die Königsdisziplin eines gelungenen Lebens gilt, andererseits jedoch
mit Stolpersteinen versehen sein kann, je nachdem, inwiefern es anderen
Menschen – und auch gelegentlich dem sich selbst Verwirklichenden –
schaden kann. Dahinter steht meine These, dass das Streben nach kreativer
Selbstverwirklichung etwa auch dazu missbraucht werden kann, eigene stark
ausgeprägte narzisstische Charakterzüge bewusst auszukosten und sie als gut
begründete Machtmittel anderen Menschen gegenüber einzusetzen. So kann
das eigene Ausleben kreativer Impulse dazu führen, dass andere Menschen
massiv darunter leiden und gelegentlich sogar auch die nach einem erfüllten
Leben Strebenden regelrecht verwelken.

Thesen

1. Kreative Selbstverwirklichung soll hier so verstanden werden, dass sie
   den Zweck erfüllt, eigene Ziele, Sehnsüchte, Bedürfnisse und Wünsche
   im Leben zu verwirklichen, um so das eigene Wesen völlig zur Entfaltung zu bringen, indem der Mensch seine individuell gegebenen
   Möglichkeiten und kreativen Begabungen möglichst umfassend aus-
   schöpft.
2. Zufriedenheits- und auch Glücksgefühle können entstehen, wenn es
   für den Menschen möglichst oft zu einem ausgewogenen Verhältnis
   zwischen den eigenen Fähigkeiten und den Anforderungen des Lebens
   kommt, also weder eine Unter- noch eine Überforderung, sondern eine
   Balance vorliegt. Darin besteht die Chance der kreativen Selbstverwirklichung.
3. Im Zusammenhang mit dem Thema „Selbstverwirklichung" und der
   Zufriedenheit stiftenden Balance verwende ich gerne das Flow-Modell
   von Mihaly Csikszentmihalyi (1997), das diese Zusammenhänge
   anschaulich macht.
4. Das Modell zeigt die Zusammenhänge zwischen den jeweiligen
   niedrigen, mittleren und hohen Herausforderungen des Lebens und
   den mehr oder weniger dazu passenden eigenen persönlichen Fähigkeiten, im Englischen den sog. „Skills".
5. Einerseits ergeben sich daraus die Bereiche des vorhandenen Wohlbefindens, wie Erregung, Entspannung, Kontrolle und besonders den
   Flow-Zustand, die den Menschen aufblühen lassen. Andererseits lassen
   sich hier auch die Bereiche des mangelnden Wohlbefindens finden,
   die durch Depression, Apathie, Besorgtheit und Angst gekennzeichnet
   sind.

6. Zu den persönlichen Fähigkeiten des Menschen gehören seine Charakterzüge. Charakterzüge insgesamt lassen sich nun wieder, je nach Ausprägung, in Charakterstärken und in Charakterschwächen unterteilen.

7. Die Charakterstärken wurden insbesondere durch die Wissenschaft der Positiven Psychologie (Seligmann & Peterson, 2004) untersucht und in eine Systematik mit 6 Tugenden und 24 Charakterstärken gebracht, die auch historisch gesehen überall in der Welt für ein gelungenes Leben als ähnlich wertvoll gelten.

8. Charakterzüge können sich innerhalb der Skills fördernd oder hemmend auswirken, wie sich etwa die Charakterstärke der Ausdauer, die zu der Tugend „Mut" gerechnet wird, positiv auf das Erlernen des Musizierens auswirkt, hingegen die Charakterschwäche „mangelndes Durchhaltevermögen" als Teil der Untugend „Verdruss" die erfolgreiche Bewältigung dieser Herausforderung untergraben kann. Eigene Charakterschwächen können also durchaus ein erstes Risiko darstellen.

9. Die Persönlichkeit des Menschen entwickelt sich nach aktuellem Wissensstand erstens aus den Genen oder dem Temperament, also dem, was angeboren ist, zweitens aus den Einflüssen der menschlichen Umwelt und drittens dem Charakter. Der erste Bereich lässt sich nach derzeitigem Kenntnisstand nicht selbst beeinflussen, der zweite nur bedingt, wohl aber der dritte, also der eigene Charakter durch entsprechende Übung.

10. Außerhalb der eigenen Psyche kann die erlebte Über- und Unterforderung durch Herausforderungen des Lebens auch damit zusammenhängen, in welcher menschlichen Umwelt sich der Betreffende aufhält.

11. In diesem Zusammenhang stelle ich noch einmal die besondere Bedeutung von Wertschätzung und Anerkennung des Menschen, insbesondere die seiner kreativen Leistungen, durch die Art der Kommunikation durch seine menschliche Umwelt heraus. Sie kann das Wohlbefinden maßgeblich steigern und zum sog. „Wohlfühlglück" (Blickhan, 2018) beitragen. Anhand zahlreicher Beispiele zeigt ein Wertschätzungs-Knigge die drei Dimensionen der Anerkennung.

12. Eine weit verbreitete Denkweise tendiert allerdings dazu, ausschließlich andere Menschen für das eigene Wohlbefinden verantwortlich zu machen. Umgekehrt kann dann ein erlebter Mangel an Wertschätzung und Anerkennung, der mit Ab- und Entwertung der eigenen Person einhergeht, dazu führen, sich in eine Opferrolle zu begeben, die durch

Hilflosigkeit und Ausgebremstsein gekennzeichnet ist. Hier sehe ich ein zweites Risiko für das persönliche Wohlbefinden.

13. Charakterschwächen anderer Menschen wie etwa Feindseligkeit oder Neid, die sich von außen kommend negativ auf die angestrebte kreative Selbstverwirklichung eines Menschen auswirken und sowohl durch narzisstische Mitmenschen als auch durch einen narzisstischen Zeitgeist in der Gesellschaft bedingt sein können, bilden eine dritte Risikoform, die zum Verwelken führen kann.

14. Ausgehend von den 6 Tugenden und den dazu gehörigen 24 Charakterstärken der Positiven Psychologie habe ich daher im Umkehrschluss eine entsprechende Systematik mit 6 Untugenden sowie den dazu gehörigen 24 Charakterschwächen entwickelt, die zu einer Ab- oder Entwertung des Mitmenschen führen können, aber auch die jeweiligen Übertreibungen von Charakterstärken berücksichtigt und ebenfalls in eine Systematik gebracht. Insgesamt liegt damit ein Tugendkontinuum vor.

15. Dieses Tugendkontinuum soll dazu dienen, eigene und fremde Charakterschwächen und deren Auswirkungen auf das eigene Wohlbefinden sowie allgemein auf die menschliche Gesellschaft zu erkennen und diese so weit wie möglich durch Selbstbeurteilung und entsprechend bewusst eingesetzte Übungen aufzulösen, um das sog. „Werteglück" (Blickhan, 2018) zu erleben.

16. Absicht meiner Ausführungen soll sein, das Konzept der kreativen Selbstverwirklichung im Sinne des Wohlbefindens dahin gehend zu modifizieren, dass Menschen dazu angeregt werden, durch entsprechende Selbsterkenntnis und in Rücksichtnahme auf andere an ihren eigenen Charakterstärken zu arbeiten, wobei die Tugend der Selbsttranszendenz eine besondere Rolle spielt.

17. Kreative Selbstverwirklichung in einer humanen Gesellschaft kann meiner Ansicht nur gelingen, wenn der Mensch sich in seinem Leben zusätzlich zum Wohlfühl- und zum Werteglück übergeordneten „höheren" Zielen widmet, in die er seine Möglichkeiten und Begabungen einbringt, sich also einer Sache oder einem Menschen etwa im Sinne einer selbstverpflichtenden Zielbindung (Endriss, 2010) widmet, ohne dies auf Kosten seiner Mitmenschen zu tun. Diese Form des Glücks nenne ich „Sich-Widmen-Glück" und soll ebenfalls im Rahmen der folgenden Ausführungen näher untersucht werden.

Die obigen Thesen werden Ihnen im Laufe des Werkes durch praktische Beispiele erläutert. Zahlreiche Aufgaben, Checklisten und Übersichten sowie Überlegungen des griechischen Stoikers Epiktet regen Sie zur Selbstreflexion an. Zudem erhält jedes Kapitel zu Beginn eine Lebensweisheit einer berühmten Philosophin (Knischek, 2006).

Literatur

Blickhan, D. (2018). *Positive Psychologie. Ein Handbuch für die Praxis.* Junfermann.

Csikszentmihalyi, M. (1997). *Finding flow: The psychology of engagement with every day life.* Basic Books.

Endriss, L. (2010). *Steh auf Mensch! Über den kreativen Umgang mit Krisen und Misserfolg. Das Praxishandbuch.* Books on Demand.

Knischek, S. (Hrsg.). (2006). *Lebensweisheiten berühmter Philosophinnen.* Humboldt.

Seligman, M., & Peterson, C. (2004). *Character strength and virtues: A handbook and classification.* Oxford University Press & American Psychological Association.

Weischedel, W. (Hrsg.). (1977). *Kant: Grundlagen zur Metaphysik der Sitten* (3. Aufl., Bd. VII, S. 51). Suhrkamp.

2

Wohlbefinden und seelische Gesundheit

Zusammenfassung Ausgehend vom Joharifenster, das im Zusammenhang mit der Schnittmengen-Kontinuität zur Selbstreflektion einlädt, indem es auf den Unterschied von Selbst- und Fremdbild aufmerksam macht, wird im Folgenden zwischen körperlichem und seelischem Wohlbefinden unterschieden sowie dazu angeregt, das eigene Leben aus der Distanz zu betrachten, wobei das Modell der fünf Säulen der Identität vorgestellt wird. Die Bausteine für psychische Leistungsfähigkeit geben daran anschließend Anhaltspunkte, die Herausforderungen des Lebens zu bewältigen, um ein längerfristiges persönliches Wohlbefinden zu erlangen. Eine allgemeine Checkliste zur Lebenszufriedenheit unterstützt abschließend die Selbstbeurteilung.

> Das seelische Selbst kann nicht existent sein ohne eine Art von Leiblichkeit, in der es sich auszudrücken vermag. (Hedwig Conrad-Martius, 1888–1966).

Bereits die alten Griechen machten sich nachweislich Gedanken darüber, was es mit der menschlichen Existenz auf sich haben könnte und schufen das Orakel von Delphi mit folgendem Satz der Pythia: *Erkenne dich selbst!*

L. Endriss, *Aufblühen oder Verwelken?*, https://doi.org/10.1007/978-3-658-34410-8_2

2.1   Selbstbild und Fremdbild

Das ursprüngliche Selbstbild eines Menschen hängt davon ab, welche Reaktionen er auf sein Verhalten erhält. So, wie Eltern ihr Kind aus ihrer Sicht, also im sog. „Fremdbild" sehen, so nimmt es sich dann auch in seinem Selbstbild und in seinen persönlichen, ihm zugeschriebenen Eigenschaften ursprünglich wahr. Genau da deckt sich dann – noch unreflektiert – das Fremdbild mit dem Selbstbild des Menschen.

Erst im Laufe seiner Entwicklung verändert sich diese Deckungsgleichheit oder Schnittmenge: Das Selbstbild beginnt, sich von dem, was einem die Bezugspersonen an Eigenschaften zuschreiben, mehr oder weniger zu lösen. Das Ausmaß der Schnittmenge kann über Selbsterkenntnis durch Selbstreflexion, durch persönliche Weiterentwicklung sowie durch ein möglichst realistisches Selbstbild wieder zu einer gewissen Deckungsgleichheit und Ordnung führen, wie Abb. 2.1 darlegt.

Allerdings kann es auch geschehen, dass sich Ihr unreflektiertes Selbstbild massiv von dem unterscheidet, was andere Menschen von Ihnen wahrnehmen, was häufig zu Problemen im Leben führen kann, insbesondere dann, wenn etwa die Ideal-Vorstellung, die Sie von sich haben, nicht auf einer Realität beruht, die von anderen Menschen geteilt wird.

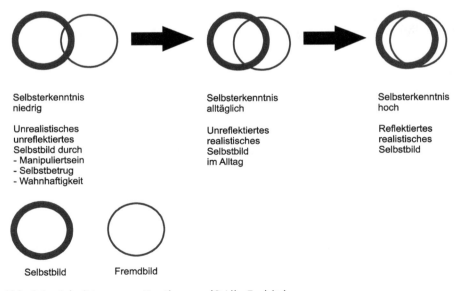

Selbsterkenntnis niedrig

Unrealistisches unreflektiertes Selbstbild durch
- Manipuliertsein
- Selbstbetrug
- Wahnhaftigkeit

Selbsterkenntnis alltäglich

Unreflektiertes realistisches Selbstbild im Alltag

Selbsterkenntnis hoch

Reflektiertes realistisches Selbstbild

Selbstbild   Fremdbild

Abb. 2.1   Schnittmengen-Kontinuum. (© Lilo Endriss)

Aufgabe

Denken Sie an ein Beispiel, in dem Ihre Wahrnehmung von sich selbst deutlich von dem abweicht, was eine andere Person über Sie mitteilt.

2.1.1 Das Johari-Fenster

Ein Selbstbild, das sich an der Realität orientiert, ist hilfreich für ein erfülltes Leben, denn die blinden Flecken, denen wir alle unterliegen, können uns, je nachdem wie groß diese sind, ziemlich viel Ärger bereiten. Das Phänomen des „blinden Fleckens" lässt sich sehr gut am Johari-Fenster (1955) demonstrieren, das aus vier Bereichen besteht: 1) Öffentliche Person, 2) Private Person, 3) Blinder Fleck und 4) Unbekanntes. Das Joharifenster wurde von den beiden Wissenschaftlern Joseph Luft und Harry Ingham entwickelt und von ihnen nach ihren beiden Vornahmen benannt. Abb. 2.2 zeigt die logische Struktur zwischen den bewussten und unbewussten Persönlichkeits- und Verhaltensmerkmalen zwischen einem selbst und einem anderen oder einem selbst und einer Gruppe.

1. *Öffentlich* ist all das, was ein Mensch von sich aus nach außen zeigt und was er von sich aufdeckt. Dies muss ihm einerseits selbst klar und gegenwärtig sowie andererseits den Mitmenschen ebenfalls bekannt sein. Dabei handelt es sich ausschließlich um Persönlichkeitsanteile, die von anderen

	Mir bekannt	Mir unbekannt
Anderen bekannt	**Öffentliche Person**	**Blinder Fleck**
Anderen unbekannt	**Private Person**	**Unbekannt**

Abb. 2.2 Johari-Fenster. (Nach Luft & Ingham, 1955)

wahrgenommen werden können. Dazu gehören 1) äußere Merkmale, wie etwa das Erscheinungsbild, die Konstitution, die Umgangsformen oder körperliche Reaktionen, 2) Motivation, 3) persönliche Eigenschaften und Charakterzüge wie etwa Arroganz oder Freundlichkeit, soweit diese von außen erkennbar sind, 4) innere Haltungen und Einstellungen, die sich nach außen zeigen, wie Moral, ethische Werte, Solidarität oder Religiosität.

2. *Privat* ist all das, was ein Mensch bewusst von sich weiß und von sich kennt, insbesondere auch heimliche Wünsche, empfindliche Stellen oder besondere Visionen. Dies ist anderen entweder nicht zugänglich, weil ihnen dies absichtlich vorenthalten wird oder weil sie dies nicht verstehen respektive nachvollziehen können.

3. *Blinder Fleck* ist all das, was ein Mensch ausstrahlt oder übermittelt und von anderen wahrgenommen wird, was jedoch dem Betroffenen selbst überhaupt nicht bewusst oder erfahrbar ist. Nur durch eine sog. *„Rückmeldung"* kann der Betreffende etwas Neues über sich kennen lernen.

4. *Unbekannt* ist all das, was weder dem Betreffenden noch anderen bekannt ist, das sog. Unbewusste. Dies nimmt in der Kommunikation zwischen den Menschen einen großen Anteil ein. Im Laufe des Lebens können Teile davon sichtbar werden und das eigene Verhalten kann dann besser verstanden und eingeordnet werden.

2.1.2 Rückmeldungen

Das Johari-Fenster eignet sich hervorragend dafür, sich von anderen Menschen eine Rückmeldung, ein sog. Feedback, zu holen, um zu erfahren, wie diese Sie wahrnehmen. Bewährt hat sich dabei, eine Rückmeldung einfach einmal sprachlich so stehen zu lassen, wie sie erfolgt. Kommentieren Sie diese nicht, sondern nehmen Sie diese ruhig und entspannt zur Kenntnis. Achten Sie darauf, dass die Person, von der Sie eine Rückmeldung erbitten, diese ehrlicherweise dazu sagen sollte: *„Ich* sehe dich so oder so!". Dies nennen Psychologen *„Ich-Botschaft"* (Schulz von Thun, 1998), um zu zeigen, dass diese Botschaft eine subjektive Einschätzung ist. Sie werden feststellen, dass Sie je nachdem, wen Sie um Feedback bitten, auch recht unterschiedliche Rückmeldungen erhalten.

In diesem Zusammenhang sind die *Zuschreibungen* durch andere Menschen interessant, von denen behauptet wird, dass Sie genau über diese Eigenschaften verfügen. In der Kommunikationspsychologie wird dies *„Du-Botschaft"* genannt, die sich in negative und positive Ausprägungen aufteilen lassen:

Beispiel

Negative Du-Botschaft:
„Du bist jemand, der immer was zu meckern hat!"
„Du machst mich immer ziemlich wütend, wenn du mich so vorwurfsvoll ansiehst!"

Beispiel

Positive Du-Botschaft:
„Du bist jemand, mit dem ich gerne ausgehe!"
„Du zeichnest dich dadurch aus, dass du ein sehr fleißiger Mensch bist!"

Natürlich ist es interessant zu erfahren, wie andere Menschen einen sehen. Dadurch bekommen Sie z. B. ein Feedback auf Ihr Verhalten anderen gegenüber oder eine Einschätzung, wie diese Sie, Ihre Eigenschaften und Ihre Lebensführung insgesamt interpretieren oder beurteilen. Dabei ist naheliegend, dass Sie sich mehr oder weniger bewusst danach richten, was andere von Ihnen meinen, entweder, indem Sie deren Sichtweise zustimmen oder indem Sie diese ablehnen, frei nach dem Motto „So, wie du mich siehst, bin ich ganz und gar nicht!".

2.2 Wohlbefinden und Lebenszufriedenheit

Wohlbefinden ist eine subjektive Einschätzung, die sich vorwiegend auf einen gegenwärtigen Augenblick beziehen kann, vielleicht auch auf die bisherige Tagesverfassung, manchmal auch auf einen längeren Zeitraum, der Ihre gesamte Lebenssituation umfasst. Die Frage „Wie geht es mir?" oder „Geht es mir gut?" können Sie einerseits spontan emotional beantworten und Ihre momentane Befindlichkeit beschreiben, andererseits aber auch kognitiv durch entsprechend gründliches Nachdenken.

Vielleicht kennen Sie das sog. „*Blitzlicht*"? Das ist eine Fragetechnik, die in Teams oder anderen Gruppen manchmal zu Beginn der Zusammenarbeit vonseiten der Gruppenleitung aus eingesetzt wird, in der jeder nacheinander den Anwesenden „öffentlich" mitteilen soll, in welcher gefühlsmäßigen Verfassung er sich gerade befindet. Inwiefern dann allerdings eine ehrliche Mitteilung erfolgt, möchte ich kritisch hinterfragen, denn häufig werden auch eher erwünschte Befindlichkeiten geäußert, um gegebenenfalls die

Fassade zu wahren, um unausgesprochene Gruppennormen zu erfüllen oder nach dem Motto „Das geht euch gar nichts an, wie mir wirklich zumute ist" zu verfahren. Wenn Sie also in sich gehen wollen, um Ihren aktuellen Gefühlszustand zu erkunden, dann empfiehlt es sich, dies vorerst möglichst unabhängig von sozialen Erwartungen zu erkunden.

Des Weiteren können Sie mit etwas Abstand über Ihre gesamte gegenwärtige Lebenssituation nachsinnen. Diese Betrachtung kann sich etwa auf Ihre Familie, Ihre Partnerschaft, Ihre Freundschaften, Ihren Beruf, Ihre finanzielle Situation, Ihre Wohnsituation, Ihre sonstigen Besitztümer oder auch auf Ihre inneren Werte beziehen. Hilfreich kann in diesem Zusammenhang sein, auf die „Fünf Säulen der Identität" nach Petzold (1993), wie Abb. 2.3 dies verdeutlicht, zurück zu greifen.

1. Die Säule meiner eigenen Werte
   – Was ist mir wichtig?
   – Was will ich in meinem Leben?
   – Woran glaube ich?
   – Welches Ideal meiner selbst verfolge ich?
   – Wie steht es mit meinem Gewissen?

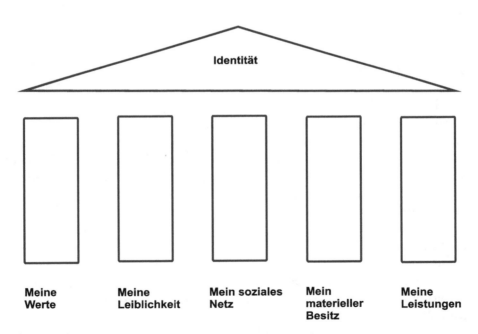

Abb. 2.3 Fünf Säulen der Identität. (Nach Petzold, 1993)

2. Die Säule meiner eigenen Leiblichkeit
 – Welche Gefühle und Empfindungen beherrschen bei mir den Alltag?
 – Was sind meine leiblichen Aktivitäten und wie beweglich bin ich?
 – Welche leiblichen Bedürfnisse habe ich?
 – Wie ist mein Körperbild? Wie erlebe ich meinen Körper?
 – Was ist mit meiner Sexualität?
 – Wie äußert sich meine geschlechtliche Identität?
3. Die Säule meines soziales Netz
 – Welche Freunde habe ich?
 – Wie steht es mit meiner Familie, meinem Partner/meiner Partnerin?
 – Welches Verhältnis habe ich zu meiner sonstigen Umwelt?
 – Wie schätze ich die Kultur, in der ich lebe, ein?
4. Die Säule meines materieller Besitz
 – Wie ist meine finanzielle Situation?
 – Welche materiellen Sicherheiten brauche ich?
 – Wie schätze ich meine materiellen Zukunftsperspektiven ein?
 – Welches Eigentum gehört mir?
5. Die Säule meiner Arbeit/meiner Leistungen
 – Welche Ausbildung, welches Studium habe ich absolviert?
 – Welchen Beruf habe ich?
 – Welche Talente und besondere Fertigkeiten habe ich?
 – Welche ehrenamtlichen Tätigkeiten übe ich aus?
 – Was leiste ich in meiner Familie?
 – Was leiste ich in meiner Partnerschaft?
 – Wie steht es mit meinem Ehrgeiz?
 – Wo bekomme ich Anerkennung?
 – Wie behandele ich meine Konkurrenten?
 – Wie bewerte ich selbst meine Leistungen?

Aufgabe

Zeichnen Sie die fünf Säulen einmal nebeneinander als Rechtecke auf einem Blatt Papier auf und stellen Sie durch die jeweilige Höhe dar, wie wichtig Ihnen theoretisch die jeweilige Säule ist. Als nächstes zeichnen Sie diese Aufreihung noch einmal darunter und markieren dann dort zum Vergleich, wieviel Zeit Sie jeweils mit den einzelnen Lebenssituationen verbringen. Gibt es unterrepräsentierte Säulen, obwohl diese Ihnen wichtig sind? Oder verbringen Sie vielleicht zu viel Zeit mit Säulen, die eher unwichtig für Sie sind? Sinn dieser Übung ist, ein Gespür für Stimmigkeit und Balance zu bekommen. Wohlbefinden und Lebenszufriedenheit äußern sich in der Regel durch einen vorwiegend entspannten Zustand.

2.3   Körperliches Wohlbefinden

Die von Petzold erwähnten Fragen zur Leiblichkeit lassen sich natürlich noch weiter differenzieren. Spontan denken viele Menschen an Schmerzfreiheit, wenn es um ihren körperlichen Gesundheitszustand geht. Allgemeiner ausgedrückt wäre es dann die Symptomfreiheit, die ein hundertprozentiges körperliches Wohlbefinden beschreiben könnte: Weder tief innen im eigenen Körper noch an der uns komplett umgebenden Haut, unserem größten Organ, wäre dann irgendein Anzeichen von Erkrankung zu spüren. Oft merken Menschen erst nach dem Abklingen einer Erkrankung, wie wunderbar sich das körperliche Wohlbefinden anfühlen kann.

Wenn Sie einmal Säuglinge beobachten, die in weiche Stoffe gehüllt, gewindelt, schön eingecremt und abgefüttert oder gestillt, behaglich und zufrieden lächelnd in den Armen ihrer Eltern ruhen, in einer wohl temperierten Umgebung, nach und nach einnickend, dann verstehen wir Erwachsenen noch besser, was alles zum körperlichen Wohlbefinden beiträgt: Äußerer Schutz, eine gewisse Hygiene, Körperpflege, gesundes Essen und Trinken, Körperkontakt, Wärme, eine entspannte menschliche Umgebung, Ruhe und Schlaf. Später kommt natürlich noch die Befriedigung des Wunsches nach körperlicher Bewegung dazu, etwa das Gehen, Laufen, Hüpfen, Klettern, Springen und Tanzen. Und natürlich auch der Wunsch nach Berühren und Berührtwerden sowie auch die körperliche Seite des sexuellen Ausdrucks. Die Erfüllung all dieser Wünsche dient dem Wohlfühlglück.

Manchen Menschen reichen diese mehr oder weniger natürlichen Mittel, um das körperlichen Wohlbefinden zu unterstützen, jedoch nicht aus. Und so ersinnen sie Möglichkeiten, diesen Wohlfühl-Zustand künstlich zu steigern, was natürlich keine neue Idee ist. In jeder Kultur finden und fanden Sie Verfeinerungen des körperlichen Genusses, etwa was die kulminarische Küche oder die Verwendung von Alltags-Drogen betrifft, extravagante sportliche Aktivitäten, kuschelweiche Kleidungsstücke, bequeme Möbel, ausgefeilte Sexualpraktiken, alles, was der Steigerung der körperlichen Empfindungen und der kurzfristigen Entspannung dienen kann.

Hinzu kommt, dass sich viele Menschen einem über die Zeit hin wechselnden Modediktat unterwerfen, das ihnen einen anzustrebenden äußerlichen Körperzustand als Ideal hinstellt. Wird dieser erreicht, tritt ebenfalls ein gewisses körperliches Wohlempfinden ein: Seien es die gestählten Muskeln, der flache Bauch, das optimale Körpergewicht oder die sonnengebräunte Haut. Letzteres etwa galt vor etwa hundertfünfzig Jahren nicht gerade als Exklusivfarbe der Upperclass-Damen, die neben dem Daueraufenthalt im Schatten auch die vornehme Blässe mit Buttermilch-Anwendungen im Gesicht und Dekolleté aufrecht zu erhalten suchten, um sich körperlich wohl zu fühlen und zu zeigen, dass sie nicht als Mägde auf dem freien Feld schuften müssen.

2.4 Seelisches bzw. psychisches Wohlbefinden

Seelisches Wohlbefinden zeichnet sich nicht allein durch die Abwesenheit psychischer Störungen sowie aktueller oder chronischer psychischer Leiden aus. Gesundheit ist nicht nur die Abwesenheit von Krankheit, sondern stellt eine ganz eigene Qualität dar, wie sie etwa schon von der Weltgesundheitsorganisation WHO 1946 propagiert wurde. Dieses Wohlbefinden bezieht sich nicht auf eine angenehme Befindlichkeit im Sinne eines kurzfristigen Glücksgefühls oder ein punktuell „gutes Funktionieren", wie dies im subjektiven kurzfristigen Wohlbefinden der Fall ist und in dem Begriff „*Hedonismus*" oder wie oben bereits erwähnt, Wohlfühlglück (Blickhan, 2018) zusammengefasst werden kann. Hedonismus fokussiert sich darauf, bestmögliches Vergnügen zu erleben. Der hedonistische Mensch strebt danach, Zufriedenheit, Freude und Glück in seinem Leben zu finden sowie Schmerzen und Leid zu vermeiden.

Das seelische oder psychische Wohlbefinden hingegen basiert auf dem Begriff „*Eudaimonia*" oder nach Daniela Blickhan (2018) dem Werteglück. Selbiges umfasst einen stattlichen Bereich von psychischer Leistungsfähigkeit, der dafür notwendig ist, das eigene Potenzial im Sinne der Liebes-, Arbeits- und Genussfähigkeit zu entfalten, um das zu tun, was Menschen persönlich für wertvoll erachten und was ihnen ein moralisches Entzücken beschert. Dieses Streben richtet sich also nach persönlich wichtigen Werten und Zielen, um durch persönliches Wachstum eine bestmögliche Version des eigenen Selbst zu werden. Schon Aristoteles beschrieb in seiner Nikomachischen Ethik (2011) dieses Werteglück damit, dass der eudaimonische Mensch moralische Werte verwirklicht und damit ein tugendhaftes und wertvolles Leben führt. Solch ein Leben ist jedoch nicht immer mit positiven Gefühlen verknüpft, es kann vorübergehend mit unangenehmen Befindlichkeiten verbunden sein, etwa wenn Sie sich intensiv für eine für Sie persönlich wichtige Angelegenheit engagieren und dabei auf Bequemlichkeit oder Freizeitvergnügen verzichten.

Carol Ryff (1989) hat in diesem Zusammenhang ein Modell der psychischen Leistungsfähigkeit mit sechs Bausteinen herausgefunden, die sich auf die längerfristigen Herausforderungen des Lebens beziehen. Im folgendem beziehe ich mich im Wesentlichen auf ihre Ergebnisse:
Bausteine für psychische Leistungsfähigkeit (nach Ryff)

1. *„Sich selbst akzeptieren" heißt …*
   eine positive Grundeinstellung sich selbst gegenüber einzunehmen sowie durch Selbstakzeptanz die eigene psychische Gesundheit und psychischer Reife unter Beweis zu stellen, die das typisches Kennzeichen der Selbstaktualisierung im Sinne einer positiven menschlichen Entwicklung ist.
2. *„Positive Beziehungen pflegen" heißt …*
   vertrauensvolle und herzliche Beziehungen mit anderen zu führen sowie ihnen gegenüber Empathie und Bindungsfähigkeit zu bekunden, um damit ein weiteres zentrales Kriterium psychischer Gesundheit und psychischer Reife zu zeigen.
3. *„Autonomie und Selbstbestimmtheit" heißt …*
   die eigenen Werte als Richtlinie des eigenen Verhaltens zu nutzen sowie nach der eigenen inneren Bewertung vorzugehen statt nach äußerer Anerkennung zu streben, aber gleichzeitig auch auf Anarchie und Unabhängigkeit um jeden Preis zu verzichten.
4. *„Selbstwirksamkeit und aktive Gestaltung von Lebensumständen" heißt …*
   das Vermögen, die eigenen Umwelt zu wählen, zu gestalten beziehungsweise mit aufzubauen, aktiv an der Umwelt teilzuhaben sowie Alltagsanforderungen selbstständig zu bewältigen, um dadurch ein weiteres zentrales Kriterium psychischer Gesundheit zu zeigen.
5. *„Sinn im Leben und relevante persönliche Ziele" heißt …*
   über ein klares Verständnis des eigenen Lebenssinns und – ziels zu verfügen, sowie sich an größeren Zielen und Visionen auszurichten, um damit ein weiteres Kriterium psychischer Reife zu zeigen, nämlich „erfolgreich" alt zu werden und den eigenen bisherigen Werdegang zu akzeptieren.
6. *„Persönliches Wachstum" heißt …*
   sich im Lauf des Lebens kontinuierlich weiter zu entwickeln, für neue Erfahrungen offen zu sein und sich menschlich immer weiter auszubilden und zu entfalten.

Die Vorstellung, dass es neben dem kurzfristigen Wohlfühlglück auch das längerfristige Werteglück gibt, führte dazu, dass sich nicht nur die Philosophen, sondern auch die Psychologen mit den Herausforderungen des

Lebens wie dem persönlichen Wachstum, der Sinnfindung der eigenen Existenz und den befriedigenden Beziehungen zu anderen Menschen beschäftigen. Hier finden Sie auch die Idee der Selbstverwirklichung als Lebensstil, der sich der Entwicklung der eigenen Talente und Tugenden sowie Charakterstärken verschreibt.

2.5 Checkliste: „Lebenszufriedenheit"

Viele Menschen stellen sich erst gar nicht die Frage, wie zufrieden sie mit ihrem Leben sind, so sehr befinden sie sich in einem Hamsterrad von tagtäglichen Aktivitäten, das ihnen scheinbar gar keine Zeit lässt, sich mit solchen geradezu philosophischen Dimensionen zu befassen. Doch manchmal werden Menschen plötzlich durch unvorhergesehene Dinge aus dem Alltag herausgerissen und beginnen darüber nachzudenken, welchen Sinn ihr Leben hatte und immer noch hat, ob es sich lohnt, so wie bisher weiter zu machen. Doch auch ohne solche dramatischen Anlässe kann es durchaus lohnenswert sein, einmal die Vogelperspektive einzunehmen. Sie können hier anhand einer schlichten Checkliste, die sich nach der der Lebenszufriedenheits-Skala (Ed Diener et al., 1985) richtet, gleich einmal prüfen, wie zufrieden Sie aktuell mit Ihrem Leben sind.

Aufgabe

Bitte vergeben Sie hinter jeder der folgenden Aussagen Punkte im Wert von 1–7 (7 = ich stimme hundertprozentig zu, 6 = ich stimme zu, 5 = ich stimme vorwiegend zu, 4. Ich stimme weder zu noch dagegen, 3 = lehne ich eher ab, 2 = lehne ich ab, 1 = lehne ich vollkommen ab.

Lebenszufriedenheits-Skala (nach Diener et al.)

- In vielerlei Hinsicht kommt mein Leben meinem Wunschbild nahe.
- Ich finde, dass meine Lebensbedingungen hervorragend sind.
- Mit meinem Leben bin ich im Großen und Ganzen zufrieden.
- Die für mich wichtigen Dinge in meinem Leben habe ich bis jetzt bekommen.
- Ich würde fast nichts ändern, wenn ich mein Leben noch einmal leben würde.

Auswertung
Zählen Sie die Zahlen hinter den fünf Aussagen zusammen:

05 bis 09 Punkte: Mit Ihrem Leben sind Sie extrem unzufrieden.
10 bis 14 Punkte: Mit Ihrem Leben sind Sie sehr unzufrieden.
15 bis 20 Punkte: Mit Ihrem Leben sind Sie unzufrieden.
21 bis 25 Punkte: Mit Ihrem Leben sind Sie halbwegs zufrieden.
26 bis 30 Punkte: Mit Ihrem Leben sind Sie sehr zufrieden.
31 bis 35 Punkte: Mit Ihrem Leben sind Sie extrem zufrieden.

Ihre Einschätzungen beziehen sich natürlich eher auf Ihre derzeitige Situation, hier und heute. Vielleicht hätten Sie vor fünf Jahren etwas ganz anderes notiert. Trotzdem ist es interessant, auch einmal in der Rückschau darauf zu schauen, welcher Grundtenor bei Ihnen vorherrscht. Das gelingt älteren Menschen natürlich besser, als wenn Sie erst Mitte Zwanzig sind.

Die Vorstellung vom erfüllten Leben im Sinne der Selbstverwirklichung richtet sich nicht danach, ständig dem kurzfristigen Wohlfühlglück hinterher zu hechten, sondern basiert eher auf einem langfristigen psychischen Wohlbefinden, das sich in der Lebenszufriedenheit als ruhigem „Basisgefühl" niederschlägt. Dies alles hängt mit Ihrer persönlichen Weiterentwicklung zusammen, die Sie, wenn Sie dies wünschen, größtenteils selbst beeinflussen können.

Literatur

Aristoteles. (2011) *Nikomachische Ethik: Griechisch – Deutsch*. (Nickel, R., Hrsg.). Akademie.

Blickhan, D. (2018). *Positive Psychologie. Ein Handbuch für die Praxis*. Junfermann.

Diener, E., et al. (1985). The satisfaction with life scale. *Journal of Personality Assessment, 49*, 71–75.

Luft, J., & Ingham, H. (1955). The Johari window, a grafic modell of interpersonal awareness. In *Proceedings of western training laboratory in group development*. University of California.

Petzold, H. (1993). *Integrative Therapie*. Junfermann.

Ryff, C. (1989). Happiness is everything, or is it? Explorations of meaning of psychological well-being. *Journal of Personality and Social Psychology, 57*(6), 1069–1081.

Schulz von Thun, F. (1998). *Miteinander reden: Störungen und Klärungen* (Bd. 1). Rowohlt.

3

Seelische Gesundheit als eigene Qualität

Zusammenfassung Durch das Doppelkontinuum der geistigen Gesundheit wird seelische Gesundheit als eigene Qualität präsentiert und einer Aufreihung seelischer Erkrankungen gegenüber gestellt. Die Beurteilung von Lebensereignissen und deren Auswirkungen auf Körper und Seele durch die Life-Event-Forschung weist auf die Bedeutung von persönlichen Bewertungen hin und wird durch das Modell des Profiling-Net ergänzt. Die Ergebnisse der Resilienzforschung sowie der Nonnenstudie bieten anschließend zahlreiche Hinweise zur Unterstützung des persönlichen Wohlbefindens.

3.1 Aufblühen

Alles ist Gegenstand tödlicher Beunruhigung, wenn es einem um sein einziges Glück geht. (Germaine de Staël, 1766–1817)

Corey Keyes (2002) hat ein Schaubild entwickelt, anhand dessen Sie die seelische Gesundheit als eine ganz eigene Qualität dargestellt bekommen. In diesem „Doppelkontinuum der geistigen Gesundheit" entdecken Sie nun auch den Begriff des „Aufblühens" als Gegensatz zum Verkümmern. Oder wie ich es nenne, zum „Verwelken", wie Abb. 3.1 dies präsentiert.

Ich konzentriere mich in diesem Werk vorwiegend auf das psychische Wohlbefinden und dessen Rahmenbedingungen. Natürlich wirken sich körperliche Krankheiten auch auf das seelische Wohlbefinden aus, insbesondere bei chronischen Erkrankungen oder Behinderungen. Aber auch

L. Endriss, *Aufblühen oder Verwelken?*, https://doi.org/10.1007/978-3-658-34410-8_3

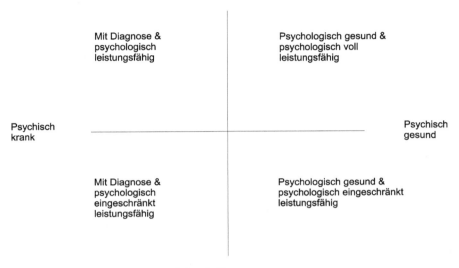

Abb. 3.1 Doppelkontinuum der geistigen Gesundheit. (Nach Keyes, 2002)

dann können Menschen manchmal lernen, nicht mit ihrem Schicksal zu hadern, sondern dafür zu sorgen, dass sie trotz der Einschränkungen das Bestmögliche aus ihrem Leben machen, oft auch dank der Unterstützung fürsorglicher Mitmenschen. Ein berühmtes Beispiel ist etwa der britische Wissenschaftler, theoretischer Physiker und Astrophysiker Stephen Hawking, einer der klügsten Menschen auf der Welt, der körperlich schwer behindert war und nur aufgrund hochtechnischer Spezialgeräte nach außen kommunizieren konnte. Die klassischen Psychologen Ende des 19. Jahrhunderts, wie etwa der geistige Vater der Psychoanalyse, Sigmund Freud, hatten sich ja traditionell eher mit den psychischen Erkrankungen und deren Heilung beschäftigt und eher weniger mit dem, was ein erfülltes Leben ausmacht. Sigmund Freud ist es einerseits zu verdanken, dass seelische Erkrankungen überhaupt als Krankheiten wahrgenommen werden und dass es Möglichkeiten gibt, diese zu heilen. Dies ist sein besonderes Verdienst der Menschheit gegenüber. Andererseits fiel die Beschäftigung mit dem, was ein Leben wirklich lebenswert machen kann, dadurch etwas unter den Tisch. Der Begriff der „Selbstverwirklichung" im Leben, wie ihn etwa Maslow im Zusammenhang mit seiner berühmten Bedürfnispyramide geprägt und damit Weichen für die Betrachtung auch der geistigen Gesundheit gestellt hat, musste ja erst einmal erfunden werden. Davon soll dann in Kap. 7 die Rede sein. Was als psychologisch gesund und voll leistungsfähig gilt, wurde erst Ende des 20. Jahrhunderts im Rahmen der Forschungen der *Positiven Psychologie* näher unter die Lupe genommen. Die Bandbreite dessen, was ein dauerhaft eher unglückliches Leben ausmachen kann, möchte ich kurz im folgenden Abschnitt darstellen.

3.2 Seelische bzw. psychische Beeinträchtigungen

Hier finden Sie auch als nicht klinisch ausgebildeter Leser einen kurzen Überblick über psychische Störungen, die per Diagnose festgestellt werden können und die dazu führen, dass Menschen ohne entsprechende Behandlung kein zufriedenstellendes Leben führen. Erfreulicherweise werden diese Erkrankungen und die Betroffenen zumindest zur heutigen Zeit ernstgenommen und nicht wie zu früheren Zeiten einfach weggesperrt, wie dies etwa in den Tollhäusern üblich war. Oder auch in den sog. „Spinnhäusern", in denen die Therapie darin bestand, die Kranken am Spinnrad arbeiten zu lassen, woher übrigens auch der Ausdruck „Du spinnst wohl!" stammt, wenn jemand etwas Ausgefallenes bemerkt. Ich orientiere mich bei der folgenden Auswahl an einer Gesamtzusammenstellung, wie sie bei Hautzinger (2000) zu finden ist. Bitte widerstehen Sie der Versuchung, beim Lesen entsprechende Symptome bei sich zu entdecken, eine Selbstdiagnose zu stellen oder Ihr Umfeld damit zu traktieren.

• Depression

Die weit verbreitete seelische Erkrankung der Depression kann unter anderem darauf basieren, dass Menschen unbewusst an aggressiven Gefühlen leiden, die sich allerdings nicht an eine bestimmt Person richten und so finden ihre Gedrücktheit, Trauer, Enttäuschung und Verzweiflung auch kein äußeres Ziel. Das Ergebnis ist, dass sich ihre Aggression nach innen gegen die eigene Person richten, dass pessimistische Denkmuster entstehen und dass dies alles zu verschiedenen Beeinträchtigungen des Lebens führt wie niedergeschlagene Stimmung, Abkapselung nach außen, verminderte Freude und Interesse an fast allen Aktivitäten, Müdigkeit oder Energieverlust, Gefühle der Leere und der Sinnlosigkeit, Schlafstörungen, deutliche

Gewichtsveränderungen nach unten oder oben, Schuldgefühle oder Gefühle der Wertlosigkeit, verminderte Denk- und Konzentrationsfähigkeit, verringerte Entscheidungsfähigkeit, negative oder pessimistische Zukunftsperspektiven sowie Suizidhandlungen.

Depressive Stimmungen können jedoch auch die Folge von Umwelteinflüssen sein, die das Zentralnervensystem schädigen, wie etwa der Kontakt mit Schwermetallen (Quecksilber, Blei), mit Kunststoff-Grundsubstanzen (Acrylamid), mit Benzingemischen, Lösungs- oder Pflanzenschutzmitteln. Bekannt ist ebenfalls, dass ein Vitamin-D-Mangel für Depressionen verantwortlich ist, wenn eine Person sich etwa zu wenig dem Sonnenlicht aussetzt.

- Bipolare affektive Störungen

Bipolare oder auch manisch-depressive Störungen werden diejenigen seelischen Störungen genannt, die neben den oben geschilderten depressiven Beschwerden abwechselnd auch euphorische Phasen vorweisen. In dieser Zeit spüren die Betroffenen keine Beeinträchtigungen, sondern sind überschwänglich der Überzeugung, dass sie alles in ihrem Leben perfekt meistern. Ihre Stimmung ist ausgelassen, sie sind heiter und witzig, sprühen nur so vor Ideen und Rededrang. Sie sind erfüllt von einem gesteigerten Selbstwertgefühl, alles erscheint einfach und machbar. Dabei können sie auch reizbar und angriffslustig sein. Sie fliehen sich oft in unüberlegte geschäftliche oder finanzielle Unternehmungen, wahllose sexuelle Abenteuer und riskante wirre Aktivitäten, die begonnen werden und dann in unzähligen Ablenkungen enden. Sie entwickeln eine unvorstellbar große Energie und kommen mit wenig Schlaf und Essen durch den Tag, zudem verspüren sie keinerlei Schmerzen. In einer manischen Phase sprengen die Betroffenen sämtliche gesellschaftlichen Normen und wirken in der Öffentlichkeit respektlos und damit auch höchst provozierend.

Die Manie wird entweder auf psychische Belastungssituationen ohne erkennbaren direkten Anlass oder auf veränderte biochemische Prozesse im Gehirn, in sehr seltenen Fällen auf Infektionen, eine Gehirnverletzung oder einen Schlaganfall zurückgeführt. Wenn sie wieder abklingt, besteht die Gefahr, erneut in eine depressive Phase zu rutschen. Die Betroffenen sind dann zudem hochgradig suizidgefährdet.

- Panikattacken

Dies sind wiederkehrende schwere Angstzustände und Erlebnisse des Unbehagens, die nicht immer im Zusammenhang mit einem erkennbaren

Auslöser und in bestimmten Situationen auftauchen. Die Betreffenden werden von diffusen Ängsten überflutet, die sie nicht kontrollieren können. Diese äußern sich im Herzklopfen oder einem beschleunigten Herzschlag, die Menschen fangen an zu schwitzen, können auch zittern oder beben, sie erdulden das Gefühl der Kurzatmigkeit, der Atemnot oder befürchten zu ersticken. Oftmals leiden sie unter Schmerzen oder Beklemmungsgefühle in der Brust sowie Übelkeit, Magen-Darm-Beschwerden, Hitzewallungen oder Kälteschauer. Dazu können noch Schwindel, Unsicherheit und Benommenheit kommen, sowie das Gefühl, einer Ohnmacht nahe zu sein. Wenn sich dieser Gesamtzustand steigert, dann erleben die Menschen ein Gefühl, nicht mehr sie selbst zu sein oder sie empfinden unsägliche Angst, die Kontrolle zu verlieren. Manch einer fürchtet, sofort zu sterben.

- Phobien

Phobien sind intensive Angstgefühle, die durch keine reale Gefahr gerechtfertigt sind. Die Betreffenden können sehr gut einschätzen, dass ihre Angst übertrieben ist, trotzdem sind sie ihren Gefühlen ausgeliefert, die sich zu den oben geschilderten Panikattacken steigern können. Sie meiden daher oft das, was in ihnen bekanntermaßen Angst auslöst und können daher nicht mehr ohne Einschränkungen am normalen Leben teilnehmen. Wer z. B. unter Platzangst leidet, der meidet das Betreten weiter Flächen, etwa Kaufhäuser, Restaurants, öffentliche Verkehrsmittel, Kinos oder Höhen wie etwa Aussichtsplattformen.

Eine bekannte Phobie ist die übermäßige Angst vor Spinnen. Viele Menschen fürchten sich auch vor Ratten, Mäusen oder großen Hunden. Eine weitere verbreitete Angst ist, sich in engen Räumen aufhalten zu müssen. So kann auch die Horrorvorstellung entstehen, dass man in einem Fahrstuhl oder in der U-Bahn stecken bleibt – lauter Ereignisse mit sehr niedriger Wahrscheinlichkeit, dass diese eintreffen oder dass die Folgen davon dramatisch sein könnten. Auch die weit verbreitete ausgeprägte Angst, dass das Flugzeug, in dem man selbst sitzt, abstürzen könnte, orientiert sich nicht an der tatsächlichen Gefahr, wie die statistischen Zahlen belegen können. Viele Kranke bedienen sich dann sog. „Sicherheitssignale" wie das Mittragen von Entspannungsformeln auf einem Zettel, Riechsubstanzen in einem Fläschchen oder die Telefonnummer des Arztes.

- Soziale Ängste

Wer von sozialen Ängsten betroffen ist, der hat Angst davor, die Aufmerksamkeit anderer Personen auf sich zu ziehen oder sich peinlich oder erniedrigend zu verhalten, wenn er mit unbekannten Personen konfrontiert ist und von diesen beurteilt werden könnte, was er als eine besondere Leistungssituation erlebt. Deswegen werden entsprechende Situationen gemieden oder nur mit starken Ängsten durchgestanden: Gegebenheiten wie etwa eine privaten Einladung plus einem Essen mit fremden Gästen oder eine Verabredung in einem Restaurant mit zusätzlich anwesenden Unbekannten, Sprechen in der Öffentlichkeit, ein Besuch von Partys mit fremden Gästen, ein Treffen mit Freunden und deren Bekannten in kleinen Gruppen, Teilnehmen an Konferenzen mit unbekannten Personen oder geschäftlichen Besprechungen in Gruppen.

- Ängstlich-vermeidende Persönlichkeitsstörung

Hier fürchten und vermeiden die Betreffenden im Alltag noch sehr viel mehr Situationen, die über die sozialen Ängste weit hinausgehen. Auf diese Art und Weise ist ihr Leben durch ihr Vermeidungsverhalten noch viel mehr eingeschränkt, wie dies bei den reinen *Sozialphobikern* der Fall ist. Sie sind erfüllt von umfassenden Gefühlen der Besorgtheit, der Unsicherheit und der eigenen Minderwertigkeit. Voraussetzung für eine entsprechende Diagnose muss sein, dass diese Beeinträchtigung schon seit langer Zeit besteht, stabil ist und bereits schon in der Kindheit oder Jugend aufgetreten ist.

- Tic

Ein Tic ist eine unkontrollierbare, unmotivierte Körperreaktion mit oder ohne organische Ursachen und zeigt sich etwa im Augen- oder Gesichtsmuskelzucken, Armeschütteln, Kopfwackeln, Zungenschnalzen oder Grimassenschneiden. So muss abgeklärt werden, ob es sich um eine psychisch bedingte oder eine organische Erkrankung handelt. Besonders auffallend ist in diesem Zusammenhang das sog. *„Tourette-Syndrom"*, das durch ungewöhnliche Bewegungs- und Sprechautomatismen gekennzeichnet ist.

- Zwangsstörungen

Hier wird innerhalb der Psychologie zwischen Zwangsgedanken und Zwangshandlungen unterschieden. Zwangsgedanken sind Ideen, Vorstellungen und Impulse, mit denen sich Betroffenen immer wieder unfreiwillig exzessiv beschäftigen, Oft werden sie als sinnlos und störend empfunden, wie etwa bei gewalttätigen Inhalten („Ich könnte meinen Liebhaber töten!"). Auch belastende Zweifel und dauerhaftes Grübeln, ob man eventuell jemanden doch nicht so höflich behandelt hat, wie dieser es verdient hat, gehören dazu sowie auch die permanente Angst vor Verschmutzung („Ich könnte mich bei einer Berührung infizieren!").

Zwangshandlungen hingegen beziehen sich nur auf einen bestimmten Lebensbereich und bestehen in immer wiederkehrenden Handlungsabläufen, die wie Rituale wirken. Den Betroffenen ist dieses Phänomen bewusst, sie können ihm aber nicht entkommen. Beim Waschzwang etwa waschen sich die Patienten wiederholt hintereinander, obwohl sie ihre Hände oder ihren Körper bereits gründlich gereinigt haben und beim Putzzwang wird die Wohnung immer wieder geputzt, obwohl alles sauber ist. Manch einer unterliegt einem Ordnungszwang und dann müssen etwa die Inhalte von Schränken oder der Schreibtisch nach bestimmten Regeln immer wieder in eine bestimmte Ordnung gebracht werden. Weitere Zwänge können etwa der Sammelzwang, der Abzählzwang oder der Klau-Zwang sein. Besonders beeinträchtigend für den Alltag ist der Zwang, immer wieder zu kontrollieren, ob die Wohnungstür beim Weggehen wirklich von ihnen abgeschlossen wurde und ob auch keine Herdplatte mehr angestellt ist.

- Ess-Störungen

Auch normalgewichtige Menschen können ein gestörtes Verhältnis zum Essen haben, wenn dieses Thema zum Dreh- und Angelpunkt ihrer Gedanken, Beschäftigungen und Handlungen wird. Ess-Störungen gehören zu den psychosomatischen Erkrankungen, denn in ihnen drücken sich tiefe seelische Konflikte aus. Man unterscheidet zwei Formen dieser Krankheit, die Mager- oder Essbrechsucht (Anorexia nervosa) und die Ess-Sucht (Adipositas).

Wer, wie etwa viele junge Mädchen, unter Magersucht leidet, weigert sich, das Minimum des für das jeweilige Alter und der Körpergröße entsprechenden Gewichtes zu halten, auch wenn die betreffende Person sich noch im Wachstum befindet. Sie hat zudem Angst, zuzunehmen oder davor, dick zu werden, auch wenn schon ein Untergewicht vorhanden ist – somit liegt auch eine Körperschema-Störung in der Wahrnehmung der eigenen Figur vor. Der Gewichtsverlust wird etwa durch Appetitzügler, Abführmittel, anstrengende körperliche Aktivitäten, Vermeidung kalorienreicher Speisen oder selbst herbei geführtes Erbrechen des Essens vorangetrieben.

Die Ess-Sucht ist durch wiederholte Fress-Attacken gekennzeichnet, also chronisches, anfallartiges und süchtiges Verschlingen von Nahrung. Die Betroffenen verlieren ihr Gespür für Hungrig- und Sattsein, weil die wahllosen Fressanfälle die entsprechenden Areale im Gehirn irritieren.

Als Gegenmaßnahmen zum Dicksein verwenden diese Kranken ebenfalls Abführmittel, Klistiere, Entwässerungspillen, selbstinduziertes Erbrechen, Fasten, Hungerperioden, Schilddrüsenpräparate sowie übermäßige körperliche Betätigungen und Hyperaktivität. Sie verlieren jedoch den Zugang zu ihrem Körpergefühl und nehmen sich selbst und ihre eigene Befindlichkeit nicht mehr recht wahr.

- Nervenzusammenbruch

Der Nervenzusammenbruch ist eine akute Belastungsstörung, in der die betreffende Person völlig aus der Fassung gerät, was sich in verschiedenen Verhaltensweisen äußert, aus denen ersichtlich ist, dass diesem Menschen die wichtigen psychischen Sicherungen durchgebrannt sind. Diese Verhaltensweisen können sich in aggressivem oder zerstörerischem Verhalten äußern, oder aber in haltlosem Weinen, Schreianfällen oder Zittern. Manchmal kann ein Zusammenbruch des ganzen Körpers stattfinden mit Beben oder diversen ausgelösten *Halluzinationen*. Diese psychischen und auch körperlichen Reaktionen sind die Folge einer extremen psychischen Überlastung, die während oder nach einem plötzlichen Ereignis sattfinden können, etwa einer Entführung, Geiselnahme, Flugzeugentführung, Vergewaltigung oder der Nachricht vom plötzlichen Tod eines nahen Angehörigen oder Freundes. Je nach Ausprägung der Symptome können dann Beruhigungsmittel eingesetzt und später auch stabilisierende Gespräche geführt werden.

- Borderline-Störung

Borderline bedeutet im Deutschen „Grenze" und bezeichnet seelisch kranke Menschen, deren Symptome psychotischen Störungen ähneln. Ihre intensiven zwischenmenschlichen Beziehungen sind durch Instabilität gekennzeichnet und die Kranken schwanken zwischen Idealisierung und Entwertung anderer. Sie bemühen sich verzweifelt, tatsächliches oder vermutetes Verlassenwerden zu vermeiden, was sie mit Suiziddrohungen untermauern. Auch ihr Selbstbild ist instabil, sie wissen nicht so recht, wer sie eigentlich sind. Sie sind meist sehr sensibel, misstrauisch, leicht reizbar und leiden unter Minderwertigkeitsgefühlen sowie ständiger Verunsicherung. Auffallend ist auch ihre Impulsivität, mit der sie selbst schädigen können, weil sie deren Konsequenzen nicht berücksichtigen. Viele Borderliner-Persönlichkeiten neigen zu selbstverletzendem Verhalten, zudem sind sie von chronischen Gefühlen der Leere erfüllt. Manche verletzen sich selbst durch glühende Zigaretten, Messerstiche, Haare ausreißen oder durch das Kratzen bis aufs Blut, um sich ihrer selbst zu vergewissern. Sie haben Schwierigkeiten, ihre oft unangemessene Wut und ihren Ärger zu kontrollieren, was zu gewalttätigen Handlungen führen kann. Borderliner-Persönlichkeiten wechseln häufig ihre Partner und leben in der Gefahr, wiederholt Beziehungen einzugehen, in denen sie Gewalt und Demütigungen erfahren.

- Schizophrene Störungen

Wer unter dieser Krankheit leidet, dessen Gedanken und Gefühle sind zerrissen und die Grenzen zwischen der eigenen Person und der Umwelt verwischen sich. So ist es kaum mehr möglich, zwischen wichtig und unwichtig zu unterscheiden oder Dinge, die zusammengehören, als zusammen gehörig zu erkennen, wodurch es zu einem Realitätsverlust kommt: Wirkliches und Unwirkliches, Reales und Gedachtes vermischen sich. So werden etwa Gedankeneingebungen, Gedankenentzug oder Gedankenausbreitung erlebt, der Kranke hört wahnhaft Stimmen von außen, die über ihn und sein Verhalten Kommentare abgeben oder er erlebt, dass diese aus Teilen seine Körpers kommen. Oftmals leidet der Betreffende unter einem Verfolgungswahn, etwa durch Außerirdischen oder böse Mächte oder er erlebt auf allen möglichen Sinnesebenen weitere Halluzinationen, sieht Dinge oder schmeckt Ungewöhnliches. Außerdem ist seine Sprechweise verändert: Er erfindet neue, nur für ihn mit Bedeutung versehene Worte.

Alkohol und andere Drogen sowie Medikamente können Psychosen auslösen, veränderte gehirnorganische Prozesse, aber auch Erbanlagen spielen eine Rolle. Ebenso ist es möglich, dass besondere Formen der Kommunikation innerhalb der Herkunftsfamilie weiter gegeben werden, die diese Krankheit begünstigen.

- Posttraumatische Belastungsstörung

Dieses Krankheitsbild ergibt sich nach extrem belastenden Erfahrungen wie interpersoneller sexueller oder nicht-sexueller körperlicher und psychischer Gewalt, Unfällen, Naturkatastrophen, Kriegserlebnissen, Folter oder Verfolgung. Es äußert sich in der subjektiven Reaktion mit intensiver Furcht, Hilflosigkeit oder tiefem Entsetzen und Verzweiflung. Häufig leidet der Betroffene durch wiederholte, unausweichliche Erinnerungen oder Wiederinszenierungen des traumatischen Ereignisses in seinem Gedächtnis *(Flashback)*, aber auch in seinen Tag- oder nächtlichen Albträumen. Außerdem erleben diese Kranken nicht steuerbare Schreckreaktionen und Gefühlstaubheit.

- Charakterneurose

Wer eine Charakterneurose entwickelt hat, der zeigt ein zwanghaftes Verhalten, das sich bei ihm zu einem länger überdauernden „Charakterzug" entwickelt hat, nicht auf eine aktuelle Situation abgestimmt ist und trotzdem ständig wiederholt wird. Hierzu zählt etwa die *Hypochondrie,* also die Vermutung, immer wieder schlimme oder mysteriöse Krankheiten zu haben, obwohl die betreffende Person nachweislich kerngesund ist. Auch der zwanghafte Geiz sich selbst und anderen Personen gegenüber, obwohl ausreichend materielle Mittel vorhanden sind, gehört dazu. Manch einer zeigt übertriebene Pingeligkeit im Wohnumfeld, obwohl alles bestens aufgeräumt ist. Zwanghaftes Zuspätkommen, für den es keinen Grund gibt, gehört auch dazu. Auch andauernde Selbstzweifel, nicht zu genügen, obwohl man bisher im eigenen Leben vieles geschafft hat, auf das man stolz sein kann, sind Zeichen einer Charakterneurose. Ein weiterer Zwang besteht darin, andauernd den Casanova spielen zu müssen, auch wenn die Vielfalt dieser Beziehungen ihn nicht glücklich macht. Viele dieser Kranken sind auch in Antriebsschwäche, übertrieben ängstlichem Verhalten und Unselbstständigkeit verfangen.

- Psychosomatische Störungen

Viele gesundheitliche Beeinträchtigungen spielen sich im Gefühlsbereich ab, ohne dass der Mensch dabei eine direkte körperliche Beeinflussung spürt, als Bespiele dienen etwa Angst, innere Unruhe, Unlust, Gereiztheit Nervosität oder Apathie. Dabei arbeitet ohne unser Mitwirken „im Untergrund" das vegetative Nervensystem, das auf die Drüsen, die glatte Muskulatur und die Eingeweidemuskulatur einwirkt und den Stoffwechsel, die Atmung, den Kreislauf, die Verdauung, die Körpertemperatur sowie Fortpflanzungs- und Heilungsprozesse beeinflusst. Emotionale Beschwerden wirken sich daher oft das Funktionieren der entsprechenden Organe aus. Wenn etwa ein Zustand der Überforderung über Monate und sogar Jahre hin anhält, kann ein Leistungsknick einstehen, der das gesamte Wohlempfinden der betreffenden Person zu Nichte macht.

So kann etwa die Haut auf Stress mit Ausschlägen, Ekzemen oder Schuppenflechte reagieren. Oder Gehirn und Kopf antworten mit Migräne oder Kopfschmerzen. Emotionale Befindlichkeitsstörungen können sich auch auf das Herz-Kreislaufsystem auswirken und neben Herzstechen, Herzjagen auch einen Herzinfarkt verursachen. Im Bereich der Bronchien und der Lunge können Atembeschwerden sowie unerwartete Asthmaanfälle auftauchen sowie das ständige Gefühl, nicht genug Luft zu bekommen. Der Magen-Darm-Trakt und die Verdauung reagieren ebenfalls sehr empfindlich auf Überlastungs-Stress, so etwa mit Übelkeit, Verstopfung oder Durchfall. Gastritis und geschwürige Dickdarmentzündungen sind schon traditionell Klassiker unter den psychosomatischen Erkrankungen. Auch die Genital-organe bei Mann und Frau können betroffen sein und zu Funktions-störungen wie etwa Regelbeschwerden, Orgasmus-Störungen oder zu Impotenz führen.

- Abhängigkeiten

Süchte entstehen auf der Suche nach einem Wohlgefühl, nach Glück, nach Lust und nach Genuss, die leider in einem Irrweg endet. Man nimmt heut-zutage an, dass dabei der Botenstoff Dopamin wichtig ist, der alle Gefühle des Wohlbefindens, der Zufriedenheit und der Entspannung begleitet. Das Gehirn „merkt" sich dann genau die Situationen, in denen Angenehmes passiert und drängt auf Wiederholung beziehungsweise Dosissteigerung. So muss süchtiges Verhalten nicht nur im Zusammenhang mit Genussmitteln und legalen wie illegalen Drogen auftreten, es kann sich auch in der Spiel-sucht, im Fasten-Hochgefühl, in der sog. „Männersucht", wenn Frauen zu sehr lieben, oder in der Arbeitssucht zeigen.

Weit verbreitet ist der Alkoholismus, der durch die leichte Beschaffung, da er zu den legalen Drogen zählt, jederzeit und überall verfügbar ist. Das gleiche gilt auch für Schlaf- und Beruhigungsmittel, die man sich vom Arzt verschreiben lassen kann. Auch wenn die Beschaffung schwieriger wird, wie im Fall der illegalen Drogen, so hindert dies den Süchtigen nicht, sich den Stoff zu besorgen. Hier wird etwa der „Morphin-Typ" (etwa Opium. Morphin, Heroin), der „Kokain-Typ" (etwa Kokain, Crack), der „Cannabis-Typ" (etwa Marihuana oder Cannabis), der „Halluzinogen-Typ" (etwa LSD, Meskalin oder Ecstacy) sowie der „Khat-Typ" (etwa Psychostimulanzien, Appetitzügler) genannt. Es liegt im Wesen dieser Erkrankungen, dass Betroffenen diese bagatellisieren, verheimlichen, sie verleugnen und sich selbst etwas vormachen.

- Schlafstörungen

Gesunder Schlaf ist die Voraussetzung für die körperliche Erholung und ent-scheidet über die Leistungsfähigkeit des Menschen sowie seine Gesundheit. Die durchschnittliche Schlafdauer ist je nach Altersgruppe sehr unterschied-lich: Säuglinge verschlafen etwa Zweidrittel des gesamten Tages, Klein-kinder zehn bis zwölf Stunden und Erwachsene im mittleren Alter etwa sieben Stunden und ältere Menschen ab Siebzig kommen oft mit fünf bis sechs Stunden aus. Wer unter Schlafstörungen leidet, erlebt über kurz oder lang Tagesmüdigkeit und Erschöpfung, zunehmende Beeinträchtigungen seiner Stimmungen, verminderte Konzentrationsfähigkeit und eine Einbuße an Lebensqualität in sozialen, beruflichen und anderen Bereichen. Geklagt wird über Einschlaf- und Durchschlafstörungen sowie vorzeitiges Erwachen. Schlafstörungen können mit nächtlichen Albträumen, nächtlichem Aufschrecken oder mit Schlafwandeln einhergehen. Sie werden nicht nur durch psychische Ursachen wie Sorgen und Probleme, sondern auch durch äußere Einflüsse wie Lärm, schlechte Lüftung, zu hohe Zimmertemperatur und eine insgesamt schlechte Wohnqualität verursacht. Auch Koffein- und Alkoholkonsum am Abend löst Schlafprobleme aus, sowie weitere Faktoren wie Wohn- und Umweltgifte, manche Arzneimittel, Schichtarbeit oder Zeitzonenflüge mit dem bekannten Jetlag.

- Aufmerksamkeits- und Konzentrationsstörungen

Diese Form der Störung ist vorwiegend bei Kindern und Jugendliche zu finden, aber auch Erwachsene können davon betroffen sein. Sie zeigt sich sowohl in einer stark beeinträchtigten Aufmerksamkeit, Impulsivität als auch in einer Überaktivität, was den Bewegungsdrang betrifft – und zwar in einer andauernden Häufigkeit. Die Ursachen dieser Störung sind nur teils bekannt und ziehen eine Reifungsstörung des Zentralnervensystems, die etwa durch Alkoholkonsum während der Schwangerschaft verursacht wurde, chronische Vergiftung durch Schwermetalle oder Nahrungsmittelallergien in Betracht.

Typisch für diese Kranken ist, bei der Arbeit oder bei anderen Aufgaben Flüchtigkeitsfehler zu machen und nicht darauf zu reagieren, wenn sie von anderen Menschen darauf angesprochen werden. Ihnen fällt es aufgrund ihrer Impulsivität sehr schwer, Aufgaben und Aktivitäten zu organisieren und sie zeigen eine Abneigung gegen geistige Aktivitäten, die eine längere Konzentration auf das jeweilige Thema erfordern. Sie sind vergesslich, verlieren häufig Gegenstände, die sie für ihre Aktivitäten benötigen und lassen sich durch äußere Reize leicht ablenken. Ihre Hyperaktivität lässt sie in Situationen, in denen ein längere Aufmerksamkeitsspanne und zielgerichtete Tätigkeiten wichtig sind oder verlangt werden, ruhelos und wie „aufgezogen" wirken. Diese Verhaltensweisen ziehen mehrere Beeinträchtigungen ihres Lebens nach sich, die etwa von vielfältigen Konflikten, über soziale Anpassungsschwierigkeiten bis hin zu Lern- und Erziehungsstörungen reichen.

- Partnerschafts- und Eheprobleme

Partnerschaftsprobleme sind ein weit verbreitetes Phänomen, über ein Drittel der neu geschlossenen Ehen in der Bundesrepublik werden in der Zukunft voraussichtlich in einer Scheidung enden. Die Folgen dieser Beziehungsprobleme wirken sich sowohl körperlich als auch seelisch auf die Gesundheit der Partner sowie auch auf die ihrer Kinder aus. Vergleichbare Probleme gibt es natürlich auch bei Paaren, die nicht verheiratet sind, nicht zusammenleben, aber gemeinsame Kinder haben oder welche mit in die Partnerschaft hinein bringen. In den Beziehungen zwischen zwei oder mehreren Menschen entstehen bestimmte, sich immer wiederholende Abläufe, die jeweils nach einem bestimmten Muster gestrickt sind, wie etwa bei bestimmten Reiz- oder Tabuthemen, die Streit auslösen oder bei Themen, die immer wieder in Beschuldigungen, Verweigerung, Mauern, Tränen und Gewalt enden. Halten diese Konflikte über eine längere Zeit an und werden sie nicht aufgelöst, dann können sie etwa zu Depressionen führen.

- Sexuelle Funktionsstörungen

Wenig sexuelles Interesse wird nur dann zum Problem, wenn die betreffende Person oder ihr Partner das kaum vorhandene Interesse als wirkliches Problem wahrnehmen. Berufliche oder private Probleme sowie Beziehungsprobleme sind an und für sich keine Ursache für sexuelle Funktionsstörungen, sondern diese entstehen nur dann, wenn dennoch eine uneingeschränkte Sexualität erwartet wird. So kann man zwischen mehreren Ursachen der Störung unterscheiden: Eine erste liegt vor, wenn die betreffende Person aufgrund eines sexuellen Missbrauchs, tabuisierenden Erziehungseinflüssen, Gewissensbissen oder eines tiefliegenden Partnerschaftsproblems kein Interesse an Sexualität hat. Und dann gibt es noch die unterschiedlichen Interessen zwischen Mann und Frau: Frauen wünschen sich etwa mehr Zärtlichkeit oder anderen befriedigenden Sex jenseits der Penetration, Männer wünschen sich hingegen „richtigen" Sex. Oft sind den Beteiligten auch die Anatomie und Funktionsweise ihrer Geschlechtsorgane und die der anderen Person nur unzureichend bekannt.
Des Weiteren können Versagensängste, eine unerotische Atmosphäre" sowie eine kontrollierende Selbstbeobachtung eine Rolle spielen, aber auch die Ablehnung bestimmter sexueller Praktiken. Verhältnismäßig häufig führt dies zu Störungen der sexuellen Erregung, zu Schmerzen beim Sex, zur Unfähigkeit zum Orgasmus, zu Erektionsproblemen sowie zu einem

anhaltenden oder völlig fehlenden Mangel an sexuellen Fantasien sowie sexueller Aktivitäten und kann daher zu einer großen leidvollen Belastung für Betreffende werden.

• Psychische Störungen im höheren Lebensalter

Im zunehmenden Alter können sich Klagen über Gedächtnisprobleme oder Konzentrationsschwächen zeigen, hinter denen sich gegebenenfalls eine Altersdepression verbirgt mit den oben aufgeführten typischen Symptomen, die dann fälschlicherweise auf organische oder hirnorganische Veränderungen (Schlaganfall, Demenz) oder medikamentöse Behandlungen zurückgeführt werden.

Eine *dementielle Störung* ist eine Erkrankung des Gehirns, die sich chronisch und fortlaufend entwickelt, indem sie Gedächtnis, Denken, Rechnen, Orientierung, Sprache, Lernen, Ideenfluss, Informationsverarbeitung, Aufmerksamkeit und Urteilsvermögen beeinträchtigt, wobei jedoch das Bewusstsein nicht gestört ist. Sie wirkt sich negativ auf die persönlichen Aktivitäten des alltäglichen Lebens aus wie sich waschen, sich ankleiden, selbstständig essen und trinken sowie sich selbst hygienisch pflegen, etwa beim Stuhlgang.

Bei der *Alzheimer Krankheit* (Altersschwachsinn, senile Demenz) liegen die Symptome der Demenz vor und zusätzlich lässt das Gedächtnis stark nach. Die Betreffenden verlegen Gegenstände und wiederholen schon beantwortete Fragen. Ihr Wissen und Können geht nach und nach verloren und ihre Sprache wird immer monotoner. Sie erkennen vertraute Menschen nicht wieder und verlieren zum Ende hin die Kontrolle über ihren Körper. Da ihre Gefühle lange erhalten bleiben, registrieren sie ihre zunehmenden Unfähigkeiten, woraus eine wachsende Aggression ihrer Umwelt gegenüber entsteht.

Die *Parkinson'sche Erkrankung* (Schüttellähmung) ist eine degenerative Erkrankung des Gehirns und ist gekennzeichnet durch die Veränderung der Motorik, etwa durch erhöhte Muskelspannung, die zu Steifheit der Mimik, der Beine, des Nackens und des Rumpfes führt, dem Fehlen von Spontan- und Willkürbewegungen sowie dem Zittern von Fingern und Händen. Die Schritte werden zunehmend klein und schlurfend. Ein weiteres Kennzeichen sind gedankliche und psychische Beeinträchtigungen, die sich etwa beim Sprechen, der räumliche Orientierung, dem Gedächtnis und der Persönlichkeitsmerkmal zeigen. Ein drittes typisches Symptom sind die Beeinträchtigungen des vegetativen Nervensystems, die sich etwa in Störungen der Blasenfunktion, des Blutdrucks, beim Schwitzen und in Schlafstörungen auswirken.

Falls Sie trotz meiner augenzwinkernden Bemerkung oben unter einigen der geschilderten Symptome leiden, dann sollten Sie sich Hilfe holen und behandeln lassen, damit Sie dem Ziel eines zufrieden stellenden Lebens wieder näher kommen können.

3.3   Wohlbefinden und Lebens-Ereignisse

Vieles im Leben „geschieht einfach", ohne dass wir Menschen dies als Vorkommnis beeinflussen können. Das sind Lebens-Ereignisse *(Life-Events)*, die mehr oder weniger in jedem Leben auftauchen und manchmal geradezu geballt auf einen zukommen. Dann erleben die Betroffenen dies als Belastung, sowohl als „negativen oder positiven Stress". Die sog. *„Life-Event-Forschung"* von Holmes & Rahe (1967) hat sich schon in den Sechzigerjahren des letzten Jahrhunderts mit diesem Thema beschäftigt und geprüft, inwiefern sich Ballungen von besonderen Ereignissen auf die körperliche und seelische Gesundheit auswirken. Für ihre Forschungen entwickelten sie sowohl für Erwachsene als auch für Kinder/Jugendliche jeweils eine Liste, in der man ankreuzen kann, ob man gerade von einem oder mehreren dieser Ereignisse betroffen ist.

Aus einer repräsentativen Befragung, die zuvor durchgeführt wurde und in der die Teilnehmer jeweils ankreuzen konnten, wie bedeutungsvoll sie die erwähnten Geschehnisse mit einer Punkt-Vergabe von 1 (kaum) bis 100 (sehr stark) für ihr Leben einordnen, ergab sich dann für jedes Vorkommnis der Liste wie etwa einer Scheidung oder einem Umzug über alle Teilnehmer hinweg eine durchschnittliche Punktzahl (Mittelwert). Mit diesen Zahlen konnten die Forscher nun dabei gehen und Menschen bitten, einmal anhand der Liste zu prüfen, welche Lebensereignisse aktuell gerade bei ihnen vorlagen, sowie ebenfalls, ob es gerade besonders viele wären. Dabei wurde nicht nach schlimmen oder weniger schlimmen stressauslösenden Ereignissen unterschieden oder ob etwa eine Veränderung in die positive, etwa eine Heirat oder in die negative Richtung, etwa der Tod eines nahen Freundes, weist. Es ging grundsätzlich nur um das Vorhandensein oder nicht Vorhandensein.

Wie Sie sich schon denken können, fanden die Forscher heraus, dass eine hohe Anzahl von allgemein hoch bewerteten „Events" oft mit körperlichen und seelischen Erkrankungen einhergeht. Besonders interessant in diesem Zusammenhang ist, dass es, je nach Art des Ereignisses einen großen

Unterschied in der Vergabe von Bedeutungs-Punkten gibt, d. h., dass das jeweilige niedrig oder hoch bewertete „Event" offensichtlich eine große Rolle im Zusammenhang mit den Ereignissen im menschlichen Leben zu spielen scheint, die uns einfach so zustoßen oder die Wendepunkte in unserer Biografie darstellen. Dabei ist immer die jeweilige persönliche Bewertung ausschlaggebend, ob wir diese Ereignisse beeinflussen können, etwa bei einer Wiederversöhnung oder überhaupt nicht, etwa bei einer Pensionierung, die von Gesetzesvorgaben abhängt. Hier zeigt sich auch, wie wichtig es ist, den Unterschied von 1) Wahrnehmen 2) Interpretieren und 3) Bewerten zu kennen. Der griechische Philosoph Epiktet (etwa 50. Chr. – 138 n. Chr.) erkannte schon damals die Bedeutung des Phänomens „*Bewertung von Ereignissen"* (Guth, 2013a):

„Nicht die Dinge selbst, sondern die Meinungen von den Dingen beunruhigen uns."

Im Folgenden möchte ich Ihnen nun einmal beispielhaft einen Ausschnitt aus der Liste von damals, die 43 Lebensereignisse und deren durchschnittliche Bedeutsamkeit für den Menschen enthielt, vorstellen Sicherlich kann diese heutzutage, etwa bedingt durch den technischen Wandel, ergänzt werden, denken Sie nur an das „Event" Datenverlust.

Ausschnitt aus der Life-Event-Liste für Erwachsene. (Nach Holmes & Rahe, 1967)

Ereignis	Punktzahl	Ja?
1. Tod des (Ehe)-Partners	100	☐
3. (Eheliche) – Trennung	65	☐
4. Gefängnisstrafe	63	☐
6. Unfall/Krankheit	53	☐
7. Heirat	50	☐
8. Kündigung/Arbeitslosigkeit/Entlassung	47	☐
9. (Eheliche) – Wiederversöhnung nach Streit	45	☐
12. Schwangerschaft	40	☐
19. Geänderte Häufigkeit der Auseinandersetzungen mit (Ehe)-Partner	35	☐
20. Schulden (Hypothek/Darlehen) über 30.000 EUR	31	☐
23. Tochter/Sohn verlassen das Elternhaus	29	☐
25. Außergewöhnliche persönliche Erfolge	28	☐
29. Korrektur persönlicher Einstellungen	24	☐
32. Umzug/Veränderung der Wohnsituation	20	☐
37. Schulden (Hypothek/Darlehen) weniger als 30.000 EUR	17	☐
41. Ferien/Urlaub	13	☐
42. Weihnachten	12	☐

Aufgabe

Recherchieren Sie einmal im Internet die klassische Lebensereignis-Skala von Holmes und Rahe, die es in Deutsch auch für Kinder/Jugendliche gibt. Überprüfen Sie nach dem jeweiligen Ausfüllen, wann es besonders viele Häufungen von Lebensereignissen in Ihrem Leben gab, ggf. auch in Ihrer Jugend und wie körperlich und seelisch gesund Sie sich dabei fühlten und aktuell fühlen.

Insbesondere die psychosomatische Forschung durch von Uexküell (1963) fand diese Zusammenhänge besonders erwähnenswert, denn sie unterstützt die Annahme, dass Körper und Seele zusammenhängen und dass sich insbesondere die individuelle Bedeutungen der Ereignisse, mit denen Menschen in ihrem Leben zu tun haben, auf ihren allgemeinen Gesundheitszustand auswirken. Der Mediziner Werner Bartens (2010) spricht ein halbes Jahrhundert später vom sog. *„Körperglück"* und zeigt anhand verschiedener Forschungsergebnisse, dass gute Gefühle nachweislich glücklich machen. Daher fordert er ebenfalls wie viele andere Fachleute einen Paradigmenwechsel in der Medizin, der vom mechanistischen Menschenbild und der Fixierung etwa auf Laborwerte wegführt hin zu einem ganzheitlichen Vorgehen, das Körper **und** Seele berücksichtigt.

Aus psychologischer Sicht liegt es nahe, mit Unterstützung dieser Liste darauf hinzuweisen, dass einige dieser Ereignisse durchaus im Sinne von Prävention durch die Betreffenden in Richtung „Aufblühen" beeinflussbar und veränderbar sind. So etwa das Thema „Auseinandersetzung mit dem (Ehe)-Partner" durch eine wertschätzende Streitkultur, ungewollte Schwangerschaft durch Familienplanung/Verhütung, kontrollierter Umgang mit den Finanzen durch Führen eines Haushaltsbuches oder einer Fort- oder Weiterbildung, um eine längere Arbeitslosigkeit zu vermeiden. Viele dieser Bereiche haben mit Wissen zu tun, weswegen die Schulbildung so ungemein wichtig ist und jedem Kind eine solche ausreichend gewährt werden sollte, um auf diese Weise Anhaltspunkte für ein gelungenes Leben zu bekommen, falls das Elternhaus aus welchen Gründen auch immer dies nicht leisten kann.

3.4   Profiling-Net

Innere und äußere Einflüsse bestimmen also unser menschliches Leben, manche lassen sich beeinflussen, andere nicht. Dazu hat sich Epiktet (Guth, 2013b) folgenden Gedanken gemacht:

> „Einige Dinge sind in unserer Gewalt, andere nicht. In unserer Gewalt sind: Meinung, Trieb, Begierde, Widerwille, kurz: Alles, was unser eigenes Werk ist. – Nicht in unserer Gewalt sind: Leib, Vermögen, Ansehen, Ämter, kurz: Alles, was nicht unser eigenes Werk ist."

Um sich selbst darüber mit etwas Abstand ein Bild zu machen, habe ich eine besondere Methode (Endriss, 2010) mittels der Kombination der Panorama-Methode und der im Projektmanagement üblichen Netzplan-Technik entwickelt. Das sog. „Profiling-Net" verknüpft den für Bewerbungen üblichen chronologischen Lebenslauf mit all seinen Ausbildungen, Abschlüssen, Fort- und Weiterbildungen sowie Berufserfahrungen zusätzlich mit dem, was Menschen „so nebenbei" machen und erleben und was ebenfalls zu ihrer Biografie gehört, jedoch privater Natur ist. Lebenszentren wie etwa Familie, Freunde, Wohnen, Gesundheit, Finanzen, aber auch Hobbys, Interessen und Leidenschaften gehören dazu, und natürlich auch Ihre Reisen und die jeweiligen Aufenthaltsorte.

Wenn Sie diese Lebenszentren ganz oben auf einem großen Stück Papier nebeneinander notieren (Tab. 3.1) und dann darunter in den jeweiligen Spalten chronologisch auflisten, was wann und wie lange aktuell war, dann bekommen Sie einen guten Einblick in all das, was in Ihren Leben nicht nur parallel lief und läuft, sondern auch, wo sich Entwicklungen und Wendepunkte zeigen. Zudem können Sie auch erkennen, wieviel Zeit Sie womit verbringen. Zugegeben, dies ist ein aufwendiges Verfahren und nicht mal eben an einem Abend erledigt, doch es lohnt sich, sich in gewisser Weise

Tab. 3.1 Lebenszentren. (© Lilo Endriss, 2010)

	Schule	Ausbil-dung	Studium	Beruf	Familie	Freunde	Wohnen	Gesund-heit	Finanzen
2020									
2010									
2000									
1990									
1980									
1970									

Rechenschaft darüber zu geben, was wann in Ihrem Leben aktuell war und darüber zu weiterer Selbsterkenntnis zu gelangen.

Aufgabe

Stellen Sie für sich ein Profiling-Net zusammen und betrachten Sie Ihr bisheriges Leben. Machen Sie sich klar, für was Sie gerne leben und was für Sie ein ideales und sinnvolles Leben darstellt.

3.5 Das ideale Leben

Wie in so vielen anderen Bereichen orientieren sich Menschen auch in ihrer Lebensführung an lebenden oder bereits verstorbenen Vorbildern und Idealen, die jeweils ihre inneren Werte oder Moralvorstellungen verwirklichen oder verwirklicht haben. Viele Menschen wünschen sich durch kreative Selbstverwirklichung ein erfülltes Leben und sehen darin den Sinn ihrer Existenz. „Mach was aus dir! Folge deiner Berufung und deinen Träumen". Dies gilt zumindest hier in unserer westlichen Kultur, die vorwiegend vom Wohlstand geprägt ist. So bietet es sich immer wieder an, diese Zielvorstellung mit dem jeweiligen Status quo abzugleichen. Je älter Menschen werden, umso häufiger ziehen sie ein Resümee oder eine Lebensbilanz. Doch auch von außen kann es möglich sein, dass andere die „Lebensbeute" der betreffenden Person beurteilen, ob diese Einschätzung nun deren wirklichem Erleben und eigener Beurteilung entspricht oder nicht.

Dazu hat Paul Wong (2012) ein Übersichtmodell entwickelt, das die Gegensatzpaare Erfolg und Misserfolg beinhaltet und diese zu einem erfüllten oder unerfüllten leeren Leben in Beziehung setzt, wie Abb. 3.2 sichtbar macht.

Natürlich hängt das, was Menschen jeweils als Erfolg für sich definieren, unter anderem von ihrer Kultur, ihrem Bezugsrahmen und den jeweiligen Gesichtspunkten ihrer Bewertung ab. So kann etwa für eine „abhängige Frau" im Sinne einer Co-Abhängigkeit von ihrem Mann eine erfolgreich abgeschlossene Scheidung einen Erfolg darstellen, wohingegen ihr Bekanntenkreis dies als Misserfolg im Leben der Betroffenen werten, weil diese es nicht geschafft hat, eine lebenslange Ehe zu führen oder sich einen Mann „erzogen hat".

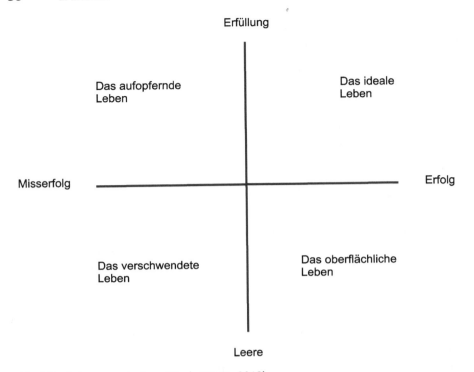

Abb. 3.2   Lebensergebnisse. (Nach Wong, 2012)

3.6   Resilienz

Der Begriff „Resilienz" leitet sich aus der Physik her und bedeutet ursprünglich eine gewisse Biegsamkeit im Sinne von Abprallen oder Zurückspringen.
Heute wird dieser Begriff in der Psychologie für die innere Widerstandskraft eines Menschen verwendet. In diesem Zusammenhang stellt etwa
das Kinderspielzeug des „Stehaufmännchens" ein hoffnungsvolles Bild dar,
wobei ich mir erlaubt habe, daraus in einer meiner Veröffentlichungen zum
Thema Resilienz (Endriss, 2010) sprachlich einen *„Stehaufmenschen"* zu
kreieren, um damit auch weibliche Mitmenschen anzusprechen.

3.6.1   Die Schutzfaktoren

Die Ausdruck „Resilienz" bezieht sich auf die innere Widerstandskraft des
Menschen, die ihn befähigt, trotz widriger Umstände im Leben, die sowohl
in der Kindheit als auch im Erwachsenenleben auftauchen können, keine

anhaltenden Verhaltensprobleme oder schwere psychische Störungen zu entwickeln. Diese sog. *„Resilienzfaktoren"* wurden anhand von Längsschnitt-Studien herausgefunden, in denen man ab 1955 Kinder, die traumatischen Erlebnissen, psychischer Krankheit der Eltern, ständigem häuslichen Unfrieden und elterlichem Alkoholismus ausgesetzt waren, über mehrere Jahrzehnte hin wissenschaftlich begleitete. (Kauai-Längsschnittstudie von Emmy Werner & Ruth Smith, 1992).

Die widerstandsfähigen Kinder zeigten als Jugendliche keine Lern- oder Verhaltensprobleme, absolvierten die Schule erfolgreich, ihre schulischen und beruflichen Ziele waren realistisch und sie kamen sowohl im privaten als auch im gesellschaftlichen Leben gut zurecht. Sie waren als Erwachsene mit 40 Jahren weder arbeitslos, waren nicht mit dem Gesetz in Konflikt geraten und waren auch nicht auf staatliche Fürsorge angewiesen. Interessant ist, dass die Anzahl der chronischen gesundheitlichen Probleme im mittleren Lebensalter signifikant niedriger lag als bei gleichaltrigen Personen gleichen Geschlechts. Auch die Scheidungsrate und die Sterblichkeitsrate lagen darunter. Ein weiteres auffallendes Ergebnis war, dass sich ihre schulischen und beruflichen Leistungen durchaus mit denen der Individuen messen ließen, die in einem ökonomisch sichereren und stabileren Elternhaus aufgewachsenen waren, und diese sogar übertrafen.

Die Jungen und Mädchen, die sich aus ihren widrigen Lebensumständen gut heraus entwickelt hatten, verfügten über drei Bündel von Schutzfaktoren. Im Folgenden beziehe ich mich auf Emmy Werner (2006).

1. Schutzfaktoren des Individuums

Diese Kinder zeigten Persönlichkeitsmerkmale, die bei anderen Personen eine positive Resonanz hervorriefen. Schon als Kleinkinder mit einem Jahr wurden sie von ihren Müttern als freundlich, aktiv, liebevoll, anschmiegsam, aufgeschlossen und gesellig beschrieben. Mit zwei Jahren wurden diese Kinder auch von unabhängigen Beobachtern *als fröhlich, angenehm, freundlich, aufgeschlossen und gesellig* beschrieben. In ihrer sprachlichen und motorischen Entwicklung sowie in der Fähigkeit, sich selbst zu helfen, waren diese Kinder den gleichaltrigen Kindern, die später Schwierigkeiten hatten, immer ein Stück voraus.

Auch im Alter von zehn Jahren zeigten diejenigen Kinder, die ihre misslichen Lebensumstände bewältigten, bessere Testergebnisse hinsichtlich der *Fertigkeiten beim praktischen Problemlösen* und konnten *besser lesen* als diejenigen, die später Lernschwierigkeiten oder Verhaltensauffälligkeiten zeigten. Zudem hatten die resilienten Kinder die besondere *Fähigkeit, stolz auf sich zu sein* sowie eine weitere Gabe, nämlich anderen Menschen *bereitwillig Hilfe anzubieten,* wenn diese Unterstützung brauchen.

im fortgeschrittenen Jugendalter hatten die Teilnehmer an der Studie den festen *Glauben an die eigene Wirksamkeit* entwickelt: Sie waren davon überzeugt, dass sie die Probleme, mit denen sie immer wieder zu tun hatten, durch eigenes Handeln lösen konnten. So hatten sie auch im Vergleich zu den Altersgenossen, die ihre Probleme nicht bewältigen konnten, höchst *realistische schulische und berufliche Pläne.* Auch waren ihre *Erwartungen an ihr zukünftiges Erwachsenenleben* höher ausgeprägt.

2. Schutzfaktoren der Familie

Die resilienten Kinder hatten schon früh im Leben die Gelegenheit, eine *enge Bindung* zu mindestens einer kompetenten, emotional stabilen Person zu entwickeln, die in der Lage war, auf die kindlichen Bedürfnisse einzugehen. Viele dieser Bezugspersonen stammten aus dem Umfeld der Kinder, wie etwa den Großeltern, älteren Geschwistern, Onkel oder Tanten. Diese Kinder scheinen eine besondere Begabung dafür zu entwickeln, *„Ersatzeltern"* zu finden.

Resiliente Jungen stammten in der Regel aus Familien, in denen klare Rollen und Regeln herrschten und in der eine *männliche Person als Vorbild* diente, mit dem sie sich identifizieren konnten und die sie ermunterten, ihre Gefühle zum Ausdruck zu bringen. Resiliente Mädchen kamen aus Familien, in denen *Unabhängigkeit* ein wichtiger Wert war und in welcher *eine weibliche Bezugsperson* den Mädchen Unterstützung leistete. Viele dieser Familien waren *religiös,* was ihnen eine gewisse Stabilität sowie einen Sinn verlieh.

3. Schutzfaktoren des Umfeldes

Wenn sie emotionale Unterstützung brauchten, dann verließen sich resiliente Jugendliche normalerweise auf Ältere oder Gleichaltrige in ihrem Umfeld und *holten sich in schwierigen Situationen Rat.* Sie fanden oft *positive erwachsene Rollenmodelle* in ihren Lieblingslehrern, fürsorglichen Nachbarn, Eltern von Freunden oder Freundinnen, älteren Betreuer, Jugendleitern, Pfarrern oder Mitgliedern der kirchlichen Gemeinde.

3.6.2 Wachstumschancen für innere Widerstandskraft

Optimal für die Entwicklung der inneren Widerstandskraft sind nachweislich folgende Punkte, die auch als Forderungen an die Pädagogik interpretiert werden können: Während der Kindheit sollten Menschen zu mindestens einer Bezugsperson eine enge, stabile, sichere und positive Beziehung haben, die feinfühlig ist und die angemessen und prompt auf die Bedürfnisse eines Kindes reagiert. Innerhalb und außerhalb der Familie sollten Kinder menschliche Unterstützung bekommen. Durch ein Elternhaus oder andere Bezugspersonen, die erzieherisch angemessene Grenzen setzen, sollte eine emotional warme, offene Atmosphäre herrschen. Zudem sollten Kinder überzeugende soziale Rollenmodelle, die positive Vorbilder für sie sind, kennen. Außerdem sollten sie wohldosierte soziale Verantwortungszuweisungen und individuelle angemessene Leistungsanforderungen durch ihr Elternhaus bzw. die Bezugspersonen erhalten.

Froma Walsh (2006) differenziert dieses Thema auf folgende Weise, indem sie die sog. „familiare Resilienz" detailliert untersucht und diese in folgende 3 Bereiche untergliedert hat:

- Überzeugungen in der Familie: In widrigen Lebensumständen einen Sinn finden
    1. Resilienz entwickelt sich in sich gegenseitig unterstützenden Beziehungen und nicht durch den „radikalen Individualismus". Schwierigkeiten werden als gemeinsame Aufgabe gesehen, die auch gemeinsam bewältigt werden können.
    2. Resilienz entfaltet sich, wenn die Familie den widrigen Umständen oder dem Leid einen Hauch von Normalität gibt und diese in einen höheren Zusammenhang stellt. Die Familie verfügt über ein Gefühl für das menschliche Werden und Vergehen über Generationen hinweg.
    3. Resilienz lebt vom sogenannten Kohärenzgefühl innerhalb der Familie: Eine Krise wird in eine Herausforderung umdefiniert, die für alle nachvollziehbar ist, die einen Sinn hat und die angegangen sowie bewältigt werden muss.
- Überzeugungen in der Familie: *Optimistische Einstellung*
    1. Hier steht an erster Stelle die Hoffnung als ein auf die Zukunft ausgerichteter Glaube und die Zuversicht, dass egal, wie dunkel die Gegenwart ist, eine bessere Zukunft möglich ist, weil man darauf vertraut, Hindernisse überwinden zu können.

2. In schweren Zeiten setzen Familien auf Mut und Ermutigung, indem sie sich auf ihre einzelnen und gemeinsamen Stärken und Potenziale besinnen, weil dadurch ihr Stolz und ihr Selbstvertrauen stabilisiert werden.

3. Um Problem zu bewältigen, konzentrieren sich Familien darauf, Chancen zu nutzen, indem die Mitglieder Initiative ergreifen und ihre Beharrlichkeit in Gang bringen, um unermüdlich nach Lösungen zu suchen.

4. Ein besonders wichtiger Faktor der Resilienz in Familien ist, dass die Mitglieder unterscheiden zu können, was realistischer Weise machbar ist und was nicht. So müssen Familien Dinge akzeptieren, die sie nicht ändern können und über die sie keine Kontrolle haben.

- Überzeugungen in der Familie: *Transzendenz und Spiritualität*
   1. Übergeordnete Werte wie etwa Gerechtigkeit, Menschlichkeit oder Großzügigkeit geben Familien Orientierung und können sie darin unterstützen, ihren Lebenssinn zu finden.

   2. Die Bindung an die religiösen und kulturellen Traditionen sorgt auch jenseits der aktuellen Bewältigung von Krisen für mentale Unterstützung und Trost der Familienmitglieder. Viele Familien finden ihre spirituelle Nahrung im Glauben, im Gebet und in ihrer Kirchenzugehörigkeit, andere hingegen in ihrer Verbundenheit mit den schönen Künsten, mit der Natur sowie mit einem besonderen höheren Wesen oder einer übergeordneten jenseitigen Macht. Rituale und Zeremonien unterstützen dabei die Verbindung zu diesen geistigen Welten.

   3. Krisen in Familien werden auch dadurch bewältigt, dass sie zum Umdenken anregen und ihre Mitglieder dazu bringen, ihre Gefühle in einem künstlerischen Bereich auszudrücken oder sich besonderen sozialen Projekten außerhalb des Familienkreises zu widmen.

   4. Familien erfahren eine Transformation, wenn ihre Mitglieder aus widrigen Umständen lernen, indem sie sich verändern und an der Krise wachsen, was dazu führt, die Krise letztendlich genau dadurch zu überwinden.

- Strukturelle und organisatorische Muster der Familie: *Flexibilität*
   1. Familien, die mit unvorhersehbaren Krisen, einschneidenden Veränderungen und Katastrophen zurechtkommen sollen, brauchen eine gewisse Beweglichkeit und Elastizität, da sie ja oft nicht gleich oder überhaupt nicht wieder in ihren früheren vertrauten Alltag zurückkehren können, etwa bei schweren Erkrankungen, Scheidungen oder starken materiellen Einbußen.

2. In diesen Situationen entwickeln resiliente Familien eine neue Vorstellung von Normalität, da sich einerseits manche Rollen der Familienmitglieder grundlegend verändern und andererseits neue Beziehungen gestaltet werden müssen, etwa durch die Integration zusätzlicher Personen in das familiäre System.

3. Resiliente Familien zeichnen sich in diesen Zeiten dadurch aus, dass sie über eine feste und doch flexible Führungsautorität verfügen, die den übrigen Familienmitgliedern Sicherheit und Beruhigung vermitteln und die „kalkulierbar" sind, d. h., dass ihr Verhalten für die übrigen Familienmitglieder vorherbar ist.

4. Die Anpassung in Scheidungsfamilien läuft auf vielfältige familiare Formen hinaus, die durch Kooperation – etwa was die Betreuung von Scheidungskindern betrifft – gekennzeichnet ist. So finden sich diese Kinder auch, angeregt durch ihre biologischen Eltern, weiterhin mit ihren Geschwistern, Halbgeschwistern, direkten Verwandten und neu dazu gekommenen Familienmitgliedern zusammen.

5. Resiliente Familien verfügen über Paarbeziehungen, die auf Augenhöhe angesiedelt sind, d. h. dass beide Teile gleichberechtigt sind und dass diese sich untereinander über ihre Rechte und Pflichten innerhalb und außerhalb der Familie einigen.

- Strukturelle und organisatorische Muster der Familie: *Verbundenheit*

1. Ein guter Zusammenhalt innerhalb der Familie ist die Voraussetzung dafür, dass das familiäre System seine Aufgaben erfüllen kann. Dazu gehören die gegenseitige Unterstützung innerhalb und zwischen den verschiedenen Generationen sowie die Verbindlichkeit, sich auch in schweren Zeiten aufeinander verlassen zu können.

2. Widerstandsfähige Familien respektieren die unterschiedlichen Temperamente, Charakterzüge und Eigenarten ihrer Familienmitglieder, die auch zu den unterschiedlichsten Bedürfnissen dieser Personen führen. Sie kennen jedoch auch die Grenzen des Einzelnen und nehmen darauf Rücksicht, dass jeder Mensch auf ein und dasselbe Ereignis recht unterschiedlich reagieren kann.

3. Ein besonders wichtiger Punkt im Zusammenhang mit resilienten Familien ist, dass sich zerstrittene, verachtete und kaltgestellte Familienmitglieder wieder versöhnen und dass sie sich gegenseitig die seelischen Verletzungen, die sie durch andere erlitten haben, wieder verzeihen.

- Strukturelle und organisatorische Muster der Familie: *Soziale und ökonomische Ressourcen*

1. In schweren Zeiten bieten Netzwerke innerhalb der Familie, der weiteren Verwandtschaft sowie im sozialen Umfeld, etwa der Nachbarschaft, eine große Hilfe, um praktischen Beistand und emotionale Unterstützung zu bekommen. Insbesondere junge Menschen werden durch zuverlässige Vorbilder und zugewandte Bezugspersonen stabilisiert. Darüber hinaus nutzen resiliente Familien auch organisierte Gruppen im Wohnumfeld und in der Kirchengemeinde.

2. In resilienten Familien sorgen die Erwachsenen dafür, eine finanzielle Sicherheit aufzubauen. Diese kann vorübergehend auch in einer staatlichen Unterstützung bestehen, auf die hierzulande jeder einen Anspruch hat und die einer Familie in Nöten helfen kann, etwa, wenn Familienmitglieder arbeitslos werden. Ansonsten gilt für alle eine ausgewogene Balance zwischen der Berufstätigkeit und der Familienarbeit.

- Kommunikation und Lösung von Problemen: *Klarheit schaffen*

  1. Dieser Gesichtspunkt beleuchtet die gelungene Kommunikation zwischen den einzelnen Familienmitgliedern, die sich dadurch auszeichnet, dass Worte und Taten eindeutig und nicht widersprüchlich sind und dass Worten Taten folgen. Dazu gehört auch, darauf zu bestehen, dass Versprechen eingehalten werden und dass man selbst ebenfalls seine Zusagen einhält.

  2. Oft werden in guter Absicht Problem-Themen zum Tabu erklärt, was jedoch für die Resilienz innerhalb der Familie nicht förderlich ist. Das Wohlbefinden wird durch Vertuschung, Verleugnung und Geheimniskrämerei unterminiert und verhindert zudem die Erholung nach einem schmerzlichen oder bedrohlichen Ereignis. So kann man diese Themen Kindern oder älteren Personen gegenüber in einem beruhigenden Zusammenhang ansprechen und versichern, dass man sich die dadurch entstehenden Fragen und Sorgen des Gegenübers in Ruhe anhört.

- Kommunikation und Lösung von Problemen: *Gefühle zum Ausdruck bringen*

  1. Eine resiliente Familie zeichnet sich dadurch aus, dass in ihr eine vertrauensvolle und empathische Atmosphäre herrscht. Außerdem ist sie gegenüber den persönlichen Eigenarten der Familienmitglieder tolerant. Auf dieser Basis fällt es den Menschen leicht, sowohl ihre erfreulichen als auch ihre ängstlichen und schmerzhaften Gefühle in Krisenzeiten zum Ausdruck zu bringen. Wichtig dabei ist, dass die Familienmitglieder in der Lage sind, sich gegenseitig zu trösten.

  2. Eine besonders starke Basis für Resilienz stellt die emotionale Empathie innerhalb der Familie dar, die sich die Mitglieder gegenseitig schenken und die durch eine entsprechend einfühlsame Säuglings- und

Kindererziehung durch die Bezugspersonen angelegt wird. Auf diese Weise wird die Toleranz gegenüber anderen Familienmitgliedern, die nicht genau so ticken wie man selbst, gefördert.

3. Der Umgang mit den eigenen Gefühlen und die Äußerung von Befindlichkeiten werden auch von geschlechtsspezifischen Ausrichtungen und Rollenerwartungen beeinflusst. So neigen Männer eher dazu, bei Auseinandersetzungen in schwierigen Situationen entweder in Rage zu geraten oder sich zurück zu ziehen, Frauen hingegen reden sich dann eher ihre Sorgen und Ängste vom Leib. So ist es für die resiliente Familie hilfreich, diese unterschiedlichen Reaktionsformen zu kennen und damit konstruktiv umzugehen. So soll jeder die Verantwortung für seine eigenen Gefühle und Verhaltensweisen übernehmen und darauf verzichten, gegenseitige Schuldzuweisungen vor zu nehmen.

4. Resiliente Familien sind in der Lage, auch in schwierigen Situationen zwischendurch etwas Angenehmes miteinander zu veranstalten, sich Pausen und kleine Auszeiten zu gönnen, Dinge mit Humor zu nehmen und damit die Stimmung wieder etwas aufzuhellen.

- Kommunikation und Lösung von Problemen: *Gemeinsam Probleme lösen*

1. Ungünstige Lebensumstände lassen sich in der Familie dadurch überwinden, dass die Familienmitglieder gemeinsam ungewöhnliche Ideen und Pläne entwickeln, um aus dem allgemeinen Tief wieder heraus zu kommen. Ihr Erfindungsreichtum kann dazu führen, kleine Erfolge zu erleben und sich damit wieder etwas zu stabilisieren.

2. In resilienten Familien ist es üblich, dass bei Problemen möglichst alle Familienmitglieder an der Entscheidungsfindung beteiligt sind und ein Mitspracherecht haben. So lassen sich Konflikte fair miteinander aushandeln und bewältigen, wobei möglichst eine Winwin-Lösung angestrebt werden sollte, die auf Gegenseitigkeit beruht.

3. Um Probleme zu lösen sorgen resiliente Familien dafür, dass sie ihre jeweiligen Ziele klar benennen und sich darauf mit konkreten praktischen Handlungen darauf fokussieren. Sie gehen dabei kleinschrittig vor, um auf den jeweiligen Teilerfolgen aufzubauen und mit diesem Schwung zielstrebig weitermachen. Falls etwas schief läuft, dann lernen sie aus den Fehlschlägen, indem sie nach den jeweiligen Ursachen forschen und einen zweiten Anlauf wagen.

4. Resiliente Familien lernen aus Krisen und deren Bewältigung, indem sie dafür sorgen, dass sie, soweit möglich, möglichst ähnliche Probleme in Zukunft verhindern. Diese proaktive Haltung führt dazu, entweder ähnliche Schwierigkeiten gar nicht erst aufkommen zu lassen

oder dazu, dass sich die Familienmitglieder innerlich und äußerlich auf potenzielle Herausforderungen einstellen und über einem „Vorrat" an konstruktiven Herangehensweisen verfügen, den sie bei Bedarf einsetzen können.

Die oben genannten Faktoren familiarer innerer Widerstandskraft sind somit bekannt. Wer nun nicht gerade aus solch einer Vorzeigefamilie kommt, der kann sich trotzdem die passenden Anregungen heraussuchen und sie als Erwachsener in Eigenregie kultivieren. Die Kindheit muss also nicht zwangsläufig der Ursprung aller späteren Probleme sein, wie etwa Ben Furman (2013) ausführt, der die vorhandene Bewältigungskraft eines jeden Kindes hervorhebt.

3.6.3 Kennzeichen für Resilienz

Im Erwachsenenalter können folgende Punkte (Endriss, 2010) anzeigen, inwiefern ein Mensch resilient ist:

Aufgabe

Gehen Sie die folgende Liste durch und markieren Sie die Punkte, von denen Sie annehmen, dass Sie über die jeweiligen Kennzeichen verfügen.

---

1. Ich verfüge über geistige und soziale Kompetenzen, d. h. ein mindestens durchschnittliches Intelligenzniveau, kommunikative Fähigkeiten, vorausplanendes Verhalten, soziale Fähigkeiten oder gute Leistungen in Schule, Studium oder Beruf.
2. Ich entwickle persönliche, individuell angemessene Zielsetzungen, die ich ganz bewusst anstrebe.
3. Ich habe eine realistische Zukunftsplanung/Zukunftserwartung.
4. Ich bin mit günstigen Temperaments- und Charaktereigenschaften ausgestattet, die meine praktische Lebensbewältigung begünstigen, wie etwa Anpassungsfähigkeit, Freundlichkeit, Selbstkontrolle im Zusammenhang mit plötzlichen Impulsen, Fähigkeit, auf andere Menschen zuzugehen, Fähigkeit zur Selbststeuerung und Selbstdisziplin sowie flexible Beharrlichkeit beim Verfolgen meiner Ziele.
5. Ich gehe davon aus, dass ich die meisten Lebenssituationen größtenteils von mir aus beeinflussen kann.

6. Ich habe ein gesundes Selbstvertrauen sowie ein eher hohes Selbstwertgefühl.
7. Ich setze bei Schwierigkeiten aktive Bewältigungsmuster ein, indem ich die Probleme anpacke.
8. Ich habe Sinn, Struktur und Bedeutung in der eigenen Entwicklung erfahren und ein Gefühl von Zusammenhang zwischen meinen bisherigen Lebensabschnitten bekommen.
9. Ich bin ein Mensch, der immer wieder seine Fantasie, seine Hoffnung, und die Vorwegnahme einer besseren Zukunft zum Ausdruck bringt.
10. Ich habe Schreiben und Lesen gelernt und wertschätze diese kulturellen Fertigkeiten.
11. Ich erlebte/erlebe Interesse, Motivation und Erfolg in Schule, Ausbildung/Studium und/oder Beruf.
12. Ich habe Interessen und Hobbys, die Freude und Selbstbestätigung fördern.
13. Ich sehe das „Gute im Schlechten" als Chance, kenne „Glück im Unglück", verfüge über positive innere Selbstinstruktionen beziehungsweise Selbstanweisungen wie zum Beispiel „Wird schon werden!", habe ein positives Menschenbild, bin optimistisch und zuversichtlich.
14. Ich habe die Fähigkeit, mich zu distanzieren, um mich von Problemen nicht überwältigen zu lassen sowie Gelassenheit und Humor.
15. Ich habe eine gute Beziehung zur Natur.

3.7   Die Nonnenstudie

Im Zusammenhang mit der Suche nach den Faktoren, die ein umfassendes Wohlbefinden im Leben des Menschen erklären, stieß ich auch auf die sog. Nonnenstudie, einer Längsschnittstudie von Deborah Danne et al., (2001), die mit 600 katholischen Ordensschwestern im Alter von 75–106 Jahren durchgeführt wurde. Sie werteten u. a. die Tagebücher und Aufzeichnungen der jungen Nonnen aus, die 1940 als Zweiundzwanzigjährige in den Orden eintraten.

Ein interessantes Ergebnis ihrer Untersuchung war, dass sämtliche Nonnen, denen 1940 eine positive Grundstimmung im Sinne vom Ausdruck positiver Gefühle bescheinigt wurden, im Durchschnitt 10 Jahre länger lebten als diejenigen, die diese positive Lebenseinstellung und den dazu gehörigen Optimismus nicht zeigten. Ein weiteres und überaus überraschendes Ergebnis war, dass diese weiblichen Personen bis zu ihrem Tod geistig gesund blieben, obwohl einige von ihnen nachweislich physiologische

Merkmale von Alzheimer in ihren, der Wissenschaft nach ihrem Tode zur Verfügung gestellten Gehirnen, aufwiesen. 85 % der Nonnen waren Lehrerinnen und bis ins hohe Alter geistig aktiv.

Nach dem Modell des Medizinsoziologen Aaron Antonovsky (1979), der sich im Gegensatz zur klassischen medizinischen Sichtweise, die sich ausschließlich mit der Entstehung und dem Kurieren von Krankheit beschäftigt, anderweitig ausrichtet, gibt es drei Faktoren, die für die Entstehung und Erhaltung von Gesundheit wichtig sind:

1. Verstehbarkeit
   Die Herausforderungen der eigenen Umwelt werden verständlich und eingängig wahrgenommen, d. h., dass Sie im Großen und Ganzen verstehen, was mit Ihnen geschieht. Sie erleben Ihren Werdegang als nachvollziehbar, stimmig und weitgehend geordnet und können Probleme und Belastungen in einem größeren Zusammenhang sehen.
2. Handhabbarkeit und Gestaltbarkeit
   Zur Bewältigung von Herausforderungen liegen Ihnen passende Ressourcen vor wie Zeit, Geld, Energie, eigene Fähigkeiten, solidarisches Umfeld etc., die Sie selbst unter Kontrolle haben oder die von Personen, denen Sie vertrauen, kontrolliert werden, d. h., dass Sie vieles tun können, um aktuelle Aufgaben in Ihrem Leben zu bewältigen.
3. Sinnhaftigkeit und Bedeutsamkeit
   Es wird als lohnenswert angesehen, sich mit den anstehenden Herausforderungen zu beschäftigen und auseinander zu setzen, d. h. dass das, was Sie tun, einen Sinn ergibt. Sie verfügen über Ziele und Projekte, für die es sich lohnt, sich anzustrengen.

Diese drei Faktoren sollen dazu beitragen, ein Gefühl von zusammenhängender Stimmigkeit *(Kohärenz)* im Leben zu entwickeln. Sie dienen der verstandesmäßigen Bewältigung des Lebens, um Gesundheitsrisiken abzuwenden. Dies soll sich positiv auf die körperliche und geistige Gesundheit des Menschen auswirken.

Betrachten Sie nun einmal die Rahmenbedingungen der Klosterdamen und machen Sie sich bewusst, unter welchen Umständen diese ihr Klosterleben normalerweise führen:

1. Geregelte Tagesabläufe
2. Abgeschiedenheit zum „weltlichen" Hamsterrad-Leben
3. Ausgewogenes wohldosiertes Essen
4. Verzicht auf Alkohol und andere Drogen

5. Verzicht auf Zigaretten
6. Aufgehobensein in der klösterlichen Gemeinschaft
7. Geistige und körperliche Aktivitäten bis ins hohe Alter
8. Soziales Engagement
9. Gebete
10. Starke Gläubigkeit beziehungsweise Spiritualität
11. Eine dienende Haltung den Menschen, der Schöpfung und Gott gegenüber

In dieser übersichtlichen räumlichen und menschlichen Umgebung, den alltäglichen Lasten, die auf vielen Schultern ruhen (Verstehbarkeit) den eingespielten Kooperationen der Nonnen untereinander und das einfache, eher unkomplizierte Leben (Handhabbarkeit) sowie das stimmige Glaubenssystem mit seinen ethischen Geboten (Sinnhaftigkeit) entsteht zusammenhängende Stimmigkeit (Kohärenz), die offensichtlich dafür sorgt, dass Menschen ein körperlich und geistig gesundes Leben führen können.

Sicherlich ist es daher verständlich, wenn manche Menschen sich phasenweise aus dem modernen „Business-Leben" verabschieden, um in der Stille des klösterlichen Lebens in einer Auszeit zu sich zu kommen, in Ruhe nachzudenken, sich auch im Zusammenhang mit ihrem eigenen Leben Sinnfragen zu stellen und sich ggf. auch mit spirituellen Themen zu beschäftigen.

Literatur

Antonovsky, A. (1979). *Health, stress and coping: New perspective on mental and physical well-being.* Jossey-Bass.

Bartens, W. (2010). *Körperglück. Wie gute Gefühle gesund machen.* Droemer.

Danner, D., et al. (2001). Positive emotions in early life and longevity. Findings from the nun study. *Journal of Personality and Social Psychology, 80,* 804–813.

Endriss, L. (2010) *Steh auf Mensch! Über den kreativen Umgang mit Krisen und Misserfolg. Das Praxishandbuch.* Books on Demand.

Furman, B. (2013) *Es ist nie zu spät, eine glückliche Kindheit zu haben.* borgmann publishing.

Guth, C.-M. (Hrsg.). (2013a). *Epiktet: Handbüchlein der stoischen Moral* (S. 5). Sammlung Hofenberg im Verlag Contumax.

Guth, C.-M. (Hrsg.). (2013b). *Epiktet Handbüchlein der stoischen Moral,* (S. 3). Sammlung Hofenberg im Verlag Contumax.

Hautzinger, M. (2000). *Kognitive Verhaltenstherapie bei psychischen Störungen.* Beltz.

Holmes, T. H., & Rahe, R. H. (1967). The social readjustment rating scale. *Journal of Psychosomatic Research, 11,* 213–218.

Keyes, C. (2002). The mental health continuum: From languishing to flourishing in life. *Journal of Health and Social Behaviour, 43*(2), 207–222.

Von Uexkuell, T. (1963). *Grundformen der psychosomatischen Medizin.* Rowohlt.

Walsh, F. (2006). Ein Modell familiarer Resilienz und seine klinische Bedeutung. In R. Welter-Enderlin & B. Hildenbrand (Hrsg.), *Resilienz – Gedeihen trotz widriger Umstände* (S. 43–79). Auer.

Werner, E. E., & Smith R. E. (1992) *Overcoming the odds. High risk children from birth to adulthood*. Cornell Univerity Press.

Werner, E. E. (2006). Wie Menschen trotz widriger Umstände gedeihen und was man daraus lernen kann. In R. Welter-Enderlin & B. Hildenbrand (Hrsg.), *Resilienz – Gedeihen trotz widriger Umstände* (S. 28–42). Auer.

Wong, P. T. P. (2010). Meaning therapy: An integrative and positive existential psychotherapy. *Journal of Contemporary Psychotherapie, 40*, 85–93.

4

Empathie und Resonanz

Zusammenfassung Für das menschliche Wohlbefinden haben Empathie und Resonanz einen hohen Stellenwert, was sich schon bei Säuglingen zeigt, für die das Einfühlungsvermögen der Bezugspersonen existenziell unentbehrlich und überlebenswichtig ist. Verschiedene Formen des Einfühlungsvermögens werden hier vorgestellt, insbesondere die emotionale und die kognitive Empathie. Zudem werden die Vorzüge von Empathen aufgezählt. Andererseits gibt es allerdings auch Schattenseiten der Empathie, die ebenfalls dargestellt werden. Von ethischer Bedeutung ist, dass Empathie nicht nur einseitig, sondern auch gegenseitig gezeigt werden sollte.

> Erst die Existenz der anderen Menschen reißt den Menschen aus seiner Immanenz und ermöglicht ihm, sein wahres Selbst, sich selbst, als Transzendenz zu erfüllen, als Flucht in das Objekt, als Entwurf. (Simone de Beauvoir, 1908–1986)

Empathie bezeichnet die emotionale und kognitive Fähigkeit und Bereitschaft des Menschen, Gefühle, Gedanken, Motive und Persönlichkeitsmerkmale einer anderen Person wahrzunehmen, zu erkennen, diese zu verstehen, mitzuschwingen und sogar selbst nachzuempfinden. Umgangssprachlich wird diese menschliche Eigenschaft als Einfühlungsvermögen bezeichnet und ist die Basis für Resonanz.

4.1 Empathie als Voraussetzung für das Überleben

Auf der Suche nach dem, was das Leben lebenswert macht, kommen wir nicht um diese grundsätzliche Eigenschaft der menschlichen Natur herum, nämlich der Fähigkeit, sich in einen Mitmenschen im Sinne eines Mit-Erlebens hinein zu versetzen, und zwar

1. gefühlsmäßig (emotional)
2. gedanklich (kognitiv)
3. umweltbezogen (sozial)
4. leiblich (somatisch)

Die modernen Neurowissenschaften führen dies auf die Spiegelneuronen (Bauer, 2006) zurück, die mehr oder weniger ausgeprägt in jedem menschlichen Gehirn zu finden sind. Sie führen dazu, dass sich Bezugspersonen, in der Regel die Eltern und in besonderer Ausprägung die Mutter, empathisch in die emotionalen und neurobiologischen Bedürfnisse ihres Säuglings hinein versetzen können, da ein neuer Erdenbürger noch nicht so weit ausgereift ist, dass er sich der Sprache bedienen kann. Durch gegenseitige Imitation, Resonanz und Zuwendung entsteht nicht nur vonseiten der Erwachsenen ein Gefühl für die Bedürfnisse des Babys wie etwa nach Nahrung oder Schmerzfreiheit, sondern auch eine emotionale Bindung, die zum Urvertrauen des Säuglings führt. Hierbei spielt nicht nur der mimische Signalaustausch etwa durch gegenseitiges Anlächeln, sondern auch der zärtliche Körperkontakt mit dem Kind eine besonders große Rolle.

Babys, denen diese Formen der Kommunikation etwa absichtlich verwehrt werden, reagieren zuerst mit Abwehr und dann mit emotionalem Rückzug, wie dies etwa im *„still-face-procedure"* – *Projekt* (Tronick et al., 1975) zu beobachten ist. Elternlose Säuglinge, die früher in Verwahranstalten von Pflegekräften ausschließlich mit Nahrung und Hygienemaßnahmen versorgt wurden, nicht aber mit emotionaler und körperliche Zuwendung, starben über kurz oder lang. Wir Menschen sind also von Geburt an darauf angewiesen, dass wir aus unserer Umwelt Resonanz erfahren und im umgekehrten Fall auch, sich nach und nach mit unserer Bezugsperson intuitiv auf ein gemeinsames Aufmerksamkeitsziel einzuschwingen, etwa als Kleinkind dadurch, gemeinsam einen kleinen Gegenstand hin und her zu reichen.

4.2 Empathie und Wohlbefinden

Doch nicht nur Babys und Kleinkinder, die sich selbst noch nicht sprach-lich ausdrücken können, sind auf empathische Resonanz angewiesen, auch jeder Jugendliche und Erwachsene ist davon abhängig, wie gut er von seinem jeweiligen Gegenüber empathisch verstanden wird, auch wenn er sich sprachlich gut zu artikulieren und etwa seine Bedürfnisse darüber glasklar auszudrücken weiß. Dabei spielen die Körpersprache, Gerüche, Nebengeräusche oder etwa auch die Position im gemeinsamen Raum eine große Rolle, über die mehr oder weniger bewusst Signale an das Gegen-über abgegeben werden, was etwa bei der rein digitalen Kommunikation stark reduziert ist. So ist das menschliche Miteinander oft auch auf Intuition angewiesen, denn sonst würde die Kommunikation miteinander völlig zäh und zeitraubend ablaufen.

4.3 Empathie als Basis für Intuition

Die Spiegelneuronen können beobachtete Teile einer „zwischenmensch-lichen Szene" dazu nutzen, diese zu einer wahrscheinlich zu erwartenden „Gesamtszene" mit dem Gegenüber zu ergänzen. Diese zu erwartenden Abläufe sind nicht einfach frei erfunden, sondern basieren auf den Erfahrungen, die das jeweilige Individuum bisher gemacht hat. So ahnen Menschen schon, wie etwa eine Begegnung mit jemandem ablaufen wird, der in der Vergangenheit mit Stimmungsschwankungen daher kam oder auf ein bestimmtes Thema allergisch reagierte. Das ungute Gefühl, dass man dabei empfindet, muss noch gar nicht einmal in das eigene Bewusst-sein dringen, es hält einen jedoch davon ab, wiederholt ins Fettnäpfchen zu treten.

4.4 Empathie als Gabe, sich vorzustellen, was andere denken

Nicht nur die Gefühle, auch die Gedanken und Absichten anderer Menschen nicht nur intellektuell, sondern intuitiv rasch zu erfassen und zu verstehen, worauf es dem Gegenüber ankommt, ist ein weiterer Vor-zug der Empathie, die auf den Spiegelneuronen basiert. Diese menschliche Fähigkeit, auch ohne lange nachzudenken und den analytischen Verstand zu benutzen, um einen anderen Menschen zu verstehen, wird in der Fachsprache „*Theory of Mind*" (Bauer, 2006) bezeichnet.

4.5 Vier Arten des Einfühlungsvermögens

1. Emotionale Empathie

   Andere Menschen emotional zu verstehen, ihr Erleben mitzufühlen ist ein Zeichen von emotionaler Sensibilität, wenn nicht gar auch von *Hochsensibilität*. Emotionale Empathie ist bei den Menschen recht unterschiedlich ausgeprägt und etwa bei Autisten kaum anzufinden. Wer besonders empathisch ist, auf den übertragen sich die jeweiligen Stimmungen anderer Menschen, als hätte der Betreffende besondere Antennen dafür. Dieses Phänomen wird auch gerne als emotionale Ansteckung bezeichnet. Sie können diese Tatsache etwa bei Kleinkindern und Säuglingen beobachten: Wenn ein Baby anfängt zu weinen, dann stimmen bald auch alle anderen anwesenden Säuglinge mit ein. Ausgeprägte erwachsene Empathen lassen sich ebenfalls von den Befindlichkeiten anderer regelrecht infizieren.

2. Kognitive Empathie

   Diese Form der Empathie zeichnet sich dadurch aus, dass Gefühle, Absichten, Motive und Gedanken des Gegenübers ziemlich treffend nachvollzogen werden können, ohne die Gefühle selbst nachzuempfinden oder die gleiche Reaktion zu zeigen. Durch die Beobachtung der nonverbalen Botschaften des Gegenübers kann der Verstand bewusst entschlüsseln, was mit dem Gegenüber los ist und dadurch Rückschlüsse auf zukünftiges Verhalten des anderen ziehen. Man versteht den anderen, aber man fühlt nicht, was mit diesem Menschen los ist. Kognitive Empathie kann also gelernt werden, was unter anderem etwa in der Therapie von Autisten stattfindet. Leider kann kognitive Empathie auch „berechnend" eingesetzt werden, etwa in der Werbung, um Bedürfnisse zu wecken, in den Medien, um Schlagzeilen zu generieren oder in der Politik, um Meinungsmache zu veranstalten und Wählerstimmen zu sammeln.

3. Soziale Empathie

   Wer über soziale Empathie verfügt, der hat ein besonderes Verständnis für das Verhalten komplexer Systeme, wie diese sich etwa in Familien, Gruppen oder größeren Organisationen zeigen. Dadurch ist diese Person auch in der Lage, etwa negative Stimmungen gezielt zu verbessern, denn sie verfügt über die Fähigkeit, andere gefühlsmäßig bewusst positiv oder negativ zu beeinflussen. Sie kann sich auch gut auf Menschen unterschiedlicher Altersgruppen, Herkunft, Kulturen, Temperamente, Charaktereigenschaften oder besonderer Eigentümlichkeiten einstellen. Diese Art von Empathen sind im Vergleich zu Hochsensiblen emotional eher weniger empathisch, sie wissen genau, was sie wollen, sind unabhängig von äußerer Anerkennung, überwinden leichter Widerstände und erholen sich rasch von etwaigen Niederlagen.

4. Somatische Empathie

Diese Bezeichnung ist eine von mir entwickelte Wortschöpfung und bezeichnet die extrem stark ausgeprägten emotionalen Empathen, die etwa den Schmerz ihres Gegenübers als Resonanz in sich selbst bewusst mitempfinden, indem sie selbst diesen Schmerz körperlich fühlen. Werden ihnen etwa Berichte über Zahnschmerzen geschildert, so spüren sie diesen selbst in ihrem Rachenraum. Sie reagieren auch auf Abbildungen oder Filme, in denen einem Menschen körperlicher Schmerz zugefügt wird, mit einer entsprechenden körperlichen Resonanzreaktion: Ihr Mitgefühl steigert sich zum Mitleiden und sie tauchen regelrecht in den Stress des anderen einschließlich dessen Reaktion auf Schmerzen ein. Wer also vorhat, in einem helfenden Beruf zu arbeiten, der sollte genau wissen, ob er zu den Kandidaten der somatischen Empathie gehört oder nicht, um dann Mittel und Wege zu finden, um sich so weit wie möglich vom exzessiven Mitleiden abzugrenzen und um im Sinne einer sog. *„Selbstsicherung"* einem eigenen Erschöpfungszustand vorzubeugen.

4.6 Vorzüge von „ausgeprägten Empathen"

Wer empathisch ist, wirkt oft auch sympathisch auf seine Mitmenschen und ist im Normalfall wohlgelitten, denn wer mit Empathen zu tun hat, der fühlt sich in der Regel mit dieser Spezies sehr wohl.

Empathen …

- hören genau zu
- konzentrieren sich auf das Gegenüber
- investieren Zeit in ihre Mitmenschen
- reflektieren sich selbst, um die Gefühle anderer mitschwingend zu verstehen
- achten auf das, was sie sagen
- lesen in der Mimik, der Gestik und der gesamten Pantomimik

- nehmen akustische Unterschiede in der Sprache wahr
- verfügen über einen großen Gerechtigkeitssinn
- zeigen gegenüber Schwächeren einen Beschützerinstinkt
- können oft ihre eigenen Emotionen steuern
- überprüfen ihre eigenen Vorurteile
- sind eher optimistisch
- deeskalieren
- ermutigen
- drücken Wertschätzung aus
- sind rücksichtsvoll
- vermitteln Wärme und Geborgenheit

Aufgabe

Schätzen Sie einmal auf einer Rangliste von 1(kaum) bis 10 (sehr stark ausgeprägt) ein, wie empathisch Sie sind. Fragen Sie ruhig auch andere Menschen, ob diese Sie so ähnlich einschätzen wie Sie sich selbst.

In diesem Zusammenhang lässt sich auch wieder auf Epiktet (Guth, 2013) zurückgreifen, der rät, nicht allzu schnell im Zusammenhang mit der Wahrnehmung anderer diese zu interpretieren und zu beurteilen.

> „Es badet einer zu frühe, sage nicht, er tut unrecht, sondern: er badet zu früh. Es trinkt einer Wein: sage nicht: er tut Unrecht, sondern: er trinkt viel. Denn ehe du die Absicht kennst, woher weißt du, ob er Unrecht hat? So wird es dir nicht begegnen, dass die innere Überzeugung, welche du gewonnen hast, etwas anderes enthalte als die handgreifliche sinnliche Wahrnehmung."

Nicht alle oben aufgereihten Eigenschaften finden Sie in intensiver Ausprägung und derartig geballt bei mitfühlenden Zeitgenossen vor, aber Empathen im Umfeld sind für das Wohlfühlglück des Menschen ein wahrer Schatz und wer etwa in einer Familie aufgewachsen ist, in der zumindest ein Mitglied ausgesprochen empathisch war, der sollte diesen Menschen besonders wertschätzen. Doch auch später im Leben treffen wir auf mitfühlende Wesen, die die oben aufgelisteten Eigenschaften mitbringen. Abb. 4.1 stellt die möglichen emotionalen und kognitiven Reaktionen auf empathische Behandlungen vor.

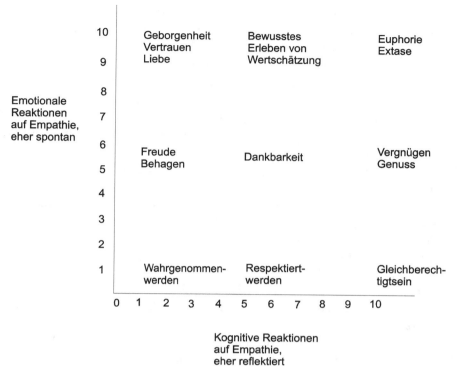

Abb. 4.1 Reaktionen auf empathische Behandlung. (© Lilo Endriss)

4.7 Schattenseiten der Empathie

Auf drei Ebenen zeigen sich leider auch Schattenseiten, was im Folgenden näher erläutert werden soll: Einmal betreffen sie den „übertriebenen" emotionalen Empathen selbst, zum anderen kann kognitive Empathie nachteilig zum Beeinflussung einzelner anderer Menschen verwendet werden, aber auch die soziale Empathie weist einen Vorrat an Manipulationsmöglichkeiten auf.

4.7.1 Der ausgelaugte Empath

Wer sich fast ausschließlich um die Belange anderer Menschen kümmert, kann mit einigen persönlichen Nachteilen rechnen, die nicht gerade zum Aufblühen führen.

- Er geht davon aus, dass andere ebenso empathisch wie er selbst wären. Das ist ein Irrglaube, andere werden nicht immer Rücksicht auf ihn nehmen so wie er es arglos umgekehrt praktiziert.
- Mit seiner Überfürsorglichkeit kann er andere auf Dauer verstimmen und gegen sich aufbringen, da diese sich in ihrer Autonomie untergraben fühlen.
- Er hat Angst, andere zu verletzen und scheut daher Auseinandersetzungen. Dadurch kann der Eindruck entstehen, dass er naiv, konfliktscheu und ein sog. Weichei ist.
- Er vermeidet es, Nein zu sagen und tut womöglich immer das, was andere von ihm verlangen, weil er nett sein will.
- Er ist für andere der Kummerkasten oder der Beichtvater und man lädt alles an seelischem Elend bei ihm ab.
- Er wird durch die Gefühle anderer Menschen so stark überlagert, dass er seine eigenen Gefühle nicht mehr wahrnimmt und einen Selbstverlust erleidet.
- Er ergreift aus empathischer Solidarität gedankenlos Partei, ohne dabei zu berücksichtigen, dass er mit seinem Schwarz-Weiß-Denken andere ausgrenzen kann.
- Er schwingt sich auch in die Gefühlswelt von Filmen, Theaterstücken oder Romanen ein und verliert dadurch auch manchmal den Bezug zum eigenen realen Leben.
- Er entwickelt sogar zu Fantasiefiguren, Gegenständen oder längst Verstorbenen eine menschliche Beziehung und vernachlässigt dadurch manchmal die Bewältigung des Alltages.
- Er toleriert vor lauter Verständnis für die missliche Lage seines Gegenübers dessen unangebrachtes Verhalten ihm oder Dritten gegenüber.
- Er lässt sich durch direkte und indirekte Aggressionen ungestraft erniedrigen und provozieren damit unwissentlich weitere Abwertungen ihm gegenüber.

Falls Sie sich in etlichen dieser Punkte wiedererkennen, dann können dadurch weitere mögliche langfristige Folgen für Sie entstehen:

1. Sie investieren zu viel seelische Kraft in andere und schwächen sich selbst damit.
2. Sie fühlen sich ausgelaugt, angestrengt und kraftlos.
3. Sie verlieren Ihre Lebensfreude.
4. Sie leiden unter Schlafproblemen.
5. Sie meiden zusehends soziale Kontakte.

6. Sie vernachlässigen Ihre privaten Hobbys.
7. Sie verlieren Ihre eigenen Interessen und Perspektiven.
8. Sie lassen sich durch andere hypnotisieren und werden zu deren verlängertem Selbst.

4.7.2 Der kognitive Empath

Wer sich nicht mit eigenen Gefühlen und deren möglicher Belastung der Seele herumschlagen will, kann oder muss, der nutzt seinen kühlen Verstand und seine Erfahrung, um sich vorzustellen, was wohl in seinem Gegenüber emotional los ist, manchmal allerdings auch für unlautere Zwecke (Breithaupt, 2019).

- Er lebt durch andere, die in irgendeiner Form hochgestellte Persönlichkeiten sind, indem er ihre Nähe sucht und sich mit ihren vermeintlichen oder realen Vorzügen identifiziert. So kann er etwa zum Fan werden oder zum Jünger, Prominenz färbt dann aus seiner Sicht auf ihn ab.
- Er kundschaftet alles über eine andere Person aus, versetzt sich in diese hinein und verfolgt sie dann hartnäckig, um ihr aus seiner Sicht heraus zu beweisen, wie sehr ihm etwa an der ehemaligen Dame seines Herzens immer noch gelegen ist, wohlwissend, dass Stalking bedrohlich wirkt.
- Er entwickelt sich zu einem Helikopter-Elternteil, der sein Kind ständig überwacht, um es vor angeblichen Gefahren, dem dieses „gerade in der heutigen Zeit" ausgesetzt sein könnte, zu behüten.
- Er verschafft sich Kenntnisse über die Schwächen seines Gegenübers und nutzt diese gekonnt aus, etwa, um die andere Person unter Druck zu setzen und in seinem Sinne zu manipulieren, frei etwa nach dem Motto: „Lass mal, das kannst du ja doch nicht, ich kümmere mich jetzt um deine Finanzen!"
- Er überbehütet seine Frau, um sie etwa vor fremden Männerblicken zu schützen, indem er sie aufgrund der Rücksichtnahme auf das schwache Geschlecht so weit wie möglich isoliert und der Öffentlichkeit entzieht.
- Er quält als Sadist sein Opfer, um dessen rein kognitiv nachvollziehbaren Schmerz mitzuerleben, zu steuern und damit kontrollieren zu können.
- Er kennt sich mit den Gefühlen und Persönlichkeitsmerkmalen seines Gegenübers so gut aus, dass er erfolgreich unentdeckt lügen und betrügen kann.
- Er nutzt seine besondere Art der Empathie, um Intrigen anzuzetteln, in denen er zu seinen Gunsten Leute gegeneinander ausspielt, vor denen

er etwa erfundenen Klatsch oder negative Unterstellungen, von denen er weiß, dass die Betroffenen dadurch zur Weißglut gebracht werden können, präsentiert und ausbreitet.

Auch die sog. *„Bühnenmütter",* die ihren mehr oder weniger begabten, aber artigen Kleinen schon frühzeitig eine musische Ausbildung wie das Geige spielen oder Akrobatik angedeihen lassen, um ihnen ungefragt den Weg für eine mögliche zukünftige Bühnenkarriere zu ebnen, den sie selbst leider oft nicht oder nur erfolglos gegangen sind, nutzen ihre kognitive Empathie zum Nachteil ihrer Zöglinge.

4.7.3 Die sozialen Empathen

Doch nicht nur Einzelkämpfer, sondern auch bestimmte berufliche oder gesellschaftliche Gruppen neigen dazu, mithilfe der kognitiven Empathie auf andere Menschen eher unbemerkt Einfluss zu nehmen, indem sie mit deren Gefühle spielen und sie unbemerkt damit in ihrem Sinn steuern.

- Verkäufer wecken künstliche Bedürfnisse beim Kunden, indem sie ihre Produkte und Dienstleistungen mit Gefühlsqualitäten versehen. So wird nicht etwa eine simple Zigarette verkauft, sondern das Gefühl von Freiheit. Oder sie preisen eine billige, aber edel in Goldfolie verpackte Ware an, die beim Kunden ein Luxusgefühl hervorrufen soll.
- Hilfsorganisationen sorgen bewusst dafür, das Mitleid mit bestimmten benachteiligten Menschengruppen zu schüren, um Spenden zu generieren. Dem Spender wird dann vermitteln, dass er ein besonders humaner Mensch ist.
- Versicherungen verkaufen ihre Policen damit, das Sicherheitsbedürfnis ihrer Kunden zu befriedigen, indem sie vorher plakativ auf alle möglichen Gefahren hinweisen, die dem Menschen im Laufe seines Lebens ereilen können, seine Ängste schüren und dann eine genau dazu passende Lösung parat halten.
- Das Geschäft mit den Gefühlen lohnt sich auch, wenn man zu denjenigen Medienvertretern gehört, die mit Horrormeldungen Schlagzeilen machen und damit eine Auflagensteigerung erzielen wollen. „Gute Nachrichten sind schlechte Nachrichten".
- Politische Lager bedienen sich auch einmal gerne der bewussten Manipulation der Bürger, etwa durch das Anstacheln von Leidenschaften, indem sie durch Meinungsmache spalten, um Wählerstimmen einzusammeln.

- Auch Intellektuelle nutzen etwa als Experten gelegentlich ihre kognitive Empathie, indem sie durch ihre Veröffentlichungen einen gesellschaftlichen Hype oder Trend provozieren, der auf der Verunsicherung der Massen aufbaut. So etwa, wenn es um den Verzehr bestimmter Lebensmittel geht, die angeblich für die Gesundheit schädlich sein sollen. Nur durch eine bestimmte Diät, die in einem käuflich zu erwerbenden Ratgeber zu finden ist, kann diese Gefahr vermieden werden.

Sicherlich gibt es noch eine Menge anderer missbräuchlicher, aber durchaus üblicher Verwendungen der Empathie. Empathie ist also nicht per se etwas, das Ihr Leben bereichert. Sie ist für die Entwicklung von Säuglingen und Kindern wichtig und hilft dem Menschen auch, im sozialen Miteinander klar zu kommen. Zudem ist sie eine notwendige Voraussetzung für gelungene Kommunikation, für Freundschaft und Liebe und ganz allgemein für die Tugend der Menschlichkeit.

Abb. 4.2 zeigt mögliche Zusammenhänge zwischen den beiden Dimensionen der emotionalen und kognitiven Empathie auf. Je nachdem wie niedrig, mittel oder hoch diese Fähigkeiten jeweils ausgeprägt sind, weisen sie auf ein typisches Verhalten im Kontakt mit anderen Menschen hin: Im Extrem verfügt etwa der Psychopath über keinerlei emotionale oder kognitive Empathie.

Altruismus ist eine Haltung, die sich aus reiner Menschenliebe uneigennützig, aufopferungsvoll und selbstlos um die Lösung menschlicher Probleme kümmert, eine Art edlen Heldentums. So bemerkt etwa Martin Seligman (2015) sinngemäß:

> „Es geht also nicht nur darum, wie eine Person sich mit ihren Beziehungen wohl fühlt, sondern auch darum, wie andere Menschen sich mit dieser Person fühlen. Das Wohlfühlen gilt also auch in der umgekehrten Richtung. Darüber hinaus geht es auch nicht darum, dass eine Person ein Gefühl von Sinnhaftigkeit für sich selbst hat, weil da ja die Gefahr besteht, womöglich einer Illusion aufzusitzen."

Es geht um das Ausmaß und die Reichweite, in der ein Mensch zu etwas gehört und tatsächlich einem Menschen dient oder sich einer Sache widmet, die größer ist als diese Person selbst. So geht es hier also nicht nur um den einseitigen Stolz dieser Person auf das, was sie getan hat, sondern es geht darum, ob sie diese Ziele auch tatsächlich erreicht hat und welche Auswirkungen diese erreichten Ziele auf diejenigen Menschen hat, die dieser Person wichtig sind: Hier wird also vor Einseitigkeit gewarnt: Das Wohlfühlen sollte nicht in einer

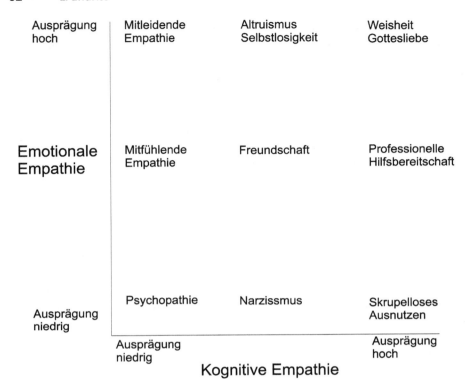

Abb. 4.2 Empathie als wohlwollende Haltung. (© Lilo Endriss)

Sackgasse der ausschließlichen Selbstzufriedenheit ohne Bezug zu anderen landen.

Literatur

Bauer, J. (2006). *Warum ich fühle, was du fühlst. Intuitive Kommunikation und das Geheimnis der Spiegelneuronen*. Hoffmann und Campe.

Breithaupt, F. (2019). *Die dunklen Seiten der Empathie*. Suhrkamp.

Guth, C.-M. (Hrsg.). (2013). *Epiktet: Handbüchlein der stoischen Moral* (S. 26). Sammlung Hofenberg im Verlag Contumax.

Seligman, M. (2015). *Wie wir aufblühen: Die fünf Säulen des persönlichen Wohlbefindens, 5* (S. 336). Goldmann.

Tronick, E. et al. (1975). *Still face experiment. Infant emotions in normal and pertubated interactions*. Paper presented at the biennal meeting of the Society for Research in Child Development.

5

Aufblühen in gesunden Beziehungen

Zusammenfassung Die Positive Psychologie erhebt für sich den Anspruch, wissenschaftliche Erkenntnisse zum erfüllenden Leben gefunden zu haben. Das PERMA-Modell von Seligmann erfasst fünf Elemente des langfristigen menschlichen Wohlbefindens, wovon die positiven Beziehungen zu anderen Menschen im Folgenden genauer beleuchtet werden, sowohl in ihren Qualitätsmerkmalen, ihren Rangfolgen als auch in ihren positiven Effekten, die zum Wohlfühlglück führen. Die nachfolgende Liste mit positiven Gefühlen lädt zur Selbstreflexion über diejenigen Situationen ein, die diese Gefühle auslösen.

Die Liebe spricht: „Ich bin jener Lufthauch, der alles Gute nährt und die Blüten sprießen lässt mit ihren reifen Früchten." (Hildegard von Bingen, 1098–1179)

Die amerikanische Psychologie hatte es sich vor dem 2. Weltkrieg ursprünglich zum Ziel gesetzt, seelische Erkrankungen zu heilen, psychologisches Wissen, das zu einem besseren Leben beitragen kann, zu verbreiten und auch, Hochbegabungen zu entdecken und zu fördern. Auch nach dem 2. Weltkrieg lag der Fokus auf dem erstgenannten Ziel.

L. Endriss, *Aufblühen oder Verwelken?*, https://doi.org/10.1007/978-3-658-34410-8_5

5.1   Positive Psychologie

Um die Jahrtausendwende herum fand Martin Seligman, der frisch gewählte Präsident der American Psychological Assoziation, die Zeit dafür reif, sich wieder mehr auf die wissenschaftliche Erforschung derjenigen Konzepte zu fokussieren, die auf das Positive im menschlichen Leben ausgerichtet sind, Konzepte, die bisher in der Psychologie eher weniger Eingang gefunden hatten, die jedoch den Alltag des Menschen wesentlich verbessern können. Diese neue Ausrichtung wurde dann, von Seligman initiiert, unter dem Namen „Positive Psychologie" bekannt – eine Bezeichnung, die bereits von dem humanistischen Psychologen Abraham Maslow (1954) verwendet wurde.

Aufgabe der Positiven Psychologie ist also, einerseits noch mehr wissenschaftliche Erkenntnisse in die Angewandte Psychologie zu transportieren, aber auch, Erkenntnisse aus nichtpsychologischen Geisteswissenschaften wie Soziologie, Philosophie, Sprachwissenschaften oder Anthropologie, die sich mit dem „besseren Leben" des Menschen beschäftigen, heranzuziehen.

Um das Positive zu vermehren können nach Ann Elisabeth Auhagen (2004) vier Strategien verwendet werden:

1. *Vermehrung:* Hierdurch wird auf bereits vorhandenen positiven Gesichtspunkten und Vorzügen wie menschlichen Stärken, Talenten, Tugenden oder Merkmalen aufgebaut, indem diese etwa bewusst gefördert werden.
2. *Schaffung:* Hierdurch werden neue positive Aussichten und Qualitäten entwickelt, etwa indem die vorhandenen Lebensbedingungen verbessert werden.
3. *Minderung:* Hierdurch wird dafür gesorgt, dass negative Aspekte vermindert werden, indem etwa in einer Situation, die von Betreffenden als ausschließlich negativ erlebt wird, auch positive Aspekte erkannt werden können.
4. *Verhinderung:* Hierdurch wird sich angestrengt, nichts Neues entstehen zu lassen, das zum Nachteil gereicht, etwa indem Menschen Krankheiten vorbeugen.

Besonders interessant an der Positiven Psychologie ist, dass sie auch gerne auf philosophische Konzepte aus der Antike zurückgreift, weswegen ihr manche Kritiker vorwerfen, alten Wein in neuen Schläuchen zu verkaufen.

5.2 PERMA-Modell und die Theorie des Wohlbefindens

Martin Seligman (2015) entwickelte aus der ersten der oben von Anhagen genannten Strategien eine Theorie des Wohlbefindens und verwehrt sich ausdrücklich dagegen, in diesem Zusammenhang von einer „Glückstheorie" zu sprechen. Ziel der Positiven Psychologie als akademische Disziplin sei Wohlbefinden – und diese ließe sich auch nachweislich durch Selbst- und Fremdeinschätzung berechnen. Hier finden Sie im Folgenden die fünf messbaren Elemente seiner Theorie, das PERMA-Modell setzt sich sprachlich, auch als Merkhilfe gedacht, aus seinen *Akronymen,* also den jeweiligen Anfangsbuchstaben, zusammen, die insgesamt auf das Wort „permanent" anspielen, auf psychische Faktoren, die ein langandauerndes Wohlbefinden garantieren können.

P Positive emotions – Positive Gefühle der Welt gegenüber
E Engagement – Engagement – sich für etwas einsetzen
R Relationship – Positive Beziehungen
M Meaning – Sinnhaftigkeit
A Afficiancy – Zielgerichtetsein

Jedes dieser fünf Elemente trägt zu einem erfüllten Leben bei. Hierbei ist zu berücksichtigen, dass ein positives Gefühl der Welt gegenüber eine völlig subjektive Variable ist, die durch das bestimmt wird, was ein Mensch denkt und fühlt. Die übrigen vier, also Engagement, gute Beziehungen, Sinn und Zielerreichung, verfügen sowohl über subjektive als auch über objektive Komponenten. Sie persönlich könnten etwa meinen, in diesen Bereichen überall großen Erfolg zu haben, sich jedoch an der Realität gemessen und von außen betrachtet völlig im Irrtum befinden.

5.3 Allgemeine Kennzeichen von positiven Beziehungen

Eingebettet in das PERMA-Modell finden Sie hier mehrere Punkte, die weniger mit Ihrem Innenleben – wie Ihrer Bereitschaft zum Engagement, Ihrer persönlichen Sinnhaftigkeit oder Ihrem Zielgerichtetsein – sondern vielmehr mehr mit Ihrem Außenleben und Ihrer Art, anderen Menschen zu begegnen, zu tun haben. Wenn Sie also einmal den Fokus auf gesunde Beziehungen richten, die das Wohlergehen des Menschen im Erwachsenenleben unterstützen, dann führt dies dazu, an Hand einer Art Check-Liste mit allgemein gültigen Qualitätsmerkmalen prüfen zu können, inwieweit Sie persönlich dafür sorgen, dass Ihre familiären, freundschaftlichen und beruflichen menschlichen Beziehungen eher positiv ausfallen. Ideal wäre natürlich, dass Sie diese Merkmale auch von Ihrem jeweiligen Gegenüber erwarten können, was natürlich nicht immer der Fall ist. Sicherlich erfordern etliche der folgenden Punkte, dass Sie sich ggf. von schlechten Angewohnheiten lösen müssen, wenn Sie das möchten. Kein Mensch ist perfekt, aber wir Menschen können dafür sorgen, uns zu verbessern.

Aufgabe

Gehen Sie ruhig einmal in sich und prüfen Sie im Sinne einer Selbstbeurteilung, inwieweit Sie die folgenden Qualitätsmerkmale Ihrem Gegenüber anzubieten haben. Anschließend können Sie die Liste ein weiteres Mal durchgehen und begutachten, wo Sie umgekehrt von den Qualitäten Ihrer Bezugspersonen bereichert werden.

Checkliste von Qualitätsmerkmalen für gute Beziehungen

- Loyalität und Vertrauen

Loyalität bedeutet, dass Sie Intimitäten und Vertraulichkeiten, die Ihnen Ihr Gegenüber anvertraut hat, nicht weiterverbreiten. Dies bedeutet auch, dass Sie Dritten gegenüber nicht schlecht über Ihre privaten und beruflichen Beziehungen reden und sich um Diskretion bemühen.

Trifft für mich in hohem Maß zu	Ja	Nein
Ist für mich noch verbesserungswürdig	Ja	Nein
Trifft für mein jeweiliges Gegenüber in hohem Maß zu	Ja	Nein
Ist für ihn/sie noch verbesserungswürdig	Ja	Nein

- Ehrlichkeit und Aufrichtigkeit

Ehrlichkeit bedeutet, dass Sie anderen Menschen gegenüber offen sind, sich um Klarheit bemühen, kritikfähig bleiben und sich auch umgekehrt Kritik an

Ihrer Person gelassen anhören. Sorgen Sie für konstruktive gegenseitige Kritik. Nutzen Sie die sog. „Metakommunikation" im Fall von Konflikten: Metakommunikation betrachtet einen Konflikt sozusagen aus der Vogelperspektive und schildert jeweils das eigene Erleben, die eigene Sichtweise der schwierigen Situation, ohne dem anderen dabei schlechte Absichten zu unterstellen.

Trifft für mich in hohem Maß zu	Ja	Nein
Ist für mich noch verbesserungswürdig	Ja	Nein
Trifft für mein jeweiliges Gegenüber in hohem Maß zu	Ja	Nein
Ist für ihn/sie noch verbesserungswürdig	Ja	Nein

- Unabhängigkeit

Unabhängigkeit bedeutet, dass Sie Ihre Entscheidungen verantwortungsvoll nach Ihrem Wertesystem und in Rücksichtnahme auf andere treffen und keine Kontrolle über Menschen anstreben, die zu Ihrer Familie, Ihrem Freundes- oder Bekanntenkreis gehören, um diese unmündig zu machen.

Trifft für mich in hohem Maß zu	Ja	Nein
Ist für mich noch verbesserungswürdig	Ja	Nein
Trifft für mein jeweiliges Gegenüber in hohem Maß zu	Ja	Nein
Ist für ihn/sie noch verbesserungswürdig	Ja	Nein

- Respekt

Respekt bedeutet, dass Sie Ihrem Gegenüber als Mensch persönliche Anerkennung und Wertschätzung schenken und Sie sich gegenseitig darin unterstützen, die Träume des jeweils anderen tatkräftig zu unterstützen. Akzeptieren Sie die Welt des Anderen, seine Interessen und seine Freunde? Verzeihen Sie ihm, dass er anders ist als Sie?

Trifft für mich in hohem Maß zu	Ja	Nein
Ist für mich noch verbesserungswürdig	Ja	Nein
Trifft für mein jeweiliges Gegenüber in hohem Maß zu	Ja	Nein
Ist für ihn/sie noch verbesserungswürdig	Ja	Nein

● Gleichstellung

Gleichstellung bedeutet, dass Sie sich gegenseitig um einander kümmern, etwa im Fall von Krankheit, wenn jemand versorgt werden muss oder wenn das Gegenüber anderweitig in eine Notsituation geraten ist. Dazu gehört auch, dass beide Seiten in der Lage sind, klare Bitten auszusprechen, aber auch dazu fähig sind, begründet und von Dritten nachvollziehbar „Nein" zu sagen, ohne dabei in eine rebellische Dauerhaltung zu verfallen.

Trifft für mich in hohem Maß zu	Ja	Nein
Ist für mich noch verbesserungswürdig	Ja	Nein
Trifft für mein jeweiliges Gegenüber in hohem Maß zu	Ja	Nein
Ist für ihn/sie noch verbesserungswürdig	Ja	Nein

● Eigen-Verantwortung

Eigen-Verantwortung bedeutet, dass Sie für die Konsequenzen Ihrer Entscheidungen und Handlungen die volle Verantwortung übernehmen und Ihrem Gegenüber niemals die Schuld für Ihre ungelösten Probleme zuschieben. Übernehmen Sie auch Verantwortung für Ihre Fehler und entschuldigen Sie sich ernsthaft dafür.

Trifft für mich in hohem Maß zu	Ja	Nein
Ist für mich noch verbesserungswürdig	Ja	Nein
Trifft für mein jeweiliges Gegenüber in hohem Maß zu	Ja	Nein
Ist für ihn/sie noch verbesserungswürdig	Ja	Nein

● Miteinander reden

Miteinander reden bedeutet, dass Sie und Ihr Gegenüber sich in Ruhe gegenseitig zuhören und sich über Gutes und Schlechtes austauschen können. Oft wird solch ein Gespräch mit der Einleitung „Wir müssen reden!" eröffnet. Erwarten Sie, dass auf Ihre Fragen nach bestem Wissen und Gewissen geantwortet und nicht „gemauert" wird.

Trifft für mich in hohem Maß zu	Ja	Nein
Ist für mich noch verbesserungswürdig	Ja	Nein
Trifft für mein jeweiliges Gegenüber in hohem Maß zu	Ja	Nein
Ist für ihn/sie noch verbesserungswürdig	Ja	Nein

- Verzicht auf Dramen

Verzicht auf Dramen bedeutet, dass Sie bei mehr oder weniger großen Konflikten nicht gleich die ganze Beziehung zueinander infrage stellen oder mit Drohungen oder Anschweigen den Konflikt noch anfeuern. Dies sollte auch im umgekehrten Fall gelten.

Trifft für mich in hohem Maß zu	Ja	Nein
Ist für mich noch verbesserungswürdig	Ja	Nein
Trifft für mein jeweiliges Gegenüber in hohem Maß zu	Ja	Nein
Ist für ihn/sie noch verbesserungswürdig	Ja	Nein

Bewerten Sie sich und Ihr jeweiliges Gegenüber nicht allzu streng und geben Sie sich und anderen Menschen die Chance, an sich zu arbeiten, um das Miteinander zu verbessern.

5.4   Die Rangfolge wichtiger Bezugspersonen

Natürlich werden Sie nicht mit allen Menschen in Ihrer näheren oder ferneren Umgebung gute Beziehungen haben. Und manch einer meint auch, dass er nicht mit jedermann lieb Kind sein will. Klären Sie vielleicht vorerst einmal, welche Ihre menschlichen Beziehungen Ihnen wichtig sind und einordnen Sie diese in eine Prioritätenliste. Wer gehört dann zu Ihren wichtigen und den weniger wichtigen Bezugspersonen?

Um einen Überblick darüber bekommen, wo Ihre menschenbezogenen Schwerpunkte in Ihrem Leben liegen, können Sie sich fragen: Siedeln sich die wichtigen Menschen in meinem privaten oder im beruflichen Bereich an? Danach können Sie sich selbst die Frage stellen, inwiefern die wichtigen Kontakte gleichzeitig auch positive Beziehungen für Sie darstellen. Besitzen diese die oben dargestellten Qualitätskennzeichen? Und entspricht Ihre Prioritätenliste Ihren persönlichen Wünschen?

Der religiöse Psychiater und Neurowissenschaftler Raffael M. Bonelli (2016) weist übrigens darauf hin, dass manche psychischen Probleme, und damit auch das Verwelken eines Menschen, damit zusammenhängen können, dass die aus seiner Sicht und Erfahrung „natürliche" Rangfolge der Wichtigkeit nahestehender Personen durcheinander geraten ist, etwa, wenn die eigenen Kinder wichtiger werden als die Ehefrau oder der Ehemann oder wenn bei Erwachsenen die eigene Mutter wichtiger wird als der Partner. Für den allgemeinen Lebensbereich empfiehlt er daher die folgende

anzustrebende geordnete Reihenfolge nach Wichtigkeit, wobei er die Spiritualität über alle menschlichen Prioritäten setzt:
   Hierarchie der Wertigkeiten im zwischenmenschlichen Bereich (nach Bonelli)

1. Transzendenz/Religion oder „Das Wahre, das Gute und das Schöne"
2. Ehe-Partnerin oder Partner
3. Eigene Kinder
4. Beruflicher Dienst
5. Eltern/Schwiegereltern
6. Freundschaften
7. Geschwister

5.5   Effekte von positiven Beziehungen

Gesunde Beziehungen zu anderen Menschen steigern das allgemeine Wohlbefinden. Sie sind durch Wertschätzung und Anerkennung des Gegenübers gekennzeichnet, die wiederum positive Gefühle und Gedanken beim anderen auslösen. Hier stelle ich Ihnen eine Übersicht von möglichen Reaktionen vor, die dazu führen, dass Menschen sich von ihren Mitmenschen positiv wahrgenommen fühlen, sozusagen Wohlfühlglück pur.

- „Ich-existiere!" wahrnehmen

Jeder Mensch möchte wahrgenommen werden und eine Resonanz auf sein Dasein bekommen, notfalls auch eine negative Reaktion, da einem das menschliche Umfeld auch dadurch vermittelt: „Ja, du existierst!". Forschungen etwa zur sog. *„sensorischen und emotionalen Deprivation"*, also des Reizentzuges von außen, haben ergeben, dass Menschen über kurz oder lang in der totalen Abschottung Gefühle der Auflösung und der Orientierungslosigkeit bis hin zum Wahnhaften entwickeln. Menschliche Zuwendung ist also ein existenziell Grundbedürfnis, ohne dessen Befriedigung kein Mensch längerfristig überleben kann.

- Geborgenheit – sich sicher fühlen

Wer von seinem Gegenüber durchgehend freundlich, respektvoll und rücksichtsvoll behandelt fühlt, der rechnet damit, dass dies auch in Zukunft so sein wird. Dieses Gefühl stellt dann so etwas wie eine feste Basis für das Miteinander her, auf der man aufbauen kann und die nicht leicht zu erschüttern ist. Das Gefühl der Geborgenheit vermittelt, dass alles gut wird. Zudem stärkt dieses Gefühl die eigene Position, indem es dem Betreffenden sogar Spielräume für neue Verhaltensweisen eröffnet, die bei einer Verunsicherung nicht möglich wären.

- Vertrauen entwickeln

Dieses Gefühl äußert sich darin, dass der oder die Betreffende davon ausgeht, dass das Gegenüber einem wohlgesonnen ist und grundsätzlich nichts Böses im Schilde führt. Eine besondere Vorsicht dem anderen gegenüber ist nicht notwendig und man kann sich so zeigen, wie man ist, ohne sich irgendwie verstellen oder strategisch vorgehen zu müssen. Manche Menschen beschreiben dieses Gefühl auch so, dass sie sich im Kontakt furchtlos fallen lassen können, weil sie wissen, notfalls vom anderen aufgefangen zu werden und sich auf diese verlassen zu können.

- Entspannung erleben

Dieses Gefühl kann auch als Beruhigung bezeichnet werden, da es vermittelt, dass erstmal grundsätzlich alles in Ordnung ist, was da zwischen den Beteiligten läuft: „Nur keine Aufregung! Und wenn irgendwas schief läuft, dann werden wir gemeinsam eine gute Lösung finden." Wer sich wertgeschätzt und anerkannt fühlt, der steht nicht permanent unter Druck, etwas Besonderes darstellen zu müssen oder etwas Hervorragendes zu leisten. Und auch nicht, sich für jede Kleinigkeit im Zusammenhang mit der eigenen Existenz rechtfertigen zu müssen. Anerkennung kann auf diese Weise auch die Ausgeglichenheit fördern.

- Sich verstanden fühlen

Wenn das Gegenüber zuhört, empathisch auf einen eingeht und Interesse an den eigenen Gefühlen, Gedanken, Erlebnissen, Plänen und Aktivitäten zeigt, dann ist dies eine wohltuende Bestätigung für die betreffende Person. Gleichzeitig fühlt sie sich ernst genommen und erlebt, dass sie anderen Menschen so wichtig ist, dass diese Anteil an ihrem Leben haben wollen und ihnen die Zeit des Zuhörens schenken. Besonders schön fühlt es sich an, wenn man dann noch Zustimmung und Mitgefühl zu den geäußerten

Inhalten erhält, etwa, wenn es um neuerlich Pläne oder zu lösende Konflikte mit Dritten geht.

- Gelten gelassen werden

Wer von seinem Gegenüber trotz Unterschiedlichkeit in Hinblick auf sozialer Herkunft, Hautfarbe, Bildung, Geschlecht, Karriere, Meinungen, Einstellungen, Idealen respektvoll behandelt wird, der erlebt in besonderem Ausmaß ein erfreutes Gefühl von Akzeptanz, da er sonst in anderen Fällen häufig mit Vorurteilen seiner Person gegenüber rechnen muss. Toleriert zu werden erleichtert die Bewältigung des Alltages und gibt einem das Gefühl, im Kontakt mit dem souveränen Gegenüber ohne Wenn und Aber eine Daseinsberechtigung zu besitzen.

- Gleichberechtigung erfahren

Im Zusammenhang mit den oben dargelegten Ausführungen zum Thema „gelten gelassen werden" soll dieser Punkt noch einmal aus der Sicht der Unterprivilegierten aufgegriffen werden, die in der Regel nicht nur mit Vorurteilen, sondern auch mit einer nicht gleichberechtigten Behandlung zu kämpfen haben. Wer vor einem derartigen Hintergrund, etwa als Frau im Berufsleben, Wertschätzung erlebt, der erlebt ein erhebendes Gefühl, das durch das Gegenüber ausgelöst wird. So etwas verspüren auch Kinder und Jugendliche, wenn sie von Erwachsenen als ebenbürtige menschliche Wesen behandelt werden.

- Emotionale Verbundenheit fühlen

Wenn die Chemie stimmt, dann erfahren Menschen dies als Wärme, Herzlichkeit und Offenheit, die man ihnen entgegenbringt: Sie „können gut miteinander". Wer dies erlebt, fühlt sich regelrecht aufgehoben und zudem durch solch ein Gegenüber geschützt, weil der Betreffende weiß, dass der andere ähnliche Gefühle kennt und mit ihm teilt. Emotionale Verbundenheit hilft gegen Einsamkeit und basiert auf gegenseitiger Fürsorglichkeit. So wünscht man seinem Gegenüber stets nur Gutes und weiß, dass der andere Mensch einem ebenfalls das Allerbeste gönnt.

- Von Freude erfüllt sein

Zuwendung und Akzeptanz ruft in vielen Menschen Frohsinn hervor: Der eigene Körper entspannt sich, eine gewisse Leichtigkeit im Umgang miteinander stellt sich ein, Menschen beginnen zu lächeln und verspüren Lebenslust. Der Zustand des Unbeschwertseins kann sich noch weiter bis zum Ausgelassensein und dem Übermut steigern. Freude ist ein überall auf der Welt und in jeder Altersstufe vorzufindendes Gefühl. Wer Freude empfindet ist wach und konzentriert und damit dem Zustand des Flow schon ziemlich nahe.

- Geistige Verbundenheit empfinden

Wer es erlebt, dass ein anderer Mensch nach ähnlichen ethischen Werten lebt wie man selbst und dass diese Person im Kontakt miteinander diese auch zum Ausdruck bringt, wie zum Beispiel durch das Buch-Geschenk eines Autors, den beide schätzen oder durch die Einladung zu einem Vortrag, in dem ein gemeinsam geteiltes Interessens- oder Wissensgebiet referiert wird, dann entsteht im Empfänger ein besonderes Gefühl der Verbundenheit, das sich eher im kognitiven als im emotionalen Bereich ansiedelt.

- Klarheit und Stimmigkeit erleben

Das Gefühl oder vielmehr der mentale Zustand der Durchschaubarkeit, der weder Verwirrung und irritierendes Durcheinander enthält, unterstützt beim Empfänger das Wohlbefinden durch Sicherheit: Der Betreffende weiß, woran er ist und wessen Geistes Kind sein Gegenüber ist. Im umgangssprachlichen Gebrauch gibt es den Ausdruck „lieber Klartext reden!", was daraufhin deutet, dass es dem Empfänger eines Klartextes gut tut, wenn nicht um den heißen Brei herum geredet wird. Auf diese Weise entsteht beim Betreffenden Stimmigkeit, denn auf diese Weise werden Ungereimtheiten und Widersprüchliches vermieden. Zudem entsteht dann auch oft ein aufgeräumtes Gefühl im Empfänger.

- Sich nahe und gemocht fühlen

Eine besondere Bestätigung durch ihr jeweiliges Gegenüber erfahren Menschen, wenn sie sich sowohl körperlich als auch emotional nahe sind. Dazu gehört unter anderem, jemanden „gut riechen können". Viele Menschen mögen körperliche Berührungen, die in ihnen wohlige Gefühle hervorrufen, etwa durch Familienmitglieder oder Freunde. Wenn dies noch zusätzlich mit emotionaler Nähe und Verbundenheit gepaart sind, dann unterstützt dies das Gefühl, gemocht zu warden

- Zuversichtlich warden

Wer von anderen wertgeschätzt und als Person anerkannt wird, der erlebt durch diese Behandlung auch eine Unterstützung, was die eigenen Pläne für die Zukunft betrifft. Menschen spüren, wenn man ihnen etwas zutraut. Dadurch werden sogenannte Möglichkeitsräume eröffnet, und so gesehen kann das Gegenüber allein durch ein gewisses Wohlwollen und die Zurückhaltung von vernichtender Kritik einen Menschen besonders fördern. Der betreffende Mensch fühlt sich dann ermutigt, Dinge zu wagen und auszuprobieren, die er sonst vielleicht nicht als attraktive persönliche Herausforderung ansehen würde.

- Sich willkommen fühlen

Für manche Menschen ist es ein besonderes Gefühl, wenn sie spüren, dass ihr Gegenüber sie willkommen heißt und sie wohlgelitten sind, besonders, wenn der Betroffene in der Vergangenheit häufiger vermittelt bekommen hat, dass er stört, dass seine Anwesenheit unerwünscht ist oder wenn er sogar eine sog. *„persona non grata"* ist, also jemand, der bewusst ausgegrenzt wird, aus welchen Gründen auch immer. So besteht etwa die Gastfreundschaft darin, auch Fremde freundlich zu empfangen und zu vermitteln, dass sie gerne gesehen werden. Dies unterstützt auch das Zugehörigkeitsgefühl zur menschlichen Gemeinschaft.

- Sich geliebt fühlen

Ein Grundbedürfnis des Menschen ist, nicht nur gesehen und anerkannt zu werden, sondern auch geliebt zu werden, sei es durch die Eltern, Geschwister, Verwandte, Freunde oder Partner und betrifft vorwiegend die private Welt eines jeden. Dieses Wonnegefühl kann sowohl eine familiäre, eine vertraulich-freundschaftliche, eine romantische als auch eine erotische Variante beinhalten. Wer sich geliebt fühlt, der erlebt Glücksgefühle, die zwar nicht besonders lange andauern, die aber jederzeit wieder durch entsprechend positive Botschaften reaktiviert werden können.

- Verzauberung und Faszination erleben

Etliche Menschen lösen im Kontakt zu anderen durch ihr Aussehen, ihre besondere Art, ihre Gedanken und ihre Handlungen beim Gegenüber außerordentliche Gefühle des Gebanntseins hervor, die fast magisch anmuten, so etwa bei Stars, die für einen – natürlich auf Distanz – schauspielern oder Musik machen. Diese Gefühle müssen nicht unbedingt erotischer Art sein. In jedem Fall ist der Empfänger erfreut, mit Bewunderung erfüllt und erlebt ein erhebendes Gefühl, wie dies oft etwa auch im Zusammenhang mit Kunst, Kultur und wissenschaftlichen Erkenntnissen stattfinden kann.

- Euphorische Verzückung empfinden

Wer von seinem Gegenüber geballt besonders viel Anerkennung und Wohlwollen erfährt, der reagiert in der Regel mit einem psychischen Ausnahmezustand, der jenseits des Alltags angesiedelt ist. Gesteigerte Glücksgefühle können dazu führen, dass ein Mensch vor Freude völlig aus dem Häuschen gerät und davon völlig überwältigt ist. Neben der emotionalen Reaktion wird diese Person auch eine biologische Reaktion erleben, da im Körper die Glückshormone, sog. „Endorphine" ausgeschüttet werden, die wie ein Rauschmittel wirken. Die größte Steigerung dieses euphorischen Zustandes erleben Menschen während des sexuellen Aktes in Form des Orgasmus.

- Inspiriert warden

Das Gegenüber, das einen akzeptiert und wertschätzt, kann durchaus zu einem Vorbild werden, dem man nacheifert, weil es einen inspiriert und beeindruckt. Erfolgreiche Pädagogik etwa funktioniert nach diesem Prinzip. Ein anderer Mensch kann einen auch durch dessen Begeisterung und gute Laune anstecken, sei es durch gemeinsame Unternehmungen oder Projekte, in die man sich hineinziehen lässt und die zu freudigen Überraschungen und zum Staunen führen. Eine gemeinsame zwanglose Stimmung kann zudem zu einem geistigen Pingpong veranlassen, in dem Rede und Gegenrede sich optimal aufeinander einspielen.

- Konkurrenzloses Zusammenwirken erfahren

Wenn eine Person im Zusammenhang mit gemeinsamen Vorhaben von ihrem Gegenüber vermittelt bekommt, dass ihre Herangehensweise und Arbeitsausführung positiv beurteilt wird und dass man gerne mit ihr zusammen etwas auf die Beine stellt, dann entfallen die störenden und unangenehmen Gefühle der Konkurrenz. Konkurrenz ist nicht zu verwechseln mit einem spielerischen Wettbewerb, in dem es nicht um Macht, sondern um eine eher sportliches Kräftemessen. Wer sich neidlos, auch im Zusammenhang mit dem Wetteifern, akzeptiert fühlt, der erlebt ein erhebendes Gefühl, da es um die Sache und nicht um die eigene Position geht.

- Mit Stolz erfüllt sein

Stolz soll hier nicht als Hochmut verstanden werden, sondern als ein Gefühl der Selbstanerkennung, das durch positive Rückmeldungen von anderer Seite hervorgerufen wird, wenn jemand sagt: „Ich bin stolz auf dich!". Dieser Stolz kann sich entweder auf eine besondere Leistung, ein besonderes Können oder ein Geschick beziehen oder auf eine spezielle körperliche Stärke, die anderen Menschen angenehm auffällt. Dieser natürliche Stolz ist auch bei Kindern zu finden, die wertschätzend und empathisch erzogen werden.

- Korrekturen durch freundlichen Widerstand erleben

Manchmal schätzen sich Menschen völlig falsch ein, sei es aufgrund ihrer blinden Flecken, ihrer Verdrängungen, ihrer ausufernden Fantasie oder weil sie etwas Unpassendes eingeredet bekommen haben. In jedem Fall erleben es Betreffende als äußerst wertschätzend, wenn sie in Bezug auf ihre Meinung von sich selbst freundlichen Widerstand erhalten und sich ihr Gegenüber erlaubt, freundlich und mitfühlend korrigierend einzugreifen, um Betroffene gegebenenfalls zum Nachdenken über sich selbst anzuregen. Diese Korrekturen können in beide Richtungen gehen – entweder hat ein Mensch eine allzu gute Meinung von sich selbst oder er neigt dazu, sich schlechter zu machen als er ist.

Sämtliche oben aufgelistete Reaktionen auf wertschätzendes Verhalten können zu einem Aufblühen des Menschen führen und ihn stabilisieren. Allerdings gibt es hier auch besondere Ausnahmen, was im Kap. 18 im Zusammenhang mit den Überlegungen von Hans-Joachim Maaz zum Narzissmus und dem von ihm so benannten Größenklein näher erläutert wird. Auf jeden Fall sollten Sie in Zukunft noch mehr darauf achten, wen Sie in Ihre Nähe lassen. „Trau schau wem!" ist ein bewährter Spruch, um auf diesem Wege zu verhindern, sich mit falschen Freunde zu umgeben.

5.6 Checkliste für neue Kontakte

Aufgabe

Prüfen Sie bei neu entstehenden menschlichen Kontakten, inwiefern diese Ihnen guttun und sich in Zukunft bewähren könnten. Die folgende Checkliste kann Ihnen dabei behilflich sein.

1. Lassen Sie sich Zeit zum Kennenlernen und überstürzen Sie nichts.
2. Seien Sie vorsichtig damit, das Gegenüber zu verklären oder sofort abzulehnen. Achten Sie auf Ihre Vorurteile.
3. Verhält sich Ihr Gegenüber Ihnen gegenüber gleichbleibend oder eher launisch? Erleben Sie Irritationen oder werden Sie manchmal stutzig?
4. Hält die andere Seite Abmachungen ein? Ist sie zuverlässig und können Sie auf deren Zusagen vertrauen?
5. Können Sie eigene Wünsche vortragen und werden diese vom anderen praktisch und konkret berücksichtigt und fallen nicht unbeachtet unter den Tisch?
6. Sind die eigenen Redeanteile und die des anderen ausgeglichen, wenn Sie miteinander zu tun haben?
7. Können Sie auch etwas Kritisches äußern, ohne dass es gleich zu Spannungen oder „dicker Luft" zwischen Ihnen und des anderen Person kommt?
8. Verhält sich das Gegenüber Ihnen gegenüber wertschätzend? Entspricht auch die Körpersprache Ihres Gegenübers eine gleichberechtigte Sprache?
9. Haben Sie den Eindruck, als wenn der neue Kontakt Ihr Leben bereichert oder eher schmälert? Inspiriert sie oder er Sie und lässt er Sie eine gewisse Leichtigkeit im Umgang miteinander spüren?
10. Fühlen Sie sich während oder nach dem Zusammensein angestrengt? Müssen Sie sich ggf. hinterher erholen?

5.7 Wohlfühlglück und Wohlfühlliste

Alles das, was Menschen als positiv erachten, ruft in der Regel auch gute Gefühle in ihnen hervor. Sie können Ihre Aufmerksamkeit einmal darauf lenken, ob Sie viele der in der unten dargestellten Check-Liste positiver Gefühle, der Wohlfühlliste, gut kennen und in welchen Situationen diese bei Ihnen auftauchen. Sie drücken den reinen Lustgewinn aus und vermeiden jegliches Unlustgefühl.

Positives Gefühl	kenn ich gut	ja	Typische Situation
1. Amüsiert sein	o		
2. Angeregt sein	o		
3. Aufmerksam sein	o		
4. Ausgeruht sein	o		
5. Beflügelt sein	o		
6. Befreit sein	o		
7. Begeistert sein	o		
8. Behagen erleben	o		
9. Berauscht sein	o		
10. Beschwingt sein	o		
11. Dankbar sein	o		
12. Eifrig sein	o		
13. Engagiert sein	o		
14. Ehrfürchtig sein	o		
15. Enthusiastisch sein		o	
16. Entlastet sein	o		
17. Entschlossen sein	o		
18. Entspannt sein	o		
19. Entzückt sein	o		
20. Erfrischt sein	o		
21. Ergeben sein	o		
22. Erleichtert sein	o		
23. Erregt sein	o		
24. Fasziniert sein	o		
25. Freudig sein		o	
26. Fürsorglich sein	o		
27. Geborgen sei	o		
28. Geduldig sein	o		
29. Geehrt sein		o	
30. Gefasst sein		o	
31. Gefesselt sein	o		
32. Gemütlich sein	o		
33. Gelassen sein	o		
34. Geliebt werden	o		
35. Gesättigt sein	o		
36. Gesellig sein	o		
37. Gesegnet sein	o		
38. Gesund sein		o	
39. Glücklich sein	o		
40. Großzügig sein	o		
41. Gütig sein	o		
42. Heiter sein	o		
43. Hellwach sein	o		
44. Herzlich sein	o		
45. Hingebungsvoll sein		o	
46. Hoffnungsvoll sein	o		
47. Inspiriert sein	o		
48. Interessiert sein	o		
49. Jugendlich sein	o		
50. Klar sein	o		
51. Kraftvoll sein	o		

52. Kühn sein	o	
53. Kontaktfreudig sein		o
54. Konstruktiv sein	o	
55. Kooperativ sein	o	
56. Kreativ sein		o
57. Lebendig sein	o	
58. Lebenslustig sein	o	
59. Lebhaft sein		o
60. Leidenschaftlich sein		o
61. Leicht sein	o	
62. Locker sein		o
63. Lustvoll sein	o	
64. Munter sein		o
65. Meditativ sein	o	
66. Motiviert sein	o	
67. Nachdenklich sein	o	
68. Nahe sein	o	
69. Neugierig sein	o	
70. Offen sein	o	
71. Optimistisch sein	o	
72. Präsent sein		o
73. Privilegiert sein	o	
74. Produktiv sein	o	
75. Respektvoll sein	o	
76. Ruhig sein	o	
77. Sanft sein	o	
78. Schwungvoll sein	o	
79. Selbstsicher sein	o	
80. Selig sein	o	
81. Sensibel sein	o	
82. Sicher sein		o
83. Sorgenfrei sein	o	
84. Sorglos sein		o
85. Spontan sein	o	
86. Stabil sein	o	
87. Still sein	o	
88. Stolz sein	o	
89. Strahlend sein	o	
90. Tapfer sein		o
91. Teilend sein		o
92. Tolerant sein	o	
93. Überrascht sein	o	
94. Überwältigt sein	o	
95. Unbekümmert sein	o	
96. Unbeschwert sein	o	
97. Unerschüttert sein	o	
98. Ungezwungen sein		o
99. Unschuldig sein	o	
100. Verblüfft sein	o	
101. Vergnügt sein	o	
102. Verliebt sein	o	
103. Verspielt sein	o	
104. Verständnisvoll sein		o
105. Vertrauensvoll sein		o
106. Verwundert sein	o	

107. Verzaubert sein	o	
108. Verzückt sein	o	
109. Vollkommen sein	o	
110. Vollwertig sein	o	
111. Wach sein	o	
112. Wissbegierig sein	o	
113. Wohlig sein		o
114. Wunderschön sein	o	
115. Zärtlich sein		o
116. Zufrieden sein	o	
117. Zuversichtlich sein	o	
118. Zugänglich sein	o	
119. Zuneigend sein	o	
120. Zutrauend sein	o	

©

Aufgabe

Als besonders schöne Übung empfehle ich, regelmäßig zu überprüfen, welche und wie viele positive Gefühle Sie in den vergangenen 24 Stunden erlebt haben. Sie werden überrascht sein. Außerdem können Sie zur Steigerung des Wohlfühlglücks all die typischen Situationen in Ihrem Leben, von denen Sie wissen, dass sie Ihnen ein gutes Gefühl liefern, noch mehr in Ihren Alltag integrieren.

Das Aufblühen des Menschen kann also durchaus damit zusammenhängen, in welcher menschlichen Umgebung er sich aufhält, wozu im nächsten Kapitel ein „Wertschätzungs-Knigge" vorgestellt wird.

Literatur

Auhagen, A. E. (2004). Das Positive mehren. Herausforderungen für die Positive Psychologie. In A. Auhagen (Hrsg.), *Positive Psychologie: Anleitung zum „besseren" Leben* (S. 1–15). Beltz.

Bonelli, R. (2016). *Selbst schuld! Ein Weg aus seelischen Sackgassen.* Droemer Knaur.

Maslow, A. (1954). *Motivation and personality.* Harper.

Seligman, M. (2015). *Wie wir aufblühen. Die fünf Säulen des persönlichen Wohlbefindens.* Goldmann.

6

Wertschätzung – Dimensionen der Anerkennung

Zusammenfassung Kalettas Interviews mit Betroffenen ergaben aus soziologischer Sicht, dass das Thema „Anerkennung" unter anderem individuelle emotionale sowie individuelle positionale Formen der zwischenmenschlichen Würdigung aufweisen. Die drei psychologischen Dimensionen der Anerkennung, die sich daraus ableiten lassen, zeigen in den Bereichen der verbalen, der nonverbalen und der Anerkennung durch Handlungen beispielhaft in einer Art Wertschätzungs-Knigge, wie Wertschätzung einem anderen Menschen gegenüber detailliert vermittelt werden kann. Umgekehrt wird daraufhin gewiesen, dass der Wunsch nach Anerkennung im Zusammenhang mit kreativer Selbstverwirklichung auch abhängig machen kann und es sich empfiehlt, sich weitgehend von äußerer Anerkennung abzulösen.

Ich glaube, dass die Grundlage jeder Moral die Achtung oder die Sorge um das Glück des anderen ist. (Germaine de Staël, 1766–1817)

Wohlbefinden und Aufblühen mittels Akzeptanz und Wertschätzung durch die menschliche Umwelt wirkt also unterstützend. Wie Akzeptanz und Wertschätzung im Detail aussehen kann, soll in diesem Kapitel vertieft werden.

L. Endriss, *Aufblühen oder Verwelken?*, https://doi.org/10.1007/978-3-658-34410-8_6

6.1   Emotionale und positionale Anerkennung nach Kaletta

Die Soziologin Barbara Kaletta (2008) wertete verschiedene Interviews aus, um das Thema „Anerkennung" genauer zu untersuchen. Dabei fand sie verschiedene Bereiche heraus, die die Identität und das Selbstbild von Menschen wohlwollend unterstützen. Ich möchte mich in diesem Zusammenhang im Folgenden auf die individuelle emotionale und individuelle positionale Anerkennung beschränken.

• Individuelle emotionale Anerkennung

Die Befragten teilten mit, dass sie es bereits als anerkennend wahrnehmen, dass sich erstens wichtige Bezugspersonen aus der eigenen Familie und aus dem Freundeskreis regelmäßig bei ihnen melden, sie anrufen oder besuchen. Dazu gehören auch Kontakte, die über eine größere räumliche Distanz aufrecht erhalten bleiben. Zum Zweiten erlebten die Betreffenden Anerkennung dadurch, dass sie in irgendeiner Form praktische Unterstützung und Hilfestellung erhalten, wozu etwa Hilfe bei der Kindererziehung und -betreuung gehört, im Haushalt, in Notsituationen oder bei der Jobsuche. Als besonders positiv wird eingeschätzt, wenn man diese Formen der Unterstützung sogar spontan zu jeder Tages- oder Nachtzeit erbitten kann.

Des Weiteren wird die verbale Unterstützung genannt, wenn man in schwierigen Situationen steckt, jemand Zuspruch gibt sowie einem Mut macht. Dazu gehört auch, ermuntert zu werden, Dinge zu tun, die einem gut tun sowie Gedanken und Ratschläge, wie die Situation verbessert werden kann. An vierter Stelle stehen alle konkreten und symbolischen Handlungen, die verdeutlichen, wie wichtig man für den anderen ist und dass man an ihn denkt: Das Versenden von digitalen Botschaften wie SMS oder Whats App, das Mitbringen von Blumen und kleinen, womöglich selbst gebastelten Geschenken, also alles, was zu einer positiven Überraschung führen kann. Ein weiterer Bereich ist, dass man sich auf die Bezugsperson verlassen kann, dass sie keine Intimitäten weiter ausplaudert, dass sei ehrlich und vertrauenswürdig ist.

Als besonders anerkennend nennen Menschen die Tatsache, dass ihre Unterschiedlichkeit von anderen akzeptiert wird, dass diese Toleranz und Verständnis gegenüber völlig anderen Lebensentwürfen mitbringen, die sie selber nicht anstreben oder praktizieren. Schön ist auch zu erfahren, dass andere Menschen stolz auf die eigenen Leistungen sind und sich darüber freuen, wenn man Erfolg hat. Dazu gehört auch, dass sie sich danach erkundigen, wie es einem geht und dass sie dafür sorgen, dass man sich körperlich gut fühlt.

Weitere emotional anerkennende Verhaltensweisen zeigen sich auch im nicht-sprachlichen Verstehen, etwa im gemeinsamen Lachen und im zwanglosen Miteinander, das keinen besonderen Regeln unterliegt. Abschließen wurden unmittelbare Beweise der Zuneigung genannt, etwa durch Worte wie „Ich habe dich gern!" oder durch körperliche Zuneigungsbekundungen wie Umarmen oder Küsse verteilen.

- Individuelle positionale Anerkennung

Diese Form der Anerkennung findet nicht im Privatleben, sondern bei der Arbeit, also im Rahmen der beruflichen Position statt. Hier spielt das Leistungsprinzip eine große Rolle, wobei sich eine Person auch schon allein durch ein Kopfnicken anerkannt fühlen kann, wenn eine Aufgabe ordnungsgemäß erfüllt wurde. Ganz allgemein erleben die Befragten es immer als anerkennend, explizit gelobt zu werden. Dies kann über schriftliche Berichte mit einem Lob über erfüllte Aufgaben vermittelt werden, aber auch durch mündliche Erwähnungen, dass alles so erledigt wurde, wie der Lobende es erwartet hatte. Des Weiteren erwähnen die Betreffenden es als positiv, wenn sie Arbeiten zugeteilt bekommen, die passgenau ihren Qualifikationen entsprechen oder auch Aufgaben, die eine besondere Herausforderung darstellen, wenn diese über das formal Erlernte hinaus reichen.

Natürlich stellen auch Beförderungen eine besondere Form der positionalen Anerkennung dar sowie auch die Tatsache, dass man besonders wichtige und verantwortungsvolle Aufgabengebiete übertragen bekommt. Als besonders wertschätzend wird auch erlebt, wenn man nach der eigenen Meinung zu fachlichen Problemen gefragt wird, ein Headhunter Kontakt mit einem aufnimmt oder man spezielle Ehrungen in der Öffentlichkeit bekommt.

Anerkennung und Bestätigung in der menschlichen Kommunikation führen dazu, dass sich Menschen gesehen fühlen, was maßgeblich zum Aufblühen beiträgt. Im Folgenden möchte ich anhand von vielen Beispielen einmal darstellen, was alles im Zusammenhang mit den drei Dimensionen der Anerkennung möglich ist, nämlich 1. den anerkennenden Worten, 2. dem nichtsprachlichen Ausdruck im Sinne der nonverbalen Kommunikation und 3. den anerkennenden praktischen Handlungen, die oft symbolhaft als Wertschätzung interpretiert werden.

Diese Zusammenstellung erhebt nicht den Anspruch auf Vollständigkeit, soll jedoch die Frage beantworten. Auf welche Weise geben sich Menschen gegenseitig Bestätigung und Anerkennung? Die daraus abgeleiteten Verhaltensregeln sowie deren praktische Umsetzung unterstützen das menschliche Miteinander auch hinsichtlich des Wohlbefindens. Einige Empfehlungen können Sie bereits im klassischen Knigge (2005) von Freiherr von Knigge finden, der von 1752 bis 1796 gelebt hat, in dessen Werk allerdings nach wie vor nicht nachzulesen ist, wie das Besteck neben dem Teller angeordnet sein muss oder wer wen in welcher Reihenfolge zu grüßen hat.

Meine Zusammenstellung, der „Wertschätzungs-Knigge", bezieht sich auf die westliche bzw. auch bundesdeutsche Kultur. Falls Sie also eher international unterwegs sind, dann sollten Sie ein interkulturelles Training absolvieren, um nicht unwissentlich einen zwischenmenschlichen Fauxpas zu begehen.

6.2 Verbale Anerkennung – anerkennende Worte

Sie werden hier eine Aufreihung finden, die Sie vielleicht auch an die klassische gute Erziehung, an die allgemein verbindlichen Höflichkeitsregeln erinnern oder auch an Empfehlungen aus Seminaren zur Verbesserung der Kommunikation.

- Begrüßen

Jemanden ohne Begrüßung anzusprechen zeugt von mangelnder Anerkennung. Zumindest ein knapper Gruß, etwa wenn Sie auf der Straße Nachbarn begegnen, vermittelt: „Ich nehme Sie wahr", „Ja, ich sehe Dich!" Je nachdem, ob Sie telefonieren oder direkt mit jemandem reden, sollten Sie zu Beginn einen mehr oder weniger „lockeren" Gruß äußern. Von „Hey!", „Hallo!", „Guten Tag!", bis zu „Schön, Sie zu sehen!" variieren diese Möglichkeiten. Sofern Sie dies lächelnd und in einem freundlichen Ton mitteilen, vermitteln Sie, dass Sie sich freuen, den anderen zu treffen oder am Telefon zu hören.

- Zuhören und Verständnisfragen stellen

Einem Menschen zuzuhören bedeutet unter anderem, sich auf dessen sprachlichen Aussagen zu konzentrieren und sich nicht vom Umfeld wie etwa Hintergrundgeräusche oder Bewegungen im Raum ablenken zu lassen. Versuchen Sie, den geäußerten Gedanken Ihres Gegenübers zu folgen und Fragen zu stellen, wenn Sie etwas nicht verstanden haben, frei nach dem Motto: „Meintest Du damit dies?" oder „Habe ich Sie eben richtig verstanden, dass …?" Auf diese Weise gehen Sie auf den anderen und seine Welt ein und verlassen für eine Weile Ihren eigenen Kosmos.

- Ausreden lassen

Gestatten Sie Ihrem Gegenüber, per Sprache ein mehr oder weniger großes Revier einzunehmen. Manche Menschen können sich nicht so gut ausdrücken oder fassen sich nicht so kurz, wie Sie dies gerne hätten. Üben Sie sich in Geduld, auch wenn Ihnen dies schwer fällt und unterbrechen Sie Ihr Gegenüber nicht. Nehmen Sie dem anderen Menschen auch nicht das Wort aus dem Mund, selbst wenn Sie ein schlaues Kerlchen sind und schon wissen, was er gerne sagen möchte. Verzichten Sie auch darauf hinzuweisen, dass Sie dessen Geschichte schon kennen, womöglich schon tausendmal gehört haben.

- Das Gegenüber beim Namen nennen

Nennen Sie Ihr Gegenüber beim eigenen Namen, im beruflichen Bereich oder im Alltag vorwiegend mit dem Nachnamen, im Privaten mit dem Vornamen, der dem Wunsch der betreffenden Person entspricht, insbesondere bei mehreren Vornamen oder Namenskürzeln. Manche Koseformen wie „Schatzilein" oder „Schnucki" werden nicht gerne gehört, insbesondere nicht vor Dritten oder in der Öffentlichkeit. Lassen Sie diese aus Respekt dem anderen gegenüber weg. Andererseits übertreiben Sie auch bitte nicht, indem Sie vor oder nach jeder Anrede den entsprechenden Namen nennen.

- Koseworte und Neckereien verwenden

Im privaten Bereich tut es gut, für die andere Person Koseworte zu verwenden. Sie drücken Anerkennung sowie liebevolle Zuwendung aus und werden höchst individuell vergeben. Manchmal wird nicht nur im Zusammenhang mit den eigenen Sprösslingen die Verkleinerungsform gewählt, auch Erwachsene können mit Kosewort-Endungen der Diminutive –lein oder -chen tituliert werden, solange deswegen kein Political-Correctness-Streit darüber entbrennt und die Anrede nicht mehr als wohlwollend bzw. respektvoll angesehen wird. Kindern und Liebsten gegenüber wird auch gerne ein besonderer Spitzname verpasst, der in der Regel ebenfalls von den Betroffenen als liebevolle Wertschätzung angenommen wird.

- Nach dem Befinden fragen

Wenn Sie sich längere Zeit nicht gesprochen oder gesehen haben, dann sollten Sie sich nach dem Befinden der anderen Person erkundigen. Normalerweise entsteht aus dieser Frage keine lange Schilderung des inneren oder äußeren Zustandes Ihres Gegenübers, sondern wird als freundliche Erkundigung verstanden. Falls die andere Person jedoch weit ausholt, weil sie vielleicht unter Leidensdruck steht oder Sie mit für Sie völlig uninteressanten Mitteilungen „zutexten" möchte, dann können Sie trotzdem ruhig und gelassen bleiben und sagen: „Entschuldigung, ich habe jetzt gerade keine Zeit zum Zuhören.". Je nachdem, ob dieser Mensch zu Ihrer Familie oder zum Freundeskreis gehört oder nicht, können Sie einen späteren gemeinsamen Gesprächstermin vorschlagen. Aufgeschoben ist nicht aufgehoben.

- Interesse zeigen

Vermitteln Sie Interesse am Leben des anderen Menschen. Je nachdem, wie nahe er Ihnen steht, erkundigen Sie sich nach seiner Arbeit, Familie, Freunden, Hobbys oder Interessengebieten, aber auch nach Problemlösungen, die diese Person gegebenenfalls seit dem letzten Zusammensein für sich gefunden hat. Falls Ihr Gegenüber Pläne schmiedet, dann steigen Sie darauf ein und machen passende Vorschläge, aus denen ersichtlich wird, dass Sie diese Ideen befürworten oder üben freundlich konstruktive Kritik daran.

- Gute Wünsche zur Gesundheit aussprechen

Falls die andere Person Ihnen etwas oder auch manchmal viel über ihren Gesundheitszustand berichtet, dann bleiben Sie geduldig, auch wenn dies bei Schilderungen diverser Symptome und Erkrankungen manchmal schwer zu ertragen ist. Denken Sie daran, dass Sie selbst vielleicht einmal, wenn Sie älter sind, sich ebenfalls durch das Reden darüber, wie es mit Ihrer Gesundheit steht, entlasten möchten. Fragen Sie nach, was dem anderen gut hilft oder gut helfen könnte. Lenken Sie das Gespräch so, dass der andere sich verstanden fühlt und dass Sie ihm alles Gute wünschen.

- Beglückwünschen

Falls Ihr Gegenüber über eine eigene Leistung oder ein besonders schönes Vorkommnis im Gespräch berichtet, das er oder sie erlebt hat, dann können Sie einen Glückwunsch dazu aussprechen, etwa wie „Schön, dass dir das so gut gelungen ist" oder „Toll, was Sie da erlebt haben!" und damit zeigen, dass Sie sich mit der anderen Person freuen. Bringen Sie damit zum Ausdruck, dass Sie dies dem anderen gönnen und dass Sie seine Freunde teilen.

- Mut machen und trösten

Falls Ihr Gegenüber sich gerade in einer misslichen Lage oder Krise befindet und darunter leidet, dann tut es gut, wenn Sie ihm mit einfühlsamen und tröstenden Worten beistehen wie. „Ja, das ist alles sehr traurig!" „Ruhe dich erstmal aus, wenn die danach ist!" oder „Das wird schon wieder!". Manchmal hilft auch einfach nur Zuhören und ab und zu einmal „Hm" zu sagen. In anderen Fällen können Sie auch auf die Stärken des anderen verweisen, was der oder was die alles schon in der Vergangenheit bewältigt hat. und auch darauf, dass diese Person ja nicht völlig allein steht und auch Hilfe in dieser schwierigen Situation bekommen wird.

- Unterschiedlichkeit akzeptieren

Als besonders anerkennend erleben Menschen, wenn sie wegen ihrer Eigenarten und Meinungen gelten gelassen und nicht deswegen abgelehnt werden, weil sie „anders ticken", anders aussehen oder einen anderen sozioökonomischen Status haben als die vorherrschende Masse in dem jeweiligen gesellschaftlichen Umfeld oder der Kultur, in der sie leben. Die Meinungsfreiheit ist ein hohes Gut innerhalb einer demokratischen Gesellschaft und auch die vom Mainstream abweichende Haltungen, Lebensformen und Einstellungen von Mitmenschen wollen, wenn nicht künstlich hoch gelobt, so doch zumindest wahrgenommen werden.

- Erbetene Ratschläge mitteilen

Falls Sie von einem anderen Menschen darum gebeten werden, ihm Tipps oder Ratschläge zu geben, dann prüfen Sie erstmal, ob Sie dies überhaupt leisten können, ob Sie genug Kenntnisse und Erfahrungen haben oder ob Sie damit überfordert sind. Dann können Sie ihm erwidern: „Gerne, also dies und das fällt mir dazu ein!" Drängen Sie niemandem unerbetene Ratschläge auf, denn sonst „schlagen" Sie ihn damit.

- Komplimente kundtun

Scheuen Sie sich nicht, dem Gegenüber ab und zu ein paar Komplimente zu machen: Drücken Sie Ihre Bewunderung aus, wenn Ihnen an dieser Person, ihren Handlungen, ihrem Aussehen, ihrem Geschmack, ihrem Besitz oder Eigentum etwas gefällt, jedoch übertreiben Sie das nicht, denn sonst könnte dies unglaubhaft und wie eine oberflächliche Schmeichelei wirken. Formulieren Sie Ihre anerkennenden Komplimente als „Ich-Botschaft", etwa wie „Mir gefällt dein Musikgeschmack, die Musik auf deinen CDs klingt in meinen Ohren immer so dynamisch und aufmunternd, geradezu ansteckend!" oder „Ich finde deine Haare wunderschön!".

- Schmeicheln

Im Gegensatz zum Komplimente machen, das eher spontan und unbefangen daher kommt, haftet dem Schmeicheln als Form der Anerkennung und Wertschätzung des anderen Menschen manchmal etwas leicht Berechnendes und Schönfärberisches an, wenn die Schmeicheleien zu übertrieben vorgetragen werden. Bewusst den Charme einzusetzen, indem man der anderen Person deren wahren oder manchmal auch erfundenen Vorzüge nennt, etwa um das Herz einer Dame zu erobern, kann etwas mit Verführungskünsten zu tun haben, die sich jedoch manche Menschen genießerisch oder auch amüsiert gefallen lassen.

- Fürsprecher sein

Falls jemand in Ihrer Umgebung durch Worte unhöflich und aggressiv angegriffen wird, dann können Sie sich bei Bedarf freundlich und gelassen einmischen, auch auf die Gefahr hin, dann selbst zur Zielscheibe von Attacken zu werden. Helfen Sie Ihrem Gegenüber, wenn es unfair behandelt wird. Achten Sie dabei darauf, die angegriffene Person dabei nicht zu entmündigen oder als Opfer darzustellen, sondern bringen Sie zum Ausdruck, dass allgemein verbindliche gesellschaftliche Spielregeln gelten, an die sich alle zu halten haben. Zeigen Sie sich als zivilcouragierte Person und verzichten Sie auf die Rolle des sog. *„bystanders"* oder die des Mitläufers, wenn andere Menschen in Ihrem Umfeld gemobbt, ausgegrenzt oder mundtot gemacht werden, sondern unterstützen Sie diese gegebenenfalls auch durch ein sog. Machtwort.

- Um Verzeihung bitten

Niemand ist perfekt und es kann jedem passieren, dass er oder sie unangemessenes Verhalten zeigt, Fehler macht, Dummheiten begeht oder sich total daneben benommen hat. Dies alles auf sich beruhen zu lassen, zur Tagesordnung überzugehen und die Vogel-Strauß-Politik zu begehen, ist kein Zeichen von Respekt dem anderen gegenüber, sondern bloße Ignoranz. Bitten Sie daher um Entschuldigung und bereuen Sie ehrlich Ihr Fehlverhalten. Solch ein Verhalten ist keine Schwäche, sondern eine Stärke. Damit zollen Sie nicht nur dem Gegenüber Respekt, sondern auch sich selbst als einen Menschen, der in der Lage ist, zu seinem Fehlverhalten zu stehen mit dem guten Vorsatz, sich zu bessern.

- Zustimmen und versichern

Machen Sie Ihr Gegenüber sicher, indem Sie klar zum Ausdruck bringen, was Sie bei ihm gut finden, was Sie von ihm wollen, was Sie bei ihm befürworten, wo Sie hinter ihm stehen und wo Sie einer Meinung sind. Seien Sie so glasklar und transparent wie möglich und zeigen Sie durch Ihre Offenheit, dass Sie der andren Person vertrauen, sie als gleichberechtigt akzeptieren und sich ohne Wenn und Aber an Abmachungen und Versprechungen halten, sodass diese auch Ihnen umgekehrt vertrauen kann. Mit Zuverlässigkeit schaffen Sie ein Klima des Respektes und der Anerkennung.

- Mitteilungen eindeutig formulieren

Verwirrende Mitteilungen schaden dem Gegenüber, insbesondere, wenn diese über einen längeren Zeitraum hin geäußert werden. Eindeutige Mitteilungen widersprechen sich nicht selbst, sondern sind unverwechselbar. Vermeiden Sie daher inhaltliche Widersprüche, Wortsalat und undeutliche Aussagen. Reden Sie nicht um den heißen Brei herum, sondern äußern sich laut, direkt und unverwechselbar. Nutzen Sie oft wie möglich einfache Worte und verzichten Sie im Alltag auf besondere Fremdworte, deren Bedeutung Ihr Gegenüber gegebenenfalls nicht kennt. Bitten Sie Ihr Gegenüber freundlich, Bescheid zu sagen, wenn irgendetwas an Ihren Aussagen unverständlich ist.

- Loben

Der Klassiker, dem jedem beim Thema „Anerkennung und Wertschätzung spenden" einfällt, ist das klassische verbale Loben. Das Loben konzentriert sich in der Regel auf Leistungen: Eltern loben, Lehrer loben, Vorgesetze loben, Chefs loben, manchmal auch Freunde und Freundinnen. Hier zeigt sich schon, dass das Loben manchmal auch mit Herrschaft zu tun haben kann und ein Lob vielleicht, wenn man erwachsen ist, nicht so recht ankommt, falls es allzu sehr schulmeisterlich daher kommt. Loben will gelernt sein. Ein Lob sollte daher stets auf Augenhöhe, weder unter- noch übertrieben ausgesprochen werden, sondern sachlich, freundlich, vielleicht auch in einem entsprechenden Zusammenhang mit einem Augenzwinkern versehen werde, etwa wie „Das können Sie sehr gut, ich weiß – und Sie wissen das ja auch!".

- Danke sagen

Vielen Menschen fällt es schwer, sich zu bedanken, weil sie das Entgegenkommen eines anderen Menschen oder auch dessen Hilfeleistung und Unterstützung für selbstverständlich halten. Ein altes Gebot der Höflichkeit jedoch unterstützt die Erfahrung, dass Menschen unhöfliches Verhalten ihnen gegenüber nicht gerade als respektvoll und anerkennend wahrnehmen. Bedanken Sie sich also nicht nur für ein Geschenk, das Sie erhalten haben, sondern auch dafür, dass man Ihnen Zeit geopfert, dass man Ihnen eine Freundlichkeit erwiesen oder Ihnen eine Mühe abgenommen hat. Seien Sie freigiebig mit dem Wörtchen „Danke". Machen Sie Ihrem Gegenüber das Geschenk, sie oder ihn mit Worten zuvorkommend und höflich zu behandeln.

- Mit höflichen Worten erbitten

Wer etwas von anderen Menschen fordert, geht davon aus, dass er das Recht dazu hat, etwas von ihnen zu verlangen, das ihm zusteht. Damit verlässt er das Gebot der gleichen Augenhöhe und des gegenseitigen Respektes. Wenn Sie eine andere Person hingegen um einen Gefallen oder Unterstützung bitten, dann basiert dies auf der Freiwilligkeit des anderen und er kann entscheiden, ob der Bitte nachgekommen werden kann. Dies ist zumindest im privaten Bereich so üblich, wo Sie nicht, wie im beruflichen Bereich, per Vertrag gehalten sind, bestimmte Aufgaben zu erfüllen. Falls Sie das Wörtchen „bitte" noch nicht in Ihren Wortschatz aufgenommen haben, dann könnten Sie es dezenter Weise spätestens jetzt tun.

- Die Grenzen des anderen berücksichtigen

Jeder Mensch hat nicht nur körperliche oder räumliche, sondern auch mentale Grenzen in seiner Welt, dort gilt es ein Revier zu verteidigen. Um diese

Grenzen zu respektieren und dem anderen in dieser Hinsicht Wertschätzung zu geben, sollten Sie dessen Grenzen kennen oder zumindest erfragen. Stellen Sie daher, wann immer Sie sich ggf. dessen Grenzen nähern, Fragen wie diese: „Ist es Dir recht, wenn ich dies oder das mache …?“ oder „Ist es Ihnen recht, dass …?“ Damit zeigen Sie Rücksicht und Bedachtsamkeit und schaffen eine Gesprächs-Basis, um womöglich eine für beide Seiten annehmbare Lösung zu finden, bei der Sie Ihrem Gegenüber nicht auf die Pumps oder den Schlips treten.

- Auf Augenhöhe verhandeln

Nicht immer haben Sie und Ihr Gegenüber die gleiche Interessenlage, manchmal spielen auch gewisse Konkurrenzen, Neid und Eifersucht eine Rolle. Lassen Sie sich deswegen nicht von Ihren Impulsen leiten, sondern versuchen Sie, freundlich und auf Augenhöhe miteinander zu verhandeln, ohne gleich Druck zu machen oder mit negativen Konsequenzen zu drohen. Fragen Sie den anderen, was er von Ihnen will und legen Sie dar, was Sie von ihm wollen. Klären Sie so ruhig und gelassen wie möglich miteinander, welcher Kompromiss die jeweilige Interessenlage der Beteiligten am besten berücksichtigt. In besonders verfahrenen Situationen können Sie einen Mediatoren bitten, sich Ihrer Sache anzunehmen.

- Jemanden segnen

Hier spielt der Glaube, die Spiritualität, eine große Rolle, denn derjenige, der einem anderen Menschen gegenüber den wohlwollenden Segen ausspricht, bittet um den göttlichen Beistandes, unter den er sich und sein Gegenüber stellt und an dessen Güte er nicht zweifelt. Wertschätzung erfährt das Gegenüber ebenfalls auch dann, wenn der betreffende Mensch weiß, dass für ihn gebetet wird sowie ebenfalls, wenn man ihm berichtet, dass man für ihn in der Kirche, an einem Wallfahrtsort oder zu Hause eine Kerze angezündet hat.

6.3 Nonverbale Anerkennung und Wertschätzung

Nonverbale Kommunikation oder Körpersprache beinhaltet das nicht-sprachliche Verhalten eines Menschen, also das, was er ohne Worte absichtlich oder unabsichtlich nach außen von sich gibt. Die Körpersprache lässt sich in drei Bereichen aufschlüsseln: Erstens über die sog. *„Pantomimik“,* also das, was die gesamte Körperhaltung ausdrückt, zweitens über die sog. *„Gestik"*, also das, was die Bewegungen der Hände und Arme mitteilen und drittens über die sog. *„Mimik"*, als das, was der gesamte Gesichtsausdruck bekannt gibt. Im Folgenden stelle ich nun verschiedene Möglichkeiten vor, einem anderen Menschen durch Körpersprache Anerkennung und Wertschätzung zu vermitteln.

- Lächeln

Einen anderen Menschen anzulächeln kann mehrere Botschaften übermitteln: Zum einen signalisieren Sie damit, dass Sie in freundlicher und friedlicher Absicht Ihrem Gegenüber begegnen wollen nach dem Motto: „Von mir kommt jetzt nichts Feindseliges!". Zum anderen teilen Sie auch mit, dass Sie sich in einem entspannten Zustand befinden und dass Sie hoffen, dass Ihr Lächeln ansteckend wirkt beziehungsweise eine Resonanz hervorruft. Außerdem kann Ihr Lächeln auch vermitteln, dass Sie die andere Person sympathisch finden, was natürlich eine besondere Form der Anerkennung darstellt.

- Zustimmend nicken

Jeder Mensch fühlt sich wahrgenommen, wenn er vom anderen, mit dem er gerade zu tun hat, eine Reaktion erhält, etwa auf einen geäußerten Vorschlag oder auf eine besondere Schilderung eines Sachverhaltes. Das mehrfache Senken des Kinns vermittelt, dass man mit dem Gesagten des Gegenübers einverstanden ist oder auch, dass man seine Ansicht teilt. Auf diese Weise wird in gewisser Weise auch Sicherheit vermittelt: „Ja, du stehst nicht allein mit deiner Idee oder Wahrnehmung, ich teile das mit dir!" Im digitalen Zeitalter können die sog. *„likes"* auch ohne körperliche Anwesenheit einer anderen Person manchmal diese Funktion übernehmen.

- Mit ruhiger Stimme sprechen

Das Wort „Stimme" ist mit dem Wort „Stimmung" verwandt. Über Ihre Stimme vermitteln Sie anderen Menschen, in welchem aktuellen „Modus" Sie sich befinden und wirken auch damit auf Ihr Gegenüber ein. Die Stimme kann etwa fröhlich, ärgerlich, gedehnt oder auch schrill klingen. Jemandem zuzuhören, der ruhig, freundlich und unaufgeregt spricht, tut einem gut und vermittelt: „Im Augenblick ist hier alles in Ordnung, es gibt nichts Störendes." So gesehen beinhaltet die Abwesenheit einer unangenehmen Stimmung im Umkehrschluss etwas Wertschätzendes und Wohltuendes.

• Auf die Schulter klopfen

Wer einer anderen Person auf die Schulter klopft vermittelt dadurch: „Ja, das hast du gut gemacht. Mein Glückwunsch dazu!" Dies ist eher eine männliche Geste, Frauen neigen weniger zu dieser Form des anerkennenden Ausdrucks. Vorsicht ist dabei allerdings geboten, wenn die gelobte Person dabei auf einem Stuhl sitzt und die Geste sozusagen „von oben kommt", etwa von jemandem, der gerade steht. Dies kann unter Umständen herablassend und nicht gerade wertschätzend wirken. Daher empfiehlt es sich, in vergleichbaren Situationen den Oberarm der sitzenden Person kurz zu berühren, jedoch ein altväterliches Tätscheln zu vermeiden.

• Umarmen

Diese Geste als Zeichen der Verbundenheit, engen Freundschaft, sogar Liebe war in unserer Kultur ursprünglich nur den erwachsenen Familienmitgliedern, den eigenen Kindern oder den Liebsten vorbehalten. Eindeutig soll dadurch vermittelt werden: „Ich mag dich, du bist mir viel wert!". Eine Umarmung kann kurz zur Begrüßung als Willkommensgeste erfolgen oder auch in einen langandauernden Körperkontakt münden, der wärmt, Vertraulichkeit vermittelt, tröstlich sein kann oder bei Paaren zum Küssen einlädt. In den letzten Jahrzehnten hat es sich hierzulande eingebürgert, auch weniger enge Freundinnen und Freunde mit einer Umarmung zu begrüßen, um Herzlichkeit und die Freude des Wiedersehens auszudrücken. Auch bei Verabschiedungen wird umarmt und vermittelt, dass man dem Gegenüber auch bei Abwesenheit alles Gute wünscht und gerne bald wieder in die Arme nehmen möchte.

• Blickkontakt aufnehmen und halten

Jemand anderen bei einer Begegnung anzuschauen signalisiert: „Ja, ich nehme dich als Mitmenschen wahr. Du existierst für mich!" Dies ist einerseits eine lapidare wertneutrale Feststellung, denn sie beinhaltet noch nicht, ob und inwiefern man das Gegenüber beurteilt, einschätzt oder sonst irgendwie taxiert. Andererseits würde ein absichtliches Wegschauen direkt eine Bewertung kommunizieren, nämlich „Du existierst nicht für mich!" Wir Menschen wollen wahrgenommen werden und der Minimalkonsens besteht darin, beim persönlichen Kontakt zumindest angesehen zu werden.

• Winken

Mit der Hand hin und her zu schwenken ist eher eine fröhliche, manchmal auch ausgelassene Geste und drückt eine gewisse wertschätzenden

Verbundenheit aus: „Ich freu mich dich zu sehen, auch über einen räumlichen Abstand hinweg!" Darüber hinaus kann diese Körpersprache auch mitteilen: „Huhu, ich hoffe, dir geht es gut! Alles in Ordnung?" Oder auch manchmal ein Dankeswinken als Handzeichen, etwa wenn ein Autofahrer oder ein Radfahrer einem als Fußgänger den Vortritt lässt. Bekannt ist auch das Abschiedswinken, das die Verbundenheit vermittelt über den Abstand hinweg vermittelt und zeigt, dass man eine gute Reise wünscht.

- Sich geräuscharm verhalten

Nicht nur die Lautstärke Ihrer eigenen Stimme kann das Gegenüber geradezu zurückprallen lassen, sondern auch Ihr Auftreten im wahren Sinn des Wortes, indem Sie sich mehr oder weniger respektvoll durch die von Ihnen produzierte Lautstärke beim Berühren des Bodens mit den Füßen oder Ihrer Hände etwa auf dem Tisch in Szene setzen. Wer sich rücksichtsvoll und damit wertschätzend dem anderen Menschen gegenüber verhält, der trampelt nicht herum oder stampft nicht mit dem Fuß auf, schlägt auch nicht mit der Faust auf den Tisch, desgleichen knallt er auch keine Tür oder eine Schublade geräuschvoll zu. Wertschätzung äußert sich in diesem Fall dadurch, dass man sich darum bemüht, möglichst wenig lautstarken Wirbel zu verursachen, der dem anderen akustische Schmerzen zufügen könnte.

- Händedruck geben

Die Hand oder beide Hände einer anderen Person zu drücken bedeutet eine Bekräftigung und soll das Gegenüber sicher machen, durchaus im Sinn von Respekt. Dies kann sich auf mehrere Bereiche beziehen. Zum ersten finden Sie im traditionellen Geschäftsbereich den sogenannten Handschlag, der den Abschluss eines Vertrages darstellt und damit „besiegelt" ist. Auch heute finden Sie die Frage in der Umgangssprache „Hand drauf?", wenn Sie ein Versprechen, das Ihnen Ihr Gegenüber gemacht hat, festklopfen und verbindlich machen wollen. Viele Menschen verwenden den kräftigen Händedruck auch dafür, dem anderen gegenüber ein Dankeschön auszudrücken. Wer mit beiden Händen eine Hand des Gegenübers überschwänglich und kraftvoll drückt, kann damit dann allerdings auch sehr dominierend und übergriffig wirken, abgesehen von der Gefahr, die Hand des anderen regelrecht zu zerquetschen.

- Über die Wange streicheln

Das Gesicht eines anderen Menschen zu berühren bedeutet, in seine sog. „*Intimdistanz*" einzudringen. Als wertschätzend und anerkennend wird diese

Geste daher nur wahrgenommen, wen sie von jemand Vertrauten, etwa aus der Familie, von nahen Freunden oder von den Liebsten ausgeführt wird. Jemandem über die Wange streicheln bietet sich hauptsächlich dann an, wenn Sie damit der anderen Person gegenüber Zärtlichkeit ausdrücken möchten: „Ja, ich kann dich wirklich gut leiden!" Es gibt jedoch auch das tröstende Streicheln, etwa bei Kindern oder Erwachsenen, die traurig sind. Streicheln beruhigt und vermittelt, dass man gegenüber dem anderen Menschen fürsorglich sein möchte.

- Genussvoll die Lippen abschlecken

Diese Mimik vermittelt ursprünglich, dass jemand anderes für einen ein leckeres Essen zu bereitet hat, dass dieses einem mundet und dass man dessen Kochkünste würdig und anerkennt. Liebe geht durch den Magen, sagt der Volksmund. Doch diese Mimik können Sie auch ohne einen gedeckten Tisch im Gespräch einsetzen, etwa, wenn Sie von jemandem schwärmen und diese Person bei Ihnen „Leckerappetit" verursacht. „Du, meine Sahneschnitte" oder „Ich hab dich zum Fressen gern!" vermitteln auf ganz unkannibalische Art, dass Sie eine Person sehr gerne mögen.

- Sich verbeugen

Früher mussten männliche Kinder und Erwachsene in unserer Kultur bei Begrüßungen einen sog. „Diener" machen, indem sie den Kopf und Oberkörper als eine Respektbezeugung Höhergestellten gegenüber untertänig mehr oder weniger lang nach vorne neigten. Heute ist es in manchen gesellschaftlichen Kreisen immer noch üblich, dass die Herren insbesondere bei der Begrüßung der Damen diese Pantomime einsetzen, und sie sogar noch mit einem angedeuteten Handkuss ergänzen. Auch im Bereich der gehobenen Hotellerie oder bei Hausangestellten wie Butlern wird diese Pantomime gerne gesehen, zeugt sie doch von Respekt den Gästen oder Villenbewohnern gegenüber. Im Theater, in Konzertsälen und auf Freilicht-Bühnen erweisen Künstler dem Publikum gegenüber die Ehre, indem sie sich gemeinsam nach Abschluss der Veranstaltung verbeugen, um sich dafür zu bedanken, dass das werte Publikum ihnen Aufmerksamkeit geschenkt hat.

- Mit Gerüchen sparen

Wer sich seinem Nächsten gegenüber rücksichtsvoll und damit respektvoll verhalten will, dem sollte bewusst sein, dass wir Menschen auch über den Geruchssinn miteinander kommunizieren und damit ebenfalls nonverbal etwas ausdrücken, insbesondere auf der Ebene des Revierverhaltens. Als Raucher sollten Sie etwa Rücksicht auf Ihr nichtrauchendes Gegenüber nehmen. Des Weiteren sollten Sie darauf achten, Ihre Mitmenschen nicht mit einem unangenehmen Schweißgeruch zu belästigen und sich daher im Vorwege einer regelmäßigen Körperpflege unterziehen. Viele Damen und Herren wissen zudem nicht, dass ihr starker Parfüm- oder Rasierwassergeruch für andere aufdringlich wirken kann, daher sollten Sie stets aus Respekt vor dem Gegenüber eine eher leichte Duftnote wählen.

- Die Hand zur Begrüßung reichen

Das Händeschütteln hat eine lange Tradition – ursprünglich bedeutete diese Geste, dass man seinem Gegenüber damit signalisierte, in friedlicher Absicht zu kommen und daher keine Waffe in der Hand hält. Heutzutage reicht man sich bei vielen beruflichen und gesellschaftlichen Anlässen sowie beim gegenseitigen persönlichen Vorstellen, verbunden mit der Namensnennung, die Hand, um sich dem Gegenüber als höflicher und respektvoller Mensch zu zeigen. Jemandem die Begrüßungshand zu verweigern wird als Affront erlebt. In vielen Betrieben machen die Vorgesetzten oder Firmeninhaber in der Frühe im Betrieb eine Willkommensrunde, um dabei jedem Mitarbeiter per Händeschütteln den Respekt zu erweisen, dass dieser für sein Unternehmen arbeitet.

- Küssen

Die liebevolle Berührung des Mundes oder eines weiteren Körperteils einer anderen Person mit den eigenen Lippen signalisiert und bekräftigt: „Wir beide gehören zusammen und ich wertschätze dich!". Auch hier ist diese Form der zärtlichen Anerkennung eine intime Angelegenheit. Der Kuss auf den Mund kann erwidert werden und in ungeahnte Verzückung führen. Der Kuss auf die Wange oder auf die Stirn ist eher unter Eltern und Kindern, nahen Verwandten oder Freunden üblich. In jedem Fall vermitteln und versichern Sie, dass Sie die andere Person mögen. Falls Sie noch nicht so nahe am anderen Menschen dran sind, dann können Sie auch direkte Luftküsse senden oder Ihre eigenen Fingerspitzen küssen und den angedeuteten Kuss per Handgeste durch die Luft in die Richtung der anderen Person senden.

- Respektvoll Abstand halten

Nicht nur die Berührungen innerhalb der Intimdistanz durch Vertraute, auch die Berücksichtigung des Wunsches nach gebührendem Abstand wie etwa im öffentlichen Raum, bei Begegnungen mit Unbekannten oder bei ansteckenden Krankheiten sollte respektvoll berücksichtigt werden. Jemandem „auf die Pelle zu rücken" gilt als abwertend. Wenn Sie sich auf eine Parkbank setzen, werden Sie sich sicherlich nicht auf den Schoß der bereits dort verweilenden Person setzen. Auch im vollbesetzten Restaurant werden Sie höflich fragen, ob an einem bereits mit Gästen versehenen Tisch gegebenenfalls noch ein Platz für Sie und Ihre Begleitung frei ist.

- Beifall klatschen, pochen oder trampeln

Sie zollen einer anderen Person gegenüber Anerkennung, indem Sie ihr und ihrer besonderen Leistung gegenüber eine spürbare Würdigung schenken, insbesondere auch dann, wenn Sie dies mit anderen Menschen zusammen tun. Sie drücken Wertschätzung aus, wenn Sie nach einer künstlerischen Darbietung, einem Vortrag oder einer Präsentation mit den Händen Beifall klatschen, besonders dann, wenn Sie sich vom Sitz erheben und bei den sog. „standing ovations" mitmachen. In akademischen Kreisen, etwa an der Universität, pochen die Studierenden mit den Fingerknöcheln auf die Klapptische im Gestühl. Und manchmal steigert sich der Beifall auch dadurch, dass geräuschvoll mit den Füßen auf den Fußboden getrampelt wird.

- Mit den Augen zwinkern

Das kurze Zusammenkneifen eines Auges, während Sie Ihr Gegenüber anschauen, eher wie ein Blinzeln, signalisiert einerseits: „Das ist jetzt nicht ganz ernst zu nehmen, was da gerade von mir oder von einer anderen Person gesagt wurde!" und andererseits „Wir stecken unter einer Decke und verstehen doch Spaß!". Wer verbündet ist, hält zusammen. Und genau das ruft auch ein Gefühl der Anerkennung hervor, weil man nicht ausgeschlossen, sondern mit dabei ist. Zudem ruft der geteilte Spaß auch gute Laune hervor und versieht soziale Situationen und das Miteinander mit Leichtigkeit.

- Streicheln

Die Berührung der Hautoberfläche oder auch der Haare eines anderen Menschen mit der Hand ist ein klassischer Ausdruck von Zärtlichkeit und Zuwendung. Zu Anbeginn des menschlichen Lebens, besonders im Säuglingsalter, ist Hautkontakt überlebenswichtig. Er zeigt direkt, dass das Gegenüber körperlich existiert. Jemanden zu streicheln vermittelt Fürsorge, Wertschätzung, Bewunderung, Liebe und Hingabe. So gesehen ist das Streicheln eine außergewöhnlich starke Form der Anerkennung, und jenseits der sinnlichen Erfahrungen, die wir Menschen als Baby hoffentlich erhalten haben, spielen körperliche Berührungen später oft nur noch im erotischen Bereich eine so große Rolle: Nirgends sonst erfahren erwachsene Menschen so viel direkte sinnliche Bestätigung.

- Einen langen Blick schenken

Bei der Anbahnung eines Liebesverhältnisses kann ein langer Blick von Ihnen in Richtung der oder des Angebeteten vorerst die Sehnsucht nach einer wertgeschätzten Person ausdrücken, vor der Sie so viel Respekt und Hochachtung verspüren, dass Sie sich ihr noch gar nicht nähern wollen. Lange Blicke bergen ein Versprechen, nämlich eine Fortsetzung des charmanten Werbens um das Gegenüber und damit weitergehende Formen der Bestätigung, was für ein wundervoller Mensch der andere in den Augen desjenigen ist, der so hingebungsvoll schaut. Normalerweise bleibt es nicht bei einem einzigen Blick und das Entzücken kann gesteigert werden, wenn die langen Blicke erwidert werden.

- Jemanden ausgelassen tragen

Wer kennt nicht die Situationen, in den etwa ein sportlicher Held von seiner Mannschaft hochgehoben und auf den Armen mehrerer Mitstreiter herumgetragen wird? Dies ist eine ausgelassene Form von Anerkennung durch Körpersprache und vermittelt, dass man den anderen so sehr schätzt, dass man ihn auf Händen trägt. Traditionell wird auch die Braut vom Bräutigam auf Händen über die Schwelle des gemeinsamen zukünftigen Heims getragen. Und vielleicht sind Sie als Kind oder als erwachsene Person schon einmal von jemandem hochgehoben und durch die Luft gewirbelt worden, jeweils um die eigene Achse der anderen Person, die völlig von Ihnen begeistert ist.

- Bei der Hand nehmen

Die Hand eines anderen Menschen anzufassen gehört zu den vertraulichen Gesten, die vermitteln, dass man sich nahe steht. Wer die Hand entzieht, teilt damit mit, dass man nichts mit dem Anderen mehr zu tun haben will. Im Sprachgebrauch heißt es auch, eine „schützende Hand" über jemanden halten. Zuallererst kann diese Berührung Ihr Gegenüber beruhigen und vermitteln, das alles in bester Ordnung ist. Sie können auch dessen Hand nehmen und die Person irgendwo hinführen, um ihr etwas Neues zu zeigen. Wenn jemand etwa um die Hand eines anderen Menschen anhält, dann drückt dies das wertschätzende Versprechen aus, die Zukunft gemeinsam zu teilen und zusammenzuhalten. Verliebte halten Händchen und bringen dadurch ihre gegenseitige Verbundenheit zum Ausdruck.

- Zusammen lachen

Nicht nur das Anlächeln birgt Potenziale der Anerkennung, sondern auch das gemeinsame Kichern oder schallend miteinander Lachen. Sich gemeinsam über etwas zu erheitern schafft Verbindung und eine freundschaftlichen Basis. Falls Sie und Ihr Gegenüber sogar eine ähnliche Art von Humor teilen, dann unterstützt dies auch die gegenseitige Wertschätzung. Schulfreundinnen kichern angeblich sehr viel und unterstützen damit ihre gegenseitige Wertschätzung in den Entwicklungsjahren, in denen die Gefahr des Konkurrierens um die Aufmerksamkeit der heranwachsenden Jungen wächst, die ihre Freundschaft auseinander bringen könnte. Mit Gelassenheit, Witz und Humor gemeinsam im Alter auf gelebtes Leben zurückzublicken unterstreicht den Respekt und die Anerkennung dafür, den Höhen und Tiefen des Schicksals getrotzt zu haben.

6.4 Anerkennende praktische Handlungen

Nicht nur wertschätzende Worte oder anerkennender, höflicher und rücksichtsvoller körpersprachlicher Ausdruck vermitteln dem Gegenüber, dass Sie ihm im Sinne von Bestätigung seiner Existenz wohlwollend zugetan sind, sondern auch ganz handfeste praktische Aktivitäten, die Ihre Wertschätzung mehr oder weniger plakativ zum Ausdruck bringen.

- Geschenke machen

Jemandem eine Freude damit zu machen, dass man ihm ein Geschenk überreicht, zeugt davon, dass man das Gegenüber würdigt. Dabei gibt sich jeder normalerweise Mühe, auch ein passendes Geschenk zu finden, das den Geschmack und die Vorlieben des anderen berücksichtigt. Eine kleine Aufmerksamkeit im Sinne einer kleinen Gabe kann nie schaden, und „Kleine Geschenke erhalten die Freundschaft" sagt der Volksmund. Lieblose oder übertrieben protzige Geschenke hingegen kommen in der Regel beim Empfänger nicht gut an und werden eher als Beleidigung interpretiert. Wohltuend erleben Menschen die Tatsache, dass sie nicht verpflichtet sind, ein Gegengeschenk zu machen. Schwierig hingegen wird es, wenn man Zug um Zug immer teurere Geschenke machen muss, um sich gegenseitig zu überbieten: Mit wahrer Wertschätzung hat dies dann nichts mehr zu tun.

- Ein gutes Zeugnis ausstellen

Jemanden positiv zu beurteilen, sich Gedanken über ihn zu machen, dies in Benotungen und in Schriftform zu Papier zu bringen und dann das Abschlusszeugnis, das Diplom, den Meisterbrief oder das Zertifikat dem Gegenüber zu überreichen oder es ihm in anderer Form zukommen zu lassen, ist eine klare Form von Wertschätzung und Bestätigung der Leistungen des Mitmenschen. Manch einer hängt sich diese Belobigung dann an die Wand und freut sich tagtäglich darüber.

- Den Vortritt lassen

„Bitte nach Ihnen!". Mit diesen Worten oder einem entsprechenden Handzeichen können Sie einer anderen Person signalisieren, dass Sie diese wahrnehmen und respektieren, während Sie sich weder vordrängen noch deren Weg schneiden. Die gleiche wertschätzende Situation tritt ein, wenn ein Gastgeber auf einer großen Platte etwas zum Essen reicht oder Tortenstücke anbietet und Sie sich nicht gleich das größte Stück nehmen, sondern höflich so lange abwarten, bis der Nebenmann gewählt hat. Auch bei der Platzwahl, etwa in einem Restaurant oder Kino, drücken Sie Respekt aus, wenn Sie Ihre Begleitung wählen lassen.

- Zeit schenken

Wir leben in einer schnelllebigen Zeit und viele Menschen hetzen von einem Termin zum nächsten. Als eine ausgesprochen angenehme Bestätigung erlebt Ihr Gegenüber, wenn Sie mit ihm eine entspannte gemeinsame Zeit teilen. Manche Treffen mit „open end", die gemeinsamen „durchgequatschten Nächte" am Wochenende oder das geduldige Zuhören am Telefon, wenn die andere Person Ihnen ihr Herz ausschüttet, werden als Wertschätzung erlebt.

- Eine Prämie auszahlen

Als Belohnung für eine Extraleistung im beruflichen Bereich können Sie einem anderen Menschen eine gewisse Geldsumme zukommen lassen. Damit bringen Sie zum Ausdruck, dass Sie den Extraeinsatz Ihres Gegenübers würdigen und dass Sie sich dafür erkenntlich zeigen. Sogenannte Bonusleistungen, insbesondere in den höheren Etagen, spornen nicht nur zu mehr Leistung an, sondern machen die Empfänger stolz auf ihre erzielten Ergebnisse, eine sichtbare Anerkennung ihrer Person, die sich auf dem Gehaltskonto widerspiegelt.

- Praktische Hilfeleistung einsetzen

Nicht nur tröstliche Worte, auch konkrete Taten, mit denen Sie jemandem zur Seite stehen, vermitteln, dass Sie diese Person wertschätzen, sei es, jemanden privat am PC zu unterstützen, beim Umzug zu helfen, bei Krankheit für ihn oder sie einzukaufen oder bei Abwesenheit auf die Wohnung oder das Haus aufzupassen, einschließlich der Pflanzenpflege. Das gleiche gilt natürlich auch im beruflichen Bereich unter Kollegen, wenn dort Not an Mann ist.

- Trinkgeld geben

Dienstleister wie Handwerker, Taxifahrer, Bedienungen im Restaurant, Lieferanten, Physiotherapeuten, Friseure, Reinigungskräfte Post- und Zeitungsausträger oder Angehörige in den pflegenden Berufen freuen sich über einen kleinen Geldbetrag, den Sie ihnen schenken. Damit bringen Sie zum Ausdruck, dass Sie auch die Berufsgruppen schätzen, die tagtäglich ohne besonderes Aufsehen für Sie da sind und im Alltag dafür sorgen, dass alles reibungslos läuft. Achten Sie jedoch darauf, dass Sie nicht dem Chef oder der Chefin ein Trinkgeld überreichen, da wäre als Dankeschön eher eine Flasche Wein oder ein Blumenstrauß angebracht, um Wertschätzung auszudrücken.

- Zivilcourage zeigen

Wann immer Sie sich tätlich einmischen, wenn Ihnen auffällt, dass ein anderer Mensch in Ihrer Gegenwart ausgegrenzt, gedemütigt, beleidigt oder körperlich angegriffen wird, dann zeigen Sie damit, dass Sie für diesen Menschen da sind, sei es eine Ihnen bekannte Person oder jemand auf der Straße bzw. im öffentlichen Raum. Vermitteln Sie diesem Ihre Wertschätzung, indem Sie sichtbar für die allgemein verbindlichen Werte, die in unserer Gesellschaft gelten, eintreten. Dazu gehört, dass die Würde des Menschen unantastbar ist, dass wir in einem Land mit Meinungsfreiheit leben, dass vor dem Gesetz jede und jeder gleich ist und die seelische und körperliche Unversehrtheit gewährleistet sein muss. Intervenieren Sie und schützen Sie diejenigen, denen gerade Unrecht geschieht. Nehmen Sie Stellung und lassen Sie sich keinen Maulkorb umbinden.

- Spenden

In vergangenen Zeiten wurde das Spenden eines Geldbetrages oder einer Sachleistung für Menschen mit wenig Einkommen als mildtätige Gabe bezeichnet und man kannte den Empfänger. In den heutigen komplexen Gesellschaften verläuft das Spenden oft anonym, trotzdem zeigen Sie durchaus auch dann Anerkennung und Mitgefühl, wenn Sie direkt etwa einem Bettler, Geflüchteten in einer Unterkunft oder gemeinnützigen Vereinen etwas Materielles zukommen lassen.

- Preise und Auszeichnungen verleihen

Nicht nur im beruflichen, sondern auch im sportlichen und kulturellen Bereich werden mehr oder weniger öffentlich für erfolgreiche Personen Ehrungen ausgesprochen, die mit Urkunden oder auch Preisgeldern versehen sind. So gesehen erhöht sich der Grad der Bestätigung, die nicht nur von einer anderen Person, etwa Ihnen, kommt, sondern die Kreise zieht und öffentlichkeitswirksam daher kommt. Selbstverständlich können Sie auch innerhalb Ihrer Familie oder im Freundeskreis einmal einen Preis für eine besondere Leistung ausloben. In jedem Fall steigert es das Wohlbefinden des Menschen.

- Einen Blumenstrauß mitbringen

Sie übergeben in der Regel einem weiblichen Wesen ein charmantes Geschenk, wenn Sie nicht nur zu einem besonderen Anlass wie einem Geburtstag, einem Jubiläum oder einer Essenseinladung, sondern auch zwischendurch einmal einen Blumengruß in Form einer Topfpflanze oder eines Straußes als Symbol der Wertschätzung überreichen. Diese Aufmerksamkeit hat je nach dem mindestens einen über mehrere Tage hin andauernden Effekt, dergestalt, dass sich die Empfängerin weiterhin darüber freut.

- Kälte- und Regenschutz anbieten

Praktische Fürsorglichkeit zeigt sich auch in kleinen Gesten des Alltags und vermittelt, dass man den anderen wertschätzt. So kann etwa eine herbeigeholte Wolldecke, eine Jacke oder ein warmer Schal einem frierenden Mitmenschen zeigen, dass Sie sich um sein leibliches Lob kümmern. Der Gentleman vergangener Zeiten soll sogar fremden Damen auf der Straße ohne Regenschutz bei einem plötzlich einsetzenden Regen einen Platz unter seinem Regenschirm angeboten haben. Diese Haltung entspricht einer gewissen Ritterlichkeit, die von der Verehrung und der gleichzeitigen Schutzbedürftigkeit des körperlich schwächeren Geschlechtes ausgeht.

• Gegenstände des anderen sorgfältig behandeln

Zum Revier der anderen Person gehören auch deren Besitztümer. Sie wertschätzen Ihr Gegenüber damit, dass Sie auch deren Habe respektvoll, pfleglich und schonend behandeln. Geben Sie Geliehenes immer unversehrt zurück und falls Sie etwa etwas verunreinigt, zerbrochen oder zerrissen haben, sorgen Sie selbstverständlich für Ersatz und entschuldigen Sie sich für Ihr Missgeschick. Die lapidare Bemerkung, dafür könne dann ja dann deren private Hausratversicherung aufkommen, zeugt von Kaltschnäuzigkeit und wenig Wertschätzung der anderen Person gegenüber.

• Angenehme Überraschungen präsentieren

Unser Alltag ist oft mit Routinen, eingespielten Gewohnheiten und festgelegten Zeitplänen versehen. Sie persönlich wissen im Großen und Ganzen, was Sie privat und beruflich von Ihrem Gegenüber erwarten dürfen und freuen sich, wenn alles wie am Schnürchen läuft. Unangenehme Überraschungen tauchen jedoch trotz größter Vorsorgemaßnahmen leider hin und wieder auf und Sie sind gefordert, diese zu bewältigen. So ergeht es auch Ihrem Gegenüber. Kleine Gaben hingegen, die ohne besonderen Anlass unerwarteter Weise plötzlich auftauchen, erfreuen den Menschen, sei es, dass Sie jemanden spontan zu einem Eis einladen, den Freunden einen ausgeben oder eine Freundin für einem langen Wochenendbesuch zu Gast bitten. Auch bei der Arbeit gibt es viele praktische Möglichkeiten, Kollegen zu erfreuen, etwa indem Sie anbieten, eine lästige Aufgabe zu übernehmen oder plötzlich in der Teeküche ein schönes neues Tablett für alle auftaucht.

• Glückwunschkarten versenden

Im Zeitalter der digitalen Kommunikation können Sie zwar auch einen kreativ gestalteten Anhang zu Ihrer Glückwunsch-E-Mail an eine wertgeschätzte Person versenden, eine handgeschriebene Gratulation auf einer Briefkarte per Schneckenpost hat jedoch einen nachhaltigeren Charakter für den Empfänger. Glückwünsche signalisieren, dass Sie den anderen Menschen mögen und ihm alles Gute wünschen, manchmal braucht es eben handfester Beweise, die man zu Hause aufstellen oder hinlegen kann, um sie sich auch noch nach Tagen erfreut anzusehen, ohne vorher die Technik bemühen zu müssen.

- Sich für jemanden schön machen

Eitelkeit hin, Eitelkeit her, vielleicht möchten Sie sich ja nur für sich selbst schön machen … Aber Sie vermitteln auch dadurch, dass Sie bei einer Verabredung mit einer anderen Person auf ein gepflegtes Äußeres achten, dass es Ihnen wichtig ist, Ihr Gegenüber dadurch zu erfreuen, dass Sie so weit wie möglich äußerlich das Beste aus sich machen. Das gilt nicht nur für Vorstellungsgespräche, sondern auch für berufliche Treffen, Arztbesuche, offizielle und private Einladungen und Anlässe. Sie drücken damit auch Ihre Fähigkeit aus, sich durch Körperpflege, Rasieren, Kämmen, gegebenenfalls Make-up, passende Kleidungsauswahl etc. auf eine Begegnung mit Ihrem Gegenüber vorzubereiten, womit Sie diesem einen gewissen Respekt erweisen.

- Jemandem heimlich etwas zustecken

Eine besondere Form der Anerkennung und Bestätigung, die besonders bei Kindern beliebt ist, aber auch unter Verliebten Anklang findet, ist, der anderen Person in Anwesenheit Dritter unbemerkt etwas zuzustecken. Dabei kann es sich um eine Süßigkeit handeln, ein kleines Spielzeug, einen Zettel mit einer vertraulichen Botschaft oder ein kleiner Liebesbrief. Diese Handlung vermittelt ein Insidergefühl nach dem Motto „Wir beide halten zusammen". Gelegentlich kann dies auch ein zusammengefalteter Geldschein oder ein unerlaubter Spickzettel sein.

- Als Mäzen wirken

Das Mäzenatentum hat eine lange Tradition: Die finanzielle Unterstützung von Künstlern zielt darauf ab, die jeweilige Person, ihre Begabung und ihre Werke bestmöglich zu fördern, weil man als Geber davon überzeugt ist, dass schöpferisch Tätige dies verdient haben. Damit zollen Sie den Kulturschaffenden großen Respekt und Anerkennung und vermitteln, dass Sie davon überzeugt sind, dass diese einen wichtigen Beitrag zu jeweiligen Kultur liefern. Das Gleiche vermitteln Sie, wenn Sie als Mentor oder als stiller Teilhaber Existenzgründer unterstützen, indem Sie an den Erfolg der jeweiligen Geschäftsideen glauben und diese sowohl finanziell als auch mit Rat und Tat unterstützen.

- Beim Tragen helfen

Mitanpacken zeigt, dass Sie bereit sind, eine andere Person körperlich zu unterstützen, wenn diese eine schwere Last zu schleppen hat. Geteilte Last ist halbe Last. Sie vermitteln damit auch: „Du bist nicht allein!" Sollte es sich um eine fremde Person handeln, der Sie aufmerksam helfen wollen, etwa ein älterer Mensch, dann sollten Sie vorher respektvoll fragen, ob Sie diese beim Tragen unterstützen dürfen. Wenig Anerkennung vermitteln Sie, wenn Sie einfach ungebeten zulangen.

- Jemanden körperlich verwöhnen

Sie können durch diverse Aktivitäten dem anderen vermitteln, dass Sie sich für dessen körperliches Wohlbefinden engagieren, etwa indem Sie sein Kopfkissen liebevoll zurechtrücken, ihn in eine kuschelige warme Decke hüllen, seine Schultern massieren, den Rücken mit Sonnenmilch eincremen, ein heißes Duft-Bad einlaufen lassen, dessen Haare behutsam durchkämmen oder ein besonders weiches Handtuch reichen. Wenn gewünscht, können Sie per Musikanlage die Lieblingsmusik Ihres Gegenübers ertönen lassen und diese Person dann mit leckerem Essen und genüsslichen Getränken umhegen.

- Jemanden einladen

Eingeladen zu werden zeigt, dass man ein willkommener Gast ist. Eine besondere Wertschätzung vermitteln Sie dadurch, dass Sie für Ihr Gegenüber eine Feier oder eine Extraeinladung ganz speziell für ihn ausrichten. Großzügigkeit kommt beim Empfänger immer als sehr bestätigend an. Sie zeigt, dass Sie keine Mühe und Kosten scheuen, um dem Gast eine Riesenfreude zu bereiten und sich genau überlegt haben, was dem anderen wohl gut gefallen könnte. Planen Sie Ihre Einladungen immer so, dass der Gast weder in Zugzwang kommt, noch dass der Eindruck entsteht, Sie hätten dabei einen nicht uneigennützigen Hintergedanken.

- Auf Schamhaftigkeit Rücksicht nehmen

Jeder Mensch hat eine körperliche Schamgrenze und möchte nicht, dass diese überschritten wird. Aus Respekt vor dem anderen sollten Sie deswegen bedenken, dass etwa teilweise oder völlige Nacktheit oft mit einem Tabu versehen ist. Provozieren Sie daher Ihr Gegenüber nicht damit, dass

Sie Ihrerseits allzu leger mit der Bedeckung Ihrer Körperteil umgehen oder umgekehrt, dass Sie die andere Person im Zusammenhang mit Nacktheit dazu auffordern, sich nicht so anzustellen. Darüber hinaus gibt es auch andere psychische Schamgrenzen, etwa, was eigene Handicaps, die man nicht offen zeigen möchte, was Unkenntnisse im Bildungsbereich oder was soziale Ängste betrifft. Vermeiden Sie, jemand anderen bloßzustellen oder vorzuführen und gehen Sie mit dessen schwachen Punkt feinfühlig und respektvoll um.

- Etwas mit dem anderen teilen

Hier handelt es sich darum, bei einem selbst, also eigene vorhandene Güter oder Informationen miteinander zu teilen. Sie vermitteln im hohen Maße Wertschätzung, wenn Sie spontan etwas von dem abgegeben, das Sie gerade besitzen: sei es ein Stück Kuchen, das Sie halbieren, sei es eine Packung Kekse, die Sie gerade geöffnet haben und dessen Inhalt Sie anbieten oder Ihr Obst, das Sie freigiebig an Anwesende verteilen. Doch auch größere Güter können geteilt werden, etwa eine vorübergehende Unterkunft bei Ihnen zu Hause, weil der andere gerade kein WG-Zimmer gefunden hat oder Ihr Auto, das Sie übers Wochenende an einen Freund verleihen. Sie können Wissen teilen, Insider-Informationen weitergeben sowie über gemachte Erfahrungen reden. Sie können auch jemand anderes an einem schönen Anblick teilhaben lassen, zu dem Sie ihn führen oder ein musikalisches Ständchen für ihn halten.

- Warnungen aussprechen und vorbeugend handeln

Anderen Menschen wertschätzend entgegen zu treten und diese vor Gefahren zu schützen, ist eine lobenswerte Absicht und zeugt dafür, dass Ihnen Ihr Gegenüber lieb und wichtig ist. Schmal hingegen ist der Grad, wo Sie gegebenenfalls zu viel Verantwortung für die andere Person auf sich nehmen oder wenn Ihre Interventionen missverstanden werden. Natürlich können Sie spitze Gegenstände aus der Nähe von Kleinkindern entfernen oder dafür sorgen, dass der eisige Weg zu Ihrem Haus im Winter mit Asche bedeckt ist, sodass Ihre Besucher nicht hinfallen. Aber achten Sie auf die Verhältnismäßigkeit, wenn Sie es mit Erwachsenen zu tun haben. Respekt und Wertschätzung beruhen auch darauf, dass Sie anderen Menschen zutrauen, selbst nachzudenken und verantwortungsvoll zu handeln.

Aufgabe

Nutzen Sie die obige Zusammenstellung dafür, einmal zu überlegen, inwiefern Sie persönlich diese Dimensionen der Anerkennung von Ihrem jeweiligen Gegenüber erhalten und diese Verhaltensweisen auch umgekehrt anderen Menschen gegenüber im Sinne des Wertschätzungs-Knigges zeigen.

6.5 Kreative Selbstverwirklichung und Anerkennung

Abschließend sei darauf hingewiesen, dass Menschen oft geradezu auf Anerkennung versessen sind, doch der Wunsch nach Bestätigung hat auch seine Schattenseiten (Endriss, 2015), insbesondere dann, wenn er kaum befriedigt wird und einem eher das gegenteilige Verhalten gezeigt wird. Gerade Menschen, die sich kreativen Projekten widmen, warten oft darauf, möglichst positive Reaktionen zu bekommen, dienen diese doch auch oft dazu, sich wohl zu fühlen, am Ball zu bleiben und weiter zu machen. Zudem interpretieren sie etwa Auszeichnungen, positive Pressebericht-erstattung oder einen Platz in der sog. *„hall of fame"* als ein Zeichen dafür, dass sie „wer sind".

Zur kreativen Selbstverwirklichung jedoch gehört auch eine tüchtige Portion Demut und Resilienz, denn auf jeden Kreativen, der in der Öffentlichkeit sichtbar ist, kommen unzählige, die das nicht geschafft haben. Hier liegt dann der sog. *„Survivorship Bias"* (Dobelli, 2011), zu Deutsch etwa Überlebensirrtum, vor: Die Erfolgswahrscheinlichkeit berühmt zu werden, ist verschwindend gering. Und die Hoffnung darauf verdirbt jegliches Wohlfühlglück. So verbergen sich hinter jedem erfolg-reichen Maler Hunderte, deren Gemälde sich nicht verkaufen. Und hinter diesen wiederum Hunderte, die es nicht einmal in eine Galerie geschafft haben. Und hinter diesen wiederum Hunderte, die nach Feierabend oder am Wochenende als Freizeitmaler unterwegs sind. Und hinter diesen wiederum Hunderte, die ihre angefangenen Zeichnungen und Malereien achtlos auf die Seite gelegt haben. All das gilt natürlich auch für berühmte Architekten, geniale Musiker, weltberühmte Schauspieler, gefeierte Tänzer, legendäre Filmemacher, prominente Modeschöpfer, innovative Unternehmer und geniale Nobelpreisträger.

Die Lebenskunst besteht nun darin, sich nicht davon beeindrucken zu lassen, was die eigene Freude am kreativen Schaffen betrifft. Die Menschen sollten sich nicht davon irritieren lassen, was die Konkurrenz erreicht hat, schließlich ist es möglich und machbar, sich auch weiterhin ohne besondere Anerkennung seinen eigenen Projekten zu widmen, ohne sich selbst als verkannter Künstler vor lauter Selbstmitleid die eigene Motivation am Weitermachen zu rauben. *„Per aspera ad astra"* (Durch Ungemach zu den Sternen!) könnte da ein hilfreicher Hinweis sein, die Energie für die kreative Selbstverwirklichung davon abzulösen, ob sie mit privater oder öffentlicher Anerkennung und Wertschätzung versehen ist oder nicht.

Aufgabe

Wollen oder wollten Sie berühmt werden? Prüfen Sie, wie weit Sie auf äußere Anerkennung angewiesen sind, indem Sie sich einmal klar machen, was alles Sie bisher auch ohne ständiges positives Feedback in Ihrem Leben haben bewerkstelligen können.

Literatur

Dobelli, R. (2011). *Die Kunst des klaren Denkens. 52 Denkfahler, die Sie besser anderen überlassen.* Hanser.

Endriss, L. (2015). *Ignoranzfallen am Arbeitsplatz. Subtile seelische Gewalt aufdecken, Betroffene stabilisieren.* Springer Fachmedien.

Freiherr von Knigge, A. (2005). *Über den Umgang mit Menschen. Über Eigennutz und Undank.* Anaconda.

Kaletta, B. (2008). *Anerkennung oder Abwertung. Über die Verarbeitung sozialer Desintegration.* VS Verlag.

7

Selbstverwirklichung und Bedürfnispyramide

Zusammenfassung Innerhalb der klassischen Bedürfnispyramide von Maslow, deren fünf hierarchischen Stufen hier kurz vorstellt werden, wird der Bereich „Selbstverwirklichung des Menschen" vorerst als höchstes zu erreichendes Lebensziel proklamiert, welches nach der vorherigen Befriedigung der hierarchisch darunter angesiedelten menschlichen Bedürfnisse an der Spitze steht. In diesem Zusammenhang wird auch die Verwendung der psychologischen Erkenntnisse aus dem Maslowschen Modell für die Werbung thematisiert, die diese für den Verkauf von Gütern und Dienstleistungen einsetzt und erheblichen Einfluss auf das entsprechende menschliche Handeln hat. Abschließend wird auf die häufig vergessene sechste Stufe der Bedürfnishierarchie hingewiesen, die über allen steht und das Bedürfnis nach Transzendenz umfasst.

> Soll unser Leben eine höhere Bedeutung erlangen, so müssen wir es mit etwas über uns Stehenden verbinden. (Helene Druskowitz, 1856–1918)

Ein erfülltes Leben, das vorwiegend dadurch gekennzeichnet ist, dass Menschen davon ausgehen, dass sie sich selbst verwirklichen, kann auch durch die Befriedigung eingeredeter und daher falscher Bedürfnisse sowie aneinander gereihter kurzer Glücksgefühlen gekennzeichnet sein.

© Der/die Autor(en), exklusiv lizenziert durch Springer Fachmedien Wiesbaden GmbH, ein Teil von Springer Nature 2021
L. Endriss, *Aufblühen oder Verwelken?*, https://doi.org/10.1007/978-3-658-34410-8_7

7.1   Der Begriff der Selbstverwirklichung

Das Bedürfnis nach Selbstverwirklichung ist nach Abraham Maslow bis kurz vor seinem Tod 1970 die höchste Stufe der menschlichen Bedürfnisse, da er dann in der Lage ist, seine persönlichen Fähigkeiten und Begabungen weiter zu entwickeln und seinem Wesen entsprechend zu leben.

Als Mitbegründer der Humanistischen Psychologie und als Motivationspsychologe geht Maslow davon aus, dass alle Menschen die gleichen Grundbedürfnisse haben. Weitere Bedürfnisse sind aus seiner Sicht hierarchisch geordnet, es gibt daher niedrigere und höhere Bedürfnisse. Diese können anhand eines Pyramidenmodells anschaulich dargestellt werden. Maslow nimmt an, dass das Handeln des Menschen durch die Befriedigung von Bedürfnissen motiviert ist, wobei stets zuerst die einfacheren niedrigeren Bedürfnisse erfüllt sein müssen, bevor die nächsthöheren wichtig werden und nach Erfüllung streben. Wenn alle Bedürfnisse befriedigt sind, dann zielt der Mensch nach Selbstverwirklichung, d. h. er ist dann in der Lage, seine persönlichen Fähigkeiten und Begabungen weiter zu entwickeln. Er stellte zudem die These auf, dass seelische Erkrankungen dadurch begründet seien, dass Menschen sich nicht selbst verwirklichen können.

7.2   Maslows klassische Bedürfnispyramide

Ursprünglich bestand die Bedürfnispyramide von Abraham Maslow aus fünf Stufen, wie in Abb. 7.1 dargelegt wird. Das Modell legt nahe, dass erst die jeweils untere Stufe befriedigt werden muss, bevor die nächste erklommen werden kann. Maslow bezeichnete die unteren drei als sog. *„Mangel- oder Defizitbedürfnisse"*, die zuerst gesättigt werden müssen, da ihre Erfüllung 1) das Überleben, 2) das angenehme Leben und 3) die Zugehörigkeit zu anderen Menschen sichert. Erst danach siedelte er auf den höher gelegenen Stufen die sog. *„Wachstumsbedürfnisse"* an, die nichts mehr mit dem Streben nach dem Auflösen eines Mangels, sondern auf die Befriedigung von höchst individuellen Bedürfnissen zielen. Im Gegensatz zur Befriedigung der Mangelbedürfnisse entstehen hier individuelle Bedürfnisse, die eher nicht vollständig gesättigt werden können und das Potenzial in sich bergen, sich immer weiter zu auszubreiten.

Die 1. und unterste Ebene ist die physiologische Stufe der *Grund- und existentiellen Bedürfnisse,* wozu die Bedürfnisse nach Atmung, Wasser, Nahrung, Wärme, Schlaf, Fortpflanzung und Schutz des Körpers, etwa durch eine Körperbedeckung oder einen Unterschlupf, zählen.

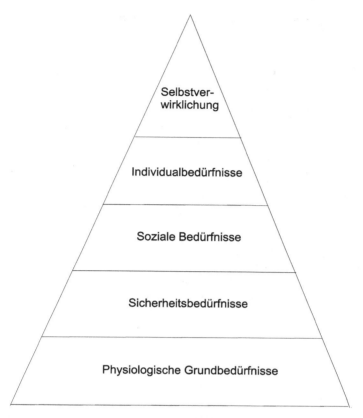

Physiologische Grundbedürfnisse

Sicherheitsbedürfnisse

Soziale Bedürfnisse

Individualbedürfnisse

Selbstver-
wirklichung

Abb. 7.1 Maslows klassische Bedürfnispyramide. (Nach Maslow, 1943)

Die 2. Stufe, die des Bedürfnisses nach *Sicherheit,* entwickelt sich erst nach der Befriedigung der darunter befindlichen. Sie umfasst die Bereiche der körperlichen und seelischen Sicherheit, materielle Grundsicherung, Arbeit, Wohnung, Gesundheit. Sind diese Bedürfnisse weitgehend befriedigt, dann entsteht nach Maslow die nächste Bedürfnis-Ebene.

Die 3. Stufe enthält die *sozialen Bedürfnisse,* zu denen das Eingebundensein in Familie, Freundschaften, Bekanntschaften und Gruppen zählen sowie die Kommunikation mit anderen, gegenseitige Unterstützung und Austausch, Liebe und Fürsorge. Nach einer entsprechenden „Sättigung" entwickelt sich dann eine weitere Ebene.

Die 4. Stufe fasst verschiedene *Individualbedürfnisse* zusammen, so die Bedürfnisse nach Erfolg, Freiheit und Unabhängigkeit, die unabhängig von anderen Menschen sind, aber auch nach Vertrauen, Wertschätzung, Anerkennung und Prestige, Bedürfnisse, die nur von anderen Menschen erfüllt werden können. Ist auch diese Stufe befriedigend abgedeckt, dann ergibt sich wieder ein neues Bedürfnis.

Die nächsthöhere und damit 5. Stufe der Bedürfnispyramide ist die der *Selbstverwirklichung,* auf der der Mensch seine Potenziale, Talente und Kreativität entfalten sowie seine Persönlichkeit und Fähigkeiten im Sinne einer Selbstaktualisierung weiter entwickeln will, aber auch zu bestimmen, was sein Vermächtnis und sein Lebenszweck sein soll. Dies entspricht ebenfalls einer persönlichen und individualistischen Sicht. Hier scheint die Pyramide ihre Spitze erreicht zu haben.

Ich stelle dieses Modell hier vor, weil es historisch gesehen den Begriff der Selbstverwirklichung zuallererst in ein einfaches Modell gebracht hat, anhand dessen sich auch ein Laie mit den menschlichen Bedürfnissen und der Einbettung dieses Begriffes beschäftigen kann. Maslow sah die Gesetzmäßigkeit zwischen den Stufen nicht als zwingend an: Es müssen daher nicht erst alle vorherigen Bedürfnisse erfüllt sein, bevor die nächst höheren auftauchen und nach Erfüllung lechzen. Im Zusammenhang mit diesen grundsätzlichen Überlegungen zur menschlichen Existenz soll hier noch einmal eine Zusammenfassung zum Begriff der Selbstverwirklichung nach Maslow folgen.

Selbstverwirklichung

In der Alltagssprache bedeutet Selbstverwirklichung, möglichst weitgehend eigene Ziele, Sehnsüchte und Wünsche im Leben in die Tat umzusetzen, um damit das Ziel, das eigene Wesen völlig zur Entfaltung zu bringen, zu erreichen. Dies beinhaltet die möglichst umfassende Ausschöpfung der individuell gegebenen Möglichkeiten der Begabungen und Talente des Menschen, die seine Fähigkeiten und Fertigkeiten sowie seine kreativen Potenziale enthalten.

In unserer Kultur gehen wir davon aus, dass Selbstverwirklichung zu Wohlbefinden und seelischer Gesundheit führt und dass mangelndes Wohlbefinden und seelische Erkrankungen auch mit fehlenden Chancen zur Selbstverwirklichung zusammen hängen können.

7.3   Maslow und die Werbung

Mit Begeisterung hat sich die Betriebswirtschaft auf das von Maslow entwickelte psychologische Modell der menschlichen Motivation gestürzt, birgt sie doch eine wunderbare Möglichkeit, mit Dienstleistungen und materiellen Gütern gezielt menschliche Bedürfnisse zu befriedigen, auch solche, die nicht unbedingt zum Überleben notwendig sind und die dem potenziellen Kunden vielleicht noch gar nicht bewusst sind, ihm aber durchaus bewusst gemacht werden könnte.

Schon immer hat es Werbung gegeben, ob es etwa um die leckeren Äpfel oder die knackig-frischen Gemüsesorten geht, die auf den Wochenmärkten der ganzen Welt früher und heutzutage lautstark mehr oder weniger lautstark feilgeboten werden. Das Bedürfnis nach Sicherheit hingegen wird erst, zumindest in der westlichen Kultur, durch ein flächendeckendes Sicherheitswesen abgedeckt, ob es sich nun um die Kranken-, Alters- oder Gebäudeversicherung handelt. Werbung spielt dabei eine hervorragende Rolle, insbesondere durch die Verwendung von drastischen Bildern. Versicherungsvertreter besitzen darüber hinaus die Gabe, mehr oder weniger dezent auf tausend Risiken und Eventualitäten hinzuweisen, die dem Menschen im Leben begegnen können- und bieten dann passgerecht genau dafür Lösungen an. So wird beim Kunden dessen Bedürfnis nach Sicherheit mehr oder weniger mit ins Spiel gebracht, was diesem oft nicht bewusst ist, aber für ein gutes Gefühl sorgt, wenn er die gegengezeichnete Versicherungspolice dann endlich in der Hand hält.

Noch lohnender für den Umsatz ist der Rückgriff auf die höheren Dimensionen der Bedürfnispyramide mit den Bereichen der Individualbedürfnisse nach Anerkennung und Selbstverwirklichung, da ist viel Luft nach oben. Mit „Gönn dir was!" werden etwa Luxusgüter oder teure Hobbys vermarktet, die ganz bewusst das Bedürfnis nach Status und Prestige befriedigen und als gesellschaftliche Symbole für die jeweiligen Insider dienen, die sich sowas locker leisten können. Wer nicht gerade über große finanzielle Quellen verfügt, landet bekanntermaßen in einer absurden Situation, in welcher er Geld, das er nicht hat, für etwas ausgibt, das er nicht braucht, um Leuten zu imponieren, die er nicht mag. Davon wiederum leben u. a. die Schuldnerberatungsstellen und Rechtsanwälte.

Werbung fokussiert weniger auf den kühlen Verstand, sondern auf die Gefühle der potenziellen Käufer. So wissen Branchenangehörige, dass sie dem Kunden eher weniger nüchterne Waren oder Dienstleistungen, sondern vorrangig Gefühle verkaufen. Die Werbung lebt von der Vermittlung oder dem Einreden von Gefühlen – sei es das Freiheitsgefühl per Automobil oder Flugreise, das Schönheitsgefühl mit der duftenden Antifaltencreme oder das Reinheitsgefühl mit dem allerneusten Waschpulver. Ein Frisör verkauft daher keinen Haarschnitt, sondern das Gefühl, modern und gepflegt zu sein.

Vance Packard (1957) hat sich schon in den Fünfzigerjahren des letzten Jahrhunderts in den USA mit der Massenbeeinflussung von Menschen auf deren Kaufverhalten beschäftigt. Viele seiner Erkenntnisse ließen sich auch auf Deutschland beziehen. Insbesondere vor dem Hintergrund des 2. Weltkrieges mit seinen Tragödien und der Zerstörung sehnten sich die Menschen hierzulande nach guten Gefühlen und kompensierten danach die Erlebnisse aus den Kriegszeiten durch ein ausgeprägtes Konsumverhalten. Er beschreibt in seinem Werk, auf welche Weise die Werbung Menschen dazu bringt, unvernünftige Entscheidungen zu treffen, indem sie durch Reklame unterschwellig beeinflusst werden.

So kann das Denken und Fühlen von großen Menschenmassen gezielt gesteuert werden, um ihnen ein kurzfristiges Glücksgefühl zu vermitteln. Hier wird auch gerne mit dem Argument gearbeitet, dass bestimmte Waren und Dienstleistungen einfach dazugehören, wenn man sich selbst verwirklichen will. So tut es dann nicht ein einfacher Bleistift, um zeichnen zu lernen, sondern es muss gleich ein „Künstlerset" sein, der dann irgendwann mal ungenutzt beiseite gestellt wird, weil man als Anfänger die Lust, den Überblick und die Konzentration vor lauter Expertengerätschaften verloren hat.

7.4 Transzendenz – die vergessene 6. Stufe

Abraham Maslow hat in späteren Lebensjahren seiner Bedürfnispyramide noch ein weiteres Niveau hinzugefügt, wie Abb. 7.2 demonstriert. Die 6. Stufe ist das Bedürfnis nach Selbsttranszendenz, nach einem Lebenssinn jenseits der eigenen Potenzialentwicklung oder dem Verhaftetsein im Kosmos der eigenen Biografie, dem Zeitgeist und der kulturellen Grenzen. Selbsttranszendenz befriedigt spirituelle Bedürfnisse und enthält eine dienende Haltung der Welt gegenüber. Persönliche Bedürfnisse werden hinten angestellt und das urteilende Denken überwunden, weil sich der Mensch mit der Welt und einem höheren Sinn verbunden fühlt.

Interessanterweise taucht diese 6. Stufe kaum in der Literatur auf, was vielleicht damit zusammenhängen könnte, dass der herrschende Zeitgeist die Selbstverwirklichung als oberstes Lebensziel propagiert. Und was nicht ins Konzept oder Kalkül passt, wird häufig unter den Tisch fallen gelassen. Oder es wird zum blinden Fleck.

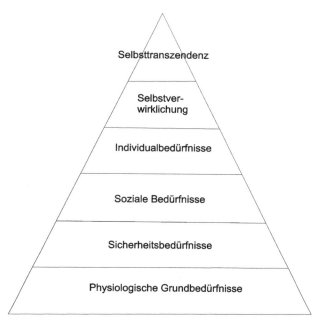

Abb. 7.2 Maslows Bedürfnispyramide inklusive Transzendenz. (Nach Maslow, 1971)

Literatur

Maslow, A. (1943). A theorie of human motivation. *Psychological Review, 50*(4), 370–396.
Maslow, A. (1971). *The farther reaches of human nature.* Viking Press.
Packard, V. (1957). *Die geheimen Verführer. Der Griff nach dem Unbewussten in Jedermann.* Ullstein.

8

Flow-Konzept

Zusammenfassung In Abgrenzung zu den bisherigen, eher äußeren Einflussfaktoren auf das Wohlbefinden und die Selbstverwirklichung zielt die Erörterung im Folgenden mehr auf innere Faktoren. Im Zusammenhang mit der Kreativitätsforschung entwickelte Mihaly Csikszentmihalyi sowohl das Modell von Flow-Kanal mit seinen typischen Kennzeichen eines höchst befriedigenden mentalen Zustandes als auch ein erweitertes Modell, dass die Herausforderungen des Lebens und die vorhandenen eigenen Fähigkeiten und Stärken zueinander in Beziehung setzt, wobei verschiedene Bereiche der Unter- und Überforderung des Menschen erkennbar sind, unter anderem depressive Reaktionen. Als mögliche Gegenmaßnahmen zu unbefriedigenden mentalen Zuständen werden danach die von Seligmann herausgefundenen typischen Denkmuster von optimistischen und pessimistischen Denkmustern anhand von Beispielen vorgestellt und kritisch diskutiert.

> Die Selbsthingabe ist die freieste Tat der Freiheit. (Edith Stein, 1891–1942)

Auf der Suche nach dem, was Menschen zum Aufblühen, zum Wohlbefinden und zur Selbstverwirklichung bringt, wurde bisher der Begriff „Wohlfühlglück" vorgestellt sowie die damit verbundenen angenehmen Gefühle betrachtet, die sowohl dadurch entstehen können, dass Menschen in einem wertschätzenden und empathischen Umfeld aufgewachsen sind, dass sie über verschiedene Resilienzfaktoren verfügen, die auch familiär gefördert werden können, dass sie aktuell positive Beziehungen pflegen und

L. Endriss, *Aufblühen oder Verwelken?*, https://doi.org/10.1007/978-3-658-34410-8_8

dass sie dadurch auf den verschiedenen Dimensionen der Anerkennung bestätigt werden. Diese Überlegungen fokussieren auf *äußere Einflüsse.*

Insbesondere im Zusammenhang mit der Entwicklung eigener Stärken und Talente soll im Folgenden das Flow-Modell vorgestellt werden, denn es veranschaulicht sehr gut, an welchen Stellen, insbesondere im Zusammenhang mit Kreativität, Zustände von Zufriedenheit und Glück erlebt werden können, die eher mit *inneren Einflüssen* des Menschen zu tun haben.

8.1 Kennzeichen des Flow

Das Flow-Konzept des Kreativitätsforschers Mihaly Csikszentmihalyi geht von einem bestimmten mentalen Zustand aus, der durch das Bild des „Fließens" gekennzeichnet ist. Dieser Zustand entsteht im Tun des Menschen, wenn alles klappt und wie am Schnürchen läuft, egal, ob Sie eine Aufgabe erledigen, künstlerisch tätig sind oder einfach nur spielen, wie Sie dies vielleicht aus der Kindheit her kennen und auch als erwachsener Mensch gerne tun: Sie fühlen sich im sog. „*Flow-Kanal*" weder unter- noch überfordert, wie dies Abb. 8.1 sichtbar macht.

Folgende sieben Kennzeichen beschreiben dieses Erleben:

1. Sie sind komplett engagiert und involviert in das, was Sie gerade tun, das heißt, dass Sie hundertprozentig konzentriert sind.
2. Sie erleben das Gefühl des Entrücktseins und scheinen sich außerhalb der Alltagsrealität zu befinden.
3. Sie erleben in sich eine große innere Klarheit und wissen, was Sie machen müssen und dass Sie dies so gut wie möglich ausführen wollen.
4. Sie sind davon überzeugt, dass die Aktivität grundsätzlich zu bewältigen ist und dass Ihre vorhandenen Fähigkeiten der Aufgabe gerecht werden.
5. Sie sind erfüllt von einem Gefühl der sog. „*Serenität*", d. h. dass Sie sich keine Sorgen über sich selbst machen und dabei über die Grenzen des Egos hinauswachsen.
6. Obwohl Sie auf die Gegenwart fokussiert sind, durchdringt Sie ein Gefühl der Zeitlosigkeit und so scheinen Stunden wie Minuten zu vergehen.
7. Was immer Sie in diesem Zustand produzieren, das tun Sie ohne besondere äußere Motivation oder Anerkennung, sondern durch die sog. „intrinsische Motivation". Allein durch Ihre Flow-Aktivität entsteht für Sie eine Belohnung.

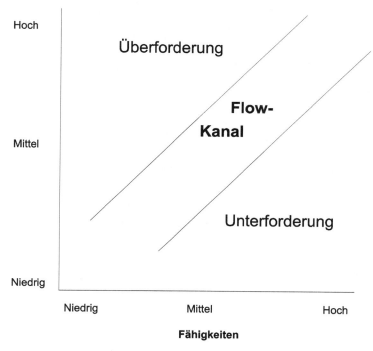

Abb. 8.1 Flow-Kanal. (Nach Csikszentmihalyi, 1997)

Vielleicht gehören auch Sie zu den Leuten, die von sich behaupten, dass sie bestimmte, auch anstrengende Dinge so gerne tun, dass sie diese auch ohne Bezahlung ausführen würden, einfach, weil Ihnen dies so viel Freude macht und mit Wohlbefinden erfüllt. Insbesondere kreative Aktivitäten können dazu führen, dass sich Menschen häufig im Flow-Zustand befinden und dies in ihrem Leben nicht missen möchten, weil dadurch Wohlbefinden entsteht. Dies kommt dann der kreativen Selbstverwirklichung sehr nahe: Menschen, die sich hundertprozentig einer Aufgabe, einer Idee oder einem Projekt widmen, wachsen damit geradezu über sich heraus. In diesem Zusammenhang verwende ich gerne den psychologischen Begriff der *„selbstverpflichtenden Zielbindung"*, weil dieser so schön anschaulich darlegt, dass der Mensch sich einem außerhalb seines Selbst befindlichen Objekt oder einem sog. *„Oberziel"* hingibt, das nicht wiederum er selbst ist. Weitere Ausführungen dazu finden Sie im Kap. 20.

8.2   Flow-Schaubild von Mihaly Csikszentmihalyi

Abb. 8.2 zeigt einerseits die horizontale X-Achse mit den mehr oder weniger vorhandenen persönlichen Fähigkeiten oder Charakterzügen des Menschen und andererseits die vertikale Y-Achse der situativen Herausforderungen des Lebens, die von niedrig bis hoch variieren können und denen der Mensch sich stellen muss. Die Zusammenhänge zwischen den beiden Achsen spannen verschiedene menschliche Befindlichkeiten auf, wobei der optimale Flow-Zustand in einem ausgewogenen Verhältnis zwischen den eigenen Fähigkeiten und den jeweiligen Herausforderungen besteht, wie Abb. 8.2 zeigt.

Anhand des Schaubildes von Mihaly Csikszentmihalyi können Sie erkennen, wie sich die vorhandene Fähigkeiten und Stärken des Menschen jeweils auf die von außen kommenden oder sich selbst auferlegten Herausforderungen auswirken: Hier lassen sich acht verschiedene Szenarien entdecken. Beginnen wir mit dem, was Menschen auf Dauer zum Verwelken bringen kann.

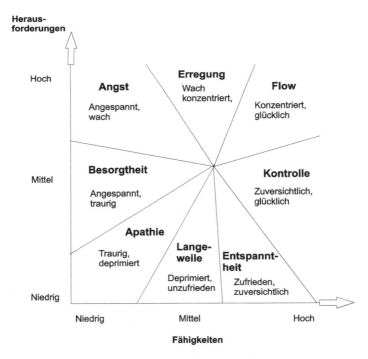

Abb. 8.2   Flow-Schaubild. (Nach Csikszentmihalyi, 2000)

8.3 Die 4 Ausdehnungen des Verwelkens

Anhand des Flow-Modells sehen Sie nun, an welchen Stellen ungünstige Bedingungen für die eigene Befindlichkeit auftreten:

1. Wenn die Herausforderungen niedrig sind und Ihre dazu erforderlichen Stärken und Fähigkeiten im mittleren Bereich liegen, Sie also völlig unterfordert sind, dann entsteht gähnende *Langeweile:* Sie werden unzufrieden und deprimiert.
2. Wenn die Herausforderungen niedrig sind und auch Ihre dazu erforderlichen Stärken und Fähigkeiten niedrig ausgeprägt sind, dann entsteht desinteressierte *Apathie:* Sie werden traurig und deprimiert.
3. Wenn die Herausforderungen im mittleren Bereich liegen und Ihre dazu erforderlichen Stärken und Fähigkeiten im niedrigen Bereich liegen, also eine gewisse Überforderung vorliegt, dann entsteht irritierte *Besorgtheit:* Sie werden angespannt und traurig.
4. Wenn die Herausforderungen sehr hoch sind und Ihre dazu erforderlichen Stärken und Fähigkeiten im niedrigen Bereich liegen, Sie also komplett überfordert sind, dann entsteht bedrückende *Angst:* Sie werden angespannt und überwach.

8.4 Die 4 Ausdehnungen des Aufblühens

Hier kann Ihnen anschaulich gemacht werden, an welchen Stellen günstige Bedingungen für die eigene Befindlichkeit zu finden sind.

1. Wenn die Herausforderungen im mittleren Bereich sind und Ihre dazu passenden Stärken und Fähigkeiten ebenfalls im mittleren Bereich liegen, dann entsteht eine harmonische *Entspannung:* Sie werden zufrieden und zuversichtlich.
2. Wenn die Herausforderungen im mittleren Bereich sind und Ihre dazu passenden Stärken und Fähigkeiten stark ausgeprägt sind, dann entsteht eine übersichtliche *Kontrolle:* Sie werden zufrieden und glücklich.
3. Wenn die Herausforderungen sehr hoch sind und Ihre dazu passenden Stärken und Fähigkeiten im mittleren Bereich liegen, dann entsteht eine kribbelige *Erregung:* Sie sind wach und konzentriert.

4. Wenn die Herausforderungen sehr hoch sind und Ihre dazu passenden Stärken und Fähigkeiten ebenfalls im hohen Bereich liegen, dann entsteht der selbstvergessene *Flow:* Sie sind konzentriert und glücklich.

Wie Sie an dieser Zusammenstellung sehen können, ist der Flow-Zustand also nicht einfach nur ein ruhiger entspannter Zustand, sondern er enthält etwas Dynamisches, etwas, das den Menschen über sich hinaus wachsen lässt, indem er seine Fähigkeiten an wachsenden Herausforderungen weiter entwickelt. So gesehen bieten gerade kreative Projekte die Chance, sich im Sinne der Selbstverwirklichung weiter zu entwickeln, vorhandene Talente auszuleben und auszudehnen.

8.5   Angst, Besorgtheit, Apathie und Depression

Wenn Sie noch einmal die Flow-Abbildung betrachten, dann lassen sich dort wie bereits erwähnt diejenigen Bereiche aufzeigen, die auf Dauer zum Verblühen führen können und nichts mehr mit kreativer Selbstverwirklichung zu tun haben, Bereiche, die im Extremfall auch zu seelischen Erkrankungen führen können, zumindest jedoch zu einer großen Unzufriedenheit mit dem eigenen Leben.

Ich habe die situativen Herausforderungen in diesem Modell bisher nur unter dem Aspekt der eher sachbezogenen Herausforderung interpretiert, ganz unabhängig von der menschlichen Umwelt: Selbstgewählte oder von anderen Menschen vorgegebene Aufgaben im Sinne von Herausforderungen – etwa im Handwerk oder bei der Arbeit am PC – können aufgrund der eigenen dazu passenden Fähigkeiten hervorragend erledigt werden und damit ein Flow-Gefühl erzeugen und zum Aufblühen führen, ganz unabhängig von den Beziehungen zur menschlichen Umwelt. Umgekehrt erzeugen sachbezogene Über- oder Unterforderung auf Dauer angespannte Angst, andauernde Besorgtheit, deprimierte Apathie und depressive Langeweile.

Das Modell von Mihaly Csikszentmihalyi differenziert hier allerdings nicht ausdrücklich zwischen *sachlichen Herausforderungen* und *personenbezogenen Herausforderungen,* die durch den Umgang mit anderen Menschen entstehen und die sich ebenfalls, direkt oder indirekt, etwa durch Konflikte, angstauslösende seelische Attacken oder schädigende Handlungen, negativ auf das Entstehen eines Flow-Zustandes auswirken können, wo hingegen gesunde Beziehungen diesen konzentrierten und glücklichen Zustand eher unterstützen. Mitmenschen können einem im Sinne einer besonderen Herausforderung im Umgang mit ihnen das Leben zur Hölle machen und das ist nicht gerade das, was zum Flow-Zustand beiträgt.

8.6   Das Antidepressivum „Optimismus"

Mehrere Ausdehnungen im Flow-Modell beinhalten mentale Zustände, die durch Apathie, Traurigsein, Deprimiertsein sowie Unzufriedenheit gekennzeichnet sind. Um diesen Befindlichkeiten zu begegnen, lohnt es, sich mit dem Begriff des Optimismus zu beschäftigen.

Optimismus ist eine innere Haltung oder auch Lebensauffassung, in der die Welt, eine Sache oder eine Situation von der besten Seite her betrachtet wird. Hierzu hat besonders auch Martin Seligman im Zusammenhang mit der Zeitkrankheit Depression geforscht und dies unter anderem in seinem Werk „Pessimisten küsst man nicht. Optimismus kann man lernen" (Seligman 1990) dargelegt. Seine Forschungsergebnisse zu dieser positiven Haltung der menschlichen Existenz gegenüber finden Sie in der folgenden allgemeinen Zusammenfassung dieses besonders nachzueifernden Menschenschlags, wie Rampe (2005) aufgeführt hat.

1. Optimisten erwarten, dass in ihrem Leben mehr Gutes als Schlechtes geschieht.
2. Optimisten schätzen ihre Niederlagen als vorübergehende Phänomene ein.
3. Optimisten gehen davon aus, dass sie ihre Niederlagen in einem überschaubaren Zeitraum überwinden.
4. Optimisten erleben Niederlagen als Rückschläge, die nur für die jeweilige Situation einmalig gelten und sich nicht als dauerhaftes Muster immer wieder auftauchen.
5. Optimisten definieren schwierige Situationen „kreativ" um, indem sie diese als Herausforderung wahrnehmen, um eigene besondere Anstrengungen unter Beweis zu stellen.

Wer mit dieser Einstellung dem Leben begegnet, der erlebt in vielen Bereichen Wohlbefinden. Optimisten sind in der Regel gesünder, leistungsfähiger, ärgern sich weniger, sind weniger ängstlich, fühlen sich seltener einsam, geben seltener auf und spüren weniger Stress als Pessimisten. Zudem suchen sie in schwierigen Situationen kreativer als andere nach Auswegen.

8.6.1 Seligmanns Entdeckung der unterschiedlichen Deutungsmuster

Bekannt ist ja, dass es Pessimisten subjektiv und objektiv schlechter geht als Menschen, die durchweg positiv gestimmt sind und als Optimisten bezeichnet werden. Zudem sind Menschen, die unter Depression leiden, oftmals auch eher pessimistisch. Und Sie haben es sicherlich auch schon einmal erlebt, dass es nicht viel nützt, solch einer Person mit guten Ratschlägen, aufmunternden Worten oder ablenkenden Wohlfühlaktionen helfen zu wollen.

Woran mag das liegen? Sind Optimismus und Pessimismus angeboren? Martin Seligmann (2001), der sich als Forscher mit den Themen „erlernte Hilflosigkeit", „Depression" und „Pessimismus" beschäftigt hat, stellte im Rahmen seiner sog. *„Attributionstheorie"* fest, dass pessimistische Menschen bestimmte Deutungsmuster beziehungsweise Erklärungsmuster ihres tagtäglichen Erlebens, aber auch ihrer Verarbeitung von Unglück, zeigen, die im Widerspruch zu den Deutungsmustern stehen, die optimistische Menschen zeigen. Sie haben also beide für beliebige und vergleichbare Situationen ihres Lebens unterschiedliche Rechtfertigungen oder Erklärungen, warum sie in solche Situationen gekommen sind.

Bei den Optimisten fand er positive, bei den Pessimisten negative Deutungsmuster. Die Deutungsmuster der Pessimisten sind hervorragend dafür geeignet, sich schlecht zu fühlen und rasch aufzugeben. Diese besonderen Deutungsmuster verhindern kurz- oder langfristig, dass Pessimisten aus ihrem Stimmungstief und der oft damit verbundenen Passivität, die Seligmann „Erlernte Hilflosigkeit" nennt, herausfinden.

Er stellte Überlegungen an, dass diese Deutungsmuster gegebenenfalls durch das Elternhaus verursacht oder vorgelebt wurden. Welche Haltung erlernen Kinder oder Jugendliche und später die Erwachsenen, wenn es darum geht, die kleinen oder großen Tragödien im Leben zu bewältigen? Reden sie sich ein, dass alles ihre Schuld ist, dass es immer so bleiben und damit ewig andauern wird und dass es sowieso alles zu Nichte macht, was sie in Zukunft anpacken? Dies entspricht einer pessimistischen Haltung. Oder stecken sie die Geschehnisse eher weg, indem sie als „unverbesserliche" Optimisten sagen: „Nun, das waren eben die misslichen Umstände, daran konnte ich sowieso nichts ändern, hat nichts mit mir zu tun. Es wird bald vorbei sein und überhaupt: Es gibt noch wichtigere Dinge im Leben!".

Seligmann fand heraus, dass es sich tatsächlich um tiefsitzende Muster handelt, die Menschen in der Kindheit und Jugend erlernt haben. Sie hängen mit Ihrer persönlichen Ansicht zusammen, welchen Platz Sie auf dieser Welt haben. Sind Sie davon überzeugt, dass Sie wertvoll sind und dass Sie in Ihrem Leben Gutes verdient haben? Dann entspricht das der optimistischen Haltung. Oder meinen Sie, Sie seien wertlos und hätten sowieso keine Hoffnung auf ein gutes Leben, was der pessimistischen Haltung entspricht.

Da Deutungsmuster im Bereich der Kognitionen und damit im Bereich der eigenen Gedanken zu finden sind, stellte er die These auf, dass Pessimisten lernen können, die negativen Deutungsmuster zu erkennen und gedanklich so zu verändern, dass sie zu einem größeren Wohlbefinden durch positive Gefühle beitragen können. Pessimisten sollten also von den Optimisten und deren positiven Deutungsmustern lernen. Welches Geheimnis steckt nun hinter diesen unterschiedlichen Denkmustern, die man auch als Interpretation oder Bewertung der tagtäglichen „Vorfälle" bezeichnen kann?

8.6.2 Die drei Dimensionen der Deutungsmuster

Um es etwas flapsig auszudrücken, neigen Optimisten eher zu folgender Haltung:

Wenn etwas *schlecht* oder blöd gelaufen ist, dann hast du mir das angetan und du bist daran schuld (Personalisierung). Ich weiß, es wird ja sowieso morgen vorbei sein (Dauerhaftigkeit). Außerdem betrifft es ja nur diese besondere Situation (Geltungsbereich). Wenn etwas *gut* oder sogar fantastisch gelaufen ist, dann habe ich das gemacht oder veranlasst (Personalisierung). Ich habe sowieso immer Glück (Dauerhaftigkeit). Ich bin gut darin (Geltungsbereich).

Seligmann hat, wie oben schon eingefügt, die drei Bereiche „*Personalisierung*", „*Dauerhaftigkeit*" und „*Geltungsbereich*" herausgefunden, die bei Optimisten und Pessimisten jeweils sehr unterschiedlich ausgeprägt sind. Der Bereich „Personalisierung" zielt darauf hin, wie Sie sich mit sich fühlen und die beiden anderen Bereiche entscheiden darüber, was Sie tun. Schauen Sie sich einmal die folgenden Deutungsmuster plus der dazugehörigen Beispiele an. Bei negativen Ereignissen zeigen sich folgende unterschiedliche Deutungsmuster:

Reaktionen auf *negative und unerfreuliche* Ereignisse:

- *Personalisierung* (internal versus external)

Pessimisten geben sich selbst die Schuld für Fehlschläge, Misserfolge und unangenehme Ereignisse (internal) und weisen dabei eher ein niedriges

Selbstwertgefühl auf. Optimisten suchen die Gründe für das, was schief gelaufen ist, eher bei den äußeren Umständen oder anderen Menschen (external), was eher für ein starkes Selbstwertgefühl spricht.

Beispiel

Pessimist: Ich habe kein Talent zu Zeichnen.
Optimist: Ich hatte bisher keine Zeit, um in Ruhe zu zeichnen.

- *Dauerhaftigkeit* (dauerhaft versus zeitweilig)

Pessimisten halten die unangenehmen Umstände oder Tragödien, in die sie hinein geraten sind, eher für „fixiert" und bleibend (dauerhaft). Das Schlechte wird anhalten und sie ihr Leben lang beeinträchtigen, sie können letztendlich nichts dagegen unternehmen und geben schnell auf. Sie verwenden gerne die Worte „nie" oder „immer". Optimisten hingegen schätzen die Unannehmlichkeiten eher für vorübergehend und nicht „anhaftend" ein (zeitweilig).

Beispiel

Pessimist: Ich bekomme beim Abwaschen nie Unterstützung von dir.
Optimist: Ich bekomme in letzter Zeit beim Abwaschen keine Unterstützung von dir.

- *Geltungsbereich* (global versus spezifisch)

Pessimisten übertragen Fehlschläge, die sie in einem bestimmten Bereich erleben mussten, in andere Bereiche und generalisieren damit (global). Optimisten sehen Fehlschläge, die in einem bestimmten Lebensbereich auftauchen, als nur für diesen Bereich geltend und über tragen dies nicht auf andere Bereiche des Lebens (spezifisch).

Beispiel

Pessimist: Ich war in der Schule schon sehr faul.
Optimist: Ich lege mich bei schönem Wetter gern auf die faule Haut.

Reaktionen auf *positive und erfreuliche* Ereignisse:
Hier kehren sich die Erklärungsmuster genau um 180 Grad um:

- *Personalisierung* (external versus internal)

Bei erfreulichen Ereignissen glauben die Pessimisten, dass Gutes nur von anderen Menschen kommt, dass die Umstände gerade günstig waren und der Himmel ihnen wohlgesonnen war. (external). Die Optimisten sind jedoch davon überzeugt, dass sie persönlich daran schuld sind, wenn etwas gut läuft, dass sie allein dafür verantwortlich sind und irgendwie auch stolz darauf sind(internal).

> **Beispiel**
>
> Pessimist: Da habe ich wirklich Glück gehabt, dass mir da jemand geholfen hat!
> Optimist: Ich kann immer wieder günstige Gelegenheiten erkennen und diese nutzen.

- *Dauerhaftigkeit* (zeitweilig versus dauerhaft)

Pessimisten gehen davon aus, dass es nur vorübergehende Gründe gibt, warum gerade etwas gut läuft, nennen dabei eher Stimmungen oder einen besonderen Einsatz und verwenden Worte wie „manchmal" oder „diesmal" (zeitweilige Erklärung), wohingegen Optimisten davon überzeugt sind, das das Gute grundsätzlich immerwährend bleiben wird und Bestand hat, weswegen sie auch häufig in diesem Zusammenhang das Wort immer verwenden (dauerhafte Erklärung).

> **Beispiel**
>
> Pessimist: Dafür habe ich mich diesmal sehr angestrengt und viel geübt!
> Optimist: Ich bin musisch begabt, das war ich immer schon.

- *Geltungsbereich* (spezifisch versus global)

Pessimisten glauben, dass Angenehmes nur durch ganz besondere Ursachen hervorgerufen wird (spezifisch), während Optimisten davon überzeugt sind, dass angenehme Vorkommnisse sich auf alle anderen Lebensbereich auswirken (global).

> **Beispiel**
>
> Pessimist: Ich kann nur deswegen gut kochen, weil mein Vater Koch ist.
>   Optimist: Es geht mir gut, ich bin eine Frohnatur und ich komme deswegen überall gut klar.

8.6.3 Das Prinzip Hoffnung

Neben den oben dargestellten Bereichen nennt Seligmann noch einen vierten, den er für den wichtigsten Gesichtspunkt beim Pessimismus und Optimismus hält: die Hoffnung. Hoffnung heißt, zeitweilige und spezifische Ursachen für menschliches Unglück verantwortlich zu machen, betreffen also die Dauerhaftigkeit und den Geltungsbereich. Verzweiflung bedeutet, andauernde und globale Gründe für unangenehme oder tragische Vorkommnisse zu finden, der Optimist tendiert eher dazu, zeitweilige oder spezifische Ursachen zu nennen. So neigen Pessimisten auch eher schnell zu dem, was man *„Katastrophieren"* nennt. Ein Optimist etwa würde sagen: „Dieser kleine Knoten bedeutet wahrscheinlich nichts!", der Pessimist hingegen meint: „Wahrscheinlich bedeutet dieser Knoten Krebs und ich habe nur noch ein halbes Jahr zu leben!".

8.6.4 Schaden durch zu viel Optimismus

In diesem Zusammenhang möchte ich Sie darauf aufmerksam machen, dass die optimistische Weltsicht manchmal mit Vorsicht zu genießen ist. Grundsätzlich ist es natürlich erstrebenswert, Optimismus zu erlernen und schwierige Situationen im Leben sowie Misserfolge nicht gewohnheitsmäßig als persönlich verursacht, dauerhaft und alle Lebensbereiche umfassend zu interpretieren. Wer das nicht macht, der erlebt keine Lebensfreude mehr, resigniert oder wird depressiv. Er wird sich als Verlierertyp erleben und die Zukunft wie eine lange Kette weiterer Niederlagen, die ihm ebenfalls persönlich zuzuschreiben sind, erwarten. Diese Erklärungen können dann zu Apathie führen und der Betreffende wartet ohne jede Aktivität einfach nur noch ab, was als nächstes an Katastrophen auf ihn zukommt.

Der Optimist hingegen päppelt sein Selbstvertrauen damit, dass er seine Erfolge ausschließlich auf seine vorhandenen eigenen Fähigkeiten und Fertigkeiten und seine Misserfolge auf ungünstige äußere Umstände oder nicht zu beeinflussende Zufälligkeiten zurückführt.

Optimisten und Pessimisten unterscheiden sich in ihrem Menschenbild: Der Pessimist verfügt über ein *dynamisches Menschenbild*, denn er hat sich seine Erfolge hart erarbeitet, wohingegen der Optimist davon ausgeht, dass er seine Erfolge seinen außergewöhnlichen und eher angeborenen Fähigkeiten zu verdanken hat, was einem *statischen Menschenbild* entspricht – entweder man hat eine bestimmte Fähigkeit oder man hat sie nicht. Hier finden Sie einen ersten Nachteil des Optimismus: Er kann dazu führen, dass man sich nicht mehr anstrengt, weil man davon ausgeht, dass man eine spezielle Fähigkeit einfach nicht hat und so auch nicht „locker darauf zugreifen kann".

Optimisten und Pessimisten unterscheiden sich in ihrem *Realitätsbezug:* Abgesehen davon, dass übertriebene Optimisten zur Traumtänzerei neigen und übertriebene Pessimisten mit Schwarzmalerei unterwegs sind, haben Seligmann und Kollegen festgestellt, dass Pessimisten über einen angemesseneren Realitätsbezug als Optimisten verfügen: Der Pessimist erlebt sich so, dass er der unerbittlichen Realität ausgeliefert ist, während der Optimist diese verdrängt, womit diese Abwehr als eine dem Lebensmut nützliche Selbsttäuschung zu interpretieren ist. Daher ist der Optimist in der Lage ist, sich möglichst oft des Lebens zu freuen.

Optimisten und Pessimisten unterscheiden sich ihrer *Art der Motivation:* Pessimisten nehmen sich und gelegentlich auch anderen durch ihre negative Weltsicht und ihren strengen Realitätssinn oft den Mut, Dinge anzupacken. So unrealistisch Optimisten sich hingegen ihre Erfolge und Misserfolge oftmals erklären, so sehr sie auch oft Illusionen anhängen, so nehmen sie sich dadurch doch nicht dem Mut, einfach weiter zu machen und inspirieren damit auch andere Menschen.

Optimisten unterliegen diversen Fehlern:

1. Selbstüberschätzung

Optimisten neigen dazu, ihr eigenes Wissens, die eigenen Fähigkeiten, das eigene Können sowie die eigenen Einflussmöglichkeiten maßlos zu überschätzen.

2. Kontroll-Illusion

Optimisten überschätzen in der Regel das Ausmaß der Kontrolle, das sie über äußere Situationen und deren Ergebnisse haben, wohingegen Pessimisten dies eher unterschätzen. Nimmt bei den Optimisten diese Überschätzung extrem zu, dann spricht man von der sog. „*Kontroll-Illusion*"

(Dobelli, 2011), weil dann äußere Vorkommnisse in ihrem Leben dann angeblich rein gar nichts mehr mit ihrem persönlichen wunderbaren Einfluss zu tun haben.

3. Eingeschränkte Lernfähigkeit

Wie oben schon einmal im Zusammenhang mit den unterschiedlichen Menschenbildern erwähnt, lernen Optimisten selten aus ihren Fehlern, da sie ja davon überzeugt sind, dass sie außerordentliche Fähigkeiten besitzen. So versuchen sie immer wieder, in schwierigen Situationen mit gleicher Strategie und gleicher Intensität Lösungswege einzuschlagen, frei nach dem Motto „Mehr desselben", was bekanntermaßen oft nicht immer zur Lösung führt.

4. Ausblenden des eigenen Anteils an Schwierigkeiten

Wer die Ursachen von Misserfolg und Problemen im eigenen Leben nur auf äußere Ursachen zurückführt, dem fehlt die Einsicht, dass er gegebenenfalls mit „am Rad gedreht hat" und Mitverantwortung für auftauchende Schwierigkeiten tragen sollte. Er müsste sich Versäumnisse und Fehler eingestehen, etwa mangelnde Vorsicht, vernachlässigte Aufmerksamkeit oder fehlende Planung. Solange diese Einsicht nicht erfolgt, können auch keine Verbesserungen in Angriff genommen werden.

8.6.5 Das auszugleichende Konto

Wer sich um Wohlbefinden im eigenen Leben bemüht, der kommt um diese Diskussion nicht herum: Wie viel Optimismus mit all seinen guten Gefühlen, dem herrlich großen Selbstvertrauen und der unerschütterlichen Zuversicht ist für mich gut und wo nützt mir der Pessimismus, der ja meinen Realitätssinn und mein Urteilsvermögen stärkt?

Nachteile des Pessimismus (nach Martin Seligmann 2001)

- Pessimismus kann Depression fördern
- Pessimismus zieht runter und führt bei Niederlagen dazu, untätig statt aktiv zu werden.
- Pessimismus bringt subjektiv unangenehme Gefühle mit sich wie Niedergeschlagenheit, Trauer, Sorgen und Angst.

- Pessimismus sorgt für die Erfüllung negativer Erwartungen im Sinne einer self-fulfilling-prophecy.
- Pessimismus blockiert das Durchhaltevermögen und führt zum Scheitern, selbst wenn der Erfolg in Reichweite ist.
- Pessimismus ist mit schlechter körperlicher Gesundheit verbunden.

Insgesamt lässt sich feststellen, dass Optimismus uns Menschen darin unterstützt, die Wirklichkeit zu unseren Gunsten zu verzerren, damit wir Raum für unsere Träume, neue Ideen und große Hoffnungen gewinnen können, um diese mutig umzusetzen. Gleichzeitig kann uns der Pessimismus davor schützen, allzu große Risiken einzugehen. Negative Gefühle haben ja oft auch eine Warnfunktion. Der Pessimismus rät uns, Entscheidungen von großer Wichtigkeit in Ruhe zu durchdenken. So gesehen enthält der Pessimismus auch eine konstruktive Seite – ist das nicht optimistisch?

Literatur

Csikszentmihalyi, M. (1997). *Finding flow. The psychology of engagement with everyday life*. Basic Books.

Csikszentmihalyi, M. (2000). *Beyond boredom and axiety: Experiencing flow in work and play*. Jossey-Bass.

Dobelli, R. (2011). *Die Kunst des klaren Denkens. 52 Denkfehler, die Sie besser anderen überlassen*. Hanser.

Rampe, M. (2005). *Der R-Faktor. Das Geheimnis unserer inneren Stärke*. Droemer Knaur.

Seligman, M. (2001). *Pessimisten küsst man nicht. Optimismus kann man lernen*. Droemer Knaur.

9

Kreativität und Selbstverwirklichung

Zusammenfassung Ausgehend von einigen gängigen Definitionen der Kreativität werden hier diverse typische Eigenschaften kreativer Persönlichkeiten vorgestellt und auf die landläufig verbreitete Vorstellung eines besonders erfüllten Lebens aufgrund der Selbstverwirklichung hingewiesen, die vorwiegend bei kreativ Tätigen zu finden sei. Die psychologische Analyse des Dokumentarfilmes mit international bekannten interviewten Künstlern und Kreativen von Hermann Vaske „Why are we creativ?" schlüsselt verschiedene Kategorien von Beweggründen auf, warum diese Personen sich erfolgreich kreativ betätigen und arbeitet bei vielen auch eine sog. dienende und sich widmende Haltung heraus. Darüber hinaus zeigt sich, dass die Interviewten dieser Dokumentation vorwiegend intrinsisch motiviert sind, was durch die Ergebnisse der Kreativitätsforschung bestätigt werden kann.

Die Gedankensphäre ist die Sphäre des Schaffens. (Annie Besant, 1847–1933)

Seit den 50er-Jahren des letzten Jahrhunderts beschäftigen sich Wissenschaftler mit dem Phänomen „Kreativität", da sie diese menschliche Fähigkeit als wichtige Voraussetzung für die gezielte Entwicklung neuer Produkte ansehen, dahinter also auch machtpolitische und finanzielle Interessen stehen. Die amerikanische Kreativitätsforschung etwa wurde durch den sog. „*Sputnikschock*" ausgelöst, der die Forscher damals unter internationalen Druck setzte, denn die Russen lagen im Wettbereichsbereich der Weltraumforschung plötzlich vor ihnen.

L. Endriss, *Aufblühen oder Verwelken?*, https://doi.org/10.1007/978-3-658-34410-8_9

9.1 Definitionen von Kreativität

Der Begriff der Kreativität basiert auf einem Wortstamm aus dem Latein: „creare", was schöpfen, gebären, erzeugen, erschaffen oder gründen bedeutet. Diverse Wissenschaftler haben sich mit einer passenden Definition der Kreativität beschäftigt, wie etwa Joachim Sikora (2001) dies betont. Gemeinsam ist all diesen Versuchen, dass ein erzeugtes Ergebnis wohl neu und wertvoll bzw. nützlich sein muss, um als kreativ bezeichnet zu werden. Erika Landau (1969) fasst dies, zitiert nach Sikora (2001, S. 10) folgendermaßen zusammen: Kreativität ist

> „…die Fähigkeit, Beziehung zwischen vorher unbezogenen Erfahrungen zu finden, die sich in der Form neuer Denkschemata als neue Erfahrungen, Ideen und Produkte ergeben."

Landau verzichtet dabei auf die Eigenschaft „wertvoll". Dies mag wohl damit zusammen hängen, dass sie auch die Alltagskreativität etwa im Bereich von Hobbys, oder die kindliche Kreativität in ihre Überlegungen mit einbezieht. Die umfassende Definition von Drevdahl (1956) – zitiert nach Ulmann (1968, S. 68), die ich bei Sikora (2001, S. 11) fand, fokussiert nicht nur auf die Betrachtung des Produktes, sondern auch auf die entsprechenden Fähigkeiten des Menschen.

> „Kreativität ist die Fähigkeit des Menschen, Denkergebnisse beliebiger Art hervorzubringen, die im Wesentlichen neu sind und demjenigen, der sie hervorgebracht hat, vorher unbekannt waren. Es kann sich dabei um Imagination oder um eine Gedankensynthese, die mehr als eine bloße Zusammenfassung handeln. Kreativität kann die Bildung neuer Systeme, und neuer Kombinationen aus bekannten Informationen involvieren (beinhalten) sowie die Übertragung bekannter Beziehungen auf neue Situationen und die Bildung neuer Korrelate (Wechselbeziehungen). Eine kreative Tätigkeit muss absichtlich und zielgerichtet sein, nicht nutzlos und phantastisch – obwohl das Produkt nicht unmittelbar praktisch anwendbar, nicht perfekt oder gänzlich vollendet sein muss. Es kann eine künstlerische, literarische oder wissenschaftliche Form annehmen, oder durchführungstechnischer oder methodologischer Art sein".

Mihaly Csikszentmihalyi (2001) weist viele Jahre später darauf hin, dass Kreativität nicht allein im Kopf des Individuums stattfindet, sondern im Austausch zwischen dem individuellen Denken und dem sozialen und kulturellen Umfeld, also auch im sozio-kulturellen Kontext. So gesehen ist Kreativität ein systemisches Phänomen: Es muss aus seiner Sicht immer jemanden geben, der die Gewissheit desjenigen, der von der Neuheit und dem Wert seiner Kreation überzeugt ist, aus Expertensicht bestätigt oder verwirft. Um aus diesem Dilemma heraus zu kommen, unterscheidet er drei Arten von kreativen Personen, wie sie von außen eingeordnet werden können.

1. *Die Brillanten:* Personen, die ungewöhnliche Ideen äußern, die zudem auch interessant und anregend sich, rufen den Eindruck hervor, es mit ungewöhnlich klugen Menschen zu tun zu haben. Diese Personen zeichnen sich durch vielfältige Interessen und einen äußerst scharfen Verstand aus. Oft werden sie als kreativ bezeichnet. Solange sie jedoch nichts von bleibendem Wert schaffen, können sie zwar als etwa als Redner „brillant" bezeichnet werden, nicht aber als kreativ. Sie hinterlassen nichts von bleibendem Wert und keinerlei Spuren ihrer Existenz, außer in der Erinnerung der Menschen, die sie kannten.

2. *Die subjektiv Kreativen:* Hier handelt es sich um Personen, die die Welt auf originelle und ungewöhnliche Art und Weise erleben. Diese Menschen entwickeln neue Ideen, kunstvolle Produkte und ausgefallene Perspektiven, eignen sich tiefgründige Erkenntnisse an, gewinnen einzigartige Einsichten in Bereiche, die ihnen zuvor fremd waren und machen auch besondere Entdeckungen, die wichtig sein könnten, von denen jedoch nur sie Kenntnis haben. Csikszentmihalyi nennt diese Personengruppe wegen der subjektiven Natur dieser Kreativität „persönlich kreativ", sie verbleibt in einem engen Rahmen und leistet keinen dauerhaften Beitrag zur Kultur.

3. *Die herausragend Kreativen:* Diese Personengruppe zeichnet sich dadurch aus, dass sie innerhalb unserer Kultur auf einem wichtigen Gebiet etwas verändert haben und sollen daher wirklich als kreativ bezeichnet werden: Darunter fallen alle berühmten Künstler, Erfinder und Wissenschaftler.

Unbestritten bleibt, dass Kreativität eines der aufregendsten Lebensmodelle ist, egal, ob Menschen etwas Überdauernde schaffen oder nicht. Das originelle Welterleben ist in allen drei oben beschriebenen Arten dasselbe:

9.2   Eigenschaften kreativer Persönlichkeiten

Das spannende subjektive Welterleben wird durch diverse persönliche Eigenschaften schöpferischer Menschen unterstützt, die bereits in den 1950er-Jahren durch C.W.Taylor (1968) herausgefunden wurden, zitiert nach Sikora (2001, S. 27):

- Autonomie, überdurchschnittliche Unabhängigkeit im Handeln und in der Urteilsbildung, d. h. diese Menschen lassen sich nicht so schnell von der Meinung der Anderen beeinflussen.
- Leichtere Beeinflussbarkeit durch irrationale Elemente der Persönlichkeit, d. h. diese Menschen lassen sich u. a. von Gefühlen und Stimmungen dirigieren.
- Größere Entschiedenheit, d. h. diese Menschen treten eher bestimmend und „wild" entschlossen auf.
- Größere Fähigkeit zum Eingehen eines Risikos in der Hoffnung auf große Vorteile, d. h. diese Menschen bauen eher auf der Überzeugung auf, dass sie aufgrund ihrer Fähigkeiten und nicht aufgrund eines glücklichen Zufalls diese Vorteile erlangen.
- Mehr feminine Züge in Interessen und anderen Eigenschaften, d. h. diese Menschen zeigen u. a. eine größere Sensibilität und eine größere Bereitschaft, sich mit ihren Gefühlen auseinander zu setzen.
- Größere Beweiskraft, d. h. diese Menschen neigen dazu, die Entwicklung ihrer Ideen, Projekte und Produkte jederzeit zu begründen, so absurd diese Beweise auch manchmal sein können.
- Größerer Radikalismus, d. h. diese Menschen neigen dazu, sich vollständig für ihre Vorhaben einzusetzen, koste es manchmal, was es wolle.
- Größere Introversion, aber mit Mut verbunden, d. h. diese Menschen verfügen über ein reiches Innenleben, aus dem sie u. a. ihre Kraft beziehen, die sie wiederum dazu nutzen, in der Außenwelt Mut aufzubringen.

Folgende Punkte geben einen Einblick in weitere Merkmale kreativer Persönlichkeiten (nach Endriss, 2019):

Kreative sind intrinsisch motiviert, sie folgen ihren eigenen Werten und Normen. Damit befreien sie sich weitgehend von äußeren Belobigungen und materiellen Belohnungen.

Kreative eigen häufig Anteile eines freien oder rebellischen Kindes, das unbekümmert Regeln infrage stellt und sich fröhlich über Grenzen hinweg setzt, um eingefahrene Gleise zu verlassen.

Kreative entziehen sich dem Gruppendrucks. Ihnen macht es nichts aus, eine eigene Meinung oder Sichtweise zu vertreten, auch wenn alle anderen dagegen sind.

Kreative zollen „irrationalen Autoritäten" gegenüber wenig Respekt, also denjenigen Menschen, die nur kraft ihres Amtes, ihrer beruflichen Position oder ihrer gesellschaftlichen Stellung andere dominieren wollen.

Kreative stellen überholte Traditionen infrage, die routinemäßig ablaufen und neuen Lösungsmöglichkeiten im Wege stehen.

Kreative entziehen sich häufig den Erwartungen anderer, nicht etwa aus Böswilligkeit, sondern weil sie einer spielerischer Neugier und einer gewissen Unbekümmertheit unterliegen.

Kreative genießen es, Vorhandenes in seine Bestandteile aufzulösen und daraus etwas völlig Neuer zu schaffen, wobei die Destruktion nicht aus eine emotionalen Abfuhr entspringt, sondern dem Wunsch nach Neustrukturierung aus Vorhandenem.

Kreative beschäftigen sich meist konzentriert im Stillen mit einer selbst gewählten Aufgabe, ihrem *autotelischen Ziel* (Csziksentmihalyi 2001), daher widmen sich viele Künstler und Kreative im „Elfenbeinturm" zurückgezogen und daher möglichst ungestört ihren Zielen.

Kreative nutzen ihre gesteigerten Sensibilität dafür, Lücken, Unstimmigkeiten, Widersprüchliches und Ungenutztes wahrzunehmen, um im Niemandsland schöpferische Freiräume zu entdecken und zu besetzen.

Kreative bedienen sich gelegentlich auch subversiver Strategien und ungewöhnlicher Mittel, um ihre selbst gewählten Ziele zu erreichen, auch wenn diese die Grenzen von Anstand, Würde, gesellschaftlicher Akzeptanz oder Legalität verletzen.

Kreative begeistern sich für „alternative Pfade" und ungewöhnliche Lösungsmöglichkeiten, weil sie ständig mit ihrer psychischen Energie Dinge etwas Neues schaffen wollen, da das Althergebrachte für sie oftmals verbesserungswürdig ist.

Kreative machen sich viele Gedanken über sich selbst, indem sie etwa entsprechende Notizen oder Aufzeichnungen über ihre Gefühle anfertigen, die dadurch wiederum in ihren künstlerischen Werken Ausdruck finden und damit zusätzlich auch ihr Selbstbewusstsein unterstützen.

Kreative besitzen eine ungebremste Energie, mit der sie unbeirrt die Ziele, die sie sich vorgenommen haben, verfolgen. Vom Wesen her oft unfügsam beugen sie sich daher ungern einengenden Vorgaben und wehren sich häufig dagegen, für einen von ihnen so bezeichneten „unterirdischen" Publikumsgeschmack, Auftragsarbeiten anzufertigen.

Kreative verfügen über eine ureigene Abenteuerlust, die sie gelegentlich in Bedrängnis bringen kann, etwa, wenn sie aufgrund ihres Neugierverhaltens ihre Nase in Dinge hineinstecken, wo sie unerwünscht sind und auch in Gefahr geraten können, was sie jedoch als normale experimentelle Herausforderung interpretieren.

Kreative schaffen sich ihre eigene materielle und immaterielle Welt, in der sie ungehindert ihren Ideen nachgehen können und wo sie sich heftig gegen jede Art von Fremdbestimmung wehren, was primär nichts mit Machtausübung gegenüber anderen zu tun hat, sind sie doch Herrscher in ihrem eigenen Kosmos und eher darauf konzentriert.

Kreative verzichten auf blinden Aktivismus. Ihre Selbstverpflichtung ihrem kreativen Ziel gegenüber verhindert, ohne nachzudenken einfach loszulegen, selbst im Schaffensrausch liegt unbewusst normalerweise ein roter Faden zugrunde, der als schöpferischen Pfad diejenigen Aktivitäten befeuert, die weiterhin zum Ziel führen.

Kreative missbilligen Oberflächlichkeit, denn sie schauen aufgrund ihrer Eigenart, sich in Dinge zu vertiefen, gerne hinter die Kulissen und wollen den vorgefundenen Gegebenheiten auf den Grund gehen. Daher geben sie sich oft nicht mit Worthülsen, Andeutungen, Halbwahrheiten oder fehlenden Stellungnahmen zufrieden, sondern wollen alles ganz genau wissen.

Alle diese Eigenschaften treten natürlich nicht gemeinsam bei kreativen Menschen auf. Auch macht die wissenschaftliche Literatur auf diverse

Widersprüche aufmerksam, was die Persönlichkeitsmerkmale der Kreativen betrifft. Diese Widersprüche lassen sich gegebenenfalls dadurch lösen, indem man die Frage anders stellt, also nicht, welche Persönlichkeitsstruktur liegt bei den Kreativen vor, sondern welche Persönlichkeitsstruktur begünstigt Kreativität?

Fördernde Persönlichkeitsmerkmale begünstigen Kreativität:

- Autonomie im Denken und Verhalten
- Nonkonformismus
- Offenheit gegenüber neuen Erfahrungen
- Erhaltung der kindlichen Neugier-Motivation
- Intrinsische Motivation
- Expression innerer Prozesse wie Emotionen, Imaginationen, Denken
- Introversion und innere Kontrolle der Denkprozesse
- Widerstand gegen Hemmungsvorgänge beim Lernen
- Verhindern von Stereotypen
- Verzicht auf den Rückgriff einer in der Vergangenheit erfolgreichen Strategie
- Verzicht auf unreflektierte Gewohnheiten
- Aktive Verarbeitung von Konflikten

Ein besonders wichtiges förderliches Persönlichkeitsmerkmal kreativer Menschen ist ihre sog. *„Ambiguitätstoleranz"*, die in der Fähigkeit besteht, in einer problematischen und unübersichtlichen Situation zu verharren und trotzdem unermüdlich an deren Bewältigung zu arbeiten, wohingegen wenig kreative Menschen die nervenaufreibenden Spannungen, die durch die auf sich wartende Lösung eines Problems entstehen, nicht lange aushalten und deswegen über kurz oder lang aufgeben.

9.3 Motivation bekannter Künstler und Kreativer

Als in der Regel psychisch gesund und voll leistungsfähig sowie als Eigner eines erfüllten Lebens werden ja gemeinhin Künstlerinnen und Künstler gesehen. Danach gefragt, was sie zu ihrem Leben als Künstler, dem Prototyp der Menschen, die sich selbst kreativ verwirklichen, motiviert hat, erwidern an die hundert zeitgenössische Künstler, Stars, aber auch Oscar- und Nobelpreisträger recht vielfältig, wie meine Zusammenfassung der psychologischen Analyse qualitativer Interviewdaten aus den zahlreichen Befragungen, die Hermann Vaske, Professor für Gestaltung und Kommunikationsdesign an der Hochschule Trier, in seinem 82 min dauernden Dokumentarfilm „Why are we creative" (2019) geführt hat, ergab und die ich hier sinngemäß und nach Kategorien geordnet wiedergebe.

9.3.1 Inspirierendes Elternhaus

Manch einer ist durch ein kreatives Elternhaus in der Kindheit animiert worden, etwa durch die Skizzenbücher des Vaters wie bei Paul Aden, Creativ-Direktor und Autor, oder durch die Kunstbücher zu hause wie bei dem Bildhauer und Aktions-Künstler Thomas Rehberger sowie bei der Schauspielerin und Regisseurin Isabella Rossellini, deren Eltern beide sowohl Schauspieler als auch Regisseure waren. Auch Pedro Almodóvar, Filmregisseur, Drehbuchautor und Produzent weist darauf hin, dass seine Mutter die Inspiration für viele seiner späteren weiblichen Charaktere darstellte.

9.3.2 Kompensation einer schwierigen Kindheit

Doch auch ein weniger förderliches Elternhaus kann dazu führen, etwas Besonderes aus seinem Leben zu machen. Die Performance-Künstlerin Marina Abramovic erzählt von ihrer äußerst strengen Mutter, die sie stets kontrollierte und bestrafte. Und der Schauspieler und Regisseur Dennis Hopper berichtet von einer unglücklichen Kindheit und seiner Suche nach Anerkennung, von der er wusste, dass er sie nur von woanders her bekommen würde.

9.3.3 Provokation gegen ein langweiliges Elternhauses

Der Regisseur Wayne Wang etwa meinte, er hätte äußerst langweilige Eltern gehabt, auch eine merkwürdige Oma, mit der er als Kind oft allein gelassen wurde und mit deren eigenartigem Verhalten er dann zu tun hatte. Ihn hätten die Geheimnisse hinter der langweiligen familiären Fassade interessiert. Die Schauspielerin Diana Kruger teilt mit, dass sie sich als Kind zu hause äußerst gelangweilt hätte und nicht so sein wollte wie die anderen um sie herum.

9.3.4 Abwehr von destruktiven Impulsen

Viele Kreative beschäftigen sich auch sehr selbstreflektiert mit den Schattenseiten der eigenen Psyche. John Waters, Filmregisseur, Autor, Schauspieler und bildender Künstler ist der Auffassung, dass er hingerichtet worden wäre, wenn er die kriminellen Handlungen, die er in seinen Filmen beschreibt, selbst begangen hätte. Auch Angie Thomas, Schriftstellerin und aktive Rassismus-Gegnerin, meint, dass sie ohne ihren künstlerischen Weg im Knast gelandet wäre Der Schauspieler, Filmregisseur und Produzent Mel Gibson bekennt, dass das kreative Schaffen ihn davon anhält, verrückt zu werden.

9.3.5 Verpflichtung einer Begabung gegenüber

Etliche Künstler erleben ihr kreatives Schaffen als eine Gabe, ein besonderes Geschenk, das sie in die Wiege gelegt bekommen haben. Björk, Sängerin, Musikproduzentin, Komponistin, Songwriterin und Schauspielerin „kann nichts anderes und kennt nichts anderes". George Lois, Art Director, Designer und Autor, berichtet, dass er schon als Zwölfjähriger gewusst hätte, dass er Grafikdesigner werden wollte und dass er nicht verstehen kann, warum Menschen ohne das Zeichnen leben können. Filmregisseur, Produzent, Drehbuchautor und Schauspieler Quentin Tarantino glaubt, dass die Menschen mit Talenten geboren werden. Er hat die Vorstellung, dass er sein Talent von irgendwo her, von irgendjemandem bekommen hat, bevor er geboren wurde. Diesem Geschenk gegenüber muss man sich verpflichten, um sich ihm gegenüber wert zu erweisen und etwas daraus zu machen. Es wäre ein Geschenk, das er von Gott bekommen hat. John Cusack, Schauspieler, Filmproduzent und Drehbuchautor, geht bei sich von einer genetischen Mutation aus, also von etwas, das er abbekommen hat und dem er sich nicht entziehen kann.

Auch der Musiker, Texter, Dichter, Schriftsteller, Schauspieler und Drehbuchautor Nick Cave stellt fest, dass das Kreative das Einzige in seinem Leben ist, was er gut kann. Das Kreative nimmt ihn so sehr in Beschlag, dass sein Privatleben darunter leidet.

9.3.6 Widerstand und Rebellion

Die Künstlerin Marija Aljochina, Mitglied der russischen, feministischen, regierungs- und kirchenkritischen Punkrockband der Pussy Riots, stellt klar, dass ihre Band mit ihrer Musik und ihren öffentlichkeitswirksamen Aktionen gegen Heuchelei kämpft. Sie weist darauf hin, dass die Regierung ihres Landes alle Medien besetzt hat und dass Unwahrheit und Korruption dort den Alltag bestimmen. Dieser kritische Geist des Unpassenden und Unangepassten erfüllt auch Milla Jovovich, Schauspielerin, Musikerin, Songwriterin und Designerin. Sie spricht von einem inneren Hunger, der sie dazu veranlasst, auf eine rebellische Art und Weise kreativ zu sein. Der Regierungskritiker, Konzeptkünstler, Bildhauer und Kurator Ai Weiwei wurde für seine kritischen Arbeiten mit Gefängnisaufenthalten bestraft. Oliviero Toscani, der Fotograf des Benetton-Skandals, hinterfragt kritisch die Political Correctness und rät, nie auf diese zu hören, wenn man etwas Neues machen will. Und Marjane Satrapi stellt fest, dass sie in ihrem Leben viele verschiedene Jobs ausprobiert hat, aber bei jedem Job gleich gefeuert wurde. Sie wurde trotzdem, oder vielleicht gerade deswegen, Comic-Zeichnerin, Illustratorin und Filmemacherin.

9.3.7 Erleben einer geistigen Erweiterung

Philippe Starck, Designer und Architekt, berichtet, dass er 250 Projekte gleichzeitig macht, von über fünf bis über vierzig Jahre hin. Er mache alles selbst, wie ein Computer. Er verwendet dabei für seine dazu gehörige komplexe geistige Arbeit das Bild einer Magma oder eines Hologramms, das eine dreidimensionale Abbildung erkennt. Die Motivation des Bildhauers, Malers, Konzeptkünstlers und Kurators Damien Hirst besteht darin, Dinge geistig wie in einer Collage herzustellen. Auch Nelson Mandela, Politiker, Aktivist, Friedensnobelpreisträger vertritt die Meinung, dass stereotype Ansichten und Klischees nachteilig für die Situation auf der gesamten Welt sind. Kreatives Denken und andere Sichtweisen hält er für absolut notwendig. Verschiedene Welten kennen zu lernen und sich Fantasiewelten ausdenken ist die treibende Kraft bei Angelina Jolie, Schauspielerin, Filmregisseurin, Filmproduzentin und Drehbuchautorin. Sir Peter Ustinov, Schauspieler, Synchronsprecher, Schriftsteller und Regisseur weiß, dass in Bezug auf die Entwicklung von Kreativität die Zweifel wichtiger sind als die Überzeugungen. Das Hinterfragen, das ja auch den eigenen Horizont erweitert, spielt also auch aus seiner Sicht eine große Rolle bei der Motivation. Der Dalai Lama, buddhistischer Mönch, geistiges Oberhaupt des tibetanischen Buddhismus und Friedensnobelpreisträger preist die menschliche Vorstellungskraft als Gabe, die für unsere Spezies und ihre zivilisatorische Entwicklung von großer Bedeutung sei. Er lobt die positive Kreativität, die mit Intelligenz und Warmherzigkeit gepaart ist.

9.3.8 Persönliche Weiterentwicklung

Zaha Hadid, Architektin und Designerin, weist darauf hin, dass Kreativität nichts ist, womit man geboren wird und man müsse selbst hart daran arbeiten, um Ideen zu entwickeln und diese dann umzusetzen. Den Gedanken, dass Kreativsein auch etwas mit persönlicher Heilung zu tun hat, vertritt auch Peter Gabriel, Musiker und ehemaliges Mitglied der Gruppe „Genesis", Komponist, Songwriter und Videokünstler. Er meint, dass viele Künstler krank sind und durch das kreative Schaffen gesund werden wollen. So äußert sich auch die Schauspielerin Charlotte Rampling, dass Kreativität eine Energie sei, die es ihr erlaubt, sich als Ganzes und nicht nur in Bruchstücken wahrzunehmen. B. B. King, Bluesgitarrist und Sänger, berichtet, dass sein Vater ihm früher geraten hätte, so gut zu sein wie es geht. Harry Dean Stanton, Schauspieler und Musiker, fragt grundsätzlich, warum er überhaupt geboren wurde, denn diese philosophische Frage weiter zu verfolgen diene durchaus der persönlichen Weiterentwicklung. Je mehr Möglichkeiten die Kreativität findet, sich kraftvoll und frei auszudrücken, umso gesünder kann ein Mensch dann sein, ist die Einschätzung der Schauspielerin, Filmregisseurin und Sängerin Jeanne Moreau.

9.3.9 Erwecken erfreulicher Gefühle

Die Performance-Künstlerin, Musikerin und Filmregisseurin Laurie Anderson bemerkt, dass ihr kreatives Schaffen sie zum Lachen bringt und ihr das Gefühl gibt, Dinge verändern zu können. John Cleese, Komiker, Schauspieler, Drehbuchautor und Synchronsprecher ist der Überzeugung, dass der Schlüssel zur Kreativität das Spielen ist. Und wer hat nicht Freude am Spielen? Der Designer und Architekt Frank Gehry ist der Meinung, dass junge Menschen nicht wissen, was sie wollen, bis sie etwas finden, was ihnen Freude bereitet. Damit schließt er von sich auf andere Menschen. Schließlich hatte er das Glück, etwas zu finden, was ihm Freude bereitet. Seine kreative Tätigkeit erlebt er wie eine Krankheit oder eher wie eine Abhängigkeit, mit der er nicht aufhören kann und die er sehr genießt.

9.3.10 Spirituelles Erleben

George R. R. Martin, Sciencefiction- Fantasy- und Horrorschriftsteller, Drehbuchautor und Produzent spricht davon, dass die Geschichten zu ihm kommen, zwar nicht immer als komplettes Ganzes, sondern oft nur Stück für Stück, wie bei einer Landschaft, die plötzlich durch Blitze erhellt wird. Bono, der Sänger, Songwriter, Gitarrist und Frontmann der Rockband „U2" geht davon aus, dass wir Menschen so geschaffen sind, dass wir ohne eine gewisse Magie gar nicht operieren können und ergänzt, dass kreative Menschen darauf warten, dass Gott durch den Raum schreitet. Den Menschenrechtler und Friedensnobelpreisträger Archbishop Desmond Tutu, machen die Menschen und Gott kreativ. Quincy Jones, Musikproduzent, Komponist, Jazztrompeter, Arrangeur und Bandleader ist Gott dafür dankbar, dass er ihm die Musik geschenkt hat.

Viele Künstler sprechen eher von Spiritualität als von Gott. Etwas, das von außen kommt, erlebt auch der Architekt und Stadtplaner Daniel Libeskind. Er meint, dass es einen wie ein Meteor, der einem auf den Kopf fällt, trifft. Auch Spike Lee, Filmregisseur, Drehbuchautor, Schauspieler und Produzent erfährt die kreative Motivation als eine besondere Form seiner Existenz als Mensch. Er fühlt, dass das seine Bestimmung ist.

9.3.11 Innerer Antrieb

David Hockney, Maler, Grafiker, Bühnenbildner und Fotograf vermutet, dass er getrieben ist und dass er einem Zwang erliegt, ohne den er das Leben nicht ertragen könnte. Auch seine Freunde bestätigen diese Sichtweise. Er muss kreativ sein, solange, bis er umfällt. Jimmy Page, Gitarrist, Produzent und Gründer der Rockband „Led Zeppelin" bemerkt, dass er einfach besessen war, Gitarre zu spielen. Sir John Hegarty, Werbefachmann und Geschäftsmann, vergleicht den getriebenen Zustand damit, wie auf Droge zu sein. Und Mario Adorf, Schauspieler, zieht seine Motivation, kreativ zu sein, aus dem Umstand, dass er kein weißes Blatt sehen kann. Offenbar ist er dann getrieben, etwas Kreatives dagegen zu tun. Von innen kommt auch das Gefühl einer Art von Zorn, das den Schriftsteller, Schauspieler, Drehbuchautor und Regisseur Frédéric Beigbeder dazu anfeuert, kreativ zu sein.

9.3.12 Erotische Erregung

Manche Künstler erleben das Kreativsein als erotisierend. So berichtet das Pinup-Modell Kitten Natividad, dass sie kreativ sei, weil sie Sex liebt und große Brüste hätte, mit denen sie viele kreative Dinge anstellen könne. Russ Meyer, Regisseur, teilt mit, dass für ihn der weibliche Busen die einzige Antwort darauf wäre, warum er kreativ sei und daher sei für das Dekolleté und die weiblichen Brüste bekannt. Jeff Koons, Künstler, Bildhauer und Installationskünstler, erschafft u. a. blaue Ballons, dazu meint er, dass jeder an seinen Werken die Form der Sexualität entdecken kann, die ihn interessiert.

9.3.13 Überwindung von Widrigkeiten

Für den Schriftsteller und Performancekünstler Sebastian Horsley ist es wichtig, mit seinen kreativen Tätigkeiten in unerforschte Gewässer zu segeln und dann auf den Boden des Meeres hinab zu tauchen und nicht zu ersticken, also ein Risiko auf sich zu nehmen und sich nicht unterkriegen zu lassen. Georg Baselitz, Maler, Bildhauer und Grafiker, hat sich nie Gedanken darüber gemacht hat, wie es ist, kreativ zu sein. Stattdessen hat er schon mit vierzehn Jahren gerne das getan, was andere sich nicht trauten. Der Filmregisseur, Drehbuchautor, Schauspieler und Komiker, Terry Gilliam, verwendet das Bild vom Zug, der den Bahnhof verlässt und es gibt dann kein Zurück. Auf der Fahrt geht alles schief, was schief gehen kann, aber auch neue Inspirationen tauchen auf, dann erlebt man wieder Desaster und dann auch wieder angenehme Überraschungen. Das Problemlösen macht keine Freude, es macht Angst, es macht einen völlig verrückt, aber dann vergisst man alle Schmerzen und macht weiter.

9.3.14 Etwas auf den Kopf stellen

Jim Jarmusch, Autorenfilmer, Schauspieler und Filmproduzent, erläutert, dass er misstrauisch wird, wenn er mit vorgefertigten Meinungen konfrontiert wird, dagegen wehrt er sich, indem er sich das genaue Gegenteil von dem vorstellt, was man ihm da „serviert". So stellt er die Dinge auf den Kopf und entkommt damit Vorurteilen. Blixa Bargeld, Musiker, Performance-Künstler, Komponist, Autor und Schauspieler verweist auf Sigmund Freud, der gesagt haben soll, dass man die Wahrheit manchmal nicht sehen kann, es sei denn, man stellt sie auf den Kopf. Das würde ihn dazu bringen, Dinge zu verdrehen, um eine Öffnung oder eine Tür zu finden, um Möglichkeiten zu erkunden.

9.3.15 Aufbau neuer Welten

Die Modedesignerin Vivienne Westwood ist der Ansicht, dass nur die Kultur wirklich etwas verändern kann und misstraut den Politikern, die mit ihrer Politik nichts verändern wollen, um an der Macht zu bleiben und dafür sorgen, dass jeder Einzelne mittelmäßig bleibt. David Lynch, Filmregisseur, Produzent, Drehbuchautor, Schauspieler, Maler, Fotograf, Lithograf, Bildhauer, Möbeldesigner und Komponist bemerkt, dass in jedem menschlichen Wesen der Drang zum Kreieren steckt. Er preist, dass es nichts Aufregenderes gibt, als eine Idee zu entwickeln und diese zu realisieren. Der Musiker Brian Eno, Musiker, Musikproduzent, Musiktheoretiker und bildender Künstler sagt, dass er dadurch motiviert wird, eine der wenigen Gelegenheiten in der menschlichen Existenz zu nutzen, aus einem Nichts etwas zu schaffen. Auf die Frage hin, warum er kreativ sei, erwidert der Theoretische Physiker, Astrophysiker und Wissenschaftler Stephen Hawking, dass es ihm nicht zustehe zu sagen, ob er kreativ sei oder nicht, das müssten andere Leute entscheiden. Aber er betont, dass man kreativ sein muss, um gute Wissenschaft zu betreiben, da man sonst nur abgehalfterte Formen wiederholt und nichts Neues schafft. Er empfiehlt, lieber voller Hoffnung zu reisen als anzukommen.

9.3.16 Wunsch nach kreativer Kooperation

Willem Dafoe, Schauspieler, vertritt dazu die Meinung, dass er sich bei seiner Arbeit nicht als Schauspieler sieht, sondern als jemand, der auch mit anderen Menschen zusammen Sachen machen will. Er kann dabei besser denken, insbesondere, wenn er sich bewegt. Dann fühlt er sich freier und großzügiger. Dies reißt ihn aus seinen alltäglichen Denkgewohnheiten. Nicht nur Mitspieler, wie beim Schauspiel, sondern auch das Publikum als kooperierende Instanz, kann bei Künstlern eine Rolle spielen. So stellt Miloš Forman, Schauspieler und Filmregisseur fest, dass er möchte, dass sich die Zuschauer intelligent fühlen. Der Maler, Grafiker, Fotograf und Filmemacher Ed Ruscha bekennt, dass er sich den Respekt anderer Künstler verdienen möchte. Jean Reno, Schauspieler, bezieht sich ebenfalls auf andere

Menschen, denn er meint, dass er die Vorstellung mag, dass ein Drehbuch der Traum eines anderen ist. Und Sir Ian McKellen, Schauspieler, ist davon begeistert, in die Welt zu gehen und Leute zu treffen, die er sonst nie getroffen hätte.

9.3.17 Motivation und die Unmöglichkeit einer Antwort

Einige Künstler hinterfragen sozusagen von einer höheren Warte aus die Berechtigung der Frage nach der Motivation des künstlerischen Schaffens. Der Sänger, Songwriter, Filmproduzent und Mitbegründer der Alternative Rockband „R.E.M.", Michael Stipe, bemerkt, was das denn für eine Frage sei. Pierre Boulez, Komponist, Dirigent und Musiktheoretiker, glaubt, dass es für immer unmöglich sei, diese Frage zu beantworten. Der Filmregisseur, Drehbuchautor, Filmproduzent und Schauspieler Claude Chabrol kommentiert, dass dies eine teuflische Frage sei. Und Anamaria Marinca, Schauspielerin, entzieht sich ebenfalls einer Antwort, indem sie bemerkt, dass das Warum die größte aller Fragen ist. Ein besondere Analogie in diesem Zusammenhang liefert Michael Haneke, Filmregisseur und Drehbuchautor, indem er meint, dass man den Tausendfüßler nie danach fragen solle, warum er geht. Da würde der schon anfangen zu stolpern.

9.4   Fazit

Trotz der Bemerkung von Michael Haneke werde ich mich weiter mit dem Thema „kreative Selbstverwirklichung" und deren Motivation beschäftigen, um noch mehr über die fördernden und hemmenden Bedingungen von Wohlbefinden heraus zu finden. Zahlreiche Äußerungen der interviewten Künstlerinnen und Künstler beinhalten ein seelisches Erleben, das mit einer dienenden Haltung und mit der Überwindung eines inneren Zustandes, der als beengend empfunden wird, zu tun hat: Dazu passen diejenigen Äußerungen, die sich auf die Kompensation einer schwierigen Kindheit, der Abwehr destruktiver Impulse, der Überwindung von Widrigkeiten, der Verpflichtung einer Begabung gegenüber, dem Erleben einer geistigen Erweiterung, der persönlichen Weiterentwicklung, dem Aufbau neuer Welten, einem inneren Getriebensein und dem spirituellen Erleben beziehen. Stets tritt dabei das Verhaftetsein in einem inneren Kerker vor etwas anderem zurück, das als Ziel außerhalb des jeweiligen Status quo liegt und nach dem sich Menschen ausstrecken.

Eine weitere Möglichkeit, die genannten Antworten zu betrachten, ist, diese nach dem Gesichtspunkt der sog. Push- und Pull-Motivation zu unterscheiden. Die sog. *„Push-Motivation"* bedeutet, sich von etwas Unangenehmen zu entfernen, also Abstand zu halten, geradezu „weggepuscht" oder geschubst zu werden. Unter diesem Gesichtspunkt können Sie sich einige Aussagen heraussuchen, etwa die, den Auswirkungen eines schwierigen oder langweiligen Elternhauses zu entkommen, gesellschaftlich oder politisch Widerstand und Rebellion zu zeigen, destruktiven inneren Impulsen entgegen zu wirken oder Widerständen zu entgehen beziehungsweise diese zu überwinden. Auch die Motivation, etwas auf den Kopf zu stellen, enthält das Element, damit vom Vorherigen, das einem nicht gefällt, wegzukommen.

Die sog. *„Pull-Motivation"* besagt, sich von etwas Angenehmen, einem gesetzten Ziel, angezogen zu fühlen und dorthin zu streben. Unter diesem Gesichtspunkt können Sie oben ebenfalls etliche Aussagen finden wie etwa die einer erwarteten persönlichen Weiterentwicklung, dem Erschaffen neuer Welten, einer erotischen Erregung, den Gefühle der Freude, dem Erleben von befruchtender Zusammenarbeit mit Anderen oder auch einer geistigen Erweiterung, die man als erstrebenswert erachtet.

Eine weitere Betrachtungsweise, sich mit den Beweggründen von Menschen in Bezug auf ihr Verhalten und ihr Handeln zu beschäftigen, besteht darin, zwischen intrinsischer und extrinsischer Motivation zu unterscheiden, worüber im Kap. 10 anhand von Beispielen noch ausführlicher berichtet werden soll. Die *intrinsische Motivation* ist eine innere, aus sich selbst heraus entstehende Motivation, bestimmte Tätigkeiten auszuführen, die man gerne macht, weil sie dem jeweiligen Menschen Freude bereiten, sinnvoll, spielerisch und herausfordernd oder auch, weil man sie interessant findet. Die entsprechenden Handlungen finden dann nur um ihrer selbst willen statt, die Anreize liegen also in der Sache. Das Gleiche gilt auch für ein Verhalten nach außen, das bestimmte innere Werte ausdrückt und auslebt, wie etwa einem ehrenamtlichen Engagement aus humanitären Gründen heraus.

Die *extrinsische Motivation* hingegen entsteht durch Anreize von außen, die zu einem bestimmten Verhalten oder einer Handlung führen. Hier wird auch noch unter erwarteter Belohnung und erwarteter Bestrafung unterschieden: Materielle Belohnungen wie etwa Geschenke, finanzielle Belohnungen wie Beförderung oder Gratifikationen, Belohnung durch gesteigertes soziales Ansehen oder Prestigegewinn über etwa gute Zeugnisse und positive Beurteilungen sowie Belohnungen durch Wettbewerbsvorsprünge anderen gegenüber stellen hier Beispiele dar. Erwartete Bestrafung von außen können etwa körperliche Züchtigungen sein, Bußgelder, Freiheitsentzug, gesellschaftliche Ausgrenzung, negative Beurteilungen oder Liebesentzug. Normalerweise werden wir Menschen durch eine Mischung von intrinsischen und extrinsischen Beweggründen bestimmt, wobei eine dieser Arten meist überwiegt.

Betrachten Sie nun noch einmal die oben vorgestellten Aussagen der Künstlerinnen und Künstler. Die meisten von ihnen erwähnen ihre intrinsische Motivation, sei es die Verpflichtung einer eigenen Begabung gegenüber, einem inneren Getriebensein, der konstruktiven Überwindung innerer Widerstände und destruktiver Impulse, der positiven Gefühle, dem inneren Drang, zu kreieren, der Schaffensfreude beim Aufbau neuer Welten und bei etlichen auch die innere geistige Erweiterung und ein spirituelles Erleben. Hier können auch ganz bewusst innere Wertvorstellungen zum Ausdruck gebracht werden, wie etwa die Rebellion gegen Unwahrheit, Heuchelei, Lüge oder der sog. „*Political correctness*", die kritisch hinterfragt wird. Der Tatbestand, dass Künstler vorwiegend intrinsisch motiviert sind, lässt sich auch in vielen Ergebnissen der Kreativitätsforschung finden.

Literatur

Csikszentmihalyi, M. (2001). *Kreativität. Wie Sie das Unmögliche schaffen und Ihre Grenzen überwinden.* Klett-Cotta.

Drevdahl, J. E. (1956). Factors of importance for creativity. *Journal of Clinical Psychology, 12,* 21–26.

Endriss, L. (2019). *Fahrplan für den Flow. Kreative Blockaden analysieren und mit Coaching auflösen.* Springer Nature.

Landau, E. (1969). *Psychologie der Kreativität* (S. 10). Reinhardt.

Sikora, J. (2001). *Handbuch der Kreativ-Methoden.* Katholisch-Soziales Institut der Erzdiozöse Köln.

Taylor, C. W. (1968). Cultivating new talents: A way to reach the educationally deprived. *The Journal of Creative Behaviour, 2,* 83–90.

Ulmann, G. (1968). *Kreativität – neue amerikanische Ansätze zur Erweiterung des Intelligenzkonzeptes.* Beltz.

Vaske, H. (2019). *Why we are creative?* (DVD) Berlin: Edition Rise and Shine.

10

Alltagskreativität

Zusammenfassung Nach den vielfältigen Bereichen der alltäglichen Kreativität, die z. B. von Martin Schuster untersucht wurden, werden in fünf täglichen Bereichen besondere Aktivitäten zur Förderung der Kreativität von Csikszentmihalyi vorgestellt, die allgemein zu den sog. verhaltensbezogenen Kreativitätstechniken, wie Endriss diese von den sog. prozessbezogenen Kreativitätstechniken abgrenzt, gerechnet werden können. Extrinsische und intrinsische Motivation werden durch entsprechende Beispiele noch einmal näher erläutert und letztere anhand der Individualität und der persönlichen Eigenschaften von Exzentrikern noch einmal verdeutlicht.

Das Leben ist nicht technisch. Das Leben ist schöpferisch. (Hedwig Conrad Martius, 1888–1966).

10.1 Tägliche Bereiche der Kreativität

In der amerikanischen Literatur wird seit einiger Zeit diejenige Kreativität, die Mihaly Csikszentmihalyi wie oben schon erwähnt als „persönlich kreativ" bezeichnet und die keinen großen Einfluss auf die Kultur hat, als *„small creativity"* oder *„everyday-creativity"* bezeichnet. Sprachlich kennen Sie diese Art der Kreativität durch Begriffe wie findig sein, trickreich sein, Einfallskraft entwickeln, sich zu helfen wissen, Geistesblitze nutzen, fantasiebegabt sein, schnell improvisieren können, immer einen Ausweg finden,

L. Endriss, *Aufblühen oder Verwelken?*, https://doi.org/10.1007/978-3-658-34410-8_10

pfiffig oder raffiniert sein Für den Betreffenden selbst soll die jeweilige Idee, der Einfall, die Lösung auf alle Fälle neu und nützlich sein. Ihm ist es nicht wichtig, ob irgendjemand anderes auf der Welt schon mal was Ähnliches oder Gleiches geschaffen hat.

Auch wenn Sie keine ausgesprochen musische beziehungsweise künstlerische Ader haben, können Sie trotzdem Ihre Kreativität im Alltag integrieren und fördern. Theoretisch sollte diese zumindest in der Schule im Kunst- oder Musikunterricht, aber durchaus auch in anderen Fächern, angeregt worden sein. Im Erwachsenenalter werden Sie sicherlich auf dem Weiterbildungsmarkt vielseitige Angebote finden, die Ihnen im Rahmen eines „Kreativitätstrainings" eine entsprechende Förderung anbieten, häufig im beruflichen Zusammenhang. Ziel davon ist, die Innovationskraft der Mitarbeiter im Sinne von Verbesserungsvorschlägen am Arbeitsplatz zu entwickeln oder auch, sie „unternehmerisch" mitdenken zu lassen, um den Betrieb mit neuen Impulsen voranzubringen, was an sich schon kritisch hinterfragt werden kann. Andererseits blockieren häufig organisatorische, rollenspezifische und Konkurrenzgründe die Verbesserungsvorschläge der Mitarbeiter und so kann es geschehen, dass dem Einzelnem die Freude am spielerischen Denken vergeht, weil er nach einem ideenreichen Brainstorming in die ambivalente Situation gerät, in der dann trotz offizieller Lippenbekenntnisse doch nicht so viele seiner Vorschläge und deren Umsetzung willkommen sind.

Trotz alledem hat jeder ein Privatleben, in welchem Menschen ihre kreative Energie ausleben können. Kein Mensch ist verpflichtet, seine besonderen Begabungen oder Ideen am Arbeitsplatz mit einzubringen. So bietet das Privatleben vielerlei Bereiche an, nach neuen, originellen und nützlichen Ideen Ausschau zu halten und diese auch umsetzen zu können. So listet der Verhaltens- und Kunsttherapeut Martin Schuster (2016) etwa folgende Bereiche auf, in denen Menschen sich kreativ betätigen können:

- Tägliche Kreativität im Bereich „grafische Gestaltung/Malen"

Herstellung ungewöhnlicher Geschenkverpackungen, Urlaubskarten, Gestaltung von Broschen aus ungewöhnlichem Material, Verzieren von Alltagsgegenständen, abwechslungsreiche Zimmerdekorationen, Basteln von Traumhäusern, Nähen von Kleidungsstücken nach eigenen Entwürfen.

- Tägliche Kreativität im Bereich „Klanggestalten/Musizieren"

Herstellung von eigenen Musikinstrumenten aus einfachem Material, Schöpfung eigener Kompositionen am Computer, Herstellung einer CD mit eigenem Gesang, Klang- und Geräuschspaziergänge im Freien, die wiederum als Vorlage für eigene Musikstücke dienen.

- Tägliche Kreativität im Bereich „Wortgestalten/Schreiben"

Schreiben origineller Geburtstagsgedichte sowie deren Vortrag, Sammeln von witzigen Formulierungen, die einem einfallen, Texten von Kurzgeschichten, Verfassen von originellen Briefen an eine Freundin.

- Tägliche Kreativität im Bereich „Haushalt"

Herstellung von Menüs nach selbst ausgedachten Rezepten, Entwicklung besonderer Methoden, es sich im Haushalt und beim Kochen einfacher zu machen, Weiterverwendung von übrig gebliebenem Material zur Gartenmöblierung, etwa Holzpaletten als Gartenzaun.

- Tägliche Kreativität im Bereich „Technik"

Ideenentwicklung einer Alarmanlage zum Schutz der eigenen Wohnung, Basteln einer ungewöhnlichen Lichtorgel für die Stereoanlage, Fixieren des Weihnachtsbaums an der Decke, damit er stabiler „steht".

- Tägliche Kreativität im Bereich „soziale Beziehungen"

Ungewöhnliche Gestaltung von Festen, eine Geburtstagsfeier, zu der die Gäste Schrott-Teile mitbringen sollen, damit daraus im Garten von allen Skulpturen hergestellt werden können, Ausdenken von Ritualen, die den Zusammenhalt in der Familie oder innerhalb der Geschwister unterstützen können.

Letztendlich kommt es auch hier wieder auf die eigene Haltung an: Was kann ich in meinem Alltag anders gestalten, sodass ich neue Erfahrungen mache und aus dieser Position heraus etwas in meinem Leben ändere, das vorher in unzufriedenen Bahnen gelaufen ist. Immer dann, wenn Sie im Alltag etwas kreieren, das jenseits Ihrer gewohnten Routine angesiedelt ist, was Ihren Alltag leichter, aufregender und herausfordernder macht, dann erwarten Sie von sich persönlich – und damit völlig unabhängig von anderen Menschen – dass Sie persönlich kreativer werden wollen und damit etwas für Ihre Selbstverwirklichung tun.

10.2 Aktivitäten zur Förderung der persönlichen Kreativität

Zur Förderung der persönlichen Kreativität hat Csikszentmihalyi (2001) in den fünf Bereichen Neugier und Interesse, Flow im Alltag, starke Gewohnheiten, innere Merkmale sowie Problemfindung folgende Empfehlungen gegeben, wobei er betont, dass hinter allen Aktivitäten stehen sollte, dass Sie Ihre Aufmerksamkeit auf Dinge um ihrer selbst willen lenken sollten. Auch hier finden Sie wieder die von mir oben erwähnte „dienende Haltung".

10.2.1 Bereich „Neugier und Interesse"

- Versuchen Sie, jeden Tag über irgendetwas erstaunt zu sein

Diese Haltung unterstützt Sie darin, dass Sie nicht immer alles wissen, was es mit den Dingen, den Menschen und den Ereignissen um Sie herum auf sich hat. Bleiben Sie offen für neue Sichtweisen und entwickeln Sie ein Gespür für Ungewöhnliches im Alltag.

- Versuchen Sie, mindestens einen Menschen pro Tag in Erstaunen zu versetzen

Zeigen Sie sich einmal so, wie Sie sich sonst nicht „präsentieren": Stellen Sie ungewöhnliche Fragen, machen Sie unerwartete Bemerkungen oder zeigen Sie sich von einer neuen Seite. Durchbrechen Sie diejenigen Ihrer alltäglichen Routinen, auf die Sie verzichten können, die Sie beschränken und Ihre Energie rauben und die Sie lieber für Dinge einsetzen können, die Sie wirklich interessieren.

- Schreiben Sie täglich auf, worüber Sie erstaunt waren und wie Sie andere Menschen in Erstaunen versetzen

Viele kreative Menschen halten ihre Erlebnisse und Erfahrungen in Tagebüchern oder Notizen fest, um ihr Erleben noch fassbarer, nachvollziehbarer und dauerhafter zu machen. Außerdem können Sie stets später darauf zurückgreifen und diese Erlebnisse gehen in Ihrer Erinnerung nicht verloren. Zudem kann sich beim späteren Durchlesen ein Muster herausschälen, das sich auf Ihre besonderen Interessenbereiche bezieht, von denen Sie vorher noch nichts gewusst haben.

- Wenn Sie einen Funken Interesse verspüren, folgen Sie diesem Gefühl

Normalerweise sind Menschen nur kurz mit ihrer interessierten Aufmerksamkeit bei der Sache, da wir oft viel zu sehr mit anderen Dingen beschäftigt sind, um uns in etwas zu vertiefen, was vielleicht nicht in unseren bisherigen Zuständigkeitsbereich passt oder wovon wir denken, dass es uns nichts angeht. Sie können jedoch nur die Erfahrung machen, dass etwas Neues zu Ihnen und Ihren Möglichkeiten passt, wenn Sie sich über diese Vorurteile hinwegsetzen und Sie Ihren Alltagserfahrungen die Möglichkeit geben, aus eingefahrenen Pfaden zu entkommen.

10.2.2 Bereich „Flow im Alltag"

- Beginnen Sie jeden Morgen mit einem konkreten Ziel, auf das Sie sich freuen können

Kreative Menschen sind begierig auf den Tag und haben keine besonderen Schwierigkeiten, morgens aus dem Bett zu finden. Sie haben zwar nicht immer irgendetwas völlig Spannendes vor, aber sie gehen davon aus, dass sie tagtäglich etwas für sie persönlich Bedeutungsvolles schaffen können und können es kaum erwarten, damit loszulegen. So finden sie mindestens eine Angelegenheit, für die es sich lohnt aufzustehen. Machen Sie sich am Abend zuvor am besten schon eine Vorstellung davon, für welches auch kleine banale persönliche Ziel es sich lohnt, am nächsten Tag aufzustehen. Das kann ein Treffen mit Freunden sein, ein spezieller Einkauf oder die Pflege Ihrer Balkonpflanzen. Sie können sich dieses ausgewählte Ziel auch morgens nach dem Aufwachen genüsslich noch einmal wie einen inneren Videofilm vorstellen, bis Sie den Schwung entwickeln, aufzustehen.

- Alles, was Sie gut tun, bereitet Freude

Sie sollten möglichst bei allem, was Sie tun, klare Ziele haben. Dazu gehört auch, dass Sie die Folgen Ihres eigenen Handelns bedenken und berücksichtigen, dass Sie Ihre eigenen Fähigkeiten und Ihre äußeren Handlungsspielräume und -möglichkeiten miteinander abwägen, aber auch, dass Sie sich auf Ihre Tätigkeit so stark konzentrieren, dass Sie sich nicht ablenken lassen. Stellen Sie sich immer wieder die Frage: „Wie kann ich mehr Freude bei dieser alltäglichen Tätigkeit entwickeln? Beim Haare kämmen, beim Abwaschen oder beim Staubsaugen?". Nehmen Sie diese Frage ernst und probieren Sie Alternativen zu Ihren bisherigen Gewohnheiten aus. Auf diese Weise können Sie Ihre Erlebnisqualität so stark steigern, dass Sie nach und nach bei jeder beliebigen Aktivität ein erfreuliches Flow-Gefühl erleben und jede neue Herausforderung dahin gehend genießen können, dass diese eine weitere Chance eröffnet, neue Wege auszuprobieren.

- Um die Freude an einer Tätigkeit zu bewahren, müssen Sie die Komplexität der Aktivität erhöhen

Natürlich können Sie manche Tätigkeiten wie etwa die Freude am täglichen Zähneputzen eine Weile genießen, doch normalerweise ist es befriedigender, diese neue Haltung auf vielschichtige Ziele hin auszuweiten, etwa auch auf Aktivitätsbereiche, die sogar unerschöpflich sind wie zum Beispiel Gartenpflege, Computerwissen, Philosophie, Modellbau, Handweberei oder die Pflege von tiefen Freundschaften.

10.2.3 Bereich „Starke Gewohnheiten"

- Bestimmen Sie selbst über Ihre Zeiteinteilung

Der Tagesrhythmus wird normalerweise von vielen äußeren Faktoren bestimmt: dem Hellwerden, Ihrem Arbeitsbeginn, den Schulzeiten der Kinder, den Außenterminen, den Zeiten zum Einkaufen und Essen, den gemeinsamen Zeiten mit der Partnerin oder dem Partner, vielleicht auch einem Kunden- oder einem regelmäßigen Arztbesuch. Versuchen Sie, die äußeren Bedingungen so zu ändern, dass Sie Ihren Neigungen entgegen kommen. Wann können Sie Ihre kreative Energie am besten entwickeln? Wie viel Zeit brauchen Sie dazu? Das Schreiben eines Gedichtes ist nicht in zehn Minuten erledigt. So gesehen ist jede Stunde, die Sie der Alltags-Routine und der Mühseligkeit des Broterwerbs abringen, eine herrliche Chance, Ihre Kreativität auszuleben.

- Nehmen Sie sich Zeit für Reflexion und Entspannung

Der heutige Zeitgeist vermittelt vielen Menschen, dass sie ständig „in action" und voller Tatendrang mit irgendwas beschäftigt sein müssen. Dies ist einerseits sicherlich sinnvoll, wenn es darum geht, keine Zeit zu vertrödeln und sich dann noch dafür Vorwürfe zu machen. Doch man sollte sich stets auch Zeit dafür reservieren, sich dem Nachdenken zu widmen: Wie sieht die Bestandsaufnahme meines bisherigen Lebens aus? Was habe ich erreicht? Was liegt noch vor mir? Welche Aufgaben und Ziele stehen noch an? Dies können Sie täglich einplanen oder sich dafür Auszeiten pro Woche oder monatlich nehmen. Manche Menschen nutzen auch ein Sabbat-Jahr dafür. Genießen Sie die Selbstreflexion um ihrer selbst willen und entspannen Sie sich dabei. Das funktioniert besonders gut beim Spazierengehen, Duschen, handwerklichen Tätigkeiten oder Bahnfahrten. Klären Sie dabei stets, ob es wirklich Ihre Ziele sind, denen Sie sich verpflichtet haben und die zu Ihrem inneren Wertesystem passen. Geben Sie auch auf Ihre Schlafgewohnheiten Acht und lernen Sie, diese gemäß Ihren Bedürfnissen zu steuern. Viele Kreative nutzen lange Schlafzeiten, um dem Alltag und der kreativen Energie ausgeruht zu begegnen.

- Gestalten Sie Ihren Raum

Soweit dies für Sie möglich ist sollten Sie auf der Makroebene dort leben, wo Sie die Umgebung schätzen und nicht als unangenehm betrachten. Sind Sie ein Stadtmensch oder eher jemand, der das Landleben schätzt? Der Ort, an dem Sie leben, sollte Sie nicht dazu bringen, stets gegen dessen Unerträglichkeit anzukämpfen oder dessen Langeweile zu entkommen. Auf der Mikroebene innerhalb ihrer Wohnung oder Ihres Hauses haben Sie allerdings jede Möglichkeit, diese nach Ihren Vorstellungen zu gestalten, sodass Sie sich dort wohl fühlen und daher ungehindert Ihrer kreativen Energie Lauf lassen können. In diesem Zusammenhang ist es auch wichtig, für die Dinge des täglichen Privat-Lebens Ordnungen bereit zu halten, damit Sie nicht durch lange nervenaufreibenden Suchzeiten von Ihrer Hausarbeit und Ihren kreativen Zielen abgelenkt werden. Eine persönliche Note in der allerkleinsten Mikroumgebung „am eigenen Leib" kann auch darin bestehen, einen besonderen Talisman oder ein Lieblingsschmuckstück mit sich zu tragen. Schließlich geht es darum, durch die sorgfältige Auswahl der geschätzten Gegenstände im eigenen Umfeld ein Gefühl von Stärke und Identität im Sinne einer Erweiterung seiner selbst zu erlangen.

- Finden Sie heraus, was Sie am Leben lieben und was Sie hassen

Viele Menschen scheinen in einer Art Apathie und Gleichgültigkeit zu verharren, in der ihr Leben wie ein unbedeutender Erlebnisstrom an ihnen vorbeizieht und sie kaum Zugang zu ihren Gefühlen finden, die unter einem Deckmantel der Selbstkontrolle verborgen sind. So können diese oft auch gar nicht sagen, wann und wo sie einmal glücklich waren und vor allem auch nicht, was sie glücklich und zufrieden werden lässt. Kreative Menschen hingegen sind sich sowohl ihrer positiven wie ihrer negativen Gefühle sehr bewusst. Sie wissen genau, was sie langweilt und was sie fasziniert. Da sie diese Fähigkeit schon lange trainiert haben, entfällt der Aufwand für die psychische Energie, den sie sonst in die Selbstkontrolle ihrer Gefühle stecken müssten. Widmen Sie sich also Ihrer Selbstanalyse: Dokumentieren Sie probehalber einmal über ein paar Wochen, was Sie jeweils über den Tag hin angestellt haben und was Sie dabei empfunden haben, damit Sie eine klare Vorstellung davon bekommen, was Sie wann fühlen.

- Tun Sie mehr von dem, was Sie lieben und weniger von dem, was Sie hassen

Nutzen Sie Ihre Aufzeichnung und Tagebücher und finden Sie die Gefühlsmuster Ihres Erlebens heraus. Wann waren Sie erfreut und mit Interesse bei der Sache und wann erlebten Sie vielleicht Langeweile, Ärger oder sogar Schmerz? An dieser Stelle ist es nicht wichtig, zu ergründen, welche tieferen Ursachen diesen Gefühlen zugrunde liegen. Vielleicht gibt es ja auch keine. Wichtig ist, dass Sie mehr von dem tun, was Ihren Alltag erträglicher und erfreulicher macht und dass Sie Ihre psychische Energie dorthin lenken, wo Sie Ihnen die bestmögliche Erlebnisqualität liefert.

10.2.4 Bereich „Innere Merkmale"

- Fördern Sie Ihre wenig entwickelten Seiten

Menschen spezialisieren sich im Laufe der Zeit auf besondere Merkmale oder Eigenschaften, wobei sie die jeweils dazu widersprüchlichen Seiten vernachlässigen. So hat jemand gelernt, gut für sich im stillen Kämmerlein zu arbeiten, hat aber darüber die Fähigkeit zur Kooperation vernachlässigt oder eine intuitive Person betrachtet das, was zur Objektivität oder reinem Faktenwissen gehört, höchst skeptisch. Schon Aristoteles hat vor zweieinhalbtausend Jahren festgestellt, dass eine Tugend aus der goldenen Mitte zwischen extremen Gegensatzpaaren entspringen muss, worauf später im Kap. 13 noch näher eingegangen wird. An dieser Stelle sollen jeweils kurz diejenigen zehn Eigenschaften nach Csikszentmihalyi (2001) genannt werden, mit denen kreative Menschen in einer paradox anmutenden Kombination entgegengesetzter Eigenschaften besonders auffallen:

Die dialektischen Pole der Kreativen

1. Kreative Menschen sind voller Energie und Elan, gleichzeitig aber auch häufig ruhig und entspannt.
2. Kreative Menschen äußern sich häufig weltklug, schlau und intelligent, aber auch zugleich oft fast kindlich naiv.
3. Kreative Menschen sind spielerisch und ungebunden, andererseits aber auch verantwortungsvoll und diszipliniert.
4. Kreative Menschen können ohne Probleme zwischen Fantasie sowie Imagination auf der einen Seite und bodenständigem Realitätssinn auf der anderen Seite wechseln.
5. Kreative Menschen schalten je nach Bedarf zwischen Introversion und Extraversion hin und her.
6. Kreative Menschen bestehen aus einer Mischung aus Demut und Stolz.
7. Kreative Menschen sind nicht auf ihre Geschlechtsrollen-Eigenschaften fixiert: So weisen weibliche Kreative auch typisch männliche Züge und umgekehrt männliche Kreative auch typisch weibliche Züge auf.
8. Kreative Menschen zeigen sich einerseits eher rebellisch und unabhängig, andererseits müssen sie vorher jedoch gewisse Traditionen verinnerlicht und sich mit ihnen auseinandergesetzt haben, um sie kritisch zu hinterfragen oder sie als Ausgangspunkt für etwas Neues zu nutzen.
9. Kreative Menschen bringen sehr viel Leidenschaft und Bindung für ihre Arbeit auf, können ihr aber auch immer wieder mit Distanz und einem gewissen Maß an Objektivität begegnen.
10. Kreative Menschen befinden sich emotional durch ihre Offenheit und Sensibilität häufig in einem Spannungsfeld zwischen intensiver Freude und schmerzlichem Leid.

- Wechseln Sie häufig zwischen Offenheit und Geschlossenheit

Eine der wichtigsten Eigenschaften kreativer Menschen ist, zwischen dem, was draußen läuft und dem, was in ihnen selbst los ist, zu wechseln. Diese beiden Pole spielen auch in ihren Beziehungen eine große Rolle: einerseits durch die Fähigkeit, dem anderen zuzuhören, seinen Standpunkt und seine Gefühlslage zu verstehen sowie auch einen Perspektivwechsel vorzunehmen, andererseits aber auch durch das Vermögen, in Verbindung mit den eigenen Überzeugungen und Sichtweisen zu bleiben. Aus diesem Wechsel zwischen den Polen können sich Kompromisse entwickeln und Sie können dadurch lernen, die Welt anders zu betrachten oder anders als zuvor zu handeln, weil sich dies aus der jeweils wahrgenommenen Wirklichkeit des anderen Menschen ergibt.

- Streben Sie nach Komplexität

Komplexität bezieht sich auf die Vielschichtigkeit und Differenzierung einer Persönlichkeit, sie hat viele unterschiedliche Teile, die so weit in den Menschen integriert sind, dass sie reibungslos miteinander zusammen arbeiten. Wären sie nicht integriert, dann wären sie ausschließlich kompliziert, chaotisch und höchst verwirrend. Kreative Menschen bewegen sich in der bereits beschriebenen goldenen Mitte zwischen ihren austarierten Eigenschaften. Sie folgen ihrem eigenen Leitstern und kreieren eigene neue Wege in ihrem Leben, gleichzeitig jedoch bleiben sie möglichst den Traditionen ihrer Kultur verbunden.

10.2.5 Bereich „Problemfindung"

- Bringen Sie zum Ausdruck, was Sie bewegt

Probleme ergeben sich eigentlich nur in den Lebensbereichen, die Ihnen wichtig sind, vielleicht im Zusammenhang mit Ihrer Familie, ihrem Beruf, einer Krankheit, Ihrer Partnerschaft oder einem materiellen Verlust. Jedes dieser Probleme kann Ihre Lebensqualität beeinträchtigen. Sie können sich allerdings erst dann mit einer Lösung beschäftigen, wenn Sie das, was Sie beeinträchtigt, auch direkt benennen können.

- Betrachten Sie Probleme aus möglichst vielen Blickwinkeln

Die Benennung oder Definition eines Problems enthält oft eine Erklärung der vermuteten Ursache, die nicht immer zu einer befriedigenden Lösung führt. Daher legen sich kreative Menschen nicht vorschnell oder überstürzt auf eine präzise Problemformulierung fest, sondern drücken sich erstmal etwas vage aus. Sie betrachten die problemerzeugende Situation aus den unterschiedlichsten Perspektiven und ziehen erst einmal ein paar mögliche Ursachen oder Erklärungsversuche zu Rate. Zudem probieren sie auch ein paar provisorische Lösungen aus und prüfen deren Erfolgschancen, was in meiner Sichtweise etwas drum herum Kreisenden an sich hat und fachlich „Ambiguitätstoleranz" genannt wird, das Aushalten unklarer Situationen.

Manchmal verändert sich dadurch auch die sprachliche Festlegung dessen, was Sie beeinträchtigt und Sie finden neue Worte dafür, wodurch das zu lösende Problem noch klarer formuliert wird.

• Ermitteln Sie die Implikationen des Problems

Hier bieten sich die Möglichkeiten, aufgrund der vielseitigen Perspektiven der Problembetrachtung, die vorher ermittelt wurden, eine Vielzahl von Lösungen in Betracht zu ziehen und auch dann, wenn man das Gefühl hat, eine passende Lösung gefunden zu haben, von dieser auch noch einmal das genaue Gegenteil davon in Erwägung zu ziehen. Kreative Ergebnisse können dann miteinander verglichen und experimentell ausprobiert werden.

• Setzen Sie die Lösung um

Das Besondere an kreativen Problemlösungen ist, dass sie ein ständiges Überarbeiten und Experimentieren erfordern, um eine wirklich originelle und passende Lösung zu finden, die Ihre Lebensqualität nicht mehr beeinträchtigt. Und selbst wenn Sie eine passende Lösung gefunden haben, dann sollten Sie soweit aufmerksam sein, dass Sie, falls sich die Lage ändert und Sie neue Rückmeldungen oder Informationen dazu bekommen, flexibel reagieren können.

10.2.6 Bereich „Spiritualität und Transzendenz"

Wie Sie bereits in der oben angeführten psychologischen Analyse der Motivation berühmter kreativer Menschen erfahren haben, so fühlen viele Kreative etwas außerhalb ihrer Selbst Liegendes, das sie dazu bringt, gestalterisch tätig zu sein, das sie selbst „übersteigt" und das sie wie auch immer führt, ohne genau sagen zu können, was dieses Etwas ist. Oft wird dies als Spiritualität bezeichnet oder als transzendente Erfahrung, die dadurch gekennzeichnet ist, dass man selbstvergessen in einer konzentrierten Beschäftigung oder einer Sache aufgeht. In Anlehnung an Julia Cameron, die Künstler und Künstlerinnen als spirituelle Gemeinschaft sieht, sollen hier ein paar allgemein gültige Regeln folgen, die die Solidarität zwischen Menschen, die sich der Kreativität verschreiben, unterstützen können:
Regelwerk für die spirituelle Gemeinschaft der Künstler (nach Cameron, 2000).

1. Kreativität entwickelt sich an einem Ort, der Sicherheit und Anerkennung garantiert.
2. Kreativität wächst unter Menschen, die einander freundschaftlich gesonnen sind und verkümmert unter feindlich Gesinnten.
3. Alle kreativen Ideen sind wie zarte Pflänzchen, die Schutz und Pflege brauchen.
4. Jeder kreative Erfolg verläuft über Umwege, Blockaden und Misserfolge.
5. Das Ausleben unserer kreativen Energie ist ein Akt spirituellen Vertrauens.
6. Die Kreativität eines anderen Menschen zu verletzen kann dieses spirituelle Vertrauen verletzen.
7. Bei der Beurteilung künstlerischer Arbeit sollte man die Entwicklung des inneren kreativen Kindes unterstützen und es niemals dazu bringen, Schambefühle zu entwickeln.
8. Bei der Beurteilung künstlerischer Arbeit sollte man sich auf die vorhandenen Stärken konzentrieren.
9. Erfolg gelingt kleinschrittig, in Etappen und blüht unter Großzügigkeit auf.
10. Das Werk eines anderen Menschen kann niemals das eigene Werk blockieren.

10.3 Verhaltensbezogene Kreativitätstechniken

Nach diesen Ausführungen, die sich nach den Ergebnissen der Kreativitätsforschung richten lassen sich hier noch einmal die wichtigsten Ratschläge zur Förderung der Alltagskreativität zusammenfassen:
Alltagskreativität üben heißt:

1. Gewohnheiten hinterfragen und ändern
2. Vorurteile erkennen und hinterfragen
3. Die eigenen Wahrnehmung mit allen Sinnen trainieren
4. Die tägliche Umgebung ganz bewusst auf „Besonderes" hin betrachten
5. Täglich Zeit zur Selbstreflexion frei schaufeln
6. Ideen sammeln und aufschreiben
7. Sich vom inneren Zensor befreien
8. Sich absichtlich blamieren
9. Sich immer wieder fragen: „Was wäre, wenn ...?"
10. Den Perspektivwechsel üben

All diese Anregungen erfassen den ganzen Menschen und sein Verhaltens-spektrum und fokussieren sich nicht nur auf die Förderung des Planerischen oder Entwerfenden Denken, das in so vielen Kreativ-Workshops angeboten wird. Letztere bedienen sich der von mir so benannten *„prozessbezogenen Kreativitätstechniken"*, die sich klar von den ebenfalls von mir so bezeichneten *„verhaltensbezogenen Kreativitätstechniken"* unterscheiden (Endriss, 2019), da erstere sich vorwiegend auf die kognitiven Anteile des menschlichen Innenlebens beziehen, jedoch die jeweiligen Anreger von außen, die Wahrnehmung, das Erfassende Denken, die Emotionen, die Einflüsse der eigenen Sozialisation, der persönlichen Dispositionen sowie der Kultur und Gesellschaft, die persönliche Motivation, den persön-lichen Ausdruck sowie das persönliche Umfeld wenig berücksichtigen. Genau dort können im Übrigen auch die kreativen Blockaden entstehen. Eine entsprechende umfangreiche Zusammenstellung beider Arten von Kreativitätstechniken finden Sie auf meiner Website www.kreatives-management-hamburg.de.

Auch bei der Alltagskreativität spielt es immer wieder eine besondere Rolle, den eigenen festgelegten Rahmen zu verlassen und sich in etwas hinein zu begeben, sich einem Bereich zu widmen, der nicht selbstbezüglich, sondern außerhalb existiert. Dies setzt allerdings voraus, dass der Mensch etwas gelten lässt, das außerhalb seiner Selbst ist, das ihn nach außen trägt und ihn nicht „in sich selbst kleben lässt".

Bisher sind diverse Male die psychologischen Begriffe „intrinsische" und „extrinsische" Motivation gefallen und kurz erläutert worden. Im Folgenden möchte ich diese Begriffe noch genauer beleuchten und mit praktischen Bei-spielen anschaulich machen.

10.4 Intrinsische versus extrinsische Motivation

Im Zusammenhang mit dem Thema „Kreativität" tauchen immer wieder die beiden Begriffe intrinsische und extrinsische Motivation auf. Wodurch also wird der Mensch nach dieser Theorie bewegt bzw. veranlasst, etwas zu tun oder dies lieber sein zu lassen?

10.4.1 Extrinsische Motivation

Diese Art der Motivation entsteht durch positive oder negative Anreize, die, wie bereits oben dargelegt, von außen kommen und die von der jeweiligen menschlichen Umwelt und von der Kultur, in der der Betreffenden lebt, an ihn heran getragen werden. Dies kann im positiven Fall etwa aus materiellen Belohnungen, sozialem Ansehen, Prestigegewinn oder finanziellen Vergütungen bestehen. Auf der anderen Seite können mehr oder weniger drastische Bestrafungen einen davon abhalten, bestimmte Dinge zu tun oder ein bestimmtes Ziel anzustreben. Diese Art der Motivation arbeitet nach dem Prinzip des Lustgewinns und der Unlustvermeidung. In der Folge finden Sie zwanzig praktische Beispiele für extrinsische Motivation.

20 Beispiele für extrinsische Motivation:

- Sie nehmen an einem Wettbewerb teil, um einen Preis zu gewinnen.
- Sie lesen ein Buch, weil Sie einen Vortrag über das Thema, das dort behandelt wird, halten sollen.
- Sie gehen mit einer Freundin oder einem Freund zum Tanzen, weil diese Person dort jemand Interessantes kennen lernen möchte
- Sie gehen in ein Fitness-Studio, weil Sie dort Ihre Muskeln trainieren wollen um eine gute männliche Figur als Mann zu machen.
- Sie kaufen Sonderangebote, weil diese im Preis reduziert sind.
- Sie helfen anderen, weil Sie hoffen, dafür gelobt zu werden.
- Sie lernen einen Beruf oder studieren ein Fach, das Sie nicht wirklich interessiert, weil Sie ihre Eltern stolz machen wollen.
- Sie machen eine Reise, weil Sie die Fotos davon anschließend Ihren Freunden vorführen wollen.
- Sie zahlen Steuern, weil Sie eine Geldstrafe vermeiden wollen.
- Sie lernen für die Schule, den Beruf, das Studium, die Fortbildung, weil Sie gute Noten bekommen wollen.
- Sie kaufen teure Markenkleidung, weil Ihre Freunde dies ebenfalls tun und Sie mit ihnen Schritt halten wollen.
- Sie starten besondere Aktivitäten, weil Sie berühmt werden wollen.
- Sie bringen den Müll endlich weg, weil Sie nicht wollen, dass Ihr Partner oder Ihre Partnerin sonst wütend auf Sie wird.
- Sie gehen einer Berufstätigkeit nach, weil Sie Geld verdienen müssen.
- Sie kaufen sich neue Schuhe, weil diese moderner aussehen wie die alten aus der letzten Saison.
- Sie lernen spanisch, um andere damit zu beeindrucken.
- Sie machen Überstunden, damit der Chef Sie lobt.
- Sie arbeiten als Freiwilliger, weil das im Lebenslauf gut ankommt.
- Sie gehen durch gut besuchte Einkaufspassagen, weil Sie gerne gesehen werden wollen.

10.4.2 Intrinsische Motivation

Hierbei handelt es sich um die innere, aus einem selbst heraus entstehende Motivation, bestimmte Tätigkeiten auszuführen. Erstens, Dinge, die jemand gerne macht, weil sie dem Betreffenden Freude bereiten, ihm sinnvoll erscheinen, spielerisch oder herausfordernd sind und auch deswegen, weil er sie interessant findet. Oder auch zweitens, um durch entsprechende Handlungen bestimmte innere Werte auszuleben, die einem vermitteln, was gut und richtig ist. Die entsprechenden Handlungen finden dann drittens „um ihrer selbst willen" statt, also wegen der in der Sache oder in anderen Personen liegenden Anreize. In der Folge finden Sie zwanzig praktische Beispiele intrinsischer Motivation.

20 Beispiele für intrinsische Motivation:

- Sie waschen Ihre Wäsche, weil sie anschließend so schön duftet.
- Sie schreiben gerne Gedichte, weil Sie Reime mögen.
- Sie reisen gerne, weil Sie verschiedene Kulturen kennen lernen wollen.
- Sie sparen Geld und legen es an, weil Sie finanzielle Unabhängigkeit anstreben.
- Sie essen Vollkornbrot, weil Sie Ihre Verdauung fördern wollen.
- Sie lesen ein Buch, weil Sie die Autorin kennen und deren Geschichten immer so spannend sind.
- Sie putzen ihre Wohnung und räumen diese auf, weil Sie sich dann hinterher ordentlicher fühlen.
- Sie arbeiten auch für weniger Geld, weil Sie dabei einer Ihrer Leidenschaften nachgehen können.
- Sie lernen fürs Studium, weil Sie auf das Thema neugierig sind und mehr darüber wissen wollen.
- Sie spielen mit ihren Kindern Theater, weil es Sie glücklich macht, deren Freude dabei mit zu erleben.
- Sie genießen ein Tortenstück, weil es Ihnen unglaublich gut schmeckt.
- Sie bleiben länger bei der Arbeit, weil Sie damit bei einer Aufgabe einen sinnvollen Abschluss machen können.
- Sie gehen tanzen, weil Sie sich dabei lebendig fühlen und Ihren Bewegungsdrang ausleben können.
- Sie helfen Menschen ohne eine Gegenleistung zu erwarten, weil Sie dadurch merken, dass Sie innere Stärke haben.
- Sie führen Argumentationsketten, weil Sie diese intellektuelle Herausforderung lieben.

- Sie besuchen einen Kurs über Psychologie und Charakterstärken, weil Sie die beste Version Ihrer selbst werden wollen.
- Sie engagieren sich an einem Info-Stand für den Umweltschutz, weil Sie dieses Thema wichtig finden.
- Sie arbeiten gerne im Team, weil Sie das gemeinsame Problemlösen und die inspirierende Atmosphäre schätzen.
- Sie machen Atemübungen, weil Sie Stress abbauen wollen.
- Sie besuchen eine Kunstausstellung, weil Sie auf die neuen Gemälde der Künstlerin neugierig sind.

In der Regel sind Menschen durch beiden Formen dazu angetrieben zu handeln. Im Unterschied zur extrinsischen Motivation bietet die intrinsische jedoch eine stärkere Antriebskraft, da sie weitgehend von den möglichen Reaktionen der menschlichen Umwelt frei ist. Außerdem kann sie den Menschen vor Manipulationen durch Personen, die einem nicht wohl gesonnen sind, schützen: Wer intrinsisch motiviert ist, der lässt sich nicht so schnell durch versprochene Belohnungen von außen oder der angeblichen Vermeidung von Bestrafung beeinflussen. Auch lässt er sich nicht so schnell von seinen inneren Richtlinien abbringen.

10.5 Exzentriker

An dieser Stelle möchte ich Ihnen eine besondere Spezies Mensch vorstellen, von denen unter anderem bekannt ist, dass sie vorwiegend intrinsisch motiviert sind.

10.5.1 Die Individualität der Exzentriker

Exzentriker sind Personen, die deutlich von sozialen Normen abweichen und sich außergewöhnlich verhalten. Sie leben außerhalb der von der Gesellschaft vorgegebenen Mitte, also dem üblichen Zentrum des Geschehens. Sie sind keine Menschen, die einen einzelnen besonderen Spleen kultivieren, sondern ihr gesamtes Lebensprogramm ist Ausdruck ihrer unverwechselbaren Individualität Exzentriker sind in der Lage, ihr Innenleben völlig selbstständig, selbstgenügsam und reich zu gestalten. Ein weitverbreitetes Vorurteil über diese Art von Menschen ist, dass sie einer milden Form des Wahnsinns verfangen sind, beziehungsweise, dass ihr Verhalten ein Symptom für eine psychische Erkrankung ist.

Wenn Sie sich nun die psychischen Erkrankungen anschauen, dann kämen da etwa diejenigen Menschen infrage, die nach außen hin absonderliches Verhalten zeigen, das von ihnen selbst und von ihren Mitmenschen als abweichend und befremdlich wahrgenommen wird. Diese Betroffenen wollen deswegen davon geheilt werden, denn eine Neurose oder eine Psychose ist eine ungewollte Schwierigkeit im Leben. Exzentriker jedoch entwickeln sich aus freien Stücken zum Anderssein und genießen ihr *Außenseitertum* als etwas Erfreuliches und äußerst Angenehmes, ja, sie sonnen sich geradezu behaglich in dieser Rolle.

Die einzige systematische Untersuchung, die sich mit Exzentrikern beschäftigte, stammt aus England und wurde von dem klinischen Neuropsychologen David Joseph Weeks und dem Wissenschaftsjournalisten Jamie James (1997) an ca. 1000 Personen mittels Befragungen durchgeführt. Sie ermittelten fünfzehn typische Verhaltensweisen, die sie bei dieser Personengruppe finden konnten. Besonders auffallend war, dass Exzentriker weniger sozialen Stress erleben, seltener krank sind und dass sie länger leben als normale Menschen. Ihre Freude, tun und lassen zu können, was sie möchten, ohne sich allzu viele Gedanken darüber zu machen, wie dies auf andere Leute wirken könnte, scheint ein besonderer Gesundheitsfaktor zu sein, ebenso wie ihr Sinn für Humor und eine spielerische Lebenshaltung, die sie in einer zunehmend beklagenswerten und konformistischen Gesellschaft stabilisiert und ihre Selbstachtung aufrecht erhält. Sie sind zwar von sich eingenommen und geben dies auch bereitwillig zu, sie sind aber keine Narzissten.

10.5.2 Typische Eigenschaften von Exzentrikern (nach Weeks & James)

Die folgende Aufzählung geht von einer abnehmenden Häufigkeitsfolge aus.

- Sie zeigen durchgehend nonkonformes Verhalten.
- Sie sind kreativ.
- Sie sind vorwiegend durch Neugier motiviert.
- Sie sind idealistisch und unerschütterlich optimistisch, betätigen sich als Weltverbesserer und wollen Menschen glücklich machen.
- Sie haben mehrere Hobbys, von denen sie völlig fasziniert sind.
- Sie sind sich ihres Andersseins von Kindesbeinen auf bewusst.
- Sie sind intelligent.

- Sie sind freimütig, originell und eigensinnig sowie völlig davon überzeugt, mit ihrer Meinung richtig zu liegen sowie davon, dass der Rest der Welt aus dem Ruder gelaufen ist.
- Sie sind ohne Konkurrenzdenken und haben daher keinerlei Verlangen nach Anerkennung oder Bestätigung durch die Gesellschaft.
- Sie pflegen ungewöhnliche Essgewohnheiten sowie eine ungewöhnliche Lebensgestaltung.
- Sie sind nicht sonderlich interessiert an den Ansichten oder der Gesellschaft anderer, ausgenommen, wenn sie diese von ihrem eigenen, natürlich als richtig angenommenen, Standpunkt überzeugen wollen.
- Sie verfügen über einen schelmischen oder schwarzen Humor.
- Sie sind Single.
- Sie sind oft das älteste oder das einzige Kind in der Herkunftsfamilie.
- Sie haben eine fehlerhafte Rechtschreibung, benutzen eigenwillige Wortschöpfungen (Neologismen) oder selbst ersonnene Spruchmuster.

Die ersten fünf Eigenschaften ließen sich bei sämtlichen befragten Exzentrikern feststellen. Exzentrikern wird nachgesagt, dass sie ihre kreative Selbstverwirklichung an oberster Stelle ihres Wertesystems angesiedelt haben. Was sie fasziniert, ist ständig ihre allererste Priorität und so ist ihr Leben im Großen und Ganzen ein wunderbares Abenteuer. Dabei zeigen sie sich ihren Mitmenschen gegenüber normalerweise liebenswürdig und verzichten darauf, diese zu beleidigen oder zu dominieren. Dies wirft eine nächste Überlegung auf, nämlich die Frage, inwiefern das eigene „Ausleben" der kreativen Selbstverwirklichung anderen Menschen und der Gesellschaft schaden kann.

Literatur

Csikszentmihalyi, M. (2001). *Kreativität. Wie Sie das Unmögliche schaffen und Ihre Grenzen überwinden.* Klett-Cotta.

Cameron, J. (2000). *Der Weg des Künstlers. Ein spiritueller Pfad zur Aktivierung unserer Kreativität.* Droemer Knaur.

Endriss, L. (2019). *Fahrplan für den Flow: Kreative Blockaden analysieren und mit Coaching auflösen.* Springer Nature.

Schuster, M. (2016). *Alltagskreativität.* Springer.

Weeks, D., & James, J. (1997). *Exzentriker. Über das Vergnügen anders zu sein.* Rowohlt.

11

Die goldene Regel

Zusammenfassung Ausgehend von der zentralen ethischen Goldenen Regel, niemand anderem etwas zuzufügen, was wird man selbst nicht von diesem erleiden möchte, wird kurz auf die 10 Gebote der christlichen Ethik sowie deren sieben Todsünden eingegangen. Anschließend werden der Tugend- und der Charakterbegriff näher erläutert sowie die typischen Eigenschaften von Charakterstärken, wie diese von der Positiven Psychologie erforscht wurden, vorgestellt. Wer sich darum bemüht, seine Charakterstärken zu pflegen und auszubauen sowie ein stimmiges Leben im Sinne von Tugenden zu führen, erlebt das sogenannte Werteglück oder auch moralische Entzücken, das länger anhält als das kurzfristige Wohlfühlglück.

Die wahre Tugend der Menschen besteht darin, dass sie geschickt sind, auf der Stufe der Gleichheit miteinander zu leben, nichts für sich selbst verlangen als was sie willig auch jedem anderen zugestehn. (Harriet Taylor Mill, 1807–1857)

Spielregeln dienen dazu, ein allgemein verbindliches Regelwerk aufzustellen, an das sich alle Beteiligten halten sollen, um das Gemeinsame, etwa auch die Kultur und das menschliche Miteinander, zu schützen und am Laufen zu halten, sowie die Teilnahme zu belohnen und Verstöße dagegen entsprechend zu ahnden.

© Der/die Autor(en), exklusiv lizenziert durch Springer Fachmedien Wiesbaden GmbH, ein Teil von Springer Nature 2021
L. Endriss, *Aufblühen oder Verwelken?*, https://doi.org/10.1007/978-3-658-34410-8_11

11.1 Ethik

Wie schon eingangs erwähnt, bildet die Goldene Regel, alltagssprachlich aufbereitet, ein übergreifendes „Meta"-Regelwerk: „Was Du nicht willst, das ich Dir tu, das füg auch keinem anderen zu!". Ihm sind nun verschiedene Verhaltensregeln untergeordnet, die durch ihre Einhaltung dafür sorgen sollen, dass das menschliche Miteinander „human" verläuft. Die Bereiche der Ethik (Lehre vom sittlichen Verhalten) und Moral (Lehre von der Sittlichkeit und den Tugenden) berühren daher eher philosophische, aber auch religiöse Fragestellungen. Der Begriff der Tugend lässt sich mit „Anständigkeit", „Integrität", „Makellosigkeit", Redlichkeit", „Moral" oder dem altmodischen Begriff der „Sittsamkeit" assoziieren.

Die westliche Kultur wurde seit etwa 2000 Jahren vom Christentum geprägt. Interessant ist nun, sich einmal die in der christlichen Ethik vorhandenen zehn Gebote daraufhin anzuschauen, inwiefern sie einerseits unser Strafgesetzbuch und gesellschaftliche Regeln mit beeinflussen, und andererseits, inwiefern sie männlich dominiert sind. Um dies zu veranschaulichen, stelle ich Ihnen im Folgenden zur Erinnerung noch einmal die christlichen 10 Gebote vor:

11.2 Christliche Ethik mit den zehn Geboten

Die 10 Gebote

1. Ich bin der Herr, Dein Gott. Du sollst nicht keine anderen Götter haben neben mir.
2. Du sollst den Namen des Herrn, Deines Gottes, nicht missbrauchen.
3. Du sollst den Feiertag heiligen.
4. Du sollst Deinen Vater und Deine Mutter ehren.
5. Du sollst nicht töten.
6. Du sollst nicht ehebrechen.
7. Du sollst nicht stehlen.
8. Du sollst nicht falsch Zeugnis reden wider Deinen Nächsten.
9. Du sollst nicht begehren Deines nächsten Haus.
10. Du sollst nicht begehren Deines Nächsten Weib, Knecht, Magd, Vieh noch alles, was Dein Nächster hat.

Damit Menschen diese Gebote einhalten, müssten für den Fall, dass sie dagegen verstoßen, negative Konsequenzen in Aussicht gestellt werden.

Das gesellschaftliche Leben kann ja durch positive und negative Sanktionen gesteuert werden. Dafür ersannen die männlichen Vertreter der Religion sowohl irdische Bestrafungssysteme als auch welche, die im Jenseits angesiedelt sein sollen. Insbesondere die Aussicht auf die Hölle und das Fegefeuer sollten Menschen davon abhalten, gegen die zehn Gebote zu verstoßen.

Nicht jeder Verstoß konnte ja von außen von Mitmenschen beobachtet und auf Erden geahndet werden, daher sprachen die Kirchenväter dem allmächtigen gütigen Schöpfer auch die Fähigkeit zu, alles zu registrieren, was etwa in der väterlichen Mahnung Kindern gegenüber seinen Ausdruck fand: „Der liebe Gott sieht alles!", insbesondere natürlich auch sämtliche Regelverstöße. Nebenbei bemerkt lassen sich hier erstaunlicherweise Parallelen zur immer weiter ausufernden digitalen Überwachung von Bürgern finden, die ja bereits schon bei der Standortbestimmung durch ein Handy oder ein Smartphone beginnt und die in Zukunft auch zur Kontrolle und Einhaltung von Gesetzen und staatlichen Vorgaben genutzt werden kann.

Ursprünglich jedoch dienten die 10 Gebote dazu, sich zu befleißigen, die 10 Gebote einzuhalten, um dadurch ein tugendhaftes Leben zu führen und damit Gott und der menschlichen Gesellschaft, etwa auch der Gemeinde, zu dienen. Die positive Sanktion, also die Belohnung für die Einhaltung der Gebote, wurde größtenteils auf das Jenseits verlagert, dort im Himmel sollte dann nach dem Ende des jeweiligen Lebens auf der Erde das Paradies auf einen warten und eine frei von Sorgen und Mühsal jenseitige Daseinsform garantieren.

11.3 Die sieben Todsünden

Wer sich mit dem Gegenteil der Tugenden, nämlich den sogenannten Untugenden beschäftigt, der kommt in unserer Kultur nicht an den sieben Todsünden vorbei, die es im Leben aus ethischen Gründen möglichst zu vermeiden gilt. Als Vorgeschmack auf meine systematische Zusammenstellung der Untugenden und Charakterschwächen, die ich als jeweilige Gegensätze aus den Tugenden und Charakterstärken der Positiven Psychologie zusammengestellt habe, möchte ich Ihnen hier die klassischen Todsünden einmal vorstellen, versehen mit jeweils einigen typischen dazu passenden Beispielsätzen aus der heutigen Zeit:

- Der Stolz/der Hochmut (superbia)

Auf einen kurzen Nenner gebracht heißt das: „Ich bin der oder die Allergrößte unter der Sonne! „Und mir kann sowieso keiner!" „Aus dem Weg!"

- Die Habsucht/der Geiz (avarita)

Auf einen kurzen Nenner gebracht heißt das: „Mehr für mich, also her damit!" „Für mich nur das Beste!" „Und für dich habe ich sowieso nie was übrig!"

- Der Neid/die Eifersucht/die Missgunst (invidia)

Auf einen kurzen Nenner gebracht heißt das: „Die Kirschen in Nachbars Garten schmecken viel besser als meine! „Sowas Tolles kann ich mir nicht leisten!" „Diese Beachtung hat der nicht verdient!"

- Der Zorn/die Wut/die Rachsucht (ira)

Auf einen kurzen Nenner gebracht heißt das: „Ausrasten steht an mit flammenden Schwert!" „Na warte, dir werde ich es noch mal richtig zeigen, du mieses Stück!" „Das wirst du noch bitter bereuen!"

- Die Wolllust/die Ausschweifung/die Genuss-Sucht (luxuria)

Auf einen kurzen Nenner gebracht heißt das: „Ich bin ein Sex-Gott – eine Sex-Göttin!" „Grenzen gibt es nicht für mich!" „Ich gönne mir nur Exklusives, schließlich passt das zu mir!"

- Die Völlerei/die Unmäßigkeit/die Selbstsucht (gula)

Auf einen kurzen Nenner gebracht heißt das: „Alles muss hier bei mir rein!" „Ich will alles und zwar jetzt!" „Ich bin der wichtigste Mensch in meinem Leben!"

- Die Trägheit/der Überdruss (acedia)

Auf einen kurzen Nenner gebracht heißt das: „Komm ich heut nicht, komm ich morgen!" „Morgen mach ich es bestimmt!" „Das alles ist für mich persönlich völlig uninteressant und langweilt mich total!"

11.4 Tugenden

Der Begriff der Tugend ist heutzutage im Alltag eher unüblich und ihm scheint ein Hauch von Abwertung und Verfall anzuhaften – macht man sich doch gelegentlich leicht verächtlich über einen „Tugendbold" lustig, also jemand, der überkorrekt und moralisch allzu anspruchsvoll wirkt. Das deutsche Wort „Tugend" stammt etymologisch von „taugen" her (Bollnow 1958) und bezeichnete ursprünglich die Tüchtigkeit eines Menschen in einem unverfänglichen ganz allgemeinen Sinn, nicht aber mit dem moralischen Beiklang.

Aufgabe

Was verbinden Sie mit dem Begriff der „Tugenden"? Und in welchem Zusammenhang haben Sie diesen Begriff zum ersten Mal gehört?

Generell kann der Tugendbegriff als eine unveränderliche Ausrichtung des Willens auf das Sittliche verstanden werden, womit sie eine über einzelne Handlungen hinausreichende Haltung des Menschen darstellt. Damit ist diese etwas, was der Mensch selbst ersonnen hat, Tugenden waren und sind nicht einfach da.

Aristoteles (zitiert nach Bollnow 1958, S. 23) hat dies in seinen ethischen Überlegungen so ausgedrückt:

„Aus gleichen Handlungen erwächst schließlich die gefestigte Haltung. Darum müssen wir unseren Handlungen einen bestimmten Wertcharakter (eine bestimmte Qualität) erteilen, denn je nachdem sie sich gestalten, ergibt sich eine entsprechende feste Grundhaltung".

Platon etwa unterscheidet in seinem Tugendsystem vier sogenannte Kardinaltugenden: 1. Die Mäßigung (sophrosyne), 2. die Tapferkeit (andreia), 3. die Weisheit (sophia) und 4. die Gerechtigkeit (dikaiosyne). Im Mittelalter wurden diese griechischen Kardinaltugenden durch drei weitere ergänzt: den Glauben, die Liebe und die Hoffnung. Später im 17. Jahrhundert entstand durch Geulinex ein weiteres Tugendsystem, nämlich das der Mönchstugenden: Fleiß, Gehorsam, Gerechtigkeit und Demut waren angesagt. Schleiermacher propagierte hingegen im 18. Jahrhundert Weisheit, Liebe, Besonnenheit und Tapferkeit als Kardinaltugenden. Aus dieser geschichtlichen Betrachtung lässt sich schließen, dass die jeweiligen Systeme auch vom jeweiligen Menschenbild oder dem Zeitgeist abhängen.

Die Vertreter der Positiven Psychologie im 20./21. Jahrhundert (Dahlsgaard et al. 2005) fanden nun durch entsprechende wissenschaftliche Methoden, die sie weltweit einsetzen, heraus, dass es gewisse sog. *„Kerntugenden"* gibt, die in jeder Gesellschaft zu finden sind und denen sich jeweils bestimmte Charakterstärken zuordnen lassen, insgesamt vierundzwanzig an der Zahl (Peterson und Seligman 2004): Die sechs „Kerntugenden" dieses Tugendsystems sind: 1. Weisheit und Wissen, 2. Mut, 3. Humanität, 4. Gerechtigkeit, 5. Mäßigung und 6. Transzendenz. Auf dieses System werde ich im kommenden Kapitel noch näher eingehen.

11.5 Charakter

Der Begriff des Charakters wird allgemein auch mit den Begriffen Wesenszug, Art, Gemütsart, Persönlichkeit, Temperament, Wesensart, Wesen oder auch Naturell gleichgesetzt. Die Positive Psychologie spezifiziert diesen Begriff dahin, dass sie von Charakterstärken und Charakterschwächen spricht.

Allgemeine Kennzeichen von Charakterstärken (nach Peterson 2006).

Die 24 Charakterstärken, die den sechs Tugenden zugeordnet wurden, zeichnen sich durch folgende Gütekriterien aus:

- Sie gelten auf der ganzen Welt – damit werden sie in sämtlichen untersuchten Kulturen als positiv und erstrebenswert erachtet.
- Sie sind erfüllend – damit unterstützen sie das individuelle Wohlbehagen und die Lebenszufriedenheit sowie darüber hinaus das persönliche Glück des Menschen.
- Sie sind moralisch hochwertig – damit sind sie nicht nur Mittel zum Zweck, sondern werden um ihrer selbst willen als besonderer Wert angestrebt.
- Sie würdigen andere Menschen nicht herab und verursachen keinen Neid – damit zeigt sich im Gegenteil, dass derjenige, der beobachtet, wie ein anderer Mensch eine Charakterstärke erkennen lässt, Bewunderung, Anerkennung sowie ein erhebendes Gefühl für sein Gegenüber entwickelt.
- Sie haben alle einen Gegensatz, der nicht glücksfördernd ist – damit gibt es für jede Charakterstärke ihr diametrales Gegenteil, die jeweilige Charakterschwäche.

- Sie sind wesenszugartig mehr oder weniger stark pro Person ausgeprägt – damit unterscheiden sich Menschen in den individuellen Ausprägungen ihrer Charakterstärken, jedoch ist jedes individuelle Stärkenprofil über die Zeit hin relativ stabil und „typisch" für die jeweilige Person.
- Sie sind messbar: – damit wurde bewiesen, dass jede mit entsprechenden Messmethoden empirisch erhobene Charakterstärke ein individuelles Merkmal darstellt, in welchem sich Menschen untereinander unterscheiden.
- Sie sind in sich eindeutig – damit überschneidet sich keine Charakterstärke konzeptionell oder empirisch mit anderen Charakterstärken und lässt sich deswegen stets klar von anderen zu unterscheiden.
- Sie zeigen sich an Musterbeispielen oder Vorbildern – damit werden sie von einzelnen Menschen modellhaft verkörpert, indem diese das jeweilig positive Verhalten oder die dazugehörige Handlung zeigen.
- Sie bringen Wunderkinder hervor – damit offenbart sich, dass sich etliche Charakterstärken bei manchen Kindern und Jugendlichen bereits schon sehr früh im Leben zeigen.
- Sie können teilweise fehlen – damit steht außer Frage, dass einige Stärken bei manchen Menschen überhaupt nicht zu beobachten sind.
- Sie werden von Institutionen gefördert – damit dient die Ausbildung von Charakterstärken dem Ziel, diese durch Rituale und andere gesellschaftlichen Aktivitäten der jeweiligen Kultur zu unterstützen.

11.6 Werteglück

Die Vertreter der Positiven Psychologie fokussieren sich darauf, durch die Arbeit am eigenen Charakter im Leben die beste Version oder Fassung der eigenen Persönlichkeit zu werden, indem der Mensch möglichst viele persönlich wichtige Werte und Ziele erreicht. (Blickhan 2018). Die damit verbundene Zufriedenheit und das subjektive Wohlbefinden wird ja Werteglück (Eudaimonisches Glück) genannt, denn diese lösen vielseitige positive Gefühle aus, gerade auch solche, die über einen längeren Zeitraum Bestand haben und die ein moralisches Entzücken hervorrufen, insbesondere, wenn Sie merken, dass Sie stimmig mit Ihren inneren Werten und Normen leben.

Gelegentlich ist dieses Werteglück jedoch getrübt und mit unangenehmen Gefühlen verbunden, etwa wenn Sie sich vorübergehend besonders abmühen oder gegen Widerstände ankämpfen müssen. Das gute Leben im Sinne des Werteglücks jedoch geht davon aus, dass Sie kraft Ihrer Charakterstärken und deren Weiterentwicklung sowie deren weiterem Ausbau solche unangenehmen Talsohlen erfolgreich überwinden können.

Wer ausschließlich dem Hedonismus, also dem angenehmen Leben mit dem Vermeiden unangenehmer Gefühle und dem Streben nach möglichst zahlreichen positiven Gefühlen als Lebensziel anhängt, der gerät in die Gefahr, Konflikte, Krisen und Katastrophen, die in jedem menschlichen Leben vorkommen können, nicht recht bewältigen zu können.

Literatur

Blickhan, D. (2018) *Positive Psychologie: Ein Handbuch für die Praxis*. Junfermann.

Bollnow, O. F. (1958). *Wesen und Wandel der Tugenden*. Ullstein.

Dahlsgaard, K., Peterson, C., & Seligman, M. (2005). Shared virtue: The convergence of valued human strengths across culture and history. *Review of General Psychology, 9*(3), 203–213.

Peterson, C., & Seligman, M. (Hrsg.) (2004) *Character strength and virtues: A handbook and classification*. Oxford University Press.

Peterson, C. (2006). *A primer in positive psychology*. Oxford University Press.

12

Tugenden und 24 Charakterstärken der Positiven Psychologie

Zusammenfassung Hier wird die Systematik der Tugenden und Charakterstärken der Positiven Psychologie dargestellt, die sich 1. auf kognitive, 2. emotionale, 3. zwischenmenschliche Stärken ausrichten, 4. Stärken, die die Beziehung zwischen dem Einzelnen und der Gruppe oder Gemeinschaft unterstützen, 5. Stärken, die Exzessen entgegen wirken sowie 6. Stärken, die für die menschliche Existenz sinnstiftend sind. Zu jeder Charakterstärke wird jeweils eine Aufgabe gestellt, um diese Stärke bei Bedarf weiter zu entwickeln. Abschließend folgt eine Systematik von sog. Hypertugenden und Charakterextremen, die sich an der Übertreibung der Tugenden und Charakterstärken der Positiven Psychologie orientiert.

Alle Tugend verlangt nämlich Ausdauer. (Katharina von Siena, 1347–1380)

Auch vor 2000 Jahren hat sich etwa Epiktet (Guth, 2013) damit auseinander gesetzt, was eigene Stärken, also die Natur eines jeden Menschen, betrifft und dass es wichtig sei, diese auf ihr Vorhandensein zu prüfen, wobei er beispielhaft die damals wie heute bei Männern so wichtigen körperlichen Eigenschaften erwähnt:

„O Mensch, zuerst überlege, wie die Sache beschaffen ist; dann prüfe auch deine eigene Natur. Willst du Pentathlete (Fünfkampfsportler) sein oder nur Ringer? Betrachte deine Arme, deine Schenkel, prüfe deine Hüften, denn der eine ist von Natur zu diesem, der andere zu anderem bestimmt."

L. Endriss, *Aufblühen oder Verwelken?*, https://doi.org/10.1007/978-3-658-34410-8_12

Hier finden Sie nun im Folgenden die bereits erwähnten 6 Tugenden und die dazu gehörigen 24 Charakterstärken, von denen im vorherigen Kapitel schon die Rede war (Blickham, 2018). Sie stellen insgesamt ein stimmiges System dar und bieten gleichzeitig einen gewissen Appell, sich selbst daraufhin zu prüfen, inwieweit diese Charakterstärken in der eigenen Persönlichkeit vorhanden sind. Ich verknüpfe sie gerne mit dem Flow-Schaubild von Mihaly Csikszentmihalyi aus Kap. 8 und der dortigen horizontalen x-Achse im der Abb. 8.2, wo die Stärken und Fähigkeiten angesiedelt sind, denn jede Fähigkeit/persönliche Eigenschaft und jede Fertigkeit/Praxiskönnen wird durch entsprechende Charakterstärken unterstützt. Aus diesem Grund füge ich in der folgenden Aufstellung der Charakterstärken jeweils eine Aufgabe bei, die Sie bei Ihrer Arbeit an den eigenen Charakterstärken unterstützen kann, um kommenden Herausforderungen noch besser gewappnet zu sein und um so oft wie möglich ein Flowgefühl zu kultivieren.

12.1 Weisheit und Wissen

Die Tugend der Weisheit/des Wissens basiert auf Charakterstärken, die dazu dienen, Kenntnisse und vielseitige Informationen zu erwerben und diese dann möglichst für die gesamte Lebensgestaltung zu nutzen. Theoretisch wächst diese Tugend mit zunehmendem Alter, da neben dem eigenen geweiterten Horizont auch Berufs- und Lebenserfahrung entstehen, solange Menschen nicht irgendwann einmal das Lernen aufgegeben haben und „stehen geblieben sind". Daher wird dem lebenslangen Lernen so viel Wert zugemessen. Klassischerweise schreiben Menschen daher eher betagten Frauen und Männern diese Tugend zu. Wer sich hingegen als Kind oder Jugendlicher mit allgemeinen Sprüchen zur Lebensführung äußert, wird daher gerne als „altklug" bezeichnet. Zusammengefasst enthalten alle Charakterstärken dieser Tugend sogenannte *kognitive Stärken,* die für das Erwerben und Nutzen von Wissen ausschlaggebend sind.

- Charakterstärke: Kreativität, Einfallsreichtum und Originalität

Kreative Menschen setzten ihr Denken und Handeln dafür ein, neue und effektive Wege für Problemlösungen zu entwickeln. Ihre Fantasie und ihre Fähigkeit, Dinge aus ganz unterschiedlichen Blickwinkeln zu betrachten, unterstützen dabei ihre Ideenvielfalt. Dabei gehen sie einerseits sehr flexibel vor, andererseits trauen sie sich auch, ungewöhnliche Vorschläge zu machen. Sie begnügen sich nicht mit herkömmlichen Lösungswegen, sondern halten stets nach besseren Möglichkeiten Ausschau. Stets wollen sie damit für ihr eigenes Leben oder für das anderer Menschen einen positiven Beitrag leisten. Sie geben sich nie mit der erstbesten Lösung zufrieden, wenn nicht noch durch intensive Beschäftigung mit dem jeweiligen Problem andere und optimalere Herangehensweisen zu finden sind. Kreativität beschränkt sich also nicht nur auf künstlerische Leistungen.

Aufgabe

Entwickeln Sie ein paar ungewöhnliche Ideen, wie Sie in Zukunft den Weg zu Ihrer Arbeit noch erfreulicher gestalten können. Setzen Sie einiges davon in der kommenden Woche um.

- Charakterstärke: Neugier und Interesse

Neugierige Menschen interessieren sich für alles Mögliche, auch anscheinend unbedeutenden Dinge des Alltags. Sie stellen immer wieder Fragen und stürzen sich mit Elan in die unterschiedlichsten Themen, Inhalte und Tätigkeiten, um dadurch neue Erfahrungen zu machen. Ihnen ist es wichtig, ständig ihr persönliches Wissen zu erweitern. Sie finden es faszinierend, für sie Unbekanntes zu erforschen und sind daran interessiert, mehr über alles und jeden zu erfahren. Daher zeigen sie sich auch als sehr gute Zuhörer und können etwa im Gespräch passende weiterführende Fragen stellen. Ihr Entdeckerdrang kennt keine Grenzen und sie sind ganz wild auf neue Erfahrungen, seien diese theoretischer oder praktischer Natur. Die Neugier kann sich auf einen ganz speziellen Bereich richten oder sich übergreifend als allumfassendes Interesse an ganz unterschiedlichen Themen zeigen.

Aufgabe

Schlagen Sie ein Lexikon auf und tippen Sie blind auf ein dort befindliches Substantiv. Versuchen Sie anschließend, alles Mögliche über dieses Stichwort herauszufinden. Füllen Sie mindestens eine ganze Din-A-Seite mit den Ergebnissen.

- Charakterstärke: Urteilsvermögen,   kritisches   Denken   und   Aufgeschlossenheit

Kritisch denkende Menschen reflektieren und hinterfragen gerne eigene und fremde Überzeugungen und beleuchten diese von allen Seiten, indem sie unterschiedliche Perspektiven einnehmen. Sie ziehen keine voreiligen Schlussfolgerungen, vertrauen ihrem Verstand sowie realistischen Tatsachen und fundierten Fakten, bevor sie nach reiflicher Überlegung zu einer Entscheidung kommen. Aufgeschlossene Menschen betrachten Probleme und Fragestellungen aus ganz unterschiedlichen Perspektiven. Sie vermeiden bewusst Vorurteile, prüfen weit verbreitete Meinungen und entwickeln alternative Sichtweisen. Sie erkennen Scheinargumente und lassen sich nicht durch rhetorische Tricks aus der Fassung bringen, sie sind aber auch in der Lage, nach hinreichender Prüfung eine bisher für sie gültige Meinung oder Einschätzung zu ändern.

Aufgabe

Entwickeln Sie zehn Argumente dafür, dass der Mathematikunterricht in der Schule sinnvolle Aspekte für das spätere Leben bietet, auch wenn die Schüler nach Beendigung der allgemeinbildenden Schule sich weder für einen kaufmännischen Beruf noch für ein naturwissenschaftliches, mathematisches oder ähnliches Studium entscheiden.

- Charakterstärke: Liebe zum Lernen

Wissbegierige und lernfreudige Menschen beschäftigen sich freiwillig mit neuen Sachgebieten und praktischen Aufgaben, auch ohne von außen dazu angespornt zu werden. Sie begeistern sich für die Entdeckungen, die sie beim Erkunden neuer Wissensinhalte herausfinden und bauen ihr vorhandenes Wissen stetig mit Begeisterung aus, entweder für sich oder in einer Lerngruppe. Sie sind hoch motiviert und stecken Rückschläge und negatives Feedback ihrer Mitmenschen schnell weg. Entdecken sie Fehler, so korrigieren sie diese so bald wie möglich, bleiben dabei gelassen und nehmen diese nicht persönlich. Sie nutzen die unterschiedlichsten Quellen zum Lernen wie etwa eigene Sach-Bücher, Bibliotheken, Vorträge, Tutorials, Internetrecherchen, Museen oder Reisen und sind stets dafür offen, etwas Neues zu lernen. Im Unterschied zur interessierten Neugier gehen diese Menschen eher systematisch vor, um Wissen zu erwerben.

Aufgabe

Planen Sie eine Einladung, in der Sie Menschen aus einer anderen, ggf. für Sie persönlich exotischen Kultur zu einem Essen bei sich zuhause und zu einem angenehmen Gespräch bitten. Machen Sie sich schlau, was alles zu deren Sitten und Gebräuchen gehört, damit Sie Ihre Rolle als Gastgeber so gut wie möglich spielen können, indem Sie für ein paar Stunden auf deren kulturelle Welt eingehen.

- Charakterstärke: Weitsicht und Tiefsinn

Weitsichtige und tiefsinnige Menschen zeichnen sich dadurch aus, dass sie wichtige Fragen zur eigenen Lebensführung reflektieren und sich über längerfristige Folgen unkluger Entscheidungen im Klaren sind. Sie vermeiden Oberflächlichkeit und stellen sich immer wieder Fragen nach dem Sinn des Lebens. Ihre Entscheidungen sind vor dem Hintergrund der Begrenztheit der menschlichen Existenz durchdacht. Sie verfügen aufgrund ihres reichen Wissensschatzes, ihres guten Überblicks über die Unwegsamkeiten des Lebens sowie ihrer eigenen Lebenserfahrung die Fähigkeit, anderen Menschen kluge Ratschläge zu anstehenden Problemen zu geben, wenn diese sie darum bitten. Sie sind insgesamt mit sich im Reinen und leben so weit wie möglich im Einklang mit ihren moralischen Werten.

Aufgabe

Zeichnen Sie Ihren Lebenslauf anhand eines Zeitstranges mit einer geschlängelten Linie, die Ihre bisherigen Höhen und Tiefen skizzieren soll. Danach markieren Sie einmal die Krisen mit Stichworten, die das beschreiben, was Ihnen aus dem jeweiligen Tief heraus geholfen hat. Waren es Hilfe und Unterstützung, die Sie von außen angenommen oder bewusst erbeten haben, waren es eigene Ideen und Aktivitäten, die Sie entwickelt und umgesetzt haben, waren es glückliche Umstände, die Ihnen beistanden? Was hat Sie gestärkt und worauf können Sie sich auch in Zukunft verlassen?

12.2 Mut

Diese Tugend vereint verschiedene Persönlichkeitseigenschaften beziehungsweise Charakterstärken, die dem Menschen dabei helfen, angesichts innerer und äußerer Widerstände und unerwarteter Ereignisse trotzdem die eigenen kurz- und langfristigen Ziele mit Willenskraft weiter zu verfolgen. Diese Stärken sind *emotionaler Art* und unterstützen den Menschen, Angst zu überwinden.

- Charakterstärke: Tapferkeit und Widerstandskraft

Tapfere Menschen lassen sich durch Schmerzen, Bedrohung, Ablehnung, Schwierigkeiten und besondere Herausforderungen nicht einschüchtern. Trotz Widerstand von außen stehen sie zu ihren Werten, Meinungen und Entscheidungen, für alles, was sie für richtig halten, auch wenn andere Menschen dies missbilligen oder völlig gegenteiliger Meinung sind. Sie handeln grundsätzlich nach ihren eigenen Überzeugungen und beziehen Position. Tapferkeit kann sich sowohl 1. in einem körperlichen Einsatz (Rettungstätigkeit in Notsituationen, z. B. Rettungsschwimmer), 2. in einem psychologischen Bereich (schmerzhafte Selbstreflexion, z. B. Aufdeckung einer Selbsttäuschung) oder 3. in moralischer Hinsicht (Einsatz für die Rechte Unterdrückter, z. B. in der Öffentlichkeit einem Mobbing-Opfer zur Seite stehen) äußern.

Aufgabe

Suchen Sie sich ein Projekt aus, vor dessen Umsetzung Sie bisher Angst hatten. Notieren Sie einmal, mit welchen Teilschritten dieses Ziel von Ihnen erreicht werden könnte. Überlegen Sie auch, womit Sie sich belohnen könnten, wenn Sie diese Aufgabe erledigt haben. Beginnen Sie mit dem ersten Teilschritt. Was brauchen Sie dafür? Zeit? Passende Arbeitsmittel? Geld? Weitere Informationen? Austausch mit anderen? Beginnen Sie zeitnah und arbeiten Sie die einzelnen Teilschritte nacheinander ab. Danach gibt es die Belohnung.

- Charakterstärke: Ausdauer, Beharrlichkeit und Fleiß

Ausdauernde Menschen streben danach, begonnene Arbeiten zu Ende zu führen, auch wenn sich Schwierigkeiten in den Weg stellen. Sie lassen sich nicht durch innere und äußere Blockaden ablenken und erleben eine große Zufriedenheit in der Aufgabenerfüllung. Um Dinge zu erledigen gehört einerseits der feste Wille, sich anzustrengen, aber auch andererseits das Durchhaltevermögen, um an der Erledigung der Sache dranzubleiben. Wer strebsam und fleißig ist, arbeitet oft sehr diszipliniert und hart, um das zu erreichen, was er sich in den Kopf gesetzt und als Ziel gesetzt hat.

Ablenkungen werden erkannt und so weit wie möglich von ihnen vermieden. Ihre Beharrlichkeit unterstützt sie darin, sich ihren Vorhaben mit Leib und Seele zu widmen, seien ihnen diese von außen auferlegt oder selbstgewählt. Gleichzeitig sind sie flexibel, indem sie sich realistisch den jeweiligen Rahmenbedingungen anpassen.

Aufgabe

Fertigen Sie eine Liste mit unerledigten Aufgaben zuhause an, was liegt „auf Halde" und was „auf Wiedervorlage", was schieben Sie gerne vor sich her? Bewerten Sie die Ergebnisse der Liste jeweils mit „wichtig" oder „weniger wichtig". Schreiben Sie jeweils daneben, wieviel Zeitaufwand Sie dafür schätzen. Nehmen Sie sich einen Wochentag oder das Wochenende vor, um eine wichtige sowie eine unwichtige Aufgabe zu erledigen. Sind die wichtigen Aufgaben zeitintensiv und die unwichtigen irgendwie „langweilig"? Reflektieren Sie, wie Sie jeweils dabei vorgehen und wie Sie sich hinterher fühlen.

• Charakterstärke: Authentizität, Ehrlichkeit und Integrität

Authentische Menschen sind dadurch gekennzeichnet, dass sie ihre eigenen Befindlichkeiten, ihre Absichten oder Verpflichtungen sowohl im privaten Umfeld als auch im öffentlichen Rahmen unverfälscht zeigen. Sie stehen mit beiden Beinen auf dem Boden, täuschen anderen Menschen nichts vor und sind weit davon entfernt, unecht zu wirken. Sie leben so weit wie möglich stimmig mit ihren persönlichen Werten, Zielen und Interessen, wobei diese auch für Außenstehende transparent sind. Sie übernehmen Verantwortung für ihr Verhalten, ihre Handlungen und Gefühle und sind durch Gradlinigkeit gekennzeichnet. Ihnen liegt es fern, sich zu verstellen. Sie tragen keine Maske.

Aufgabe

Überlegen Sie einmal genau, inwiefern Sie immer offen und ehrlich zu anderen Menschen sind und wann Sie dazu neigen, kleine Schwindeleien, maßlose Übertreibungen, Schutzbehauptungen oder Lügen zu äußern. Was können Sie im Nachhinein tun, um etwas richtig zu stellen? Haben Sie sich schon einmal für mangelnde Ehrlichkeit entschuldigt?

- Charakterstärke: Enthusiasmus, Tatendrang und Begeisterungsfähigkeit

Engagierte Menschen streben mit viel Energie, innerem und äußerem Schwung nach ihren Zielen und Vorhaben. Halbe Sachen sind nichts für sie, sie leben nach dem Motto: „Es gibt nichts Gutes, außer man tut es!" Für sie ist das Leben ein fortwährendes Abenteuer, auch in den kleinen Ereignissen des Alltags. Diese dynamische Stärke wirkt sich direkt auf ihr physisches und psychisches Wohlbefinden aus. Ihre Vitalität und ihr Tatendrang ermöglicht ihnen eine allgemeine Lebenszufriedenheit und lässt sie selten Langeweile empfinden, da sie stets etwas für sie Interessantes vorhaben und diese auch umsetzen. Ihre Begeisterungsfähigkeit macht auch vor der Erledigung unangenehmer Dinge, die für andere Menschen ein Ärgernis darstellen, keinen Halt. Diese Charakterstärke ist nicht nur in jungen Jahren als Kennzeichen der Jugendlichkeit und einem gewissen Entdeckerdrang zu finden, sondern durchaus auch bei vielen Erwachsenen und älteren Menschen, die mit großer Freude Ehrenämter annehmen, spannende Projektideen entwickeln oder in Vereinen nützlich machen. Sie hat nichts mit Hyperaktivität oder Manie zu tun.

Aufgabe

Stellen Sie einmal zusammen, für was Sie heute und wofür Sie in vergangenen Zeiten innerlich „brannten" und wofür Sie sich eingesetzt haben. Was reißt Sie vom Hocker? Zu welchen größeren Bereichen gehören Ihre Vorlieben? Hatten und haben Sie Vorbilder, die Sie in Ihrer Lebensführung inspirieren? Welche bisherigen Projekte haben Sie wachsen lassen? Und was könnten Sie sich als nächstes vorstellen?

12.3 Menschlichkeit/Humanität

Diese Tugend fasst Persönlichkeitseigenschaften zusammen, die sich im Zusammenleben mit anderen Menschen äußerst positiv auswirken, da sie dem Wohl des anderen dienen: Liebe, Freundlichkeit, Mitgefühl, Großzügigkeit und soziale Kompetenz. Eines der Schlagworte der Französischen Revolution „Freiheit, Gleichheit, Brüderlichkeit" beinhalten diesen Aspekt, auch wenn die „Brüderlichkeit" sprachlich noch nicht die Absicht des Wohlwollens der weiblichen Perspektive des Miteinanders berücksichtigt. Hier geht es also darum, sich nicht nur Dingen oder Ideen, sondern auch direkt den Menschen zu widmen. Menschlichkeit zeigt sich vorwiegend im Kontakt zwischen zwei Menschen, sind also *zwischenmenschliche Stärken*, wohingegen die Charakterstärken der Gerechtigkeit eher im Zusammenhang mit Gruppen ihre Entfaltung finden.

- Charakterstärke: Bindungsfähigkeit und Fähigkeit zu lieben

Menschen mit der ausgeprägten Fähigkeit zu lieben und einer sicheren Bindungsfähigkeit schätzen menschliche Kontakte in ihrem Leben sehr hoch ein, insbesondere jene, die von gegenseitigem Geben und Nehmen gekennzeichnet sind und wo die Sorge umeinander auf Gegenseitigkeit beruht. Menschen, denen sie sich nahe und vertraut gegenüber fühlen, sollten sich auch umgekehrt ihnen gegenüber eng verbunden fühlen und dies auch zeigen. Desgleichen können sich Menschen mit dieser Charakterstärke auch emotional empathisch in andere einfühlen und sind nicht daran interessiert, das Gegenüber auszunutzen oder zu dominieren. Sie achten darauf, sich trotz aller Menschenliebe nicht ausnutzen zu lassen. Die Bindungsfähigkeit bezieht sich auf mehrere Bereiche – erstens die romantische Beziehung in der Partnerschaft, von den alten Griechen als Eros bezeichnet, zweitens die freundschaftliche Beziehung, etwa zwischen Eltern und Kindern, zu Freund/innen und Bekannten oder zu Menschen jenseits des Privatlebens, Filia genannt und drittens. die altruistische sowie mitfühlende Beziehung zu anderen Menschen, Agape genannt.

Aufgabe

Reflektieren Sie darüber, wen Sie alles wertschätzen, mögen oder lieben, dies können lebende Menschen aus Ihrem Umfeld sein, bereits von Ihnen gegangene Verschiedene oder Tote, die Sie niemals persönlich getroffen haben. Wie zeigen Sie diesen Ihr Wohlwollen und Ihr Geneigtsein? Können Sie auch lieben, ohne dafür eine Gegenleistung zu bekommen?

- Charakterstärke: Freundlichkeit, Großzügigkeit und Fürsorge

Diese Charakterstärke basiert auf der Überzeugung, dass andere Menschen grundsätzlich Aufmerksamkeit und Bestätigung verdienen wie die Luft zum Atmen. Diese Grundhaltung basiert nicht auf einem Pflichtgefühl oder einer gesellschaftlichen Spielregel, sondern erwächst aus dem eigenen Inneren und dem moralischen Denken. Diese Menschen verfügen grundsätzlich über eine ausgeprägte Empathie, erweisen anderen Menschen, auch Unbekannten gegenüber, gerne einen Gefallen und sind freundlich, entgegenkommend und hilfsbereit. Sie sind fürsorglich und übernehmen soziale Verantwortung, wenn jemand Hilfe benötigt. Darüber hinaus zeigen sie Großzügigkeit, meiden Erbsenzählerei und lassen Sieben auch mal gerade sein. Bei Konflikten verzichten sie in der Regel auf das gegenseitige Aufrechnen von Fehlverhalten. Im Mittelpunkt steht stets die Wertschätzung der anderen Person.

Aufgabe

Klären Sie einmal für sich, inwiefern Sie annehmen, dass andere Menschen Sie als freundlichen Zeitgenossen oder freundliche Zeitgenossin bezeichnen. Wann und in welchen Situationen verlässt Sie Ihre Freundlichkeit? Lassen Sie sich schnell provozieren? Was könnte Sie tun, um ggf. Ihre Contenance zu behalten oder wieder zu gewinnen? Und womit drücken Sie normalerweise Ihre Freundlichkeit aus?

- Charakterstärke: Soziale Intelligenz und soziale Kompetenz

Sozial kompetente Menschen sind sich ihrer Motive und Gefühle hinsichtlich anderer Menschen bewusst und wissen, wie sie sich in unterschiedlichen sozialen Situationen verhalten müssen, um diese angemessen zu meistern. Dafür brauchen Menschen zwei besondere Fähigkeiten, nämlich einmal, wahrzunehmen, was man von seinem Gegenüber über verschiedene Wahrnehmungskanäle wie etwa Sehen, Hören, Fühlen, Riechen etc. empfängt, sowie zum anderen die Geschicklichkeit, bewusst zu entscheiden, was man mit dieser Wahrnehmung macht, im Sinne von „Ich re-agiere nicht einfach kopflos, sondern ich entscheide mich für eine bewusste Reaktion". Menschen mit dieser Stärke sind darin geübt, die Gefühle, Stimmungen, Motive und Absichten ihres Gegenübers gut einzuschätzen, diese sozusagen „abzulesen". So können sie sich in die unterschiedlichsten sozialen Situationen integrieren, auf ihr Gegenüber eingehen und dafür sorgen, dass diese sich wohl fühlen. Und sie selbst natürlich auch.

Aufgabe

Denken Sie einmal an eine vergangene Situation, in der Sie gemerkt haben, dass Ihr Gegenüber sich ggf. auch aufgrund Ihres Verhaltens unwohl fühlte und Sie nichts unternommen haben, um die Situation zu entspannen. Was könnten Sie in einer ähnlichen Situation in der Zukunft tun, um dafür zu sorgen, dass jeder mit erhobenem Haupt davon schreitet?

12.4 Gerechtigkeit

Die Stärken dieser Tugend betreffen die *Beziehung zwischen dem Einzelnen und der Gruppe oder Gemeinschaft*. Die Tugend der Gerechtigkeit enthält Persönlichkeitseigenschaften, die mit der Gleichbehandlung, Akzeptanz und Wertschätzung der Mitglieder einer Gruppe oder Gemeinschaft zu tun haben, seien diese in einem familiären, verwandtschaftlichen, beruflichen, gesellschaftlichen oder sonstigem Rahmen zu finden. Jeder möchte einen Teil vom ganzen Kuchen bekommen, natürlich auch gemessen an dem persönlichen Einsatz, der Leistung und dem Gelingen der Anstrengung. Unbegründete Privilegien sollen vermieden werden. Gerechtigkeit hat also nichts mit dem beliebigen Teilen zu tun, sondern etwas mit angemessenen Belohnungen sowie Einschränkungen und der überparteilichen Sicht aus der Vogelperspektive, um niemanden zu benachteiligen, auszugrenzen oder zu bevorzugen.

- Charakterstärke: Teamwork, Zugehörigkeit und Loyalität

Teamfähige Menschen können am besten arbeiten, wenn sie Teil einer Gruppe oder Gemeinschaft sind. Sie engagieren sich sowohl für die inhaltliche Arbeit, als auch für ihre Teammitglieder oder ihre Gruppenkollegen. Sie tragen verantwortungsvoll zum Gelingen der gesamten Gruppenleistung bei und halten unbeirrt zueinander. Der Erfolg ihrer Gruppe ist auch ihr persönlicher Erfolg. Sie vertrauen den anderen Gruppenmitgliedern und fühlen sich als gleichberechtigter Teil der Gemeinschaft, ohne einen eigenen Vorteil dabei herauszuschlagen. Gruppenentscheidungen werden von ihnen respektiert und sie sind zudem auch in der Lage, auch einmal eigene Interessen zugunsten der Gruppe zurückzustecken. Sie engagieren sich für einander, steuern immer wieder Vorschläge und Ideen zur Weiterentwicklung der Gruppe bei, unterstützen deren Weiterentwicklung und zeigen gegenseitige Loyalität.

Aufgabe

In welchem Zusammenhang haben Sie eine gelungene Teamwork erlebt? Dies kann privat in der Familie, dem Freundeskreis oder mit Vereinsmitgliedern, jedoch auch beruflich stattgefunden haben. Was haben Sie dazu beigesteuert? Wie haben Sie diese Zeit erlebt? Und was würden Sie sich bei nächster Gelegenheit von einem neuen Team wünschen? Wie können Sie dies selbst beeinflussen?

● Charakterstärke: Fairness und Gleichheit

Die Gleichbehandlung aller Menschen ist ein zentrales Prinzip fairer Menschen. Diese Charakterstärke basiert einerseits auf der kognitiven Urteilsfähigkeit im Zusammenhang mit Gerechtigkeit, die etwas mit dem menschlichen Verstand zu tun hat. Wer sich um Fairness bemüht, der wägt ab, wobei er sich auf Logik, moralische Überlegungen und Wertvorstellungen sowie auf die eigene Verantwortungsbereitschaft bezieht. Dazu kommt andererseits die Fähigkeit, sich in die Position anderer Menschen hinein zu versetzen. Diese Herangehensweise verhindert, sich bei Entscheidungen über andere Menschen vom emotionalen Bauchgefühl fehlleiten zu lassen und gibt jedem die Chance, sich selbst zu vertreten, ohne gleich durch Vorurteile des Gegenübers ins Aus geschickt zu werden. Wer einen ausgeprägten Sinn für Gerechtigkeit hat, der lässt sich bei Entscheidungen so weit wie möglich nicht durch persönliche Gefühle beeinflussen, kann mit Kompromissen leben und ist in der Lage, auch eigenen Fehler einzugestehen.

Aufgabe

Schildern Sie eine Begebenheit aus Ihrem Leben, in der Sie persönlich fair behandelt worden sind. Wie haben Sie sich da gefühlt? Dann prüfen Sie einmal, ob inwiefern Sie ein Mensch sind, der ganz bewusst seinen Verstand bemüht, wenn es um Entscheidungsfindung geht. Wie wägen Sie ab? Welchen Anteil macht Ihr Bauchgefühl aus?

● Charakterstärke: Führungsvermögen

Menschen mit einem ausgeprägten Führungsvermögen unterstützen eine Gruppe bei Aufgaben sowie Problemlösungen und sorgen für ein arbeitsförderndes Klima innerhalb der Gruppe. Sie stellen ausreichend Arbeitsmittel zur Verfügung, leiten souverän an und sind in der Lage, ein Gefühl von gegenseitigem Respekt aufzubauen. Sie tragen dazu bei, dass jeder in der Gruppe den für ihn oder sie geeigneten Platz und Aufgabenbereich erhält. Wer Führungsvermögen besitzt, verfügt auch über ein großes Planungs- und Organisationstalent und kann gut dafür sorgen, dass Aufgaben optimal erledigt werden. Diese Menschen geben Ziele vor und sind auch in der Lage, dass diese per Delegation in der Gruppe umgesetzt werden. Ihre rationale

Autorität beweisen sie durch ihr gefestigtes und stimmiges Verhalten, ihr Können sowie die Freude an der Führungsrolle.

Aufgabe

Überlegen Sie einmal, wann Sie eine Führungs- oder Leitungsrolle eingenommen haben. Was hat Ihnen dabei am besten gefallen? Wie haben Ihre Gruppenmitglieder auf Sie reagiert? Und haben Sie Lust, in nächster Zeit wieder eine solche Rolle einzunehmen? Was könnte das sein und was wäre Ihnen dabei wichtig?

12.5 Mäßigung

Die Tugend der Mäßigung birgt sämtliche Persönlichkeitseigenschaften, die den Menschen vor Ausschweifungen und Übertreibungen schützen. Sie *wirken Exzessen entgegen,* insbesondere in Bezug auf emotionale Extreme wie Überheblichkeit, Hass oder Rachsucht. Das dahinter stehende Credo lautet: „Alles in Maßen". Allen entsprechenden Charakterstärken ist gemeinsam, eigene Emotionen, Motivation und Verhalten unaufgeregt wahrzunehmen und entsprechend gelassen zu handeln. Hier könnte man auch die Stärken des Mutes einordnen. Der Unterschied zur Mäßigung besteht jedoch darin, dass Mut unabhängig von Versuchungen entwickelt wird, wohingegen Mäßigung sich punktgenau mit den vielseitigen Versuchungen auseinander setzen muss, die dem Menschen im Laufe seines Lebens begegnen. Diese Tugend stellt eine große Herausforderung an das persönliche Selbstmanagement.

- Charakterstärke: Vergebungsbereitschaft und Gnade

Menschen mit dieser Charakterstärke zeigen eine höhere Bereitschaft, anderen ihre Fehler zu vergeben und ihnen zu verzeihen. Dies beinhaltet, eigene Gedanken, Gefühle und Verhaltensweisen gegenüber Menschen, die als verletzend erlebt wurden, zu revidieren und damit zu verändern. Sie geben anderen damit eine zweite Chance, auch wenn diese sich wirklich ausgesprochen unangemessen ihnen gegenüber verhalten haben. Sie beharren nicht darauf, deren vergangenen Missetaten immer und immer wieder „aufzuwärmen", ihnen diese vorzuwerfen oder sich ihrerseits in Form einer Gegenattacke Genugtuung zu verschaffen. Ihr zentrales Prinzip ist daher Gnade, nicht aber Rache.

Aufgabe

Prüfen Sie einmal, ob Sie noch irgendwo in Ihrem Leben sog. „Leichen im Keller" finden, d. h. für Sie unabgeschlossene Begebenheiten aus Ihrer Vergangenheit, wo sich andere Menschen Ihnen gegenüber unfair, missachtend und verletzend gegenüber verhalten haben. Lassen Sie diese Situationen noch einmal Revue passieren. Fragen Sie sich, ob diese Ereignisse es immer noch wert sind, ihnen nachhaltig Beachtung zu schenken und sich mit entsprechendem Hassgefühlen oder bösartigen Rachegedanken zu beschäftigen. Versuchen Sie, davon loszulassen und den Betreffenden, gegebenenfalls auch aus der zeitlichen und räumlichen Entfernung heraus jetzt zu verzeihen.

- Charakterstärke: Bescheidenheit

Bescheidene Menschen sind nicht darauf erpicht, im Rampenlicht oder im Mittelpunkt zu stehen, nicht etwa, weil sie sich dies nicht zutrauen, sondern sie lassen lieber ihre Leistungen für sich sprechen. Sie gehen nicht davon aus, dass sie etwas Besonderes sind. Sie verfügen über eine realistische Selbsteinschätzung, kennen die Grenzen ihrer persönlichen Leistungsfähigkeit und betrachten die von ihnen geschaffenen Ergebnisse oder Produkte völlig nüchtern, ohne in unangemessenes Schwärmen zu kommen. Ihr eigenes Image ist ihnen nicht wichtig, daher übertreiben sie auch nicht oder verdrehen Tatsachen, um sich besser darzustellen, als sie in Wirklichkeit sind. Sie verzichten auf eine anspruchsvolle Fassade, sind anspruchslos und leben nach dem Credo der Demut.

Aufgabe

Bescheidenheit bedeutet nicht, dass Sie kleiner machen sollen, als Sie sind, sich wegducken sollen oder auf alle Annehmlichkeiten des Lebens verzichten sollen. Betrachtens Sie einfach einmal, in welchen Bereichen Ihres Lebens Sie den Eindruck haben, dass dort zu viel vorhanden ist: Verfügen Sie vielleicht über viel zu viel angehäufte überflüssige Konsumgüter? Legen Sie sehr viel Wert auf Ihre Außenwirkung? Betonen Sie bei jeder Gelegenheit, was Sie alles haben oder können? Prüfen Sie einmal, ob Ihr Leben nicht vielleicht etwas weniger anstrengend verlaufen könnte, wenn Sie sich damit ein Stück weit zurücknehmen.

• Charakterstärke: Umsicht, Klugheit und Diskretion

Menschen mit dieser Stärke zeichnen sich dadurch aus, dass sie sich sehr sorgfältig und taktvoll verhalten, dass sie über die kurz- und langfristigen Konsequenzen ihrer Entscheidungen nachdenken, bevor sie handeln und dass sie nichts tun oder sagen, was sie später wieder bereuen würden. Sie vermeiden unnötige Risiken und Gefahren. Sie sind umsichtig, d. h. dass sie einerseits vorausschauend planen, womit sie u. a. auch Fahrlässigkeit vermeiden und andererseits, dass sie auch kurzfristig kluge zielgerichtete Planungen vornehmen können. Trotz ihrer Vorsicht machen sie auch gerne neue Erfahrungen.

Aufgabe

Stellen Sie sich vor, Sie wollen oder müssen einem Bekannten oder einem Familienmitglied etwas Unangenehmes mitteilen, das diese Person gegebenenfalls verunsichern oder verletzen könnte, weil es einen Tabubruch oder eine besondere Peinlichkeit für diesen Menschen darstellt. Nach welchen Gesichtspunkten würden Sie dann vorgehen, um so vorsichtig und diskret wie möglich vorzugehen? Grundsätzlich nur unter vier Augen sprechen? Das Gespräch damit einleiten, dass jetzt vielleicht etwas Unangenehmes auf den anderen zukommt? Den Wind aus den Segeln nehmen, indem Sie sagen, sowas wäre Ihnen auch schon mal passiert?

• Charakterstärke: Selbstregulation, Selbstkontrolle und Selbstdisziplin

Menschen mit dieser Charakterstärke sind selbstdiszipliniert, wodurch sie in der Lage sind, ihre Gefühle, ihr Verhalten und ihre Handlungen zu steuern. Auf diese Weise regulieren sie ihre Bedürfnisse und unterliegen auch nicht ständig ihrem Bauchgefühl. So sind sie in der Lage, verschiedene eigene Lebensbereiche bewusst zu beeinflussen, sich zu beherrschen und nicht plötzlich auftauchenden Impulsen wie etwa großem Appetit, erotischer Anziehung oder alltäglichem Ärger nachzugeben. Sie verfügen auch über ein Bewusstsein für den richtigen Zeitpunkt. Sie kennen zudem die Grenzen ihrer Belastbarkeit und sorgen dafür, diese nicht zu überdehnen.

Aufgabe

Suchen Sie sich einen Bereich in Ihrem Leben heraus, von dem Sie wissen, dass Sie ihm in der Vergangenheit stets mit großer Ungeduld begegnet sind. Wann sind Sie unbeherrscht? Was kann Sie auf die Palme bringen? Wie äußert sich das? Und wie enden in der Regel derartige Situationen? Was könnten Sie in Zukunft denken oder tun, um den Folgen Ihrer Ungeduld zu entgehen?

12.6 Transzendenz

Transzendenz beziehungsweise Spiritualität ist eine Tugend, unter der verschiedene Persönlichkeitseigenschaften zu finden sind, die davon ausgehen, dass der Mensch in der Lage ist, sich mit einem höherem großen Ganzen zu verbinden, das *sinnstiftend für die menschliche Existenz* ist, das ihn mental erfüllt sowie erhebt und in dem er aufgehen kann. Transcendere (lat.) heißt „hinüber reichen, hinüberwachsen, sich mit etwas anderem verbinden". Diese Tugend geht von einer Sinnhaftigkeit der eigenen menschlichen Existenz aus, die über die Verhaftung im eigenen individuellen Kosmos des Selbst und der Ich-Haftigkeit hinausgeht.

- Charakterstärke: Sinn für das Schöne, Ehrfurcht und Verwunderung

Menschen mit diesem Persönlichkeitszug nehmen Dinge bewusst wahr und können sich bewusst darüber freuen: Sie haben einen ausgeprägten Sinn für das Schöne, der sich auf hervorragende Qualität, besondere Gestaltungen, harmonische Kompositionen, elegante Lösungen, aber auch geschickte Leistungen in allen Bereiche des Lebens bezieht. Ihr Sinn für die Bewunderung von Exzellenz ist hoch ausgeprägt. Sie sind in der Lage, nicht nur die Phänomene der Natur, der Kunst, der Mathematik oder anderer Wissenschaften wertzuschätzen, sondern auch erstaunliche Begebenheiten des Alltags. Diese Gabe kann sich auf dreierlei Ebenen ausdrücken: Erstens darin, physischen Objekten, die sinnlich gesehen, gehört, gefühlt, gerochen oder geschmeckt werden, mit Ehrfurcht und Verwunderung zu begegnen. Zweitens kann sie sich darauf beziehen, die Geschicklichkeit und das Talent anderer Menschen zu bewundern. Oder drittens, wenn sie bei jemandem eine besondere Wahrhaftigkeit oder ausgesprochen hohe Moral entdecken und dabei ein Gefühl von Erhabenheit erleben, wie dies etwa bei besonderen Vorbildern geschieht.

Aufgabe

Planen Sie einen Spaziergang in Ihrem räumlichen Umfeld außerhalb des Hauses in Ihrem Stadtteil, Ihrer Kleinstadt oder Ihrem Dorf. Achten Sie darauf, was Ihnen dort an schönen Anblicken begegnet: Das können physikalische Dinge sein, Naturphänomene oder Menschen, die Sie als gut aussehend oder bezaubernd erleben. Halten Sie diese nur mit Ihrem inneren Auge fest und notieren Sie Ihre schönen Eindrücke anschließend auf einem Stück Papier.

- Charakterstärke: Dankbarkeit

Menschen mit dieser Charakterstärke sind sich der guten Dinge bewusst, die sie in ihrem Leben haben: Sie wertschätzen diese und halten diese nicht für selbstverständlich. Sie sind in der Lage, sich für das Gute zu bedanken und nehmen sich dafür Zeit. Sie erleben einerseits eine spezifische Dankbarkeit, wenn sie etwas Gewünschtes erhalten und andererseits, eine allgemeine Dankbarkeit, die darin besteht, das zu würdigen, was ihnen lieb, wertvoll und wichtig ist. Dankbarkeit enthält sowohl die Erkenntnis, was das Leben für einen an guten Dingen bereithält, als auch die Erkenntnis, dass der Ursprung dafür außerhalb des eigenen Selbst liegt.

Aufgabe

Stellen Sie eine Liste der Dankbarkeit zusammen, indem Sie für jeden Buchstaben des Alphabetes einen Einfall notieren. Suchen Sie sich anschließend einen Fall heraus, indem Sie einem Menschen gegenüber dankbar waren oder sind. Schreiben Sie dieser Person einen Dankesbrief, egal ob diese Person noch lebt oder nicht. Achten Sie in Zukunft noch mehr darauf, wie häufig Sie sich bei anderen Menschen bedanken.

- Charakterstärke: Hoffnung, Optimismus und Zuversicht

Menschen mit dieser Persönlichkeitseigenschaft sind ihrer Zukunft gegenüber positiv eingestellt: Sie entwickeln zuversichtliche Erwartungen und sorgen selbst dafür, dass ihre Pläne in der Realität Platz finden. Sie gehen davon aus, dass sie auf ihre Zukunft so weit wie möglich einen Einfluss haben und tun ihr Möglichstes, um ihre Ziele zu erreichen. Diese Haltung hängt entscheidend davon ab, inwiefern sich diese Menschen negative Ereignisse erklären: Menschen mit optimistischem Erklärungsstil gehen ja davon aus, dass schwierige Situationen extern verursacht, instabil, also veränderbar und spezifisch, also eher ein Einzelfall, sind. Menschen mit pessimistischem Erklärungsstil glauben ja daran, dass negative Ereignisse intern verursacht, stabil, also nicht veränderbar, und global sind, d. h. allgemeingültig und damit für alle Zeiten festgeklopft daher kommen. Der Erklärungsstil entscheidet oft darüber, ob jemand sein Leben in die Hand nimmt oder nicht.

> **Aufgabe**
>
> Stellen Sie eine kleine Liste zusammen, in der Sie diejenigen Ziele, die Sie sich einmal vorgenommen haben, tatsächlich auch erfolgreich erreicht haben. Was war dabei jeweils hilfreich? Und was kam damals dazwischen? Wie haben Sie es trotzdem geschafft, das Vorgenommene in die Tat zu setzen? Was war dabei hilfreich? Und worauf können Sie dabei in Zukunft vertrauen?

- Charakterstärke: Humor und Verspieltheit

Humorvolle Menschen lieben es zu lachen, fröhlich und ausgelassen zu sein und es lustig zu haben. Sie sind zudem auch in der Lage, andere Menschen zum Lachen zu bringen, ihr Lachen kann sehr ansteckend wirken. Sie versuchen, die verschiedensten Situationen im Leben von einer leichteren Seite zu betrachten und ihnen mit einer gewissen Fröhlichkeit zu begegnen. Diese Stärke hilft, Widrigkeiten im Leben durch Humor auf einem gewissen Abstand zu sich zu halten und dadurch die Gelassenheit zu bewahren. Sie nehmen sich selbst nicht allzu ernst oder besonders wichtig und können über sich selbst lachen. Zudem gelingt es ihnen gut, sich nicht in dramatische Situationen verwickeln zu lassen und auch immer wieder spielerische Aspekte in den Alltag zu bringen.

> **Aufgabe**
>
> Entdecken Sie spielerische Möglichkeiten und Herangehensweisen in Ihrem Leben, indem Sie sich fragen: „Wie kann ich dies oder das im Alltag spielerischer gestalten?". Dies kann sich etwa auf Ihre berufliche Tätigkeit, Ihren Haushalt, Ihre Familie oder Ihren Freundeskreis beziehen. Entwickeln Sie dafür Ideen und setzten Sie diese um. Sie können sich aber auch eigene kleine Spiele oder Aufgaben ausdenken, die Sie ganz allein für sich zelebrieren.

- Charakterstärke: Spiritualität, Religiosität und Glaube

Menschen mit dieser Persönlichkeitseigenschaft sind erfüllt von der Vorstellung, dass es einen universellen höheren Sinn der menschlichen Existenz gibt und sehen sich als Teil dieser übergeordneten geistigen allumfassenden Energie. Spiritualität ist universell und überall sowie auch in vergangenen Zeiten in allen Kulturen auf diesem Planeten zu finden, wenn auch in unterschiedlichen Ausrichtungen, je nach der Art der jeweiligen religiösen Vorstellungen. Sie beinhaltet religionsübergreifend das Konzept einer vollendeten, transzendenten, geistigen Kraft, an die der Mensch sich jederzeit wenden kann, um für sich und andere Unterstützung zu finden und die ihn trägt. Spiritualität kann mit Religion einhergehen, muss dies aber nicht. Die spirituellen Überzeugungen gehen davon aus, dass die menschliche Existenz einen übergeordneten Sinn hat, der das eigene Verhalten bestimmt und Trost spendet.

Aufgabe

Überlegen Sie einmal, ob und in welcher Tradition Sie religiös erzogen wurden und inwieweit entsprechende Überzeugungen zu Ihrem Leben gehören. Gehören Sie zu den Menschen, die mehr oder weniger Gottvertrauen in Ihrem Leben haben? Beten Sie manchmal oder suchen Sie Orte auf, die Ihnen eine Art spiritueller Kraft vermitteln und Ihre Zuversicht stärken? Der Aufenthalt in einer Kirche oder in der freien Natur, im Wald? Zünden Sie manchmal eine Kerze an im Angedenken an jemanden, der nicht mehr lebt? Wie beurteilen Sie die religiösen Zeremonien Ihres Kulturkreises und die anderer Kulturen? Was wissen Sie darüber?

Schon Aristoteles hat darauf hingewiesen, dass die Gefahr besteht, bei einer übertriebenen Ausprägung von Charakterstärken nach dem Motto „Mehr desselben ist bestimmt gut!" der gute Charakter umschlagen kann. Dies kann auch bei einer Untertreibung geschehen. In diesem Zusammenhang sprechen wir heute von einer Charakterschwäche. Aristoteles empfiehlt die sog. *„Goldene Mitte"*, also weder eine Über- noch eine Untertreibung der jeweiligen Stärke. Im Folgenden finden Sie erst einmal eine von mir entwickelte Systematik übertriebener Charakterstärken, die sich an den Tugenden und Charakterstärken der Positiven Psychologie ausrichtet und in Kap. 13 dann eine entsprechende weitere Systematik mit den Untugenden und Charakterschwächen.

12.7 Die fatale Übertreibungen: 6 Hypertugenden und 24 Charakterextreme

Sich darum zu bemühen eine bessere Version seiner selbst zu werden und damit für mehr Wohlbefinden und Zufriedenheit im eigenen Leben sowie auch im persönlichen Umfeld zu sorgen, kann jedoch auch dazu führen, dass Menschen dies jeweils übertrieben. „Mehr" bedeutet nicht immer „besser", insbesondere, wenn es pro Charakterstärke um deren Intensität geht, so kann dann zu viel des Guten entstehen und mit dem Wohlbefinden anderer Menschen hat es dann jäh ein Ende. Zudem besteht auch die Gefahr, dass Sie sich selbst überanstrengen und völlig verausgaben, ohne dass dies für Sie oder andere einen Sinn ergibt. Daher möchte ich im Folgenden einen Versuch starten, die jeweiligen Übertreibungen von Tugenden und Charakterstärken einmal näher zu beleuchten und erlaube mir, die Begriffe der *„Hypertugend"* und der *„Charakterextreme"* hier einzuführen und zu verwenden.

12.7.1 Hypertugend „Schaumschlägerei"

Die Tugend von Weisheit und Wissen zu übertreiben führt dazu, sich als selbsternannter Guru, Spezialist oder Experte zu gebärden, um Leute zu beeindrucken und sich ungefragt in deren Leben einzumischen.

- Charakterextrem „Fantasterei"

In manchen gesellschaftlichen Kreisen gehört es zum Habitus, sich demonstrativ als Künstler oder kreativer Kopf zu gebärden, indem möglichst jede Situation im Alltag oder im Beruf als „kreative Herausforderung" interpretiert, die mit wilden Spinnereien versehen oder mehr oder weniger halbherzig realisiert wird. Grundsätzlich geht es darum, auf Teufel komm raus etwas Ungewöhnliches zu denken, zu sagen oder auch umzusetzen, egal, ob dies jemandem dient oder nicht. So werden etwa absurde Projekte ohne Sinn und Verstand in die Welt gesetzt. Zudem soll das sog. *„kreative Chaos"* in Geschäftsräumen, Forschungsstätten, Ateliers und zuhause darauf hinweisen, dass hier jemand Besonderes tätig ist, der nur in einem unkonventionellen Milieu wirken kann. Das Kriterium „Nützlichkeit" bei kreativen Produkten fällt damit völlig unter den Tisch und Ihre wilde Ideenvielfalt dient eher der Selbstdarstellung als Ihrer kognitiven Ergebnisorientierung.

- Charakterextrem „Herumschnüffelei"

Wenn sich der Wissensdurst und das Interesse an der Außenwelt dahin gehend ausweitet, dass es sich nicht nur auf neue Sachinformationen bezieht, sondern auf persönliche Informationen, die andere Menschen betreffen, und die man unbedingt wissen will, dann besteht die Gefahr, dass die kognitive Stärke des Interesses in Aufdringlichkeit umschlagen kann. So kann etwa das Ausfragen des Gegenübers inquisitorisch und distanzlos wirken. Nicht umsonst wünscht sich jeder gerade im digitalen Zeitalter den Schutz der persönlichen Daten. Zudem kann diese Charakterstärke in übertriebener Form Ihnen dazu dienen, einen detektivischen Spürsinn zu entwickeln oder in die Rolle eines Spions zu schlüpfen, was zu der bekannten Blockwartmentalität führen kann.

- Charakterextrem „Taxieren"

Manch einer, der gelernt hat, wie wichtig es ist, dass Menschen kritisch denken, gerät dabei in eine Dauerhaltung, die darin besteht, stets den inneren Richter zu aktivieren und andere Menschen darauf aufmerksam zu machen, was diese falsch gemacht und welche Regeln sie verletzt haben. Alles und jedes wird von ihnen nach ihren eigenen Maßstäben bewertet, von denen sie annehmen, dass diese selbstverständlich auch für andere Menschen gelten und universell gültig sind. Sie neigen selbstgerecht dazu, vor dem Hintergrund dieser Maßstäbe ihre Mitmenschen übertrieben zu kritisieren und sind kaum in der Lage, einmal Sieben gerade sein zu lassen. Als Tugendwächter geraten Sie dann manchmal in die Situation, dass Sie vor anderen Menschen eine Stimmung von Strenge und Anspannung verbreiten.

- Charakterextrem „Besserwisserei"

Nicht jeder hat das Privileg genossen, aus einem bildungsnahen Elternhaus zu kommen, eine gute Schul- und Berufsausbildung erhalten oder sogar ein Studium absolviert zu haben. Wenn sich dann jemand damit brüstet, was er hingegen alles gelernt hat und jede Gelegenheit nutzt, die Worte und Gedanken des Ungebildeten zu verbessern, ungebetene Reden schwingt und auf ein Stichwort hin ellenlange Ausführungen mit vielen Fremdworten präsentiert, aus denen hervor geht, was er alles weiß, dann kann dies dazu führen, dass dies angeberisch und unangemessen wirkt. Schon in jungen Jahren tendieren manche Kinder und Jugendliche dazu, die Liebe zum Lernen dazu zu nutzen, zum Musterschüler zu werden. Mehr oder weniger bewusst kann dadurch ein Haltung entstehen, bei der es weniger darum geht, die Fähigkeit der kognitiven Stärke zu entwickeln, sondern um die erhoffte Bevorzugung durch den Lehrer.

- Charakterextrem „Weitschweifigkeit"

Das sog. *„antizipatorische Denken"*, also das Reflektieren von Ursachen und deren kurz-, mittel- und langfristigen Folgen, beinhaltet leider auch, dass jemand in der Argumentation vom Hölzchen aufs Stöckchen gerät und die gemeinsame Linie der logischen Zusammenhänge verpasst. So können Sie etwa das Haupt-Thema verfehlen, vom Thema abkommen, sich von der Komplexität eines Themas erschlagen lassen, sich gedanklich in Scheinargumenten verirren, den gesamten roten Faden verlieren oder in der Detailvielfalt untergehen. Zudem kann das gedankliche Ausmalen der möglichen negativen Folgen eigener Handlungen dazu führen, handlungsunfähig zu werden. Damit kann diese kognitive Stärke in ihrer Übertreibung Ihre Vitalität einschränken und Sie zum Katastrophendenken verführen. Zudem können Sie auch damit rechnen, dass andere Ihre detaillierten Ausführungen damit kommentieren, dass diese bemerken: „So genau möchte ich das gar nicht wissen!".

12.7.2 Hypertugend „Aktionismus"

Die Tugend des Mutes zu übertreiben führt dazu, sich ohne Selbstreflexion, Sinn und Verstand in das Abenteuer Leben zu stürzen, koste es, was es wolle.

- Charakterextrem „Draufgängertum"

Die emotionale Charakterstärke der Tapferkeit kann umkippen in Richtung Waghalsigkeit und damit gegebenenfalls das eigene Leben oder das anderer Menschen beeinträchtigen. Eine nüchterne Risikoeinschätzung spielt ja normalerweise eine große Rolle, wenn Sie Entscheidungen treffen, denn Sie wollen sich selbst ja nicht schaden und Unangenehmes von sich fern halten. Wer sich jedoch mehr oder weniger gedankenlos in gewagte Unternehmen stürzt, vernachlässigt dabei, dass dies auch mit Nebenwirkungen versehen ist, die Ihre Gefühlswelt nicht nur positiv in Aufruhr versetzen kann wie etwa bei amourösen Abenteuern. Umgangssprachlich können Sie „Hals und Kragen" riskieren, was auf das mittelalterliche „Köpfen", also das Enthaupten, anspielt, wenn jemand mit seinem Draufgängertum auch noch gegen herrschende Gesetze verstößt.

- Charakterextrem „Verbissenheit"

Wer beharrlich und ausdauernd darauf achtet, Angefangenes möglichst zu einem erfolgreichen Ende zu bringen, der ist dabei guten Mutes, plant

Pausen mit ein und bleibt am Ball, solange die eigenen Kräfte dazu reichen. So jemand lässt sich dann auch nicht ablenken und sorgt dafür, dass er sich nicht überfordert. In der Übertreibung dieser emotionalen Charakterstärke rutschen manche Menschen in eine ausgesprochen unangenehme und selbstschädigende Hartnäckigkeit. Wenn Sie dann verbissen und um jeden Preis ein schwer erreichbares Ziel umsetzen wollen, dann können Sie sich ggf. auch verrennen, wenn Sie sich an einer falschen Stelle regelrecht in Aktivitäten verbeißen und vor lauter ehrgeizigem Streben und dem selbst geforderten „ich muss" den Wald vor lauter Bäumen nicht mehr sehen.

- Charakterextrem „Unverblümtheit"

Wer ehrlich ist, der macht normalerweise aus seinen Gefühlen kein Hehl und steht dazu, soweit er diese reflektiert und dazu in der Lage ist, diese anderen Menschen gegenüber offen auszudrücken. Er verstellt sich nicht und zeigt diese emotionale Stärke, indem er sich so gibt, wie er ist und aufrichtig mitteilt, was er denkt. Damit stellt er seine Authentizität unter Beweis. Allerdings kann diese Aufrichtigkeit in der Übertreibung dazu führen, dass Sie Ihre Gedanken und Ideen unverblümt und mit unbegrenzter Offenherzigkeit Ihrer Umwelt zum Besten geben, ohne dabei zu bedenken, dass Sie mit Ihrer Direktheit gegebenenfalls anderen gegenüber zu weit gehen. Dabei können Sie etwa mit der Tür ins Haus fallen oder jemandem auf dem falschen Fuß erwischen. Ehrlichkeit und Offenheit anderen Personen gegenüber sollte daher bei Bedarf, etwa in Konfliktsituationen, eher in feinen Dosen und zum richtigen Zeitpunkt vorgebracht werden. Und wenn Sie jemandem etwas „beichten" wollen, dann wäre es rücksichtsvoll, dies nicht zwischen Tür und Angel, sondern in einem besser passenden Rahmen zu tun.

- Charakterextrem „Rastlosigkeit"

Diese Charakterstärke äußert sich in der Vitalität eines Menschen, der voller Freude und Engagement seine Vorhaben umsetzt, wobei er diese in der Regel auch stets in Rücksichtnahme auf sich und andere Menschen durchführt. Wer hingegen einen sog. blinden Aktionismus entwickelt, der gerät in das Hamsterrad der Betriebsamkeit, das ihm keine Ruhe lässt, das ihn stets vorantreibt und ihm persönlich vermittelt „Du bist nie genug!". Das Gefühl, nicht auszureichen, hält Sie dann weiterhin auf Trab, nimmt Ihnen die Freude an der Arbeit, macht Sie stets darauf aufmerksam, dass Sie noch nicht fertig sind und dass noch dies und das zu erledigen ist, bevor alles perfekt und zu Ihrer Zufriedenheit erledigt ist. Nicht umsonst gibt es den

Begriff des sog. „*Workaholic*", der auf den Suchtcharakter dieses Phänomens hinweist.

12.7.3 Hypertugend „Anbiederei"

Die Tugend der Menschlichkeit zu übertreiben führt dazu, sich selbst permanent als Menschenfreund, der doch stets nur das Beste für sein Gegenüber im Sinn hat, darzustellen.

- Charakterextrem „Distanzlosigkeit"

Vertrauensvoll und wertschätzend miteinander umzugehen, gerade in Partnerschaft, Familie und im Freundeskreis, weist auf eine besondere zwischenmenschliche Charakterstärke hin. Dabei jedoch gilt es auch, die notwendige Distanz zueinander zu halten, sei dies räumlicher, zeitlicher oder emotionaler Art. Wer die Bindungsfähigkeit übertreibt, der rückt seinem Nächsten im konkreten wie im übertragenen Sinn zu sehr auf die Pelle. Wenn Sie aus der Sicht einer anderen Person zu viel Zeit, womöglich noch in einem gemeinsamen Raum, miteinander verbringen, kann dies als aufdringlich verstanden werden. Ein Miteinander kann erfreulich sein, aber übertriebene Intimität erleben manche Menschen als Rücksichtslosigkeit und Überschreiten ihrer persönlichen Grenzen. Sie können einem anderen Menschen auch dadurch emotional zu nahe treten, indem Sie vorausdenkend immer schon wissen, was dem anderen gut tut oder was seine Wünsche sind, allerdings ohne ihn deswegen extra zu befragen.

- Charakterextrem „Kumpanei"

Wer ein freundliches Wesen hat und den Mitmenschen gegenüber ohne Arglist und Feindseligkeit begegnet, bewegt sich in der Regel leichter durch das Leben als diejenigen, die der Welt voller Argwohn begegnen. Die Charakterstärke der Freundlichkeit ist zudem oft mit Entgegenkommen und Hilfsbereitschaft gepaart. Wer diese Stärke jedoch übertreibt, gerät in die Gefahr, anderen Menschen gegenüber plumpe Vertraulichkeit zu zeigen, insbesondere bei Menschen, die gar nicht an einer Bekanntschaft oder Freundschaft interessiert sind und die überhaupt keinen Wert auf eine nähere Begegnung mit Ihnen legen. So können Sie im Ton der übertriebenen Freundlichkeit richtig daneben liegen, was vom Gegenüber als servil und aufdringlich erlebt wird.

- Charakterextrem „Berechnende Schläue"

Menschlichkeit, die sich in der sozialen Intelligenz, niederschlägt, wertschätzt das Gegenüber als jemand, dem man mit Wohlwollen begegnet. Sämtliche eigenen kommunikativen Fähigkeiten im zwischenmenschlichen Bereich dienen dann dazu, das Miteinander so optimal und gleichberechtigt wie möglich zu gestalten. Wer diese Fähigkeiten jedoch übertreibt und sie dazu nutzt, auf elegante sowie gewitzte Art und Weise zwischenmenschliche Situationen nur zum eigenen Vorteil zu nutzen, wie etwa der Partylöwe oder der Topverkäufer, der hat es mit dieser Tugend auf die Spitze getrieben. Zudem misstrauen etliche Menschen auch der sozialen Intelligenz ihrer Therapeuten und Berater, da sie befürchten, dass selbige die professionell angewendete Stärke, auf jemanden einzugehen, womöglich nicht nur zugunsten ihrer Patienten oder Klienten nutzen, sondern dazu, möglichst viele Sitzungen abzurechen.

12.7.4 Hypertugend „Gerechtigkeitsfanatismus"

Die Tugend der Gerechtigkeit zu übertreiben führt dazu, sich als demokratischer Richter in Szene zu setzen und stets für Political Correctness zu sorgen.

- Charakterextrem „Laissez-faire"

Charakterstärken, die sich auf das Miteinander zwischen dem Individuum und einer Gruppe beziehen, können bei Übertreibung ebenfalls zum Nachteil für denjenigen gereichen, der sich um die Weiterentwicklung seiner Stärken bemüht. Sich in eine Gruppe einzuordnen und sich den übrigen Gruppenmitgliedern gegenüber loyal zu verhalten, ist die eine Seite der Medaille. Wenn Sie jedoch aus lauter sog. *„Groupthink"*, Solidarität und einem besonderen Verständnis von Basisdemokratie darauf beharren, dass man unangemessenes Verhalten und Handlungen einer Person Ihnen und anderen gegenüber äußerst nachfühlend und ohne Konsequenzen durchgehen lässt sowie damit entschuldigt, dass doch „jeder zu seinem Recht kommen soll", dann widerspricht diese Übertreibung der Tugend der Gerechtigkeit. Ähnliches kann sich auch innerhalb von Familien abspielen, etwa wenn ein Kind einen Erwachsenen verbal oder körperlich angreift und ihm daraufhin keine Grenzen gesetzt werden.

- Charakterextrem „Überkorrektheit"

Auf gleiche Behandlung zu achten und zu verhindern, dass jemand sich im übertragenen Sinn das größte Stück Torte schnappt oder andere in der privaten oder beruflichen Gruppe betrügt, zeichnet die Charakterstärke der Fairness aus. Doch auch diese Stärke kann so weit übertrieben werden, dass sie eine äußerst unangenehme Entwicklung erfährt. Wer sich nun in der Gruppe dafür überverantwortlich fühlt, dass alle anständig und solidarisch behandelt werden, der kann damit zu einer Art Überkorrektheit tendieren, die den Alltag miteinander eher schwergängig macht. Falls Sie dann mit moralischen Ermahnungen und ständigen Hinweisen darauf, wie man fairerweise miteinander umzugehen hat, aufwarten, sich selbst sogar noch als leuchtendes Vorbild mit entsprechenden Beispielen darstellen, dann schlägt diese Charakterstärke in eine schwer zu ertragende mitmenschliche Eigenschaft um.

- Charakterextrem „Everybodys Darling"

Eine Gruppe gerecht zu führen und zu steuern, setzt eine weitere besondere Charakterstärke voraus: Sie müssen dann ja Ziele entwickeln, planen, organisieren, delegieren und kontrollieren, also alles das tun, was mit Management zu tun hat. Ihre Gruppenmitglieder in all diesen Bereichen gerecht und ihren Fähigkeiten sowie Fertigkeiten entsprechend einzubinden, stellt Ihre Hauptaufgabe dar. Falls Sie nun der Meinung sind, Sie könnten im Sinne von Gerechtigkeit alle Gruppenmitglieder nur das machen lassen, wozu diese sich berufen fühlen und anstehende Aufgaben nach deren Lust und Laune verteilen, dann übernehmen Sie keine Verantwortung mehr für die Leitung der Gruppe auf sich und lassen die Zügel schleifen. Das dadurch entstehende Vakuum im System einer beruflichen oder privaten Gruppe kann dann zur Anarchie führen.

12.7.5 Hypertugend „Bedürfnislosigkeit"

Die Tugend der Bedürfnislosigkeit zu übertreiben führt dazu, sich zum Aschenputtel zu verwandeln und auf die eigene Lebendigkeit zu verzichten.

- Charakterextrem „Nachsichtigkeit"

Die Charakterstärken der Mäßigung dienen ja der Verhinderung von Exzessen. Wer Gnade walten lässt, der verzichtet auf nachtragendes Verhalten und auch auf Rache. Normalerweise sprechen sich die Beteiligten dann miteinander aus und das Gegenüber bittet die gekränkte oder sonst irgendwie geschädigte Person ehrlich um Entschuldigung. Ein oberflächlich dahin geredetes oder hingehauchtes „Verzeihung" vermittelt allerdings nicht gerade, dass diese Person etwas ehrlich bereut, die Entschuldigung sollte schon von Herzen kommen. Wer Gnade walten lässt, beharrt nicht unbedingt immer auf einem besonderen Vergebungsritual, manche Menschen jedoch lassen zu viel von den Verfehlungen durchgehen, die ihnen von anderer Seite angetan wurden. Wenn Sie dazu neigen, schwerwiegende Angriffe auf Ihre Person zu bagatellisieren und Ihr Gegenüber noch von Ihrer Seite aus in Schutz zu nehmen, ja, noch mit unendlicher Duldsamkeit Erklärungen für dessen unangebrachte Verhaltensweisen liefern, dann schwindet die Stärke Ihres Charakterzuges, weil Sie sich selbst nicht mehr schützen.

- Charakterextrem „Selbstverleugnung"

Demut und Verzicht etwa auf ausufernde Ansprüche an Besitz, Ansehen, Eigentum, Macht, Einflussnahme oder besondere Privilegien kennzeichnen die Charakterstärke der Bescheidenheit und wirkt gegen entsprechende unersättliche Bestrebungen des Menschen. Bescheidenheit hat auch etwas mit der Einsicht zu tun, so wenig wie möglich und so viel wie nötig an irdischen Gütern um sich zu versammeln. Lästerzungen behaupten jedoch generell: „Bescheidenheit ist eine Zier, doch besser lebt man ohne ihr". Daran ist etwas Wahres, und zwar genau dann, wenn Sie in übertriebener Bescheidenheit dazu tendieren, sich selbst zu verleugnen, womöglich nach dem Motto „Ich bin gar nicht da!" und dabei Ihren Kopf zwischen den Schultern einziehen. Mit Mäßigung hat dies dann nichts mehr zu tun, eher damit, sich im Sinne von Bestrafung womöglich etwa zu versagen, dass Ihnen Freude macht und Sie lebendig sein lässt.

- Charakterextrem „Übervorsicht"

Sich eher vorsichtig und klug zu verhalten, damit man nicht hinterher bereut, etwas Unbedachtes gesagt oder getan zu haben, kennzeichnet diese Charakterstärke. Wer sich umsichtig verhält, achtet auf Diskretion und vermeidet Fahrlässigkeit. Doch auch diese Charakterstärke birgt in sich die Gefahr, Ihnen in ihrer Übertreibung zum Nachteil zu gereichen. Vor lauter Sorge, dass Sie ohne gebührliche Umsicht mit schrecklichen Folgen zu rechnen haben, dann besteht die Gefahr, dass Sie eine übertriebene Wachheit und Vorsicht entwickeln. Auf diese Weise entsteht eine grundsätzliche Skepsis unerwarteten Begebenheiten Ihrem Leben gegenüber, ein abgrundtiefer Argwohn sowie eine gewisse Prüderie und Zimperlichkeit, wenn es um

Dinge und Situationen geht, vor denen Sie sich vielleicht genieren. Letztendlich führt diese übertriebene Vorsicht dazu, dass Sie aus einem grundsätzlichen Vermeidungsverhalten heraus mit angezogenen Bremsen leben.

- Charakterextrem „Beherrschtheit"

Der Begriff der Selbstregulation klingt etwas weicher als „Selbstkontrolle", denn er assoziiert ein harmonischeres Verhalten. Diese Charakterstärke unterstützt den Menschen ja darin, je nach Bedarf seine Gefühle innen und nach außen hin zu steuern, aber auch, seine Handlungen so weit wie möglich den jeweiligen Erfordernissen entsprechend zu lenken und anzupassen. Diese Charakterstärke gibt Ihnen Spielräume vor, innerhalb derer Sie sich jeweils Ihren Wertvorstellungen entsprechend entscheiden können. Wer diese Stärke jedoch überzieht, kann in einer rigiden Selbstdisziplin landen. Von jetzt an werden Sie dann von Ihrem allmächtigen inneren Zensor dominiert, der Ihnen ständig nahe legt, dass Sie sich zusammen zu nehmen hätten, dass Sie sich zügeln müssen und dass Sie die Contenance nicht schon wieder verlieren sollen. Das ruhige Abwägen, das Sie zuvor im Rahmen der Selbstregulation vorgenommen haben, entfällt und Sie tanzen dann womöglich nach einer inneren Pfeife, die Sie permanent einengt.

12.7.6 Hypertugend „Frömmelei"

Die Tugend der Transzendenz zu übertreiben führt dazu, sich einer bigotten Seligkeit zu verschreiben und einer überspannten Gläubigkeit zu huldigen.

- Charakterextrem „Übertriebene Ehrfurcht"

Die Charakterzüge, die zur Tugend der Transzendenz gehören, zeichnen sich ja alle dadurch aus, dass sie Sinn stiftend sind. Wer sich dann etwa mit dem Wahren, dem Guten und dem Schönen beschäftigt, der erfährt dadurch ein erhebendes Gefühl. Dieser Charakterzug beinhaltet auch, dass Sie einen Sinn für Exzellenz mitbringen und dass Sie diese bewundern. Wer sich jedoch etwa im Bereich der Kunst ausschließlich mit wertvollen, geschmackvollen und möglichst teuren Gütern und Exponaten umgibt und nichts „Gewöhnliches" daneben gelten lässt, weil dies nicht offiziellen ästhetischen Kriterien entspricht, der kann in die Gefahr geraten. einem äußeren Schein zu unterliegen. Dazu gehört auch, dass Sie lebende oder bereits verstorbene Helden und Meister deswegen maßlos vergöttern, weil diese ja die Schöpfer von Kunst, Literatur, Musik, Wissenschaft und Erfindungen sind und Sie geradezu einen Kult um diese Menschen machen.

- Charakterextrem „Überschwänglichkeit"

Wer seine Dankbarkeit für Zuwendungen egal welcher Art wahrnimmt und diese Dankbarkeit auch anderen Menschen, Vertretern von Institutionen, seinem Gott oder dem Universum gegenüber ausdrückt, der erweitert sich im Sinne von Transzendenz, denn er führt diese Gaben nicht ausschließlich auf eigene Verdienste zurück oder darauf, dass sie ihm selbstverständlich zustehen. Dieser positive Charakterzug jedoch kann in der Übertreibung dazu führen, dass Sie sich auch bei Kleinigkeiten ständig bei Ihrem Gegenüber bedanken und damit zum Ausdruck bringen, dass Sie dieser Person in alle Ewigkeit zum Entgegenkommen verpflichtet sind. Dieses Ausufern signalisiert eine Unterwürfigkeit, die für Sie nicht angemessen ist, weil Dankbarkeit ein vorübergehendes Gefühl ist und Sie den Fortbestand dieses Gefühls einer anderen Person gegenüber niemals garantieren können. So wirken solche Beteuerungen leider oft auch aufgesetzt und falsch.

- Charakterextrem „Naives Wunschdenken"

Der positive Charakterzug der Hoffnung und Zuversicht, der ebenfalls zur Tugend der Transzendenz gehört, ist ein tiefes Empfinden, dass das eigene Leben sinnvoll ist und dass der Mensch immer wieder darauf vertrauen kann, dass ihm Gutes widerfährt, selbst wenn er dies im Augenblick noch nicht erkennen kann. Deswegen versucht er, so weit wie möglich optimistisch zu bleiben und alles zu tun, was gegebenenfalls hilft, aus einer misslichen Situation heraus zu kommen. Wenn Sie sich jedoch allzu sehr auf Ihre Hoffnung verlassen, dann landen Sie im Wunschdenken nach dem Motto „Wird schon gut gehen!". Dazu gibt es einen schönen Merksatz, angeblich aus Nordafrika "Vertraue auf Allah – aber binde Deine Kamele an!". Dieser Hinweis soll Sie daran erinnern, in schwierigen Situationen im Leben neben der Hoffnung auch auf das zu achten, was Ihren Alltag ausmacht und nicht der Naivität zu unterliegen, dass schon jemand kommt, der für Sie Ihre Aufgaben erledigt.

- Charakterextrem „Aufgedrehtheit"

Humor bringt Abstand und Leichtigkeit in das menschliche Leben. Wer über sich selbst lachen kann, der nimmt sich nicht so ernst, verzeiht sich seine eigenen Unzulänglichkeiten und sieht auch die spielerischen Seiten im Alltag. Daher haftet diesem Charakterzug insgesamt etwas Transzendentes an, das die Grenzen des eigenen Ichs überschreitet und das Verhaften im eigenen Kosmos löst. In der Übertreibung jedoch können Sie dazu neigen, als besonders unernst zu wirken und damit Ihr Gegenüber zu irritieren, dem vielleicht gerade etwas sehr ernst ist. Manche Menschen steigern ihren Humor auch in einen gewissen Übermut, der für andere nicht so recht nachvollziehbar ist und sie manchmal fassungslos werden lässt. Wer mit seinen Späßen und lustigen Einfällen immer wieder überdreht, der kann in die Gefahr geraten, seine Mitmenschen, die sich gerade in einer völlig anderen Gemütslage befinden, mit solchen temperamentvollen Ausbrüchen zu verprellen. Dann steckt Lachen leider nicht mehr an, sondern wirkt wie eine fehlplatzierte Albernheit.

- Charakterextrem „Scheinheiligkeit"

Wer sich in welcher Form auch immer, als spiritueller Mensch wahrnimmt und diese Charakterstärke so weit wie möglich in seine Lebensgestaltung integriert, der ist von einer dienenden Haltung erfüllt. Er verpflichtet sich zweckfrei den höheren Werten seines Glaubens, seiner Philosophie oder seiner spirituellen Weltanschauung und nutzt sie nicht zu seinem persönlichen Vorteil. Vieles davon findet in aller Stille und ohne großes Aufsehen statt. Wenn Sie jedoch ihre Spiritualität zum Aushängeschild machen, um dadurch positiv aufzufallen, dann verkennen Sie in dieser Übertreibung die Bedeutung von Spiritualität. Der Aufruf „Tu Gutes und rede darüber!" hat immer irgendetwas Schräges an sich, weil dadurch die gute Tat funktionalisiert und nicht um ihrer selbst willen ausgeführt wird, sondern um damit in gewisser Weise vor anderen aufzutrumpfen. So entlarvt sich etwa Scheinfrömmigkeit.

Literatur

Blickhan, D. (2018). *Positive Psychologie. Ein Handbuch für die Praxis*. Junfermann.
Guth, C.-M. (Hrsg.). (2013). *Epiktet: Handbüchlein der stoischen Moral, S. 16*. Sammlung Hofenberg.

13

Untugenden und 24 Charakterschwächen

Zusammenfassung Jeder Tugend und auch jeder Charakterstärke steht ein dichotomer Kontrast entgegen. Hier folgt eine Systematik von sog. Untugenden und Charakterschwächen, die sich ebenfalls an der von der von der Positiven Psychologie vorgegebenen Struktur orientiert. Abschießend zeigt eine Abbildung ein Tugendkontinuum, das auf der einen Seite die Untugenden mit den Charakterschwächen, in der Mitte die Tugenden mit den Charakterstärken und auf der anderen Seite die Hypertugenden mit den Charakterextremen präsentiert und damit einen übersichtlichen Beitrag zur der von Aristoteles geforderten Goldenen Mitte leisten kann.

> Die Untugenden erweisen sich an ihrem Gegenteil. (Katharina von Siena, 1347–1380)

Hier möchte ich aus systematischen Gründen die jeweiligen Untugenden, die sich aus den Untertreibungen der sechs Tugenden und den dazu gehörigen 24 Charakterstärken der Positiven Psychologie ergeben, vorstellen, wie dies die Tab. 13.1 in der Gegenüberstellung zusammenfasst. Aristoteles (Nickel, 2011) positioniert die Tugenden mit ihren Charakterstärken in die sog. *„Goldene Mitte"*. Die wenig ausgeprägten Stärken werden allgemein als Charakterschwächen bezeichnet. Sicherlich werden Sie die eine oder andere Charakterschwäche bei sich und anderen wieder erkennen. Meine Absicht ist, Sie zur Selbstreflexion anzuregen und Sie dazu einzuladen, an sich zu arbeiten, ein besserer Mensch zu werden, wenn Sie das wirklich wollen.

L. Endriss, *Aufblühen oder Verwelken?*, https://doi.org/10.1007/978-3-658-34410-8_13

Tab. 13.1 Tugenden – Untugenden. (© Lilo Endriss)

Weisheit / Wissen v. Torheit / Unklugheit — Kognitive Stärken...Schwächen		Mut versus Verdrucksistsein — Emotionale Stärken...Schwächen		Menschlichkeit versus Unmenschlichkeit — Zwischenmenschliche Stärken...Schwächen		Gerechtigkeit versus Ausnutzen anderer — Einzelner – Gruppe Stärken...Schwächen		Mäßigung versus Maßlosigkeit — Kontra Exzesse Stärken...Schwächen		Transzendenz versus Selbstidealisierung — Sinnstiftungs-Stärken...Schwächen	
Stärken	Schwächen	Stärken	Schwächen	Stärken	Schwächen	Stärken	Schwächen	Stärken	Schwächen	Stärken	Schwächen
Kreativität	Fixiertheit konvergentes Denken	Tapferkeit	Feigheit	Bindungsfähigkeit	Distanzverhalten Empathielosigkeit	Teamwork Loyalität	Illoyalität, Geiz, Neid Missgunst	Vergebungsbereitschaft	Nachtragend Sein Rachsucht	Sinn für das Schöne und Exzellente Ehrfurcht	Fehlender Sinn für das Erhabene
Neugier	Desinteresse Gleichgültigkeit	Ausdauer, Fleiß	Faulheit	Freundlichkeit	Feindseligkeit	Fairness, Gleichheit	Vorteilsnahme Betrug	Bescheidenheit	Anspruchsdenken Stolz	Dankbarkeit	Undankbarkeit
Urteilsvermögen, kritisches Denken	Oberflächlichkeit	Ehrlichkeit	Falschheit	Soziale Intelligenz	Verunsicherung anderer Ignorieren Triangulation	Führungsvermögen	Hochmut Ausbeutung	Umsicht Diskretion	Ausschweifung Fahrlässigkeit	Hoffnung Optimismus Zuversicht	Missmut Pessimistische Deutungsmuster
Liebe zum Lernen	Demotiviertsein Furcht vor Misserfolg	Tatendrang	Trägheit, Überdruss					Selbstregulation Selbstdisziplin	Unberechenbarkeit Zorn, Wut	Humor Verspieltheit	Spottsucht Sarkasmus
Weitsicht, Tiefsinn	Engstirnigkeit fehlendes antizipatorisches Denken									Spiritualität Religiosität Glaube	Fehlende Selbsttranszendenz Verachtung von Glaube

Wie Sie ja wissen, führen Herausforderungen, die man sich selbst setzt, zum Flow und zum weiteren Aufblühen.

13.1 Untugend „Unwissen"

Wer nicht fragt warum, bleibt dumm. Sich mit Neuem zu beschäftigen, seien es materielle Dinge, immaterielle Informationen sowie Interesse an lebenden oder verstorbenen Menschen, beweist, dass Sie Ihren Horizont erweitern wollen, Wissenserwerb nicht grundsätzlich in Frage stellen und außerdem dazu noch viel Lust haben, sich weiterzubilden, auch wenn Sie nicht gerade ein sog. *„High-Potential"* sind. Menschen, denen diese Haltung fehlt, bewegen sich bildlich gesprochen eher mit eingezogenem Kopf durch die Welt. Ihnen reicht es aus, was sie einmal in der Schule und in der Ausbildung gelernt haben. Vieles, was mit dem menschlichen Verstand zu tun hat, interessiert sie nicht: Sie leben eher auf der Bauchebene der Maslowschen Grundbedürfnisse sprechen sehr abfällig über die Intelligenzbestien, deren Eigenart ihnen fremd ist.

- Charakterschwäche „Fixiertheit"

Alles soll so bleiben wie es ist und so haben wir das immer schon gemacht! Veränderungen sind für viele Menschen unerwünscht, denn diese wären ja mit einer gewissen Anpassungsbereitschaft und Bewegung verbunden. Stumpfsinnige Gedanken und Aktivitäten sowie Widersprüchliches werden von ihnen als solche erst gar nicht identifiziert und erkannt, bietet dies doch den Vorteil, auf dem Vorhandenen und Altvertrauten zu beharren und keinen Fingerbreit zu weichen. Ein besonderes Kennzeichen dieser Menschen ist, dass es ihnen an Fantasie und Visionen mangelt und dass ihnen jeglicher spielerischer Zugang zur Lebensgestaltung fehlt: Sie folgen brav entweder dem, was ihren ihre bisherige eher kärgliche Erfahrungswelt nahelegt, was sie tun und denken sollen oder dem, was ihnen „von oben" gesagt wird, nämlich deren Vorgaben und dem, was angeblich schon immer als üblich und verbindlich galt.

- Charakterschwäche „Desinteresse"

Menschen mit dieser Charakterschwäche sind in ihrem eigenen begrenzten Kosmos gefangen, sie interessieren sich nur für das, was sie bereits kennen und was sich innerhalb ihrer selbsterzeugten Blase befindet. Starrsinnig verteidigen sie ihre Sicht der Dinge und zeigen ausgesprochene Gleichgültigkeit gegenüber Impulsen oder Inspirationen von außen. Sie zeichnen sich durch einen gewissen Dickkopf aus und verzichten auf jegliche Art von neuen Informationen, die ihren Kosmos bereichern könnten. Ihre Dickfälligkeit wirkt wie ein undurchdringlicher Panzer. Von außen gesehen wirken sie häufig apathisch, da sie sich unbeweglich, teilnahmslos und unbeeindruckt zeigen.

● Charakterschwäche „Oberflächlichkeit"

Menschen, die sich nicht um Wissen bemühen, dringen auch nie mitten in die zu lernende Materie ein. Ihnen reicht es, eine ungefähre Ahnung zu haben. Ihre Charakterschwäche führt dazu, dass sie leicht über Tatsachen hinweggehen und diese zudem auch nicht weiter ergründen. Präzision und Gründlichkeit in Sachen „Nachdenken" ist nicht ihr Ding und eine Diskussion mit ihnen hat etwas von einer Posse: Sie hören nicht recht zu, reden aneinander vorbei, werfen mit Allgemeinplätzen und Vorurteilen um sich und verbreiten mit größter Selbstverständlichkeit Scheinargumente, um sich dann mit ihrer angeblichen Überlegenheit zu brüsten. Streng logisches Denken ist ihnen fremd und sie fällen Urteile rein nach Belieben.

● Charakterschwäche „Demotiviertsein"

Wer über diese Charakterschwäche verfügt, spricht sich sogar oftmals direkt gegen die von ihnen verachteten Intellektuellen aus, die aus ihrer ideologischen Sichtweise ausschließlich abgehobene Besserwisser sind und einem dadurch die gemütliche Stimmung verderben. Sie verachten die kulturellen Errungenschaften des Lesens und Schreibens und der damit verbundenen Fertigkeit, ein Leben lang neue Wissensinhalte zu erwerben. Sie mogeln sich lieber irgendwie durch und lernen nicht aus ihren Fehlern, die sie lieber sorgsam vertuschen. Ihre Furcht davor, weitere Fehler zu machen, hält sie davon ab, im Lernbereich aktiv zu werden. Sie unterliegen damit einer typisch menschlichen Push-Motivation, die dadurch gekennzeichnet ist, das für sie persönlich geistig Anstrengende und Unangenehme zu meiden.

● Charakterschwäche „Engstirnigkeit"

Leider zu kurz gedacht! So etwas kann man Menschen mit dieser Charakterschwäche zurufen. Ihnen fehlt das, was, wie oben schon einmal erläutert wurde, antizipatorisches Denken genannt wird: die geistige Fähigkeit, über die möglichen Folgen von Plänen und Handlungen nachzudenken, seinen dies Erwägungen, die sich auf das eigene Leben oder das von anderen im eigenen Umfeld oder in der gesamten Gesellschaft beziehen. Weitsicht kann im Vorwege ja auch zukünftige positive und negative Entwicklungen erkennen und dieses Wissen für das jetzige Planen und Handeln nutzen. Entfällt diese geistige Leistung oder verzichtet man darauf, dann ist der Mensch in der Regel den Widrigkeiten seines Schicksals ungeschützt ausgesetzt und schafft sich damit aus mangelnder Klugheit zusätzliche Probleme und Baustellen, die sonst gar nicht nötig gewesen wären.

13.2 Untugend „Verdruckstsein"

Diese Untugend äußert sich darin, dass sich der Mensch nicht wirklich zeigt, sondern sich möglichst aus jedem Engagement heraushält und sich am liebsten unerkannt im Hintergrund aufhält. Eindeutige Mitteilungen und unbekümmerte Offenheit lässt er daher vermissen. Man bekommt ihm nie so richtig zu fassen, er scheint immer irgendwie abwesend zu sein, selbst wenn er körperlich anwesend ist. Oft windet er sich, wenn von ihm eine klare Stellungnahme erwünscht ist und niemand dringt nicht so recht zu ihm durch. Seine wahren Absichten und Ziele sind schwer zu erkennen, er wirkt intransparent und auch häufig unscheinbar, als wolle er frei nach dem Motto „Ich bin gar nicht da!" am liebsten unsichtbar und damit unfassbar sein. Zudem scheint er auch wenig über sich selbst nachzudenken, was mangelnde Selbstreflektion genannt wird.

• Charakterschwäche „Feigheit"

Diese Charakterschwäche kennzeichnet Menschen, die vor einer Herausforderung kneifen, sie fühlen sich entweder überhaupt nicht zuständig oder sie haben tausend Ausreden, die belegen, dass sie gerade nicht abkömmlich sind. Sie fühlen sich bei Schwierigkeiten und unangenehmen Aufgaben sofort überfordert und verzichten darauf, entweder die eigene Überforderung bekannt zu geben oder nach einer anderen Lösung zu suchen und sich für diese einzusetzen. Sie entziehen sich mehr oder weniger geräuschvoll und machen einen großen Bogen um jegliches Problem, das ihren persönlichen Einsatz erfordern würde. Sie stehen weder zu ihrer Familie, ihrer Ehe, ihren Partnerinnen und Partnern, ihren Freunden und Bekannten sowie ihrem beruflichen Umfeld, wenn dort dringend Hilfe und Unterstützung erforderlich ist. Sie riskieren nichts, von dem sie überzeugt sind, dass es mit aktuellen und zukünftigen Widrigkeiten verknüpft sein könnte.

- Charakterschwäche „Faulheit"

Menschen mit dieser Charakterschwäche gehen davon aus, dass sich Anstrengungen für sie persönlich nicht lohnen und diese daher zu vermeiden und letztendlich überflüssig sind. Sie zeichnen sich besonders durch mangelndes Durchhaltevermögen aus und bleiben nicht am Ball. Begonnenes bringen sie daher nicht zu Ende, da sie zudem auch oft rasch ablenkbar sind. Ihre Faulheit äußert sich auch dadurch, dass sie sich schon im Vorwege zu keiner rechten Aktivität aufraffen können. Gerne schieben sie anstehende Aufgaben auf den Sankt Nimmerleinstag und überlassen die wirklich harte Arbeit lieber anderen Menschen. Ihre Arbeitsscheu stört sie in der Regel nicht im Geringsten, im Gegenteil: Sie bringen es fertig, charmant damit zu kokettieren.

- Charakterschwäche „Falschheit"

Hier offenbart sich sehr deutlich der Unterschied zwischen dem Innen und dem Außen eines Menschen. Wer ein falsches Spiel spielt, will andere täuschen, um heimlich eine eigenen Vorteil zu erlangen und das Gegenüber absichtlich zu schädigen. Diese Charakterschwäche äußert sich etwa in der Lüge, um jemand anderem um eines verborgenen Nutzen Willens doppelzüngig etwas vorzugaukeln, was nicht der Wahrheit entspricht. Ein weiterer Bereich ist der arglistige Betrug, mit dem jemand um sein Vermögen gebracht wird oder auch der heimliche Diebstahl, bei dem einem anderen arglistig Güter weggenommen werden. Falschheit zeigt sich auch in der Heuchelei von Unschuld sowie in der Untreue, etwa in der Ehe oder Partnerschaft, aber auch im Bereich des Falschgeldes, des Falschspiels oder des Heiratsschwindlers.

- Charakterschwäche „Trägheit und Überdruss"

Diese Charakterschwäche zeichnet sich dadurch aus, dass sie im Gegenzug zur Faulheit den Stumpfsinn und eine gewisse „Wurstigkeit" zeigt, der letztendlich alles egal ist. „Lasst mich doch in Ruhe, was soll hier all das Getue!" Der Faule genießt immerhin noch seine Bequemlichkeit, der Überdrüssige jedoch ist voller Unlust und Passivität. Er ist völlig pflichtvergessen und lässt alles, was sich ihm im Alltag als Herausforderung bietet. missmutig laufen. Nichts lockt ihn aus seiner Apathie und er lässt alles mit sich geschehen, solange er sich nicht irgendwie engagieren muss. Er vermittelt, dass ihm sowieso alles viel zu viel wird und dass er darauf verzichtet, irgendetwas daran zu ändern. Sein Energieniveau nähert sich dem Nullpunkt.

13.3 Untugend „Unmenschlichkeit"

Diese Untugend beinhaltet, dass nur die eigenen Belange, Gefühle, Interessen, Ziele und Bedürfnisse wichtig sind sowie die selbstverständliche Annahme, diese ungeachtet der Belange, Gefühle, Interessen, Ziele und Bedürfnisse des Mitmenschen und sogar einer ganzen Gesellschaft umsetzen zu können, egal, welche Grenzen dabei überschritten werden. Der Faktor kaltblütige Berechnung spielt dabei eine große Rolle: Der Mitmensch als existierendes Wesen hat keine Bedeutung, außer man kann ihn für die eigenen Zwecke einspannen und ihn so funktionalisieren. Die Daseinsberechtigung des anderen zählt nur unter dem Gesichtspunkt, ihn als Nummer oder Zahl wahrzunehmen, die man wie eine Figur in einem Schachspiel nach Bedarf hin- und her setzen oder auch einfach nur entfernen, sprich liquidieren kann, falls einem danach gelüstet.

- Charakterschwäche „Distanzverhalten"

Menschen mit dieser Charakterschwäche verhalten sich grundsätzlich äußerst distanziert, d. h. sie lassen niemanden, etwa im Zusammenhang mit freundschaftlichen Gefühlen, an sich herankommen. Wer mit ihnen zu tun hat, spürt in der Regel eine gewisse Kühle oder sogar Kälte, die diese Menschen ausstrahlen, desgleichen hinterlassen sie bei Abwesenheit eher Leere als einen gefühlvollen Nachklang. Das emotionale Mitschwingen ist ihnen unbekannt und sie scheinen völlig empathielos zu sein, außer in Situationen, in denen sie eine rein kognitive Empathie für den anderen entwickeln, um ihn höchst berechnend nach eigenem Gutdünken zu steuern und zu manipulieren. Da ihnen die emotionale Empathie fehlt, sind sie auch nicht in der Lage, fürsorgliches oder hilfsbereites Verhalten zu zeigen.

- Charakterschwäche „Feindseligkeit"

Anderen Menschen vorerst freundlich und wohlwollend zu begegnen ist nicht ihr Ding. Ihre Charakterschwäche führt dazu, dass sie ihren Mitmenschen das Leben schwer machen, indem Sie ihren schlechten Launen und Unterstellungen freien Lauf lassen, ihr Gegenüber ohne ersichtlichen Anlass attackieren und jede Gelegenheit nutzen, in Wort und Tat streitbares Verhalten zu zeigen. Mit ihrer vorherrschenden Unfreundlichkeit und den mehr oder weniger unterschwelligen Aggressionen vergiften sie die zwischenmenschliche Atmosphäre und ihre Umwelt ist ständig in einer Habachtstellung. Zudem neigen sie dazu, überall Bösewichte zu entdecken, die ungeprüft bekämpft werden müssen und ihre defensive Abwehr scheint ihre Grundhaltung der gesamten Menschheit gegenüber zu sein.

- Charakterschwäche „Verunsicherung anderer"

Wer sich in menschlicher Gesellschaft wie ein Fisch im Wasser verhält und sich sozial geschmeidig verhält, sorgt damit für ein entspanntes Miteinander als Basis für ein erfreuliches Leben, in welchem jeder und jede sich seinen Wesenszügen und Anlagen entsprechend gut entwickeln kann. Wer jedoch die Charakterschwäche „Verunsicherung anderer" zeigt, der ist nicht daran interessiert, dass es anderen Menschen gut geht. Im Gegenteil: Ihm ist daran gelegen, zu irritieren, Unmut zu schüren, Gerüchte zu streuen, zu sticheln, zu bedrohen oder das Gegenüber auf mehr oder weniger tückische Art und Weise zu verärgern, zu reizen oder in die Irre zu führen. Die dadurch entstehende „dicke Luft" ist dann geradezu sprichwörtlich. Als Meister der Manipulation erfreut er sich dann noch am körperlichen oder seelischen Untergang seines Nächsten und hält sein eigenes verdecktes Verhalten zudem auch noch für berechtigt, weil der andere diese Strafe verdient hat.

13.4 Untugend „Ungerechtigkeit"

Diese Untugend vermittelt, dass es in Ordnung ist, mit unterschiedlichem Maß zu messen: Gleichberechtigung gilt nicht für alle und einige Menschen sind deswegen natürlich gleicher als andere, besonders natürlich man selbst! Im Mittelpunkt dieser Untugend steht das ständige Vergleichen mit anderen Menschen, denen gegenüber man sich wie auch immer behaupten muss, um nicht hintenan zu stehen und irgendetwas zu versäumen oder zu verpassen. Dieser Drang, geradezu akribisch darauf zu achten, dass man selbst nicht zu kurz kommt, führt dazu, einen übertriebenen Machtanspruch zu entwickeln, dem auf direkte oder indirekte Art und Weise ständig nachgegangen werden muss.

- Charakterschwäche „Illoyalität und Missgunst"

Diese Charakterschwäche zeigt sich insbesondere dann, wenn sich jemand in einer privaten oder beruflichen Gruppe aufhält, da sich hier viele Gelegenheiten zum vehementen gegenseitigen Aufrechnen bieten. Was können oder besitzen andere Menschen, was man selbst nicht hat? Sind sie einem in Bezug auf Intelligenz oder gemachten Erfahrungen womöglich überlegen? Verdienen die mehr? Haben die eine intakte Familie oder einen attraktiveren Partner als man selber? Oder ein teureres Auto? Neid und Missgunst können so zu quälenden Gefühlen, ja sogar zu Hass führen und dazu motivieren, anderen gegenüber Gemeinheiten anzuzetteln. Eifersüchtig wacht der Betreffende ständig und unentwegt darüber, ob er eventuell zu wenig Aufmerksamkeit oder Zuwendung von außen bekommt. So werden gemeinsame Ziele untergraben und Missgünstige verzichtet auf Loyalität und menschlichen Zusammenhalt, sei es zuhause oder bei der Arbeit.

- Charakterschwäche „Vorteilsnahme und Betrug"

Wer diese Charakterschwäche besitzt, der lebt nach dem Motto: „Ich komme stets an erster Stelle und habe das natürlich auch das Beste verdient!". Wer sich dieser Haltung in den Weg stellt, der darf damit rechnen, dass er mit unfairen Mitteln aus dem Weg geräumt wird. Ausschließlich jede menschliche Begegnung wird unter dem Gesichtspunkt wahrgenommen, ob diese einem einen Vorteil bringt und wie man einen möglichst großen Nutzen daraus schlagen kann. Das größte Stück vom Kuchen lässt sich dann umgehend und rabiat sichern, notfalls auch mit betrügerischen Mitteln und gezinkten Karten. Stets geht es darum, sich überlegen zu fühlen und ohne schlechtes Gewissen die Dummheit und Naivität anderer Menschen auszunutzen. Mit innerem Hochgenuss und einem gewissen Triumph sagen diese Menschen dann zu sich: „Selbst dran schuld, wenn die so blöd sind, sich von mir über den Tisch ziehen zu lassen!".

- Charakterschwäche „Hochmut und Ausbeutung"

Hier kommt in besonderem Maße das Thema „Macht" ins Spiel: Wer die Charakterschwäche des Hochmutes sein eigen nennt, dem ist sein irrationaler Machtanspruch das Allerwichtigste im Leben, nämlich die selbsternannte Macht über andere Menschen, koste dies, was es wolle. Der Hochmütige will darüber hinaus alles haben, was es im Leben zu haben gibt: Verfügungsgewalt über andere Menschen, Besitz und Eigentum sowie größtmögliche finanzielle Freiheit. Natürlich achtet er darauf, dass ihm diese Privilegien niemand streitig macht und zeigt sich äußerst geizig, wenn es umgekehrt darum geht etwas abzugeben. Im Gegenteil – er beutet andere Menschen so weit wie möglich finanziell und psychisch aus. Als Führungskraft oder als Krimineller geht er im abstrakten wie im konkreten Sinn über Leichen.

13.5 Untugend „Maßlosigkeit"

Diese Untugend zeichnet sich dadurch aus, dass sie jede Form von Einschränkung rigoros ablehnt und als Verlust interpretiert, den es unbedingt zu vermeiden gilt. Die Welt ist nur dann in Ordnung, wenn diese sich diesen gierigen Menschen mit all ihrer Fülle und ihrem Reichtum offenbart, die ihnen aus ihrer Sicht selbstverständlich zusteht. Sie blähen sich auf und verlangen von ihren Mitmenschen, diese uferlose Grandiosität ungefragt anzunehmen und die damit verbundenen riesigen Revieransprüche ohne Murren zu akzeptieren. Sie gebärden sich wie eine Rieseneiche, um die herum nur niederes Gestrüpp wächst, das nicht in der Lage ist, auch nur einen Zentimeter zu wachsen.

- Charakterschwäche „Nachtragend-Sein und Rachsucht"

Menschen mit diesem Charakterzug verzeihen es niemandem, auch nicht ihren engsten Freunden oder Partnern, an ihnen Kritik zu üben, ihren übertriebenen Herrschaftsanspruch zu hinterfragen oder ihnen gegenüber einmal ein Fehlverhalten zu bemängeln. Sie sind unendlich nachtragend und haben für jedes schief gelaufene Ereignis zwischen ihnen und einem anderen Menschen ein Elefantengedächtnis. Mit diesen „Leichen im Keller" laufen sie herum und schmieden selbst noch nach Jahren Rache im Sinne einer absurden heimlichen Wiedergutmachung. Ihr Ärger und ihr Zorn über all diese von ihnen so empfundenen Kränkungen wühlt tief in ihnen und vergällt ihr Zusammensein mit anderen Menschen.

- Charakterschwäche „Anspruchsdenken"

Das Motto „Für mich nur das Allerbeste, weil ich der Allerbeste bin!" zeigt, dass Menschen mit dieser Charakterschwäche von ständigem Stolz erfüllt sind und daraus auch ihr Anspruchsdenken ableiten. Ihre mangelnde Demut und die Unfähigkeit, sich zurückzunehmen, gaukeln ihnen vor, zudem noch grenzenlose Bewunderung ihrer Person und ihrer Leistungen zu verdienen. Wer sie nicht hofiert, der ist ihr ausgesprochener Feind und Gegner, den es abzustrafen gilt. Ansonsten baden sie in der Verehrung durch andere Menschen und tun alles dafür, stets glorreich im Rampenlicht zu stehen und ihrer Fangemeinde huldvoll zuzuwinken.

- Charakterschwäche „Ausschweifung"

Wer mit dieser Charakterschwäche behaftet ist, der macht sich keine Gedanken über mögliche unangenehme oder negative Folgen selbst- oder fremdschädigenden Verhaltens. Sie folgen ohne nachzudenken ihrer ausufernden Genuss-Sucht und neigen zu vielfältigen und ungewöhnlichen, oft auch kriminellen Ausschweifungen. Da sie höchst unvorsichtig sind, neigen sie zu grober Fahrlässigkeit und verursachen dadurch vielerlei Schäden in ihrem menschlichen, materiellen und natürlichen Umfeld. Ihre Unbedachtheit führt auch oft zu Indiskretionen, mit denen sie angeblich versehentlich den Ruf und die Integrität anderer Menschen zerstören.

- Charakterschwäche „Unberechenbarkeit"

Wer sich nicht selbst regulieren und steuern kann, der unterliegt der Charakterschwäche, ein unbeherrschter und damit ein unberechenbarer Zeitgenosse zu sein. Seine Impulskontrolle ist kaum ausgeprägt und er neigt zu Wutausbrüchen, insbesondere dann, wenn er sich, oft auch wegen Kleinigkeiten und Nichtigkeiten, heftig gekränkt fühlt, was für seine Mitmenschen oft nicht nachvollbar ist, da sie den Anlass dafür gar nicht nachempfinden können. Hier driftet die persönliche Übertreibung der Bewertung des Anlasses, der den unerwarteten Zornausbruch auslöst, ins Uferlose und macht oft aus einer Mücke einen Elefanten. Zudem ersteht dadurch oft der Eindruck, als wenn derjenige, der ausrastet, geradezu danach lechzt, mit diesem Verhalten Aufmerksamkeit und Bestätigung zu bekommen.

13.6 Untugend „Selbstidealisierung"

Diese Untugend ist durch die sog. *„Ichhaftigkeit"* gekennzeichnet, die als Maßstab des Menschen nur sich selbst sieht und nichts anderes außerhalb gelten lässt. Transzendieren heißt jedoch, über die Grenzen des eigenen Ichs hinauszulangen und sich mit etwas Höherem zu verbinden, das nicht im Individuum zu finden ist. Zur fehlenden Transzendenz gehört der Nihilismus, eine Geisteshaltung, die jeglichen Lebenssinn und aller höheren Lebenswerte, wie sie etwa in der Philosophie oder in Religionen zu finden sind, verneint. Die Positive Psychologie geht davon aus, dass gerade dieser Mangel dazu führen kann, dass Menschen ein eher unbefriedigendes Leben führen.

- Charakterschwäche „Fehlender Sinn für Erhabenes"

Diese Charakterschwäche zeichnet sich dadurch aus, dass der Betreffende keinen Sinn für das Wahre, das Gute und das Schöne im Leben hat, es mangelt ihm daran, dies zu erkennen und er zieht alles Diesbezügliche ins Lächerliche oder ignoriert es. Er kennt keine Maßstäbe oder Werte, die sich auf Erhabenes und Erstaunliches beziehen und lehnt es ab, sich etwa von Exzellenz, großartigem Können oder geschmackvollen Gestaltungen beeindrucken zu lassen. Was bei anderen Menschen zu einem erhabenen Gefühl führt, das sie geistig erhebt, das findet bei ihm keinen Widerklang oder Niederschlag, sondern verschwindet unbemerkt vor der ausschließlichen Konzentration auf das Ego und dessen weltlichen Bedürfnisse.

- Charakterschwäche „Undankbarkeit"

Wer sich selbst als das Zentrum des Universums sieht, was auch als Selbstsucht bezeichnet wird, dem entgeht, dass das, was das Leben an zahlreichen Freuden zu bieten hat, nicht selbstverständlich ist. Die Charakterschwäche der Undankbarkeit geht davon aus, dass einem alles ohne ein Dankeschön zusteht. So werden etwa freundliche und hilfreiche Gesten, Aktivitäten und Hilfeleistungen, die einem von anderen Menschen entgegengebracht werden, stets als überaus berechtigt in Anspruch genommen. Wer undankbar ist, dem kommen auch nie Worte der Entschuldigung von den Lippen, falls er einmal einem anderen Menschen ein Unrecht getan oder ihn verletzt hat, ausschließlich auf die Enge der eigenen selbstsüchtigen Welt konzentriert, kommt es ihm auch nicht in den Sinn, um Verzeihung zu bitten.

- Charakterschwäche „Missmut und pessimistische Deutungsmuster"

Eine weitere Charakterschwäche, die mit fehlender Transzendenz zusammenhängt, äußert sich in übler Laune bzw. allgemeiner gedrückter Grundstimmung. So wird die menschliche Existenz und insbesondere das eigene Leben angeblich von lauter negativen Ereignissen bestimmt, an denen man zu leiden hat und die nicht zu ändern sind, weil man weder über die Mittel, noch die Fähigkeiten, noch die notwendige Unterstützung verfügt. Der betreffende Mensch ist von Misstrauen erfüllt und sieht sich als Opfer misslicher Umstände, auf die er keinen Einfluss hat oder an denen stets andere Menschen Schuld haben.

• Charakterschwäche „Sarkasmus und gemeiner Humor"

Theoretisch hat Humor immer etwas damit zu tun, etwas oder jemanden aus einem Abstand oder der Vogelperspektive im Sinne von Vergnügen, Verspieltheit und unbeschwertem Lustigsein wahrzunehmen. Und wer etwa über sich selbst lachen kann, der bringt ausreichend Selbstdistanzierung mit sich. Wer allerdings die Charakterschwäche Humorlosigkeit besitzt, der kann überhaupt nichts Komisches an sich finden. Und wenn er scherzt, dann stets auf Kosten der anderen Menschen, über die er sich lustig macht, deren Schwächen und Eigenarten er bissig kommentiert, die er bloßstellt und sie höhnend lächerlich macht oder mit gemeinem Humor und Sarkasmus versieht. Er ist bekannt für seine böse Zunge, die er hinter angeblich harmlosen Witzen, gehässig verbirgt.

• Charakterschwäche „Verachtung von Glaube"

Eine letzte Charakterschwäche im Zusammenhang mit mangelnder Transzendenz ist die abgrundtiefe Ablehnung und Verachtung von Spiritualität und Glaube, egal aus welcher Religion, Kultur oder philosophischen Ausrichtung diese stammen. So spotten diese Menschen etwa über Gebete, traditionellen Rituale und Gepflogenheiten, die den Gläubigen heilig sind oder machen über deren angebliche Naivität und Gottesfürchtigkeit abfällige Bemerkungen. Ihre Intoleranz gegenüber Menschen, denen Spiritualität wichtig ist sowie ihr eigener Anspruch, die einzige richtige Sichtweise der menschlichen Existenz zu haben, nämlich die nihilistische, führen dazu, dass sie sich nicht mit der Begrenztheit der menschlichen Erkenntnisfähigkeit auseinander setzen müssen sowie der Tatsache, dass das einzig Sichere im Leben der Tod ist.

13.7 Die goldene Mitte

Abschließend möchte ich die von Positiven Psychologie propagierten 6 Tugenden und 24 Charakterstärken in die Mitte zwischen die Untugenden sowie die dazu gehörigen Charakterschwächen auf die eine Seite und die Hypertugenden sowie die dazu gehörigen Charakterextreme auf der anderen Seite stellen, wie dies Tab. 13.2 in Form eines Tugendkontinuums präsentiert, und wie dies bereits von Aristoteles mit dem Begriff der Goldenen Mitte in anderer Form vorgenommen wurde.

Tab. 13.2 Tugendkontinuum. (© Lilo Endriss)

Untugenden mit Charakterschwächen	Tugenden mit Charakterstärken	„Hypertugenden" mit Charakterextremen
Unwissen	Weisheit / Wissen	Schaumschlägerei
1. Fixiertheit	1. Kreativität, Einfalls-	1. Fantasterei
2. Desinteresse	reichtum	2. Herumschnüffelei
3. Oberflächlichkeit	2. Neugier, Interesse	3. Taxiererei
4. Demotiviertsein	3. Urteilsvermögen	4. Besserwisserei
5. Engstirnigkeit	4. Liebe zum Lernen	5. Weitschweifigkeit
	5. Weitsicht, Tiefsinn	
Verdruckstsein	Mut	Aktionismus
6. Feigheit	6. Tapferkeit, Wider-	6. Draufgängertum
7. Faulheit	standskraft	7. Verbissenheit
8. Falschheit	7. Ausdauer, Fleiß	8. Unverblümtheit
9. Trägheit/Überdruss	8. Ehrlichkeit	9. Rastlosigkeit
	9. Tatendrang	
Unmenschlichkeit	Menschlichkeit	Anbiederei
10. Empathielosigkeit	10. Bindungsfähigkeit	10. Distanzlosigkeit
11. Feindseligkeit	11. Freundlichkeit	11. Kumpanei
12. Verunsicherung anderer	12. Soziale Intelligenz	12. Berechnende Schläue
Ungerechtigkeit	Gerechtigkeit	Gerechtigkeitsfanatismus
13. Illoyalität, Missgunst	13. Teamwork, Loyalität	13. Laissez-faire
14. Vorteilnahme, Betrug	14. Fairness, Gleichheit	14. Überkorrektheit
15. Hochmut, Ausbeutung	15. Führungsvermögen	15. Everybodys Darling
Maßlosigkeit	Mäßigung	Bedürfnislosigkeit
16. Nachtragendsein	16. Vergebungsbereit-	16. Nachsicht
17. Anspruchsdenken	schaft	17. Selbstverleugnung
18. Ausschweifung	17. Bescheidenheit	18. Übertriebene Vorsicht
19. Unberechenbarkeit	18. Umsicht, Diskretion	19. Beherrschtheit
	19. Selbstregulation	
Selbstidealisierung	Transzendenz	Frömmelei
20. Kein Sinn für Erhabenes	20. Sinn für Exzellentes	20. Übertriebene Ehrfurcht
21. Undankbarkeit	21. Dankbarkeit	21. Überschwänglichkeit
22. Missmut	22. Hoffnung, Optimis-	22. Naives Wunschdenken
23. Spottsucht, Sarkasmus	mus	23. Aufgedrehtsein
24. Verachtung von Glaube	23. Humor, Verspieltheit	24. Scheinheiligkeit
	24. Glaube, Selbst- transzendenz	

Literatur

Nickel, R. (Hrsg.). (2011). *Aristoteles: Nikomachische Ethik: Griechisch – Deutsch*. Akademie.

14

Geringschätzung – Dimensionen der Abwertung und Ignoranz

Zusammenfassung Anhand zahlreicher Beispiele aus dem Bereich der verbalen, der nonverbalen und der Abwertung durch Handlungen werden die Dimensionen der Geringschätzung im Sinne eines „Anti-Knigge" vorgestellt sowie jeweils auf die Gefahren ignoranter Verhaltensweisen hingewiesen, die eher subtil eingesetzt werden und daher schwerer zu erkennen sind. Sie können als „Ignoranzfalle" (nach Endriss) bezeichnet werden. Ihre Auswirkungen auf das Wohlbefinden anderer Menschen sind bekanntermaßen höchst nachteilig, worauf in einem späteren Kapitel eingegangen wird.

Was kann der Mensch nicht aus den Menschen machen – im Guten und im Schlimmen. (Hedwig Dohm, 1831–1919)

Analog zu den drei Dimensionen der Anerkennung, die Ihnen mit vielen Beispielen oben im Kap. 5 im Zusammenhang mit dem Aufblühen vorgestellt wurden und die sich auf Verbales, Nonverbales sowie auf praktische Handlungen bezogen und Ihre kreative Selbstverwirklichung unterstützen können, werde ich Ihnen hier anhand von vielen Beispielen im Sinne eines sog. *„Anti-Knigge"* eine Reihe von Verhaltensweisen und Aktivitäten vorstellen, welche die dazu gehörige Polarität skizzieren und dazu führen können, dass Menschen verblühen, weil sie die verbale und non-verbale Abwertung sowie abwertende Handlungen innerhalb dieser Formen der Kommunikation nicht durchschauen, sich als hilfloses Opfer wahrnehmen und keine Gegenmaßnahmen ergreifen.

14.1 Existentielle Ebenen des Menschseins

Etliche dieser negativen Verhaltensweisen vermitteln jedoch nicht nur eine Ab-Wertung des Gegenübers, sondern auch eine Ent-Wertung, indem der andere nicht nur im Sinne von „Ich bin o.k. - Du bist nicht o.k." schlecht gemacht wird, sondern weil er als Mensch völlig ignoriert wird. Wer abgewertet wird, der erlebt sich immerhin noch als existierendes Lebewesen, wer fortwährend ignoriert wird, der wird existentiell zum Nichts. Letzterer „Stil" gehört zu den perfiden Manipulationstechniken der seelischen Gewalt, die ich als *„Ignoranzfallen"* (Endriss 2015) bezeichne. Diese können das Selbstbild des Mitmenschen untergraben und ihn geradezu verrückt machen. Ich erlaube mir daher, diese Form der Kommunikation im Text jeweils mit einer entsprechenden Kennzeichnung zu versehen.

14.2 Verbale Abwertung und Ignoranz

• Den Mund verbieten

Hier bestimmt im Dialog oder in der Runde nur ein einziger dominanter Mensch, worüber gesprochen werden darf und worüber nicht, er legt Tabuthemen fest und steckt die Pflöcke fest, was ein erlaubtes Thema sein darf und was nicht. „Stopp, das reicht jetzt!" oder „Halte endlich den Mund!". Jemanden auf diese Art und Weise verbal abzublocken zeigt, dass man nicht an einem Austausch auf Augenhöhe interessiert ist und sich einen Absolutheitsanspruch anmaßt. Dazu gehört auch die folgende herablassende Reaktion auf eine Mitteilung des Gegenübers: „Für mich persönlich ist das völlig uninteressant!".

• Antwort verweigern

Wer auf eine Frage nicht antwortet und selbst nach wiederholtem Nachhaken nicht reagiert, der vermittelt dadurch, dass der andere es nicht wert ist, gehört zu werden oder auf ihn zu reagieren. Im besten Fall bekommt dieser vom Angesprochenen zu hören: „Ich will nicht darüber sprechen!", womit natürlich auch keine Gründe angegeben werden und der Fragende ratlos in der Luft hängt. Das rätselhafte Verhalten kann dazu führen, das Gegenüber zu verwirren. Dies ist eine Manipulationstechnik. Achtung Ignoranzfalle!

- Monologisieren

Wer die ganze Zeit in Anwesenheit Dritter unentwegt und ausschließlich über eigene Belange redet, der macht sich verbal im „Rederevier" sehr breit, d. h., er lässt damit anderen Menschen keinen Platz für dessen Redebeitrag oder Meinungsäußerung. In der Umgangssprache gibt es den Ausdruck, dass man „totgequatscht" wird. Wagt man dennoch, einen Wortbeitrag zu liefern, dann wird man als Stichwortgeber missbraucht und der Redeschwall setzt sich fort. Mit Respekt und Wertschätzung hat dies wenig zu tun.

- Einen Shitstorm senden

Um Ihr Gegenüber schlecht zu machen, können Sie nicht nur böse Briefe an den anderen versenden, sondern auch via Internet mehr oder weniger öffentlich in den sozialen Medien üble Bemerkungen über diese Person verbreiten. Besonders problematisch dabei ist, dass darüber so etwas wie ein Schneeballsystem entsteht, weil sich die herabwertende Nachricht dann nicht nur direkt an den Herabzuwürdigenden richtet, sondern auch Kreise zieht und zum Cybermobbing führen kann.

- Den anderen ständig unterbrechen

Die Fähigkeit zuzuhören vermittelt, dass Sie Ihrem Gegenüber ausreichend Raum einräumen, sich mitzuteilen und auszudrücken, ihn so nehmen, wie er sich gerade artikuliert. Damit bringen Sie ihm ein gewisses selbstverständliches Wohlwollen entgegen. Wer jedoch sein Gegenüber andauernd unterbricht, ihm ins Wort fällt, womöglich noch permanent bezüglich seiner Aussprache korrigiert, der zeigt damit, dass er sich dem anderen gegenüber haushoch überlegen fühlt und sich ungestraft das Recht nehmen darf, sich derartig übergreifend aufzuführen.

- Gesprächsinhalte vorschreiben

Nicht nur der verbale Maulkorb, der einem den Mund verbietet, sondern auch Ansagen wie etwa „Unterhalte mich, ich langweile mich so!", „Erzähl mir was Spannendes!" oder „Du musst mich jetzt inspirieren!" kann dazu führen, dass der andere sich abgewertet fühlt, falls er immer wieder vorgeschrieben bekommt, die Rolle des Unterhalters zu erfüllen und falls er dieser Forderung nicht nachkommt, mit der schlechten Laune des Gelangweilten bestraft wird. Niemand ist für die Gefühlslage eines anderen Menschen verantwortlich, sondern nur für die eigene. Dies zu delegieren und bei mangelndem Gehorsam zu bestrafen beinhaltet eine Herabsetzung und Missachtung des Gegenübers.

- Unendliche Klagen äußern

Wie einen Kübel Unrat schütten Ihnen manche Zeitgenossen ihr Jammern über all das, was schief gelaufen ist, vor die Füße: wer alles sich ihnen gegenüber unangemessen verhalten hat, wer alles völlig unfähig ist, wo der Schuh drückt und wie schlimm das Weltgeschehen ist. Der Problemfinder vermittelt damit seinem Gegenüber, wie unendlich bemitleidenswert er ist. Besonders im Zusammenhang mit eingebildeten oder tatsächlichen Krankheiten appelliert er damit an das Mitleid seines Gesprächspartners und nutzt dann oft auch den sog. *"sekundären Krankheitsgewinn"*, der ihm Aufmerksamkeit und Entlastung von tagtäglichen Pflichten verspricht. Dies ist eine Manipulationstechnik. Achtung Ignoranzfalle!

- Abwertende Worte aussprechListen und ausschimpfen

Geradezu klassisch ist die herablassende Verwendung von unflätigen Bemerkungen, Schmähungen, Beleidigungen, und Kränkungen dem anderen gegenüber, jede Gelegenheit wird genutzt, um den anderen schlecht zu machen. Die Neurowissenschaftler haben herausgefunden, dass verbale Attacken auf den Menschen genau so wirken wie Schläge und sich im Schmerzzentrum des Gehirns des Attackierten niederschlagen und dort nachweisbar sind. Verbale Gewalt ist also wissenschaftlich bewiesen höchst schädigend und steht einem Aufblühen entgegen

- Aus einer Mücke einen Elefanten machen

Wer einen nichtigen Anlass wählt, um einen Streit vom Zaume zu brechen, stößt bei seinem Gegenüber oft auf irritiertes Unverständnis und Erstaunen, insbesondere, wenn dieser noch mit einem heftigen Wutausbruch gepaart ist. Choleriker sind für ihr besonders heftiges und lautes Temperament bekannt und daher kann man sich auf sie einstellen, solange Ursache und Wirkung durchschaubar sind. Wenn diese Ausbrüche jedoch aus heiterem Himmel und ohne erkennbaren Anlass in immer kleineren zeitlichen Abständen erfolgen, dann wirkt dies stark verunsichernd.

- Unterstellungen äußern

Eine Unterstellung dichtet dem anderen Menschen Worte, Taten, Motive oder Eigenschaften an, von denen dieser gar nichts weiß und die ihn aus allen Wolken fallen lassen. Eine Unterstellung wird als „Du-Botschaft" formuliert und bezichtigt die betreffende Person eines unangemessenen Verhaltens, eines unlauteren Motives oder einer schändlichen Handlung, die diese jedoch niemals ausgeführt hat. Jeder Versuch, sich zu rechtfertigen, wird vom Anschuldigenden ignoriert und solange mit angeblichen Gegenbeweisen versehen, bis der Beschuldigte völlig verwirrt ist. Der perfide Akteur genießt dann die Macht, einen anderen Menschen unentdeckt zu steuern. Dies ist eine Manipulationstechnik. Achtung Ignoranzfalle!

- Haar in der Suppe finden

Egal, was Sie sagen oder tun, Ihr Gegenüber hat immer was daran zu mäkeln oder auszusetzen und Sie können ihm oder ihr nie etwas recht machen, so sehr Sie sich auch bemühen. „Das Essen ist zu wenig salzig!", „Dein neues Kleid sitzt überhaupt nicht!" oder „Deinem Text fehlt der Esprit!" Selbst wenn Sie einen großen Erfolg errungen haben, dann kommt nicht „Ich bin stolz auf dich!", sondern: „Na, da hätte ich an deiner Stelle ein noch höheres Honorar verlangt!". Solche Menschen zeichnen sich durch Erbsenzählerei aus und versagen einem durchgehend die Würdigung oder zumindest einen Hauch von Anerkennung.

- Auf das Dankeschön verzichten

Wer selbstherrlich ist, dem steht alles zu, was das Leben zu bieten hat. Dazu gehört natürlich auch, dass der Rest der Welt einem selbstverständlich zu Diensten steht und dass man sich bei anderen nicht bedanken muss, wenn diese etwas Gefordertes oder auch nicht Erbetenes, Freiwilliges für einen erledigt haben. Wer dem Gegenüber das „Danke" versagt, der stellt sich als großartiges Wesen dar, dem man zu huldigen hat und wo man froh sein darf, an seinem Rasierwasser zu schnuppern. So sollte es eine große Gnade sein, dass Sie etwas für diese Person erledigen dürfen.

- Hilfsangebote anzweifeln

Eine besonders charmante Form der Ablehnung, ja sogar Entwertung, zeigt sich, wenn Sie, nachdem Ihr Gegenüber auf irgendeines seiner zahlreichen aktuellen Probleme hingewiesen hat, seinen Stress schilderte und Sie auf diesen dezenten Appell hin freimütig Ihre Hilfe anbieten, dies mit dem Satz „Kannst du das denn überhaupt?" kommentiert. Das Gleiche geschieht, wenn Ihre entsprechenden Angebote immer wieder schroff mit einem lautem „Nein!" abgewiesen werden. Auch das herablassende „Lass mal gut sein!" verfehlt nicht seine Wirkung. Auf diese Weise kann man jemandem genüsslich und ungestraft auflaufen lassen. Dies ist eine Manipulationstechnik. Achtung Ignoranzfalle!

- Auf das Bitte-Sagen verzichten

Mit indirekten Appellen anderen Menschen gegenüber lässt sich gut taktieren, wenn man keine Lust hat, gegebenenfalls eine Ablehnung zu riskieren. Gut eignet sich da aber auch das „Nebenbei-Spiel", das sich etwa darin zeigt, dass der Betreffende sagt: "Kannst du mal eben dies und das machen!" (z. B. etwas für mich einkaufen …) oder „Pack doch mal eben mit an!" (z. B. den schweren Schrank schieben …). Dadurch kommt zum Ausdruck, dass man einen selbstverständlichen Anspruch darauf hat, bedient zu werden.

- Fiese Anspielungen machen

Dezente Anspielungen auf Schwächen anderer Menschen werden nicht gleich als Abwertungen wahrgenommen, auch wenn sie diejenigen, die dort einen wunden Punkt haben, etwas aufrütteln. Werden sie jedoch gezielt eingesetzt, so entwickeln sie eine böswillige und verletzende Dynamik. Insbesondere herablassende Bemerkungen, die sich Frauen oft anhören müssen, vermitteln, wie wenig diese wertgeschätzt werden. „Ach, haben Sie gerade Ihre Tage?" oder „Wenn Sie glauben, Sie brauchen nur mit dem Hintern zu wackeln, um eine Gehaltserhöhung zu bekommen, dann haben Sie sich geschnitten!".

- Die Begeisterung des anderen ausbremsen

Diese Verhaltensweise zeigt sich darin, das, wann immer das Gegenüber glücklich über eigene Erfolge, schöne Erlebnisse oder Erinnerungen spricht, die Stimmung des Zuhörers kippt. „Ich kann deine Schwärmerei nicht teilen!" wäre dann noch zumindest ehrlich, aber häufig entsteht bei ihm schlechte Laune und es ist zu vermuten, dass dann Missgunst oder Neid mitspielen. Besonders unangenehm wird es dann für die Person, die ihrer Freude Ausdruck verleiht, wenn der Anwesende kommentarlos zu einem anderen eigenen Thema übergeht, das ihn vielleicht mehr interessiert, weil es seins ist. Die anfängliche Begeisterung bleibt einem dann im Halse stecken und man fühlt sich nicht wahrgenommen, sondern depotenziert. Dies ist eine Manipulationstechnik. Achtung Ignoranzfalle!

- Auf Entschuldigungen verzichten

Wenn Ihr Gegenüber Ihnen Unrecht getan, Sie verbal angegriffen oder verletzt hat und Sie ihm dies auch mitgeteilt haben, dann sollte diese Person Sie normalerweise irgendwann mal um Entschuldigung bitten. Wer jedoch davon ausgeht, ohne Fehl und Tadel zu sein, der übernimmt überhaupt keine Verantwortung für die eigenen Worte, eigene Entscheidungen oder deren Folgen. Besonders hochmütig kommt dieser dann daher, wenn er sagt: „Was interessiert es mich, was ich mal gesagt habe!". Notfalls hat man das dann vergessen oder kann sich nicht daran erinnern, so etwas jemals gesagt oder mitgeteilt zu haben. „Das kann ich niemals gesagt haben, das passt überhaupt nicht zu mir!".

- Falsche Versprechungen machen

Wann immer Ihr Gegenüber in der Vergangenheit etwas äußerte, das sich auf die gemeinsame Zukunft bezog, wie besondere Absichten, Pläne, Verabredungen, Gelöbnisse, Ehrenworte, Vorhaben, Ziele, Wunscherfüllungen, feierliche Erklärungen, Zusagen, Beteuerungen oder Zusagen, dann gilt dies plötzlich nicht mehr. Ihr Gegenüber hat dies entweder vergessen, kann sich gar nicht daran erinnern oder macht Ihnen den Vorwurf, dass Sie sich das nur einbilden. Wenn Sie jedoch auf Ihrer Wahrnehmung bestehen und das Versprechen festklopfen wollen, dann kann es dazu kommen, dass Ihr Gegenüber Sie wiederholt darauf hinweist, dass „das" nie so gewesen sein kann und dass Sie nicht ganz richtig im Kopf seien, wenn Sie das Gegenteilige behaupten. Dies ist eine Manipulationstechnik. Achtung Ignoranzfalle!

- Den Kritiker bestrafen

Wer es wagt, einer anderen Person gegenüber Vorwürfe oder Kritik zu äußern, riskiert, im Gegenzug herabgewürdigt oder ignoriert zu werden. Menschen, die keine Beanstandung oder Missbilligung vertragen, sorgen dafür, diejenigen auszuschalten, die an ihrer glänzenden Fassade kratzen, weil nicht sein kann, was nicht sein darf. „Das stimmt doch alles nicht!" Diese Verweigerungshaltung führt dazu, jeden Widerspruch im Keim zu ersticken, eine Auseinandersetzung oder Diskussion auf Augenhöhe ist daher nicht möglich. Besonders in totalitären Systemen wird auf der politischen Ebene diese Form der Abwertung praktiziert, um Gegner und Andersdenkende zu eliminieren.

- Schuld umkehren

Eine weitere Form, möglichen Anschuldigungen und Vorwürfen zu ent-
kommen, besteht darin, dem Gegenüber die Verantwortung für eigenes
Fehlverhalten in die Schuhe zu scheiben. „Die Tasse ist mir nur runter
gefallen, weil du mich abgelenkt hast!" „Ich bin nur fremdgegangen, weil
du keine Zeit für mich hattest" „Ich bin nur pleite, weil du immer so teure
Geschenke von mir haben wolltest!" Diese Vorgehensweise führt dazu, dass
Sie sich plötzlich schuldig fühlen, indem die gemeinsame Situation von
Ihrem Gegenüber aus völlig verdreht wird und man Ihnen den Schwarzen
Peter bzw. die Verantwortung für sein Fehlverhalten zuschiebt. Dies ist eine
Manipulationstechnik. Achtung Ignoranzfalle!

- Jemanden verbal bedrohen

„Wenn du dies und das nicht tust, dann passiert etwas Schlimmes, mit dem
du nicht gerechnet hättest!" oder „Wehe, du stimmst mir nicht zu!" „Du
wirst schon sehen, was du davon hast!" „Da siehst du mal, mit wem du es zu
tun hast". Diese und ähnliche Andeutungen und Aussagen provozieren ein
Klima der Bedrohung und verhindern Ihre freie Meinungsäußerung oder
durchdachte Entscheidungen. Sie werden unter Zugzwang gesetzt und die
Möglichkeit zu einer fairen Verhandlung mit der anderen Person entfällt.

- Hinterhältig scherzen

Der Ausdruck „Jemandem eins auswischen" bezeichnet sehr klar, dass es hier
um eine Attacke geht, die ganz leicht im Vorübergehen eingesetzt wird, wie
eine plötzlich gezückte Giftspritze. Wenn Ihr Gegenüber auf eine Bitte hin,
die Sie äußern, erwidert: „Jawohl, Euer Majestät!" oder bemerkt „Mit Brille
wär das nicht passiert!", wenn Sie sich verletzt haben und über Schmerzen
klagen, dann kann diese Art von Spott vermitteln, dass man Ihnen gegenüber nicht gerade wohlgesonnen ist. Auch die Mitteilung, dass Sie ja ziemlich
unattraktiv aussehen, wenn Sie weinen, und dass Sie sich lieber eine wasser-
feste Wimperntusche kaufen sollten, zeugt von Menschenverachtung und
Mikrogewalt. Dies ist eine Manipulationstechnik. Achtung Ignoranzfalle!

- Heucheln

Diese besondere Form des Lügens zeichnet sich dadurch aus, dass Ihnen
verbal durch Ihr Gegenüber positive Gefühle, Wohlwollen, beste Absichten
und Solidarität in allen Lebenslagen übermittelt werden, die jedoch einer
wahren Grundlage entbehren. „Du brauchst nur anzurufen, ich bin

dann sofort bei Dir, wenn was ist!" Auch jegliche Form der übertriebenen Beteuerung nach einem Fehler, den der andere sich Ihnen gegenüber erlaubt hat, passt hierher, etwa nach dem Motto „Das alles habe ich doch eigentlich nur für dich getan, du musst mir das glauben!". Hier werden Sie bewusst hinters Licht geführt, nicht ernst genommen und letztendlich veräppelt, um einen dezenten Ausdruck zu benutzen.

- Widersprüchlich Informationen senden

Wenn das gesprochene Wort oder der mitgeteilte Satz nicht mit der dazu passenden Körpersprache verbunden ist, dann entsteht beim Empfänger eine Unstimmigkeit und eine Irritation: Woran soll ich glauben? An das freundliche Lächeln oder an das Schimpfwort, das mir mein Gegenüber gerade entgegen geschleudert hat? Wenn man Ihnen mit Leichenbittermiene mitteilt, dass die Party gestern bei Ihnen so schön gewesen wäre, dann entsteht in Ihnen eine starke Desorientierung. Will Ihr Mitmensch Sie verrückt machen, sodass Sie sich in Ihren Wahrnehmungen „verirren"? Dies ist eine Manipulationstechnik. Achtung Ignoranzfalle!

- Oberflächliche Gespräche führen

Wer kein Interesse an seinen Mitmenschen und an besonderen Themeninhalten hat, der kann auch keinen wirklich guten Gedankenaustausch mit seinem Gegenüber führen. Sog. „hohle Fragen", die nicht wirklich ernst gemeint sind und die wie „nebenbei gestellt" wirken, bestimmen den Gesprächsverlauf. Authentische Mitteilungen, die von Herzen kommen, können Sie dann nicht erwarten. Banale Behauptungen Ihres Gegenübers blockieren eine fröhliche Diskussion und dummdreiste Äußerungen über allgemein verbindliche kulturelle Errungenschaften wie Kunst oder Philosophie blockieren Ihren Ideenfluss. Wann immer Sie einen Impuls geben wollen, ertönt abwehrend „Kenn ich doch schon!" und nur beim belanglosen Politisieren gerät der andere in gewisser Weise in Fahrt.

- Starre Vorgaben machen

Machtansprüche werden gerne dadurch gesichert, indem man dem Gegenüber vorschreibt, was wie und wo zu geschehen hätte. So werden teils auch geradezu lächerliche Äußerlichkeiten konstruiert, die einen unflexiblen und rigiden Rahmen im Umgang miteinander stecken und an die Sie sich zu halten haben: Nichts darf zwischen Ihnen und der anderen Person selbstverständlich, spontan oder natürlich stattfinden, weil stets ein gewisses

„Muss", das vom Gegenüber und dessen Machtgelüste verlangt wird, dies ständig verhindert. Eine solche Gesprächsatmosphäre nimmt einem die Luft zum Atmen und Betroffene bewegen sich dann symbolisch „wie auf Eierschalen", um nicht irgendwo anzuecken. Die Kontrollsucht des Gegenübers verhindert jegliche Leichtigkeit in der Kommunikation.

- Den Diskurs verweigern

Über die Art und Weise, wie man miteinander redet oder umgeht zu sprechen, wird in der Psychologie *„Meta-Kommunikation"* genannt. Auf diese Weise können Konflikte, Streitpunkte, Missverständnisse, Meinungsverschiedenheiten oder Gefühlsverwirrungen aufgelöst werden. Voraussetzung für diese Art der Diskussion ist, dass Betroffene bereit sind, sich dieser Aufgabe zu stellen. Wenn jedoch ein Part diese Bereitschaft grundsätzlich verweigert, also mauert, bleibt nichts geklärt und das Unausgesprochene hängt weiterhin in der Luft. Der Verweigerer vermittelt dadurch, dass Sie es nicht wert sind, Störungen in der Kommunikation aufzulösen. Ihm ist daran gelegen, Ihnen auf Dauer eine Stress-Impfung zu verpassen. Dies ist eine Manipulationstechnik. Achtung Ignoranzfalle!

14.3 Non-verbale Abwertung und Ignoranz

Wer jemand anderen beleidigen, kränken oder bestrafen möchte, der kann dies natürlich ohne Worte, sondern nur mit Mimik, Gestik oder Pantomimik zum Ausdruck bringen. Einerseits wirkt diese Form der Abwertung oder auch Ignoranz besonders gut auf das Unterbewusste des anderen Menschen ein, andrerseits kann man dann ja stets behaupten, dass man doch überhaupt nichts Abfälliges oder Böses gesagt hätte und sich damit eigener Verantwortung entziehen.

- Grimassen ziehen

Der Gesichtsausdruck bietet vielerlei Möglichkeiten, dem Gegenüber herabwürdigende Botschaften zu senden und damit zu vermitteln, dass man nicht viel von ihm hält. Die abwertende Person kann Ihnen etwa die Zunge herausstecken, beide Mundwinkel verächtlich herunterziehen, eine Fratze zeigen, indem sie das Gesicht unschön verzieht, die Backen aufblähen und dann die Luft aus dem Mund entweichen lassen im Sinne von „Ist mir doch egal!", höhnend feixen, spöttisch einen Mundwinkel hochziehen, gespielt erstaunt die Augenbrauen im Sinne von „Na sowas! Da muckt ja jemand auf!" anheben oder die Nase rümpfen, wenn ihr etwas am anderen als Person oder an dessen Aussagen nicht passt und sie damit ihre Abscheu ausdrücken will.

- Ein Pokerface aufsetzen

Beim Pokern lässt man sich nicht gerne in die Karten schauen, damit der Gegner nicht weiß, ob man ein gutes oder schlechtes Blatt hat, was den Spielverlauf und die Gewinnchancen für einen nachteilig beeinflussen könnte Wer seine Mimik im Alltag derartig kontrolliert, dass dort kein Gefühlsausdruck mehr auftaucht, der verbindet dies ebenfalls mit einer heimlichen Absicht und vermeidet damit Offenheit. Das Gegenüber kann dann nicht mehr im Gesicht des anderen lesen und ist auf Vermutungen angewiesen, was da in der anderen Person vor sich geht. Dies kann in höchstem Maße irritierend sein, wenn ein Mensch durch eine unbeweglich präsentierte Miene keine Anhaltspunkte und kein visuelles Feedback bekommt. Dies ist eine Manipulationstechnik. Achtung Ignoranzfalle!

- Permanent einen leidenden Gesichtsausdruck zeigen

Wer krank ist, der leidet und niemand kann ihm verwehren, dass er nicht gerade glücklich ausschaut. Anders hingegen gestaltet sich die Kommunikation, wenn Ihr Gegenüber auch im Alltag Ihnen gegenüber ständig ein schmerzhaft verzogenes Gesicht zeigt, weil es ihm irgendwie andauernd schlecht geht. Auf besorgte Nachfragen hin bekommen Sie keine klaren Antworten, nur die leidende stumme Attitüde. Sie haben das Gefühl, im Nebel zu stochern und versuchen, irgendwo Anhaltspunkte zu finden. Doch Ihr Gegenüber lässt Sie damit im Regen stehen. Leider können Sie dadurch heimlich stressgeimpft werden. Falls jedoch unerwartet eine weitere Person auftaucht, verschwindet der gequälte Gesichtsausdruck des Leidenden plötzlich. Vielleicht haben Sie dann das berechtigte Gefühl, dass man Ihnen stimmungsmäßig auf der Nase herumtanzt, damit Sie sich besorgt fühlen und Ihrem Gegenüber dadurch Aufmerksamkeit schenken. Dies ist eine Manipulationstechnik. Achtung Ignoranzfalle!

- Jemanden nachäffen

Wer seinen Nächsten genau beobachtet und dessen äußerliche Eigenarten selbst einstudiert, der kann dann dessen Stimmhöhe und -lage, Gesichtsausdruck, Kopf- und Körperhaltung, Gangweise oder typische Handbewegungen nachmachen, um dies später zu nutzen, sich über diese

Person lustig zu machen, indem er ihn nachäfft und gegebenenfalls auch vorhandene kleine Macken oder Handicaps dabei stark übertreibt. Diese besondere Art der Clownerie fällt in der Regel sehr verletzend aus, weil sie dem Betreffenden vermittelt, was für ein bemitleidenswerter oder lächerlicher Mensch dieser sei. Gleichzeitig erhebt sich der Nachäffende über ihn, indem er sich selbst das Recht und die Freiheit nimmt, seinen Mitmenschen ungebeten zu imitieren.

● Hinterher pfeifen und johlen

Andere Menschen herunter zu machen scheint das Gefühl zu vermitteln, selbst viel größer und mächtiger zu sein als diejenigen, die man beschimpft, auslacht oder ausgrenzt. Um geradezu eine öffentliche Szene zu machen, nutzen manche Menschen die Straße, um jemanden zu demütigen. So müssen es insbesondere auch weibliche Wesen nicht nur in vergangenen Zeiten, sondern nach wie vor auch heute ertragen, dass ihnen von Männern hinterher gepfiffen oder gejohlt wird, was ganz bestimmt nicht als Kompliment aufgefasst wird. Auch das Kss-kss-Zischeln als Kontaktangebot enthält eine falsche Tonlage.

● Augenkontakt vermeiden

Jeder Mensch möchte von seinem Gesprächspartner oder von seinem persönlichen Gegenüber wahrgenommen werden. Normalerweise geschieht das durch Blickkontakt, indem man sich gegenseitig in die Augen schaut, jedoch darauf verzichtet, zu lange hinzuschauen, um den anderen nicht anzuglotzen und damit zu irritieren. Wer jedoch dem Blick des Gegenübers ausweicht, scheint etwas verbergen zu wollen, Kinder etwa, die wegen eines kleinen Vergehens zur Rede gestellt werden, schauen Erwachsenen dann oft nicht an, sondern blicken zu Boden. Wer jedoch von sich aus dem Blick anderer Menschen systematisch ausweicht oder diesen überhaupt nicht mehr erwidert, beabsichtigt, den Betreffenden mit dieser Art zu strafen, also absichtlich ohne Gründe für sein Verhalten anzugeben, zu schneiden. Dies ist eine Manipulationstechnik. Achtung Ignoranzfalle!

● Tonlos reden und antworten

Der Ton macht die Musik! Und Stimme hängt mit dem Wort „Stimmung" zusammen. Wer tonlos eine Frage beantwortet, der drückt damit aus, dass ihn sein Gegenüber nicht besonders interessiert und auch, dass er extrem vom Gegenüber und dessen Anwesenheit gelangweilt ist. Klanglos zu reagieren vermittelt, dass man den anderen am liebsten von hinten sehen würde und dass er oder sie ihm schon längst überdrüssig geworden ist. Dieser abgelehnte Mensch ist es noch nicht einmal wert, ein entsprechend klärendes Gespräch miteinander zu führen. Dies ist eine subtile Resonanzverweigerung, wenn auf Ihre Frage „Was ist denn los?" keine Bereitschaft gezeigt wird, sich entsprechend zu äußern, außer dass mit Grabesstimme gesagt wird: „Nichts!". Dies ist eine Manipulationstechnik. Achtung Ignoranzfalle!

- Vor jemandem ausspucken

Um jemandem zu vermitteln, dass man ihn verachtet und dass man nichts mehr mit ihm oder ihr zu tun haben möchte, greifen machen Menschen auf eine fast archaisch anmutende Körpersprache zurück: Sie sammeln in ihrem Mund Speichel und schleudern diesen entweder dem Gegenüber ins Gesicht, was von diesem als besonders schrecklich empfunden wird, oder sie spucken ihn auf den Boden vor demjenigen hin, den sie herabwürdigen wollen und den sie abgrundtief verachten.

- Einen starren unbeweglichen Blick zeigen

Besonders unheimlich wirkt es, wenn das Gegenüber schweigt und dazu noch mit den Augen eingefroren zu sein scheint, d. h. weder mit den Wimpern zuckt oder blinzelt, noch die Lider senkt, noch die Blickrichtung, die geradeaus auf einen zu gerichtet ist, verändert. Solch ein Blick wirkt kalt und grausam, weswegen das jeweilige Gegenüber innerlich und äußerlich in Habachtstellung geht, da man berechtigterweise fürchten muss, dass gleich etwas Unangenehmes geschieht, dass man noch offensiver bedroht wird oder dass der andere sich gleich wütend auf einen stürzt. Dies ist eine Manipulationstechnik. Achtung Ignoranzfalle!

- Sich hochnäsig gebärden

Die Nase hoch zu tragen und damit auch die Augen über allem, was an Mitmenschen „dort unten" ist, dahinschweifen zu lassen, ist eine Pantomime, die sowohl im Sitzen, wie auch im Gehen demonstriert werden kann. Sie steht sprichwörtlich für ein eingebildetes Wesen und für die permanente Überlegenheit der übrigen Menschheit gegenüber. Wer es mit einem derartigen Gegenüber zu tun hat, der erfährt fortgesetzten Stress, denn solche Menschen erhöhen sich auf Kosten anderer. Sie lassen keine Situation aus, ihren Hochmut vorzuführen und produzieren damit stets eine angespannte Stimmung.

- Mit herablassendem Tonfall sprechen

Auch hier macht der Ton die Musik und das Wort „herablassend" vermittelt direkt und bildlich, dass jemand von einer höheren Warte aus auf die Niederungen seiner Mitmenschen herabschaut, denen er sich haushoch überlegen fühlt. Mit dem gedehnten Tonfall signalisiert er, dass er sich nicht unter Gleichen aufhält und dass es ihm keine Ehre ist, mit Ihnen Kontakt zu pflegen und dass es überhaupt an ein Wunder grenzt, dass er sich mit Ihresgleichen abgibt. Dies kann auch noch dadurch gesteigert werden, dass Ihr Gegenüber immer einsilbiger wird und die Stimme so weit senkt, dass Sie ständig nachfragen müssen, weil er oder sie nur noch angestrengt flüstert.

- Den Vogel zeigen

Eine besonders brüskierende und abwertende Geste ist, dem anderen den Vogel zu zeigen, indem man sich selbst mit dem Zeigefinger an die Stirn oder auf den Oberkopf klopft. Dies vermittelt, dass der andere nicht ganz dicht ist im Oberstübchen, seinen Verstand verloren hat und somit unzurechnungsfähig ist. „Du spinnst wohl!" sagt aus, dass Sie für Ihr Gegenüber kein adäquates Gegenüber sind, sondern nur im besten Falle ein unterbemitteltes Wesen, das nicht glaubhaft und von allen guten Geistern verlassen ist. Mit so jemandem will man nichts zu tun haben, der oder die ist aus dessen überlegener Sicht geradezu „unterirdisch".

- Feixen

Wenn sich jemand über einen anderen Menschen in abwertender Art lustig macht, dann spiegelt sich dies auch oft in seinem Gesichtsausdruck. Eine besondere Art des Grinsens und Hohnlächelns vermittelt dann auch ohne Worte, dass er den anderen nicht nur ablehnt, sondern regelrecht verachtet. Eine weitere Konsequenz wäre dann, ihn womöglich noch, wie oben bereits ausgeführt, anzuspucken, um ihm zu vermitteln, was für ein Abschaum und ein unerträgliches Mitglied der menschlichen Gesellschaft er darstellt.

- Küsse rauben

Ein Kuss mit den Lippen ist eine äußerst feinfühlige Angelegenheit, die dem Gegenüber vermittelt, dass man diese Person mag und schätzt. Er kann zudem auch eine stark erotische Komponente enthalten, je nachdem, ob er zwischen Verliebten oder eher Freunden, Verwandten, Eltern und deren Kindern ausgetauscht wird. Ein Kuss kann auf den Mund des anderen Menschen platziert werden, auf die Stirn oder die Wangen oder auch mal galant auf den Handrücken. Wer sich jedoch erdreistet, unerwartet und ohne eine entsprechende vertrauliche Vorgeschichte plötzlich einseitig Küsse zu verteilen, der verhält sich übergriffig, respektlos und damit abwertend.

- Sich die Ohren zuhalten

Wer zum Ausdruck willen möchte, dass er die sprachlichen Äußerungen seines Gegenübers nicht mehr hören möchte, weil er diese zum Beispiel nicht mehr ertragen kann, der kann sich natürlich ganz ostentativ mit beiden Händen die Ohren zuhalten und sich die Zeigefinger jeweils in die Ohren stecken. Diese abfällige Geste vermittelt, dass man nicht mehr bereit ist, eine gewisse Toleranz beim Zuhören zu zeigen und dass der andere Mensch geradezu eine Zumutung ist wie etwa das andauernde Dröhnen einer Maschine oder das Wummern eines Presslufthammers.

- Sich auf die Stirn schlagen

Wer in einer Gruppe oder vor einem einzelnen anderen Menschen einen Vorschlag macht und damit die Reaktion hervorruft, dass das Gegenüber sich wortlos an den Kopf fasst beziehungsweise sich an die Stirn schlägt, dann transportiert dies die Botschaft: „Mensch, was für ein Blödmann bist du bloß!". Diese Form der Beleidigung basiert auf der vermeintlichen Überlegenheit desjenigen, der sich anmaßt, einen anderen Menschen bezüglich seiner geistigen Fähigkeiten beurteilen zu können.

- Einen gönnerhaften Ton anschlagen

Wer eine Gleichbehandlung zwischen Menschen ablehnt und sich selbst als den Superstar erlebt, der neigt dazu, sein Gegenüber wie ein Kind zu behandeln, das froh und glücklich sein darf, überhaupt wahrgenommen zu werden. So vermittelt der Sound seiner Stimme, dass er tatsächlich noch ein paar Brosamen abgeben kann, ja sowieso ein äußerst großzügiger Zeitgenosse ist und es sich von Zeit zu Zeit erlauben kann, in die Niederungen seiner Mitmenschen herabzusteigen, um ihnen ein paar Wohltaten zukommen zu lassen. Sie dürfen sich dann um eine huldigende Haltung bemühen.

- Mit dem Zeigefinger fuchteln

Diese Dominanz- und Drohgebärde drückt aus, dass Sie es hier mit einer Autorität zu tun haben, der Sie unbedingt zu gehorchen haben. Wehe, wehe, wenn Sie nicht spuren! Ihr Gegenüber verlangt von Ihnen unbedingten Gehorsam, den Sie auch nicht zu hinterfragen haben. Der andere zeigt Ihnen, wo es entlang zu gehen hat und vermittelt Ihnen damit, dass Sie ein unmündiges Kind sind. Mit Wertschätzung hat das nichts zu tun, sondern verfrachtet den Mitmenschen an den Katzentisch, der abseits der Essenstafel für Erwachsenen steht.

- Jemanden anrempeln

Wer sich anmaßt, dem anderen Menschen dessen Platz streitig zu machen, der verzichtet auf den zwischenmenschlichen gegenseitigen Respekt. Beim Vorübergehen, Überholen oder Entgegenkommen den eigenen Ellenbogen in die Rippen eines Passanten zu stoßen, könnte schon fast eine abwertende Handlung, und nicht nur nonverbale Körpersprache sein. Diese ablehnende Geste vermittelt „Ich finde dich unsympathisch!" und zeigt, dass man es sich ungestraft erlauben kann, sich derartig rücksichtslos zu benehmen.

- Schweigebehandlung einsetzen

Wer fragt, der hätte gerne eine Antwort, wer etwas erzählt, der hätte gerne eine Erwiderung zu seinem Bericht, ein Feedback oder wer etwa über seine Gefühle spricht, der hätte gerne einen Kommentar von seinem Gegenüber. Auch wenn Sie dem anderen gegenüber Wünsche äußern, dann hätten Sie sicherlich gerne eine Reaktion darauf. Auf diese Weise läuft normalerweise ein gelungener Austausch zwischen zwei oder mehreren Personen. Doch wenn Sie angeschwiegen werden und der Betreffende verlässt dann auch noch wortlos den Raum, in dem Sie sich gemeinsam aufhalten, dann vermittelt dies „Du bist für mich nicht vorhanden! Du existierst nicht für mich". Dieses stumme sang- und klanglose Verhalten ist nicht nur eine Abwertung, sondern auch eine Entwertung Ihrer Person. Dies ist eine Manipulationstechnik. Achtung Ignoranzfalle!

- Verständnislos den Kopf schütteln

Wann immer Sie mehr oder weniger aufgeregt Ihrem Gegenüber eine wahre Geschichte aus Ihrem Leben erzählen und diese zudem eine gewisse Dramatik beinhaltet, dann kann es sein, dass sich Ihr Gegenüber eines Kommentares oder einer einfühlsamen mitschwingenden Reaktion entzieht und stattdessen nur ungläubig mit den Kopf schüttelt nach dem Motto: „Das kann doch einfach nicht wahr sein!" Auf diese wortlose Weise vermittelt der Zuhörer, dass er Ihnen nicht traut, dass Sie gegebenenfalls Unsinn reden und dass Sie vielleicht auch nicht ganz zurechnungsfähig sind, wenn sich Ihre Realität aus seiner Sicht derartig unseriös und unsolide präsentiert. So werden an Ihnen Zweifel an Ihrer Glaubwürdigkeit gesät.

- Den mündlichen Gruß verweigern, die Straßenseite wechseln

Im Alltag begegnen sich die Menschen üblicherweise etwa außerhalb der Behausung oder dem Arbeitsplatz auf der Straße, wo sie sich, wenn man miteinander bekannt ist, normalerweise gegenseitig grüßt und damit ein gewisses gegenseitiges Registrieren, manchmal auch Wohlwollen ausdrückt. Wenn Sie jedoch plötzlich von einer Person, die Sie mehr oder weniger gut kennen, nicht mehr gegrüßt werden, so kann das bei Ihnen zu einer Irritation führen, insbesondere dann, wenn dieses Verhalten noch dadurch „getoppt" wird, dass derjenige die Straßenseite wechselt, wenn Sie sich arglos nähern. So kann man Sie abwerten und Ihnen eins auswischen, ohne dafür verantwortlich gemacht zu werden. Dies ist eine Manipulationstechnik. Achtung Ignoranzfalle!

- Den Handschlag verweigern

Auch hier werden Sie, wie im vorherigen Beispiel, von der anderen Seite aus entwertet, denn man übersieht geflissentlich Sie und Ihre Existenz, indem Ihr Gegenüber Ihnen den Handschlag verweigert, der zu den üblichen Konventionen im Umgang miteinander gehört. Dieses Verhalten ist nicht nur unhöflich, sondern auch mehr oder weniger provokativ Ihnen gegenüber, denn diese verweigerte Geste signalisiert, dass Sie es nicht wert sind, dass man mit Ihnen Kontakt pflegt und dass Sie zudem für die andere Person Luft bedeuten. So steckt auch manchmal die ausgestreckte Hand wie ein toter Ast geradezu skurril im Zwischenraum zwischen Ihnen und dem Verweigerer. Dies ist eine Manipulationstechnik. Achtung Ignoranzfalle!

14.4 Abwertung und Ignoranz durch Handlungen

Zerstörerische Handlungen können sowohl physischer, als auch psychischer Natur sein und vermitteln, dass man sein Gegenüber als Feind oder zumindest als ein Wesen, das nichts taugt und weit unter einem steht, wahrnimmt. Dies scheint manchen Menschen den „Freifahrschein" zu geben, das jeweilige Gegenüber zu knechten oder auch letztendlich zu zerstören, wie dies in den Fällen äußerster physischer Gewalt geschieht. Hier offenbart sich die kriminelle Grundhaltung: „Ich bin o.k.- Du bist nicht o.k.!".

- Jemanden verprügeln oder auspeitschen

Als erstes finden Sie hier eine verbreitete Form der körperlichen Gewaltanwendung, die vom Recht des Stärkeren ausgeht, der meint, sich über Schwächere erheben zu müssen. Prügel als Strafe für Kinder, Frauen, Untergebene, Diener, Knechte, Mägde, Sklaven oder Straftäter. Prügel als Machtdemonstration unter dem Mantel der Züchtigung, die angeblich gebessertes Verhalten bei anderen Menschen hervorruft. Jemanden zu verprügeln beinhaltet stets, dass der Strafende ein Instrument verwendet, um etwa mit Stockschlägen oder Peitschen gezielte Hiebe auf andere Menschen auszuüben, um ihn zu verletzen.

- Jemanden direkt schlagen

Um sich überlegen zu fühlen und der anderen Person zu demonstrieren, dass sie unterlegen ist, gibt es zahlreiche Möglichkeiten, dies durch direkte körperliche Gewalt unter Beweis zu stellen. Ziel ist auch hier, sich auf Kosten der Unterlegenen zu erhöhen. Ohrfeigen, Klapse und Schläge mit der offenen Hand, aber auch das Attackieren mit der Faust oder der Handkante, möglichst auf entkleidete Körperteile des Gegenübers, dienen dazu, körperliche Macht zu zeigen und dem Gegenüber Schmerzen zuzufügen. Mit Wohlwollen hat das nichts zu tun, auch wenn manche Psychopathen behaupten, sie würden „aus Liebe" züchtigen.

- Einen Hund auf einen Menschen hetzen

Manche Menschen bedienen sich der Tiere, in diesem Fall eines Hundes, um eine andere Person zu demütigen und ihr zu vermitteln, dass sie eine nichtsnutzige Existenz ist. Dabei besteht die Gefahr, dass der andere nicht nur vertrieben, sondern auch wehrlos gebissen wird. Diese Vorstellung ruft bei jedem Menschen massive Ängste hervor und kann zu schwerwiegenden Traumata führen, da man sich in solchen Situationen in der Regel nicht zur Wehr setzen kann.

- Jemanden mit körperlicher Gewalt zwingen

Wer einen anderen Menschen für seine eigenen Zwecke gefügig macht, erhebt sich über ihn und wertet ihn damit ab. Diese Gewalt erfolgt direkt, etwa dadurch, jemanden am Nacken zu packen, ihn in die Knie zwingen oder ihn mit eisernem Griff dazu zu bringen, etwas gegen den Willen des körperlich Unterlegenen für den Handelnden zu tun. Dazu gehören auch sämtliche sexuellen Übergriffe und Formen der Vergewaltigung, die insbesondere von Männern Frauen gegenüber ausgeführt werden, dem körperlich unterlegenen und daher schwachen Geschlecht.

- Foltern

Schläge landen eher kurz, wenn auch gehäuft hintereinander auf dem Körper des anderen, wohingegen andere Formen der körperlichen Gewalt eher lang andauernd währen und zu einer Tortur mit dramatischen Folgen führen. Dazu gehört jede Form von permanentem Schmerzzufügen, etwa das Verdrehen von Armen, Händen und Beinen, Zwicken, Quetschen, Würgen oder Überdehnen, sowie auch der Einsatz von Strom und Wasser. Diese menschenverachtenden Praktiken werden sowohl im kriminellen Milieu, beim Militär oder auch in Straflagern verwendet und sollen den Betroffenen vermitteln, dass sie unwürdige menschliche Existenzen sind, mit denen man machen kann, was man will.

- Jemanden willenlos machen

Eine weitere Form, einen anderen Menschen herabzuwürdigen besteht darin, ihn unwissentlich durch Drogen wie Alkohol oder K.O-Tropfen so außer Gefecht zu setzen, dass er nicht mehr seinem eigenen Willen folgen kann und sich damit einer anderen Person ausliefert, die es nicht gut mit ihm oder ihr meint. Auf diese Art und Weise wird der Geschädigte zum Objekt oder Ding gemacht, mit dem nach Belieben verfahren kann.

- Jemandem etwas wegnehmen

Jede Form von Diebstahl und Raub kränkt die davon Betroffenen. Für manche Menschen stellt der persönliche Besitz ja auch so etwas wie der verlängerte Körper dar, ist identitätsstiftend und viele Gegenstände sind nicht nur mit Prestige und Status, sondern auch mit Erinnerungen verbunden. Davon abgesehen können gestohlene Gegenstände auch die tagtägliche Lebensgrundlage plötzlich massiv verschlechtern oder völlig einschränken und sogar das Überleben gefährden. Wer stiehlt, der missachtet die Würde seiner Mitmenschen.

• Geistiges Eigentum stehlen

Falls Sie zu denjenigen Menschen gehören, die in der Schule gerne von sich abschreiben ließen, um diejenigen etwas zu unterstützen, die vielleicht nicht alles so gut gelernt hatten oder begabt waren, dann war das Ihre „loyale" Entscheidung. Anders jedoch sieht es aus, wenn jemand Ihre geistigen Leistungen als die seinen ausgibt und damit etwa das Copyright verletzt. Das Gleiche passiert, wenn Sie im Unternehmen kreative Vorschläge machen und jemand anderes damit hausieren geht und behauptet, dass diese von ihm stammen, um dadurch gewisse Vorteile für die eigene Karriere zu erlangen. Auf diese Weise werden Mitmenschen ausgetrickst und damit herabgewürdigt.

• Den Besitz anderer absichtlich beschädigen

Jedem kann es mal passieren, dass er zufällig etwas kaputt macht, was einem anderen gehört, etwa einen Teller fallen lässt oder eine vollgefüllte Tasse umkippt, die das Tischtuch des Gastgebers verunreinigt. Wer jedoch gezielt und absichtlich das Hab und Gut seiner Mitmenschen zerstört, der handelt menschenverachtend. Dies kann von kleinen Gemeinheiten dem Nachbarn gegenüber, wie etwa, seine liebevoll dekorierten Pflanzkübel umzustoßen, über Werksabotage bis zum Vandalismus führen, alles unter dem Vorwand, dies aus windigen Gründen berechtigterweise machen zu dürfen.

• Jemanden einsperren

Dem Mitmenschen die Bewegungsfreiheit zu nehmen ist ein äußerst starker Eingriff in seine Persönlichkeitsrechte. Dies kann etwa dadurch erfolgen, dann man jemandem Stubenarrest erteilt, d. h., ihn zur Strafe bei Wasser und Brot in ein Zimmer einschließt. Dies kann aber auch dadurch stattfinden, dass Sie ohne einen erkennbaren strafrechtlichen Grund geliefert zu haben, in eine Arrestzelle oder in ein Gefängnis gebracht werden, oder dadurch, dass Sie auf einer einsamen Insel ausgesetzt werden, von der vorerst kein Entkommen mehr möglich ist. Eine weitere Möglichkeit ist, dass Sie fixiert werden. Auch das ist in gewisser Art ein Gefängnis, etwa wenn man Sie wie Vieh behandelt, indem man Sie festbindet oder fesselt.

• Isolieren

Manche Mitmenschen legen es darauf an, Sie etwa von Ihren Verwandten und Freunden zu isolieren, um Sie gefügig zu machen. Auf diese Art und

Weise sind Sie dann nur noch der Meinung und den Ansichten eines einzigen Menschen oder einer Gruppe ausgesetzt, die damit auch die jeweiligen Zielmarken allgemein verbindlicher Regeln im Umgang miteinander zu ihren Gunsten verschieben: Was gestern galt, gilt heute nicht mehr, die sonst übliche Standards werden nicht mehr akzeptiert und das Normale wird verachtet. Sie haben dann gar nichts mehr zu melden und haben nur noch untertänig zu gehorchen. Solche Praktiken werden u. a. gerne von Sekten verwendet, aber auch in autoritären politischen Systemen. Dies ist eine Manipulationstechnik. Achtung Ignoranzfalle!

- Einen weiblichen Hintern tätscheln

Anschauen ja, anfassen NEIN! Jeder Mensch hat seine höchst persönliche Intimgrenze, wie bereits weiter oben beschrieben. Und nur Vertrauten wird gestattet, diese zu überschreiten und einem anderen Menschen damit sehr nahe zu kommen. Wer es sich herausnimmt, unaufgefordert oder ungewünscht auf diese Weise einen fremden Körper zu berühren, der verhält sich respektlos und abwertend. Durch diesen Übergriff zeigen Sie, dass die Gleichberechtigung zwischen Männern und Frauen leider immer noch nicht sattfindet.

- Feiern und Feste sabotieren

Jemandem die Freude zu verderben zeugt nicht dafür, dass man dem Gegenüber wohlgesonnen ist. So kann es passieren, dass Ihr Gegenüber durch Unzuverlässigkeit, Vergessen oder angebliche Missverständnisse Ihre Feier verdirbt: Er kommt zu spät oder überhaupt nicht, macht völlig unpassende Geschenke, aus denen zu ersehen ist, dass er sich keinerlei Gedanken über Sie und Ihren Geschmack gemacht hat, verhält sich Ihren Gästen gegenüber unhöflich, beschwert sich über die Dekoration oder das Essen, mokiert sich über Abwesende und bemüht sich redlich, schlechte Laune zu verbreiten. Auf diese Art und Weise vermittelt er seinem Gegenüber, dem Gastgeber, dass er ihn nicht wertschätzt, sondern herunter machen will und seine Welt nicht gelten lässt. Dies ist eine Manipulationstechnik. Achtung Ignoranzfalle!

- Sachen hinterherwerfen

Um zu demonstrieren, dass das Gegenüber ein verachtenswerter Mensch ist, kann jemand Wurfgeschosse verwenden, um diese Person zu verletzen und aus dem eigenen Umfeld zu vertreiben. Dies kann sich besonderes effektvoll und dramatisch in Ehe- oder Partnerschaftsstreitigkeiten zeigen, wenn die Tassen fliegen oder jemandem der Aschenbecher hinterher geworfen wird. So wird deutlich gemacht, dass man mit so jemand Verabscheuungswürdigen nichts mehr zu tun haben will.

- Jemanden stalken

Eine besondere Art der Freiheitsberaubung ist, jemanden auf Schritt und Tritt zu verfolgen, ihn durch Telefonate und schriftliche Mitteilungen zu belästigen und sich ihm unaufgefordert immer wieder zu nähern. Diese Form der abwertenden Handlung räumt dem Gegenüber keinerlei freie Entscheidung darüber, mit welchen Menschen er oder sie sich umgeben möchte, ein, sondern überschreitet jegliche Distanzgrenzen und drängt sich ständig in dessen Leben ein, was von der betroffenen Person als ständige diffuse Bedrohung im Alltag wahrgenommen wird.

- Ein öffentliches Ärgernis erzeugen

Sich in Anwesenheit anderer Personen „wie Sau" zu benehmen, demonstriert, dass einem diese Mitmenschen und deren Werte, Sitten und Gebräuche völlig egal sind und dass Regeln, die für andere Menschen gelten, für einen selbst aufgehoben sind. Dazu gehört, sich zu entblößen, zu urinieren, sich zu übergeben, absichtlich zu rülpsen, ein Bein zu stellen, damit das Gegenüber stürzt, dem anderen Essen ins Gesicht zu werfen oder Getränke und andere Flüssigkeiten über ihm auszugießen sowie sexuell aufreizende Bewegungen vorzuführen.

All diese ab- und entwertenden Verhaltensweisen Ihnen gegenüber können dazu führen, dass Sie sich als betroffene Person nicht gerade wie im Paradies auf Erden lebend empfinden. Die Chance, sich wohl zu fühlen, sich selbst zu verwirklichen, Flow zu entwickeln und ein zufriedenes Leben zu führen, scheint dann sehr gering zu sein.

Aufgabe

Nutzen Sie die obige Zusammenstellung dafür, einmal zu überlegen, inwiefern Sie persönlich mehr oder weniger bewusst diese Dimensionen der Abwertung oder Ignoranz von Ihrem jeweiligen Gegenüber erhalten haben und diese Verhaltensweisen auch gelegentlich umgekehrt anderen Menschen gegenüber zeigen.

14.5 Auswirkungen auf das Wohlbefinden anderer

Es kann der Frömmste nicht in Frieden leben, wenn es dem bösen Nachbarn nicht gefällt. Diese Feststellung ist nicht neu und wie Sie oben gesehen haben, ist die Palette dessen, was sich Erdenbürger im zwischenmenschlichen Bereich an Gemeinheiten leisten, sehr breit. Viele dieser Böswilligkeiten, insbesondere im Bereich der verbalen und nonverbalen Abwertung und Ignoranz liegen meistens gerade noch diesseits der Grenze, die eine Strafverfolgung nach sich ziehen können, andere jedoch nicht und werden im Kap. 16 „Hölle auf Erden" auszugsweise nähervorgestellt.

Hier möchte ich jedoch erst einmal auf das Phänomen hinweisen, dass ein gewisses niederträchtiges Verhalten heutzutage weder zu einer psychischen Störung oder zu einer Krankheit gerechnet noch als kriminell bezeichnet wird. Aus meiner Erfahrung heraus stellt dieses bewusst schädigende Verhalten, das manchmal in der persönlichen Umwelt eines Menschen zu finden ist, den Prototyp von Unwesen dar, der langfristig dazu führen kann, dass Menschen verwelken können. Dies ist kein neues Phänomen wie der Buchtitel und Inhalt des bereits oben erwähnten gesellschaftsethischen Werkes „Über den Umgang mit Menschen. Über Eigennutz und Undank" (2005) des Freiherrn von Knigge, der von 1752 bis 1796 gelebt hat, verrät. Auch in vergangenen Jahrhunderten haben sich Autoren darüber Gedanken gemacht, wie man den Auswirkungen von menschlicher Niedertracht begegnen kann, ohne zu verblühen.

Nachdem Sie die systematische Bandbreite menschlicher Charakterschwächen sowie ab- und entwertenden Verhaltens- und Handlungsweisen kennengelernt haben, möchte ich erst einmal die allgemeine These aufstellen, dass diese sich negativ auf das seelische Wohlbefinden derjenigen Menschen auswirken können, die mit solchermaßen gekennzeichneten Mitmenschen zu tun haben und dass sich die negativen Auswirkungen steigern, je stärker die jeweiligen Charakterschwächen des Gegenübers ausgeprägt sind, wie Abb. 14.1 verdeutlicht.

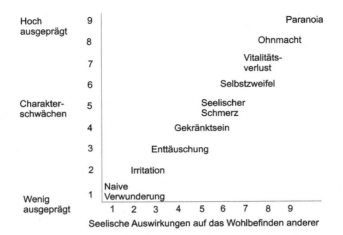

Abb. 14.1 Seelische Auswirkungen von Charakterschwächen auf andere. (© Lilo Endriss)

Literatur

Endriss, L. (2015). *Ignoranzfallen am Arbeitsplatz. Subtile seelische Gewalt aufdecken – Betroffene stabilisieren.* Springer Gabler.
Freiherr von Knigge, A. (2005). *Über den Umgang mit Menschen. Über Eigennutz und Undank.* Anaconda.

15

Verwelken in ungesunden Beziehungen

Zusammenfassung Die folgende Darstellung von möglichen Reaktionen auf ungesunde Beziehungen verdeutlicht, dass diese den Flow, die kreative Selbstverwirklichung und das Wohlbefinden im Leben eines Menschen verhindern können, wobei zu berücksichtigen ist, dass die jeweilige Sicht der Dinge beziehungsweise die eigenen Denkmuster dabei eine prägende Rolle spielen. Auch werden hier Gründe genannt, warum Menschen in ungesunden Beziehungen verharren. Abschließend wird in diesem Zusammenhang die sogenannte Opferrolle kritisch hinterfragt und bei Bedarf eine veränderte Sichtweise angeregt.

> Wenn man lange und andauernd traurig ist, wird man ein bisschen verrückt.
> (Simone Weil, 1909–1943)

An dieser Stelle möchte ich erst einmal allgemein darauf eingehen, dass sich innerhalb des Flow-Modells auf der vertikalen Y-Achse die niedrigen bis hohen situativen Herausforderungen des Lebens befinden. Dort können hier im Zusammenhang mit menschlichen Beziehungen, auf Dauer Unter- oder Überforderungen, entstehen, durch die Menschen verwelken und kein Wohlbefinden mehr erleben. Wie im Zusammenhang mit dem Flow-Schaubild dargestellt, nennt Mihaly Csikszentmihalyi die Angst, die Besorgnis, die Depression und die Apathie als zu beobachtende Konsequenzen. Diesen negativen Bereich, der ja nicht nur von den eigenen Fähigkeiten und Fertigkeiten abhängt, sondern oft auch von der jeweiligen menschlichen Umwelt bestimmt wird, möchte ich im Folgenden gerne ergänzen und vertiefen,

L. Endriss, *Aufblühen oder Verwelken?*, https://doi.org/10.1007/978-3-658-34410-8_15

indem ich weitere mögliche Reaktionen auf ungesunde Beziehungen, die durch abwertendes oder entwertendes Verhalten gekennzeichnet sind, vorstelle.

Ich gehe davon aus, dass die im Folgenden aufgezählten Reaktionen fast jeden Menschen treffen können. Interessant dabei ist, wie lange man diese Art der Behandlung mit sich geschehen lässt, ohne selbstfördernde Konsequenzen daraus zu ziehen und sich zu wehren. So etwas ist einerseits nur dann möglich, wenn Sie für diese Art von menschlichem Umgang passende Worte oder spezifische Bezeichnungen finden, dies also im weitersten Sinn analysieren und andererseits, dass Sie diese Form der Behandlung als nicht normal empfinden.

Martin Seligmann (2001) bemerkt dazu im Zusammenhang mit dem Pessimismus, dass die Art und Weise, in der wir negative Ereignisse betrachten, unsere eigene sog. *„Theorie der Tragödie"* schaffen können, die ein Leben lang stabil bleibt. Es sei denn, wir lernen, uns andere Haltungen anzugewöhnen.

15.1 Warum gerade ich?

Manche Menschen neigen dazu, sich selbst für all das, was ihnen in menschlichen Beziehungen an Negativem widerfährt, die Schuld zu geben und sie überschütten sich mit Vorwürfen. Das „Selbst schuld!" kann dazu führen, sich in einen Teufelskreis von Ressentiments und weiterer schlechter Gefühle hineinzusteigern. Vor lauter Angst, Besorgnis und Verzweiflung bleibt kein Spielraum mehr übrig, etwas an der misslichen Lage zu ändern. Andere Menschen scheinen im Gegensatz zu einem selbst stets irgendwie gut klar zu kommen und sind sogar in der Lage, auch unter widrigen Umständen kreativ zu sein, wo hingegen keine Spur von kreativer Selbstverwirklichung bei einem selbst zu finden ist. Wie eine Bugwelle türmen sich vor einem nach und nach weitere Enttäuschungen auf, die im schlimmsten Fall zu einer totalen Verbitterung dem Leben gegenüber führen.

Die folgende Betrachtung soll einen Ausschnitt aus der Bandbreite möglicher Reaktionen auf ungesunde Beziehungen darstellen, wie sie unter anderem auch von der französischen Psychoanalytikerin Marie-France Hirigoyen (2000) aufgezeigt wird.

15.2 Reaktionen auf ungesunde Beziehungen

Betroffene antworten häufig sowohl mit negativen kognitiven als auch mit negativen emotionalen Reaktionen auf herabwürdigende und entwertende Attacken, was ihrem persönlichen Wohlempfinden auf Dauer abträglich ist.

15.2.1 Gleichgültigkeit

Eine seltene, aber durchaus mögliche Reaktion auf ungesunde Beziehungen, beziehungsweise Antipathie und Ablehnung, ist die Gleichgültigkeit, die anscheinend sämtliche möglichen kognitiven und emotionalen Reaktionen abpuffert. Sie kann bewusst eingesetzt werden oder auch eine Art unbewusster Apathie und Abschottung nach außen darstellen. Nichts an störendem Verhalten scheint beim Empfänger anzukommen und daher erfolgt weder nach innen noch nach außen eine Reaktion – alles scheint wie Wasser an Öl abzuprallen. Betroffene berichten dann, dass sie keinerlei Zugang zu ihren Gefühlen hätten, auch nicht zu positiven Empfindungen im Leben.

15.2.2 Naive Verwunderung

Manche bösartigen Verhaltensweisen eines Angreifers führen dazu, dass der oder die Betroffene völlig erstaunt ist, geradezu aus allen Wolken fällt und aufgrund der eigenen Arglosigkeit gar nicht fassen kann, was da geschieht. Angesichts der eigenen Naivität reagiert die attackierte Person nur überrascht, kann das Geschehen nicht so recht einordnen und schüttelt vielleicht auch nur verdutzt den Kopf. Sie fühlt sich gelegentlich auch völlig überrumpelt, weil ihr selbst solch ein Verhalten fremd ist. Sie stellt fest, dass sie diese Behandlung zum ersten Mal in ihrem Leben erfährt und kennt daher keine vergleichbaren Situationen aus der Vergangenheit. Sie nimmt wahr, interpretiert zögerlich, aber sie bewertet die Situation nicht. Ihre Reaktion spielt sich in ihrer Psyche eher auf der kognitiven und weniger auf der emotionalen Ebene ab.

15.2.3 Empörung

Wer einen vergleichbaren menschlichen Umgang eher selten erlebt hat und bisher vorwiegend von „wohlerzogenen Menschen" umgeben war, der kann erst einmal die Fassung verlieren und eine starke emotionale Reaktion zeigen. „Wie kann sich dieser andere Mensch mir gegenüber derartig unangemessen benehmen? Was erlaubt er sich?". Mit der Gewissheit versehen, dass es im Kontakt miteinander, insbesondere in höheren gesellschaftlichen Kreisen, allgemein verbindliche Verhaltens-Spielregeln gibt, an die sich jeder zu halten hat, ist ein plumper Regelverstoß, etwa eine saftige Beleidigung geradezu ein „No-Go". Diese Art der Reaktion finden Sie eher bei Damen der Upperclass, die bisher vielleicht noch nicht so viele schwierige mitmenschliche Situationen haben bewältigen müssen, weil sie verhältnismäßig abgeschottet und eher behütet gelebt haben.

15.2.4 Ärger

Unhöflichkeit, Unfreundlichkeit und herabsetzende Behandlung durch andere Menschen können einem die Laune verderben und ein Gefühl des Ärgers hervorrufen. Viele Menschen fühlen sich dadurch brüskiert und erleben einen schlechten Tag. Ihre gesamte Stimmung ist verdorben und sie grübeln lange darüber nach, wie ihnen so etwas passieren kann und warum es so viele unangenehme Zeitgenossen in der Welt gibt. Dann nutzen sie auch gerne die Gelegenheit, anderen Menschen von ihrem Ärger zu berichten und diese mit ihrer schlechten Laune zu behelligen und diese womöglich damit anzustecken.

15.2.5 Reaktive Kränkungswut

Eine weitere Möglichkeit, ungesunden Beziehungen und Attacken zu begegnen, ist der Ärger, der sich zur Wut steigern kann. Betroffene berichten auch von der „berechtigten Wut", die ja direkt aus dem Bauchgefühl entspringt und keiner Selbstkontrolle unterliegt. In manchen Fällen kann sich die Wut zum Hass steigern und zu Vergeltungsschlägen körperlicher oder seelischer Art führen, wie dies etwa im Zusammenhang mit Ehestreitigkeiten geschieht, die zum sog. *Rosenkrieg* führen und zum gemeinsamen Absturz in den Abgrund führen können. Zu diesem Punkt finden Sie in der Folge noch ein Extrakapitel im Zusammenhang mit der „Hölle auf Erden" in Kap. 14.

15.2.6 Enttäuschung

Normalerweise haben Menschen eine zumindest grobe Vorstellung davon, wie sie behandelt werden wollen, schließlich beobachten sie ja auch die Interaktion zwischen anderen Menschen, etwa in der Herkunftsfamilie, im Freundes- oder Bekanntenkreis, im beruflichen Bereich, im Alltag auf der Straße oder in der Nachbarschaft. Diese Vorstellung setzt mehr oder weniger bewusst einen Maßstab, mit dem Sie vergleichen können, ob Ihnen jemand eher wohlgesonnen oder eher feindselig, höflich oder unhöflich, hilfsbereit oder ablehnend begegnet. Entspricht das Verhalten Ihres Gegenübers nicht diesem Maßstab, dann fühlen sich Menschen in der Regel enttäuscht, es sei denn, sie verdrängen dieses unangenehme Gefühl oder bagatellisieren dies.

15.2.7 Seelischer Schmerz

Viele Menschen wissen nicht, wie bereits an anderer Stelle bemerkt, dass seelische Verletzungen genau wie körperliche Blessuren im Schmerzzentrum des Gehirns ankommen und nachwirken, wie dies die Neurowissenschaftler festgestellt haben. So gesehen enthält auch das Wort „Kränkung" den Anteil „krank" in sich. Menschen weinen nicht nur, wenn sie sich körperlich verletzt haben oder jemand anderes sie verwundet hat, sondern auch, wenn sie schlecht behandelt werden. Kränkungen tun weh. Und falls diese noch zusätzlich einen wunden Punkt bei Ihnen erwischt haben, dann reißen sie, mehr oder weniger beabsichtigt, eine kaum vernarbte seelische Wunde auf, die häufig auch mit einem bereits angeschlagenen Selbstwertgefühl zusammen hängen kann.

15.2.8 Trauer

Seelische Schmerzen machen traurig und ziehen die eigene Stimmungslage nach unten. Freudlosigkeit und pessimistische Gedanken können dann das alltägliche Geschehen dominieren, insbesondere dann, wenn sich die attackierte Person nicht oder nicht mehr geliebt fühlt, wie dies etwa beim Liebeskummer dar Fall ist. Sie fühlen sich dann als gesamte Person völlig abgelehnt, einsam, verraten und verkauft. Der leidende Mensch klagt im Stillen über den Verlust vergangener schöner Begegnungen und Stunden, die plötzlich vom Gegenüber auch nicht mehr wertgeschätzt wurden. Über allem Erleben liegt eine niedergedrückte Stimmung und eine gewisse bleischwere Hoffnungslosigkeit macht sich breit, die jegliche Harmlosigkeit und Leichtigkeit im Alltag verhindert.

15.2.9 Selbstzweifel

Wer fortgesetzt vermittelt bekommt, dass mit ihm etwas nicht stimmt oder nicht in Ordnung ist, weil man jemand ist, der von außen ständig kritisiert, attackiert, verbessert, gemaßregelt oder bestraft werden muss, der gerät in die Gefahr, an seinem positiven Selbstbild zu zweifeln. Dieser Mensch wird schließlich selbst an das glauben, was das Gegenüber oder mehrere andere Personen direkt oder indirekt durch Sprachliches, Nichtsprachliches und Handlungen an negativen Botschaften über einen selbst vermitteln. Das Fremdbild, also das, was andere Menschen über Sie denken und was diese von Ihnen wahrnehmen und das Selbstbild, also das, was Sie selbst über sich denken und was Sie von sich wahrnehmen, klaffen dann derartig auseinander, dass Ihr wertgeschätztes Selbstbild von sich erschüttert werden kann. Sie sind dann von einem besorgten Gefühl erfüllt und erleben zunehmend eine innere und äußere Unsicherheit.

15.2.10 Angst, Besorgnis, Destabilisierung

Wer fortwährend von jemand anderen subtil, direkt verbal oder tätlich attackiert wird, der lernt, dass jederzeit etwa Unangenehmes und Bedrohliches möglich ist, das von diesem anderen Menschen ausgehen kann. Eine stetige Habachtstellung, bewusst oder unbewusst, verhindert, sich frei zu äußern, sich frei zu bewegen und frei zu handeln. Sie gehen dann wie auf Eierschalen, stets sitzt Ihnen oft als diffuses Gefühl die Angst im Nacken, insbesondere dann, wenn Ihr Gegenüber unberechenbar ist und Sie oft nicht wissen, was genau der Auslöser für Abwertungen und Entwertungen Ihnen gegenüber ist. Angst essen Seele auf.

15.2.11 Verwirrung und Kognitive Dissonanz

Wie oben schon angedacht, ist es für den Attackierten besonders schwer, mit den unberechenbaren Angriffen des Gegenübers zu leben, insbesondere dann, wenn der andere einem gegenüber verbal beteuert, wie gut man doch miteinander auskommt, was für ein tolles Team man wäre und wie angenehm das Zusammensein funktioniert, aber gleichzeitig dazu neigt, aus der Haut zu fahren und einen unerwartet zu beschimpfen. Welcher Wahrnehmung sollen Sie dann trauen? Den schönen Worten oder der Attacke der anderen Person, die ohne erkennbaren Anlass kurze Zeit später Ihnen gegenüber wieder unausstehlich sein wird? Solch ein Erleben führt zur Verwirrung und wird in der Psychologie als *„kognitive Dissonanz"* bezeichnet, weil Ihr Verstand zwei widersprüchliche Botschaften von außen nicht unter einen Hut bringen kann. Im schlimmsten Fall stellen Sie dann Ihren Verstand in Frage.

15.2.12 Vitalitätsverlust und Dauermüdigkeit

Doch nicht nur seelische, auch körperliche Symptome können als Reaktionen auf ungesunde Beziehungen entstehen. Wer sich ohnmächtig fühlt, dem fehlt die Lebendigkeit, die Lebensfreude und der ungebremste Körperausdruck, wie er sich etwa in spontanen Reaktionen wie dem Lachen oder Schwung beim Gehen zeigen kann. Zudem zwingt eine andauernde Müdigkeit die Betroffenen dazu, große und häufige Pausen zu machen, die sich häufig nicht mehr mit der Bewältigung des Alltags und der Berufstätigkeit vereinbaren lassen. Darüber hinaus kann auch das Immunsystem in Mitleidenschaft gezogen: Menschen, die sich ständig in ungesunden Beziehungen aufhalten, neigen dazu, auch weitere körperlichen Symptome zu entwickeln. Das Abgeschlagensein allein ist schon oft ein deutliches Zeichen dafür, dass Sie sich auf dem Weg zur Apathie befinden und von der gesamten Lebenssituation überfordert sind.

15.2.13 Ohnmacht

Falls ein Mensch das oben geschilderte widersprüchliche Erleben auf Dauer erfährt, dann führt dies letztendlich zu einem Zustand der Verzweiflung und der Bewegungslosigkeit, wenn es darum geht, mit jemandem zusammen zu leben oder zu arbeiten, der sich derartig zerstörerisch verhält. Gerade das Unberechenbare des Gegenübers führt dazu, dass Betroffene geradezu handlungsunfähig werden, ihren eigenen Willen sowie ihre Lebendigkeit verlieren und sich aufgeben. Auf diese Weise können sie sich zu einer Art „ferngesteuerten Existenz" entwickeln, über die ihr Gegenüber nach Belieben verfährt und dem sich der oder die Willenlose gehorsam unterordnet. Eigene Wünsche und Bedürfnisse werden dann gar nicht mehr geäußert, geschweige denn, sich dafür eingesetzt.

15.2.14 Selbstverlust und Paranoia

Wer sich in einer ungesunden Beziehung seiner Selbst nicht mehr sicher ist, Identitätsprobleme erlebt und seiner eigenen Wahrnehmung nicht mehr trauen kann, weil das Gegenüber ständig etwas anderes oder Gegenteiliges behauptet und einem das Recht auf eine eigene Sicht der Dinge verwehrt, dann können manchmal auch Wahnvorstellungen entstehen, die skurrile Formen annehmen, so wie dies etwa durch den Verfolgungswahn bekannt ist. Dabei sind es tatsächlich immer nur böse Mächte, die einen verfolgen und niemals hilfreiche Unterstützer, die einem zu Seite stehen.

Abb. 15.1 stellt diese Zusammenhänge noch einmal insgesamt dar und unterscheidet dabei zwischen sich nach und nach sich steigernden kognitiven und emotionalen Reaktionen. Wie Sie erkennen können, spielen sich die Reaktionen vorwiegend im emotionalen Bereich ab.

Als nächstes möchte ich darauf eingehen, warum sich Menschen manchmal mit ungesunden Beziehungen arrangieren, in Kauf nehmen, zu verblühen und sich nicht in der Lage sehen, grundsätzlich etwas an ihrer misslichen Lage zu ändern, um wieder aufzublühen und um mehr Flow und Wohlbefinden in ihren Alltag sowie in ihr gesamtes Leben hineinbringen.

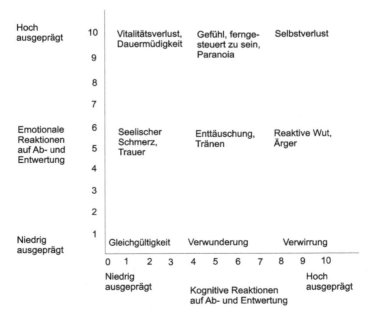

Abb. 15.1 Emotionale und kognitive Reaktionen auf Ab- und Entwertung. (© Lilo Endriss)

15.3 Gründe für das Verbleiben in ungesunden Beziehungen

In der psychotherapeutischen Literatur und in der Praxis wird den Betreffenden manchmal so etwas wie eine selbstverschuldete „Opferrolle" zugeschrieben. Besonders fragwürdig ist es dann, auf das angeblich wenig vorhandene Selbstwertgefühl der Person hinzuweisen, die sich sowas hat bieten lassen und dann noch mehr oder weniger streng nachzufassen, ob sich die betreffende Person schon mal Gedanken über ihren berühmten sog. „*Eigenanteil*" an der Misere gemacht hat, nämlich in dem Sinne, welchen Vorteil sie davon hätte und womit sie diese misslichen Situationen aufrecht erhalten würde. Dies wird gelegentlich auch noch mit der Unterstellung eines unbewussten Masochismus verknüpft.

Für jemanden, der Hilfe und Unterstützung sucht, kann eine derartige, teils als provozierende Vorgehensweise des Gegenübers wahrgenommene und damit verletzende Reaktion, noch zusätzlichen Schaden zufügen. Hier besteht die Gefahr, dass die Rollen vertauscht werden: Der Angegriffene wird plötzlich zum Täter gemacht oder wird pathologisiert, d. h., er soll nun noch zusätzlich nach seinen kranken Anteilen suchen, die am ganzen Schlamassel schuld sein sollen. Das Dramadreieck (Karpman, 1968) des Wechselspiels von Helfer, Täter und Opfer kann sich so höchst destruktiv durch die Hintertür einschleichen.

Aus diesem Grund will ich versuchen, die mehr oder weniger bewussten Beweggründe, in ungesunden Beziehungen zu verharren, möglichst wertfrei zu beleuchten und sie nur entsprechend zu erläutern und zu interpretieren. Die hier von mir vorgestellten Beweggründe beziehen sich sowohl auf das familiäre Umfeld, Ehepaare, Partnerschaften, Freund- und Bekanntschaften sowie auch in gewissen Fällen auf den Arbeitsplatz und die dort Anwesenden.

- Scham

Vielleicht erkennt die betreffende Person ganz klar und bewusst, dass sie sich in einer ungesunden Beziehung befindet und erlebt deswegen Schamgefühle, weil sie meint, sich keine bessere Beziehung leisten zu können und nichts Besseres verdient hätte. So dringt von Betroffenen auch oft nichts Negatives wie Vorwürfe oder Klagen über schlechte Behandlung durch die Mauern dysfunktionaler Familien nach außen. Manche Frauen schämen sich auch dafür, dass sie sich ein ungeeignetes Exemplar von Mann angelacht haben, das sie fortwährend entwürdigt und herabsetzt. So kann ein schlechtes

Gewissen, nicht den anscheinend überall üblichen gesellschaftlichen Vorstellungen von heiler Familie und glücklicher Partnerschaft zu entsprechen, dazu führen, sämtliche Abwertungen beschämt zu schlucken.

- Altbekannte Rolle aus der Herkunftsfamilie

Je nachdem, wie Menschen ihre Kindheit und Jugend verbracht haben, wie sie es aus diese Tradition gewohnt sind, mehr oder weniger wertgeschätzt und anerkannt zu werden, entwickelt sich oft eine gewisse Prägung. Wer nichts anderes als familiäre Lieblosigkeit erlebt hat, dem fehlt oft der Maßstab, an dem er seine Mitmenschen in Hinsicht auf wertschätzendes Verhalten hin messen kann. Dies erklärt dann auch, warum sich derartig geprägter Menschen sich nicht gegen Angreifer, die ihnen nicht wohlgesonnen sind. wehren.

- Tendenz zu entschuldigendem Verhalten

Hier handelt es sich um Versuche, unangemessenes Verhalten anderer Menschen herunterzuspielen und die Realität auszublenden. Dies geschieht nicht nur wegen des christlichen Gebotes, Vater und Mutter zu ehren und davon überzeugt zu sein, dass man etwa Schläge deswegen bekommt, weil Vater einen so sehr liebt und er nur das Beste für einen will. Manch einer hat auch als Erwachsener einen blinden Fleck, weil er davon ausgeht, den wahren Kern des schädigenden Gegenüber zu kennen, der das alles ja gar nicht wirklich so gemeint hat und im Grunde genommen ein lieber Kerl ist.

- Glaube an eine bessere Zukunft

Die Hoffnung stirbt zuletzt. Und so denken viele Geschädigte, dass sich etwa der Partner oder die Partnerin einem selbst gegenüber demnächst wieder in Richtung „Wohlwollen" verändern wird, so, wie es angeblich einmal früher war, zu den guten Zeiten „Vielleicht ändert er/sie sich ja doch, wenn erst …!" Und dann folgen Bedingungen wie „Wenn ich endlich wieder dünner geworden bin" oder „Wenn wir mal wieder zusammen in Urlaub fahren!" oder „Wenn das Haus erstmal abbezahlt ist!" So wird auf den St. Nimmerleinstag gewartet, um sich selbst mit dieser Hoffnung so weit wie möglich bei Laune zu gehalten.

- Zu viel Empathie

Hier wird viel zu viel Verständnis für die andere Person und deren misslichen Umstände aufgebracht, die als Ursache für unangebrachtes Verhalten gesehen werden. „Sie hat gerade eine schlimme Phase, weil sie ihren Job verloren hat und ist sicherlich deswegen so furchtbar eifersüchtig auf mich, weil ich meinen noch habe!" oder „Bei so einem Chef tagsüber kann man ja am Abend gar nicht freundlich und entgegenkommend zu mir sein!" Oder, was noch eine weitere Verständnissteigerung auf unfaires Verhalten hin ist, das ist die Feststellung, dass die andere Person, es einfach nicht anderes gelernt hat, als sich so zu verhalten.

- Helfersyndrom

Wer auf Dauer in einer ungesunden Beziehung bleibt, der hat vielleicht auch eine besondere Rolle als ständiger Helfer oder Helferin verinnerlicht, oft mit langen Wurzeln aus der Herkunftsfamilie heraus, in der man schon als Kind in schwierigen Situationen rettend eingegriffen hat, weil die Erwachsenen mit der Alltagsbewältigung überfordert waren. So hat man vielleicht die betrunkene Mutter, die einen vorher aufs Übelste angepöbelt hat, dann hinterher, als sie ermattet aufs Sofa sank, noch sorgsam mit einer Wolldecke zugedeckt oder dafür gesorgt, dass der Vater, der einem immer wieder aus dem Off Schläge verpasst hat, abends nach der Arbeit seine auf der Heizung sorgsam vorgewärmten Pantoffeln über die winterkalten Füße streifen konnte. Alles nach dem Motto: „Irgendwann werden die schon merken, dass ich immer für sie da bin! Und dann werden sie mich endlich liebhaben!".

- Anspruch, sieben gerade sein zu lassen

Manche Menschen machen sich selbst den Vorwurf, dass sie viel zu kritisch mit ihren Mitmenschen verfahren und dass sie selbst wohl überempfindlich auf andere und deren manchmal unpassenden Verhaltensweisen reagieren würden. Nicht umsonst kommt in diesem Zusammenhang die Diskussion über Hochsensibilität mit ins Spiel, über die „Prinzessinnen auf der Erbse", die angeblich alles überdramatisieren. Hier liegt der Verdacht nahe, dass die fehlende Gegenwehr damit zusammenhängt, dass man den betreffenden Menschen eingeredet hat, sie würden alles viel zu persönlich nehmen, sie sich nicht so anstellen sollten und überhaupt keinen Grund hätten, sich zu beklagen, andere würden mit sowas locker klarkommen.

- Hängenbleiben im Grübeln

Warum gerade ich? Was habe ich falsch gemacht? Manch einer fragt sich, wieso gerade ihr oder ihm so etwas passieren kann, etwa, in einer toxische Beziehung gelandet zu sein. Warum habe ich das nicht schon am Anfang gemerkt, dass diese Person mir nicht wohlgesonnen ist? Und jetzt stecke ich mittendrin in einer ausweglosen Situation, an der ich selbst schuld bin! Das passive Grübeln führt leider ebenfalls in eine Sackgasse, denn daraus entstehen in der Regel erst einmal keine aktiven Handlungen, die punktgenau und konsequent auf abwertendes und entwertendes Verhalten im Sinne eines Selbstschutzes reagieren.

- Schwierigkeit, Grenzen zu setzen

Insbesondere schüchterne oder introvertierte Menschen verzichten darauf, ihr Revier zu verteidigen und fühlen sich oft durch missliebige Mitmenschen an die Wand gedrängt. Sie haben nicht gelernt, sich selbstbewusst zu verteidigen und halten deswegen eher hilflos auch unerträgliche Situationen aus, in denen andere Menschen schon längst die Reißleine gezogen oder die Flucht ergriffen hätten.

- Resignation

Wer resigniert, der hat sich und seine Träume für ein besseres Leben letztendlich aufgegeben. Resignation ist auch ein Zeichen von Verbitterung, wie Sie diese manchmal bei alten Menschen finden können, die enttäuscht auf ihr Leben zurückschauen, aber auch bei jüngeren Menschen, die es aufgegeben haben, die Energie zu einer Ablösung aus zerstörerischen Partnerschaften oder problematischen beruflichen Situationen aufzubringen. Nichts erfreut sie mehr.

- Endloses Warten auf Anerkennung

Eingebunden im Hamsterrad des Tun und Machens für die andere Person verharren manche Menschen treu und ergeben in unglücklichen Beziehungen, weil sie geduldig darauf wartet, dass er oder sie endlich merkt, dass man immer für ihn da war und dies immer noch ist. Dieses Warten wird oft noch begleitet von dem Gedanken, dass man selbst wohl viel zu kritisch ist und mal mehr vertrauen sollte. Wird schon!

- Nichts anderes verdienen dürfen

Wer unter einem besonders niedrigen Selbstwertgefühl leidet, der bagatellisiert schlechte Behandlung auf eine ganz besondere Art, indem er sich sagt „Ich weiß ja, was ich dann doch letztendlich an meinem Gegenüber habe, trotz all dieser unschönen Ereignisse. Und jemand anderes könnte ja noch viel schwieriger sein! Dann lieber den Spatz in der Hand, als irgendjemand Unerreichbares auf dem Dach!" Auf diese Weise entsteht eine scheinbare Sicherheit und das Risiko, nach einer Trennung vielleicht ganz allein zu bleiben, entfällt.

15.4 Fazit

Wer seine Begabungen und Talenten pflegen will, der darf sich nicht durch eine herabwürdigende Umwelt und ungesunde nahe Beziehungen ausbremsen lassen, die zu massiven kreativen Blockaden (Endriss, 2019) führen können. Insbesondere die Vorstellung, ein Opfer zu sein und in dieser Rolle zu verharren, zementiert das Leiden, verkannt zu werden. Sicher kann es sehr schmerzhaft sein, nicht gewürdigt zu werden und auf der Maslowschen Ebene der Individualbedürfnisse eine Niederlage zu erleben. Die pure Empfehlung „Nimm es nicht persönlich!" hilft da erfahrungsgemäß erstmal wenig. Daher sollten Betroffene daran arbeiten, Kränkungen so weit wie möglich von sich abprallen zu lassen, indem sie etwa die von mir so bezeichnete „*Wallraff-Strategie*" einzusetzen.

Der investigative Journalist und Schriftsteller Günther Wallraff begab sich mehrmals undercover in diverse Großunternehmen, in verschiedene Institutionen und zur BILD-Zeitung, um vor Ort zu recherchieren. Dieses Verfahren ist in der Soziologie auch als „*teilnehmende Beobachtung*" bekannt. So hat sich etwa Ernst Klee (1979) über einen längeren Zeitraum hin als Obdachloser getarnt, vor Ort Feldforschung betrieben, um die Verhältnisse innerhalb dieser, von der Gesellschaft verachteten Randgruppe, zu untersuchen, um mit dem daraus entstandenen Obdachlosenreport Vorurteile zu zerstreuen und auf die dort dringend erforderliche soziale Hilfe hinzuweisen.

Um sich ein dickes Fell gegenüber Angriffen auf die kreative Selbstverwirklichung wachsen zu lassen und sich aus der Opferrolle heraus zu entwickeln, hilft oft die Vorstellung, genau zu beobachten, wie Angreifer vorgehen, um einen selbst zu depotenzieren. Der Fokus liegt dabei auf der teilnehmenden Beobachtung der jeweiligen Situation nach dem Motto: „Mit welchen Verfahren versucht mein Gegenüber jetzt, mich und mein Werk herunter zu würdigen? Wie hat er das in der Vergangenheit hinbekommen und wie versucht er das jetzt gerade wieder?". Durch diese Analyse gewinnen Sie Abstand und die Freiheit, eine mögliche nächste Attacke vorauszusehen. Das dahinter stehende Prinzip ist das der *Selbstdistanzierung*. Weitere Empfehlungen finden Sie im Kap. 19, den Überlebensstrategien für kreative Köpfe.

Julia Cameron (1996) empfiehlt zusätzlich, sich ganz bewusst auf einen Kreis von Unterstützern zu konzentrieren. Wer hat mich früher unterstützt? Und wen gibt es hier und heute, der mir wohlgesonnen ist und den ich um Unterstützung bitten könnte, wenn ich oder mein Werk herabgewürdigt werden?

Gerne weise ich in diesem Zusammenhang auch auf die künstlerische Freiheit hin, die man mit einem gewissen Augenzwinkern etwa auch im Privatbereich beanspruchen kann. So lassen sich etwa skeptische Bemerkungen bezüglich eines frisch erstellten Gemäldes oder Gedichtes auch damit abfedern, indem Sie genau auf dieses Privileg hinweisen. Zudem haben viele Menschen einfach keinen Sinn für das, was Kreative begeistern kann. Daher sollte man z. B. als Musiker niemals von einem Gast, der sich nie mit klassischer Musik beschäftigt hat, erwarten, dass dieser bei einem Hauskonzert das Geigenspiel sichtbar genießt und lobende Worte dafür findet. Im Plattdeutschen gibt es für diesen Sachverhalt die schöne Ausdrucksweis: „Wat de Bur nich kennt, dat freet hei nich!" (Was der Bauer nicht kennt, dass frisst er nicht!).

Literatur

Cameron, J. (1996). *Der Weg des Künstlers. Ein spiritueller Pfad zur Aktivierung unserer Kreativität.* Droemer Knaur.

Endriss, L. (2019). *Fahrplan für den Flow. Kreative Blockaden analysieren und durch Coaching auflösen.* Springer Nature.

Hirigoyen, M.-F. (2000). *Die Masken der Niedertracht. Seelische Gewalt im Alltag und wie man sich dagegen wehren kann.* Beck.

Karpman, S. (1968). Fairy tales and script drama analysis. *Transactional Analysis Bulletin 7.* (26), 39–43.

Klee, E. (1979). *Pennbrüder und Stadtstreicher. Nicht-Sesshaften-Report.* Fischer.

Seligman, M. (2001). *Pessimisten küsst man nicht. Optimismus kann man lernen.* Droemer Knaur.

16

Hölle auf Erden

Zusammenfassung Hier wird erstens zwischen Beeinträchtigungen, denen Menschen hilflos ausgeliefert sind wie etwa traumatisierende Ereignisse, zweitens selbsterzeugte Beeinträchtigungen, die etwa nach Seligman durch pessimistische Denkmuster im Zusammenhang mit der Einschätzung des eigenes Lebens entstehen können und dritten denjenigen, die Menschen oftmals von ihnen völlig fremden Personen erleiden müssen und die mit kriminellem Verhalten zu tun haben, unterschieden. Der dargestellte Verbrechenskanon regt zur Selbstreflektion an. Im Zusammenhang mit den Eskalationsstufen von Glasl werden anschließend Überlegungen angestellt, inwieweit sich Charakterschwächen im Zusammenhang mit Konflikten langfristig auf das Wohlbefinden von Menschen auswirken können.

Die Erkenntnis des Bösen dient dem Wissen um das Gute. (Hildegard von Bingen, 1098–1179)

Verschiedene Ursachen können dem Menschen eine „Hölle auf Erden" bescheren, insbesondere dann, wenn er diesen Ursachen ohnmächtig ausgeliefert und seine Selbstwirksamkeit zu versiegen droht. Dazu rechne ich etwa körperliche und seelische Schmerzen, denen er machtlos gegenüber steht und die er über einen langen Zeitraum erleiden muss, weil er weder die Situation, noch sich selbst im Sinne einer veränderten Haltung zum Geschehen positiv beeinflussen kann. Derartige Vorkommnisse werden Traumata genannt und sie stellen eine lebenslange besondere Herausforderung dar, diese zu bewältigen.

L. Endriss, *Aufblühen oder Verwelken?*, https://doi.org/10.1007/978-3-658-34410-8_16

16.1 Selbsterzeugte Beeinträchtigungen

Manche Menschen neigen dazu, sich selbst immer wieder ein Bein zu stellen, was unter anderem auch damit zusammenhängt, dass sie sich selbst und auch die Situationen, in die sie hineingeraten, äußerst negativ bewerten. Insbesondere die Kognitive Psychologie hat sich mit diesem Thema beschäftigt: Wie Sie bereits oben über Denkmuster und die pessimistische Denkweise (Seligman, 2001) kennen gelernt haben, dienen manche erlernte Denkgewohnheiten dazu, einem selbst in der Lebensgestaltung nicht gerade dienlich zu sein, da diese wie Blockaden wirken und einen daran hindern, sein Los in positivere Bahnen zu lenken.

In diesem Zusammenhang stelle ich auch gerne dem sog. *„Fiaskofaktor"* vor (Endriss, 2010) vor, der dem Menschen durch Selbsteinschätzung aufzeigt, wie dramatisch oder unangenehm er eine aktuelle Situation bewertet und was für einen Vorteil es für Betreffende hat, im Leben immer wieder einen niedrigen Fiaskofaktor anzustreben, um wieder handlungsfähig zu werden. Weitere Ausführungen dazu finden Sie im Kap. 20.

16.2 Dinge, die passieren

Herrlich wäre es, wenn Menschen alles im Griff hätten und ihr Leben stets kontrollieren könnten. In unserer technisch hoch zivilisierten Gesellschaft scheint es für alle möglichen Probleme, wenn auch oft nur kurzfristig, geniale Lösungen zu geben, etwa dadurch, dass es mittlerweile Pflegeroboter gibt, die es körperlich eingeschränkten Senioren ermöglichen, in den eigenen vier Wänden den Lebensabend zu verbringen oder dass es Navigationsgeräte gibt, die es Menschen ermöglichen, sich in einer fremden Umgebung räumlich zu orientieren, die keine Stadtpläne oder Landkarten mehr lesen können und sich sonst hoffnungslos verirren würden.

Nur weniges lässt sich jedoch wirklich nachhaltig beeinflussen, denn die Realität sieht oft völlig anders aus, als wie es sich die Menschen optimaler Weise wünschen. Dazu hatte sich ja schon, wie bereits erwähnt, der Philosoph Epiktet vor ca. 2000 Jahren Gedanken gemacht, als er auf alles das hinwies, was nicht unser eigenes Werk ist wie Leib, Vermögen, Ansehen, Ämter. So kann sich unser Leben völlig unerwartet verändern: sei es durch einen Unfall, eine schwere Krankheit oder eine Naturkatastrophe, sei es ein Konkurs oder eine finanzielle Fehlinvestition, sei es der gute Ruf oder die berufliche Karriere oder auch die plötzliche Arbeitslosigkeit. So gesehen ist das Leben das Gefährlichste, was Ihnen zustoßen kann, wenn Sie all diese Eventualitäten, die Sie nicht beeinflussen können, einmal ausführlich und nachhaltig bedenken würden.

Um das die Thematik der Risiken, die die Selbstverwirklichung zumindest zwischenzeitlich ausbremsen können, selbst wenn Sie sich aus unbefriedigenden Beziehungen gelöst und die Opferrolle verlassen haben, noch weiter zu vertiefen, weise ich an dieser Stelle darauf hin, dass es auch einen Bereich gibt, der von Menschen verursacht wird, die Ihnen in der Regel nicht so nahe stehen, nämlich im Bereich von Straftaten und Verbrechen.

16.3 Kriminelle Beeinträchtigungen von außen

In diesem Abschnitt möchte ich Ihnen eine Übersicht darüber geben, welche Formen von Straftaten in unserem Land geahndet werden. Sie stellen, was die jeweiligen Geschädigten angeht, einen möglichen Beitrag zum Verwelken dar, denn sie widersprechen auf allen Ebenen überhaupt nicht der Goldenen Regel: Kriminelle Handlungen werden ja unter dem Vorsatz vorgenommen, andere Menschen bewusst zu schädigen,. Ich beschränke mich bei der Aufzählung, die ich u. a. bei von Oertzen (2013), gefunden habe, auf eine alphabetische Auswahl derjenigen Straftaten, die im direkten zwischenmenschlichen Bereich Schaden anrichten und verzichte hier auf Schäden, die etwa im Zusammenhang mit Verkehrsdelikten, mit Verstößen gegen die Verfassung oder Ähnlichem zu tun haben.

> **Aufgabe**
>
> Sehen Sie sich diese alphabetische Liste einmal an und prüfen Sie, ob man Ihnen gegenüber die eine oder andere Straftat oder ein Verbrechen begangen hat. Sie können dies an der Seite markieren, um einen Überblick zu bekommen.

Der Verbrechenskanon:

1. Arbeitsrechtliche Verstöße

Jeder seriöse Arbeitgeber ist an die Fürsorgepflicht seinen Mitarbeitern gegenüber gebunden. So muss er etwa die Abwehr von Gefahren für Leib, Leben und Gesundheit am Arbeitsplatz gewährleisten und sich für die Zahlung von Lohn und Gehalt verbürgen.

2. Betrug

Der hier erwähnte Betrug bezieht sich darauf, dass Ihnen absichtlich ein finanzieller Schaden zugefügt wird. Dazu gehören auch Delikte im Zusammenhang mit Hochstapelei sowie dem Heiratsschwindel, bei denen Ihnen unter der Vortäuschung falscher Tatsachen das Geld aus der Tasche gezogen wird und der Täter einen vermögensvorteil erwirbt.

3. Beleidigung, üble Nachrede und Verleumdung

Eine Beleidigung ist eine einfache Ehrverletzung durch die Verwendung eines Fäkal- oder Kraftausdrucks, wozu auch sexistische oder rassistische herabwürdigende Worte gehören. Auch Tätlichkeiten wie das Angrabschen einer Frau oder einer ehrverletzenden Geste mit der Hand gehören dazu. Zur üblen Nachrede wird die Behauptung eines ehrverletzenden Sachverhaltes gezählt, den man Ihnen andichtet, welche der Täter aber nicht nachweisen kann. Verleumdung ist eine Steigerung der üblen Nachrede, die Ihnen etwas unterstellt, was jedoch widerlegt werden kann, so etwa die Unterstellung, dass bei Ihnen zuhause eine Cannabiszucht zu finden sei.

4. Diebstahl

Ein Diebstahl ist das Wegnehmen von beweglichen Sachen einer anderen Person, mit der Absicht, es sich selbst oder einer dritten Person rechtswidrig anzueignen. Auch ein fehlgeschlagener Versuch eines Diebstahls ist strafbar. Beispiele für einen einfachen oder gemeinen Diebstahl sind etwa der Straßen-, Handtaschen- oder Handydiebstahl, oder die Entwendung von Sachen aus einem Transportfahrzeug. Schwerer Diebstahl bezieht sich auf Sachen von nicht geringem Wert unter erschwerten Umständen, wie durch Einbruch in geschlossene Räume, das Stehlen von Waffen, das Stehlen von besonders gesicherten Gegenstände oder solche, die von wissenschaftlicher, historischer, religiöser oder entwicklungstechnischer Bedeutung sind Darüber hinaus gibt es noch den Diebstahl mit dem Einsatz von Waffen, wenn Sie per Waffengewalt. etwa mit einem gezückten Messer, dazu gezwungen werden, Gegenstände herauszugeben.

5. Diskriminierung

Unter diesem Punkt finden Sie letztendlich das Thema „Schutz der Menschenrechte", denn niemand soll aufgrund seines Geschlechtes, aufgrund seiner ethnischen Herkunft und Kultur, aufgrund seiner Religionszugehörigkeit, aufgrund seines Alters, aufgrund seiner sexuellen Orientierung oder aufgrund einer Behinderung unangemessen, ungerechtfertigt und manchmal auch gewaltvoll ausgegrenzt und verachtet werden.

6. Entführung

Hierunter versteht man einen kriminellen Akt, bei dem Sie unter kriminellen Zwang an einen unfreiwilligen Aufenthaltsort verschleppt werden und dort festgehalten werden. In der Regel wird die Freilassung von einer Lösegeldforderung abhängig gemacht, um Sie oder Ihre Familienangehörigen zu schädigen

7. Erpressung

Dieser Strafbestand zielt darauf, dass jemand Ihnen gegenüber versucht, Sie auf verschiedene Weise unter Druck zu setzen, damit Sie dieser Person gegenüber gefügig werden und ihr zu Willen sind, Geldzahlungen leisten. Das kann etwa „Schutzgeld-Erpressung" bedeuten oder Schweigegeld, damit etwas, von dem Sie nicht möchten, dass es an die Öffentlichkeit dringt oder nahestehenden Personen zu Ohren kommt, geheim bleibt. So versucht jemand, allein oder mittels Dritter, Sie rechtswidrig durch Gewalt oder durch Androhung eines „empfindlichen Übels" in Ihrem Vermögen zu schädigen.

8. Fahrlässigkeit / Körperverletzung / Tötung

Wenn eine Person nicht die nötige Sorgfalt und Umsichtigkeit an den Tag legt und dadurch ein Schaden entsteht, dann liegt Fahrlässigkeit vor. Die Folgen des sorglosen Verhaltens müssen also absehbar sein. Wer unbedacht – also unabsichtlich – zerstörerisch handelt und dadurch etwa Ihr Eigentum schädigt, der begeht eine Straftat. Darüber hinaus gibt es noch die sogenannte fahrlässige Körperverletzung, die darin besteht, dass eine andere Person körperlich geschädigt wird. Im schlimmsten Fall kann diese das Leben verlieren, weswegen dann eine fahrlässige Tötung vorliegt.

9. Freiheitsberaubung

Hier kommt es darauf an, dass man Ihnen die Bewegungsfreiheit und Ihr Recht auf freien Aufenthalt nimmt. Freiheitsberaubung ist eine Tat gegen die Fortbewegungsfreiheit der Person. Sie liegt vor, wenn jemand einen anderen widerrechtlich einsperrt oder auf andere Weise wie durch Festbinden, Betäuben oder Hypnose der persönlichen Freiheit beraubt.

10. Geldfälschung

Geldfälschung bei Scheinen und Münzen ist die Herstellung von Falschgeld durch Nachahmung oder Verfälschen. Wer „Blüten" herstellt, der will Ihnen den Wert von echtem Geld vortäuschen und Sie damit finanziell betrügen oder Sie wiederum dazu veranlassen, einen Schaden, den Sie durch die unwissentliche Weitergabe des Falschgeldes zu ersetzen sowie womöglich eine Strafe dafür zu bekommen.

11. Geiselnahme

Eine Geiselnahme ist ein Freiheitsdelikt gegen Ihre persönliche Bewegungsfreiheit und Ihre körperliche Integrität, denn häufig werden Geiseln massiv körperlich bedroht. Das Geiselopfer befindet sich im Gegensatz zur Entführung an einem der Polizei bekannten Ort und wird solange daran gehindert, den Ort zu verlassen, bis die Forderungen der Geiselnehmer erfüllt werden. Wer als Geisel genommen wird, erlebt ein Trauma, denn er wird oft mit dem Tode bedroht, wenn die Geiselnehmer nicht das bekommen, was sie sich wünschen. Diese Situation ist in der Regel mit großer Hilflosigkeit der Opfer versehen.

12. Hausfriedensbruch

Der Hausfriedensbruch ist die vorsätzliche Verletzung des verfassungsrechtlich geschützten Gutes der Unverletzlichkeit von Wohnung, Geschäftsräumen oder befriedetem Besitztum eines anderen. Aber auch, wenn jemand in abgeschlossene Räume eindringt, die zum öffentlichen Dienst oder Verkehr bestimmt sind, darin verweilt und sich auf Aufforderung hin nicht entfernt, dann verstößt dieser gegen das Gesetz. Wer das Hausrecht hat, darf bestimmen, wer sich „in seinem Revier" aufhalten darf, ansonsten gilt das sogenannte Hausverbot. Ihr Vermieter darf etwa nicht ohne Ihre Zustimmung Ihr von ihm gemietetes Haus oder die Wohnung betreten.

13. Heiratsschwindler

Ein Betrüger, der seinem Opfer eine gemeinsame Zukunft in einer Ehe in Aussicht stellt, um materielle Vorteile zu bekommen, wird allgemein als Heiratsschwindler bezeichnet. Diese Männer locken Frauen durch ihr zuvorkommendes und charmantes Verhalten in die Liebesfalle, bis diese in der Verliebtheit alles für den Schwindler tun, indem sie sich bei ihnen emotional, materiell und finanziell weitgehen „einbringen".

14. Internet-Straftaten

Die digitalen Medien bergen eine Vielfalt von Möglichkeiten, Sie zu schädigen. Einige der bekanntesten Möglichkeiten möchte ich an dieser Stelle erwähnen: Das Cyber-Mobbing etwa verletzt Ihre Persönlichkeitsrechte, der Internetbetrug kann dazu führen, dass Sie entweder keine, gefälschte oder auf andere Weise unbrauchbare Waren geliefert bekommen und die Täter anschließend nicht mehr dingfest machen lassen können, weil deren Briefkastenfirmen unauffindbar sind. Durch das Ausspähen von Daten, etwa Kontozugangsdaten, kann Ihr Online-Konto geplündert oder können persönliche oder geschäftliche Interna gestohlen werden. Zudem kann Ihnen Ihr gesamtes Computersystem durch Viren oder Trojaner gehackt werden, sodass Sie Datenverlust erleiden oder Ihre Technik nicht mehr funktioniert.

15. Körperverletzung

Eine Körperverletzung ist der Eingriff in die körperliche Unversehrtheit einer Person in Form einer körperlichen Misshandlung oder einer Gesundheitsschädigung, wobei letztere aus der Steigerung oder dem Hervorrufen eines krankhaften Zustandes besteht, was etwa auch eine psychische Beeinträchtigung etwa durch Mobbing oder fortgesetzte eheliche Grausamkeit beinhaltet. Der Gesetzgeber unterscheidet zwischen der einfachen, der gefährlichen, und der schweren Körperverletzung: Die einfache zeigt sich durch sichtbare Verletzungen wie Wunden, Blutergüsse oder Knochenbrüche, die gefährliche macht sich am Einsatz von gefährlichen Werkzeugen wie Messer oder Schusswaffen fest und die schwere, dass das Opfer ein oder beide Augen und damit das Sehvermögen verliert, desgleichen das Hörvermögen, das Sprechvermögen oder die Fortpflanzungsfähigkeit. Schwere Körperverletzung beinhaltet auch, dass das Opfer ein Glied seines Körpers verliert oder es nicht mehr gebrauchen kann oder dass es insgesamt entstellt wird oder dem Siechtum an Heim fällt.

16. Menschenhandel

Menschenhandel ist eine extreme Form der Ausbeutung. Die Opfer, die oftmals auch als Illegale aus dem Ausland eingeschleust werden, werden zur Bettelei, zur Prostitution, zu Organspenden oder zur Arbeit unter unwürdigen und krankmachenden Umständen gezwungen, um Schulden abzuzahlen. Diese Form moderner Sklaverei ist auch in Deutschland zu finden. Insbesondere junge Mädchen geraten über sog. *„Loverboys"*, die sie in sich verliebt und psychisch abhängig machen, oftmals auch noch mit Substanzen-Missbrauch verknüpft, in die Fänge von Zuhältern.

17. Mietnomaden/Schädigung des Vermieters

Dieser umgangssprachliche Ausdruck bezeichnet Mieter einer Wohnung oder eines Hauses, die von vorne herein nicht die Absicht haben, Ihnen den vertraglich vereinbarten Mietzins zu zahlen und auch später, wenn sie etwa nach einer Räumungsklage oder einem sang- und klanglosen Verschwinden und Weiterziehen, auch dann ihre Mietschulden nicht bei Ihnen begleichen. Auf diese Weise prellen sie die Vermieter.

18. Nötigung

Die Nötigung ist eine strafbare Handlung, die darin besteht, dass jemand einen anderen mit rechtswidrigen Mitteln wie Gewalt oder Drohung zu einem bestimmten Verhalten zwingt, etwas zu tun, etwas zu unterlassen, etwas zu dulden oder nicht zu tun, was dieser nicht möchte oder wünscht. Wenn Sie etwa zu einer Straftat angehalten werden und man Ihnen droht, Ihnen bei mangelndem Gehorsam die Fensterscheiben einzuschlagen, dann liegt eine Nötigung vor. Das Druckmittel kann auch aus der Androhung psychischer Gewalt bestehen, etwa wenn die genötigte Person mit zukünftigen Beleidigungen, Demütigungen oder Erniedrigungen zu rechnen hat.

19. Raub

Im Unterschied zum Diebstahl beinhaltet der Raub, dass zum Wegnehmen von beweglichen Sachen einer anderen Person mit der Absicht, es sich selbst oder einer dritten Person rechtswidrig anzueignen noch zusätzlich Gewalt oder Drohungen mit gegenwärtiger Gefahr für Leib und Leben angewendet werden.

20. Rufmord

Der Rufmord ist eine gezielte Schädigung des guten Rufes und des Ansehens einer anderen Person oder den wirtschaftlichen Ruf eines Unternehmens. Hier werden ehrverletzende Behauptungen über eine Person oder ein Unternehmen aufgestellt, obwohl bekannt ist, dass diese unwahr sind. Durch das gezielte Diffamieren wird das in eine Person oder ein Unternehmen gesetzte Vertrauen untergraben. Die Rufschädigung Ihrer Person oder Ihres Geschäftes kann Sie auch online auf Facebook, Google oder Twitter ereilen.

21. Sexuelle Belästigung

Sexuelle Belästigung entsteht, wenn unerwünschtes sexuell bestimmtes Verhalten gezeigt wird, wozu unerwünschte sexuelle Handlungen und Aufforderungen zu diesen gehören, dito sexuell bestimmte körperliche Berührungen, Bemerkungen sexuellen Inhaltes, die beschämen und entwürdigen, sowie unerwünschtes Zeigen oder Anbringen von pornografischen Darstellungen.

22. Stalking

Unter Stalking versteht man umgangssprachlich das willentliche und beharrliche Verfolgen oder Belästigen einer Person, deren physische und psychische Unversehrtheit dadurch unmittelbar, mittelbar oder langfristig bedroht und geschädigt werden. Die Person, die Ihnen nachstellt, kann ein Ex-Partner, ein Freund, ein Nachbar, ein Kollege oder auch jemand völlig Unbekanntes sein. Die Motivation, sich derartig aufdrängend zu verhalten, entspringt einem außerordentlich großen Bedürfnis nach Macht und Kontrolle über andere und basiert oft auch auf einem Liebeswahn oder auf Rache.

23. Unterlassene Hilfeleistung

Unterlassene Hilfeleistung bezeichnet den Tatbestand, dass jemand bei Unglücksfällen oder gemeiner Gefahr oder Not nicht Hilfe leistet, obwohl dies erforderlich und ihm unter Umständen nach zuzumuten ist, insbesondere, wenn dies ohne erhebliche eigene Gefahr und ohne Verletzung anderer wichtiger Pflichten möglich ist. Wer für Sie also bei einem Autounfall keine Erste Hilfe leistet, darauf verzichtet, den Notarzt zu rufen oder Ihnen keinen Rettungsring zuwirft, wenn Sie ins Wasser gefallen sind und

Sie nicht schwimmen können, dann erleben Sie eine besondere Form der Unmenschlichkeit durch fremde Personen.

24. Unterschlagung

Eine Unterschlagung liegt vor, wenn jemand vorsätzlich eine fremde bewegliche Sache, die er in Besitz oder Gewahrsam hat, behält oder nicht herausgibt, obwohl er dazu aufgefordert wurde und diese nicht behalten darf. Menschen sind auch dazu verpflichtet, eine gefundene Sache wieder an den Eigentümer zurück zu geben, weil sie sonst eine Fundunterschlagung begehen. Wenn der Eigentümer nicht zu ermitteln ist, sollte das Fundbüro oder eine Polizeistation aufgesucht werden. Falls Sie also an jemandem eine Sache verliehen oder ihm vorübergehend zur Verfügung gestellt haben und diese zurückfordern, dann darf diese Person Ihr Eigentum nicht behalten.

25. Urheberrechtsverletzung

Falls Sie in einem künstlerischen Metier unterwegs sind, dann haben Sie sicherlich auch immer wieder damit zu tun, dass Ihr Werk urheberrechtlich geschützt bleibt. Umgangssprachlich eher als Copyrightverletzung bezeichnet ist hingegen die Urheberrechtsverletzung ein Verstoß gegen die Verwertungsrechte oder die Aneignung eines fremden Werkes unter eigenem Namen. Diese Straftat besteht häufig in rechtswidrig hergestellten oder verbreiteten Raubkopien von urheberrechtlich geschützten, meist elektronischen Medien. Diese Medien können aus Filmen, Musikstücken, Büchern, Computerprogrammen oder Datenbanken bestehen.

26. Urkundenfälschung

Wer zur Täuschung im Rechtsverkehr eine unechte Urkunde herstellt, eine echte Urkunde verfälscht oder eine unechte oder verfälschte Urkunde gebraucht, begeht Urkundenfälschung, gelegentlich auch Dokumentenfälschung genannt. In diesem Bereich fällt etwa das Ausstellen falscher Zeugnisse, etwa, um eine Arbeitsstelle zu bekommen, die Angabe eines falschen eigenen Namens bei einer offiziellen Kontrolle oder die Anfertigung gefälschter Testamente, um sich zu bereichern. So können Sie etwa auch von Urkundenfälschung betroffen sein, wenn man Ihre Unterschrift nachmacht und diese unter ein Dokument setzt, das Sie zu irgendwelchen Zahlungen verpflichtet.

27. Vandalismus

Die blinde Zerstörungswut ist eine vorsätzliche Handlung, die eine bewusste, mutwillige, meinst sinnlose Zerstörung oder Beschädigung einer privaten oder öffentlichen Sache im Sinne einer Sachbeschädigung bis hin zur Körperverletzung oder Tierquälerei zur Folge hat. So kann es sein, dass etwa Ihr Wohngebäude oder Ihr Auto durch Unbekannte beschädigt oder mit unschönen Scraffity versehen wird oder jemand seinen Abfall in Ihrem Garten ablädt.

28. Vergewaltigung

Wer gegen den erkennbaren Willen einer anderen Person sexuelle Handlungen an dieser Person vornimmt oder von ihr vornehmen lässt oder diese Person zur Vornahme oder Duldung sexueller Handlungen an oder von Dritten bestimmt, begeht Vergewaltigung. Dazu gehören auch Vergewaltigungen von Frauen in Ehe und Partnerschaft, also innerhalb besonderer Vertrauensverhältnisse.

29. Verletzung des Rechts am eigenen Bild

Bildnisse dürfen nur mit Einwilligung des Abgebildeten verbreitet oder öffentlich zur Schau gestellt werden. Die Einwilligung gilt im Zweifel erteilt, wenn der Abgebildete dafür, dass er sich abbilden lässt, eine Entlohnung erhielt. Im Übrigen ist es immer strafbar, wenn eine andere Person von Ihnen eine Bildaufnahme macht, wenn Sie sich in einer Wohnung oder an einem besonders geschützten Raum befinden, welche ja beide Ihren höchst persönlichen Lebensbereich darstellen. Darüber hinaus dürfen auch keine Aufnahmen von Menschen gemacht werden, die sich in einer hilflosen Position befinden, wie etwa bei Unfällen oder am Sterbebett.

30. Wohnungseinbruch

Als Wohnungseinbruch bezeichnet man das unerlaubte Eindringen in Räume, die zum Wohnen verwendet werden. Zur Begehung werden dabei besondere Sicherungen gegen das Eindringen außer Kraft gesetzt. Der Wohnungseinbruch geschieht im Gegensatz zum Hausfriedensbruch mit dem Ziel, in den Besitz von Wertgegenständen zu gelangen. Da die Wohnung ansonsten ein besonderer persönlicher Schutz- und Lebensbereich

ist und im Sinne der Unverletzlichkeit der Wohnung etwa auch als Freiheits-
recht vor staatlichen Eingriffen schützt, haben die Opfer häufig psychische
Folgeerscheinungen. Sie können unter Schock stehen, Angststörungen entwickeln, unter Schlaflosigkeit leiden oder vorübergehend nicht mehr arbeits-
fähig sein.

Wenn Sie sich durch diesen Kanon menschlicher Missetaten und Verbrechen durchgearbeitet haben und feststellen können, dass Sie bisher in
Ihrem Leben nur einen Bruchteil der vorgestellten Punkte kennengelernt
haben, dann können Sie mit gutem Gewissen sagen: „Ich bin dankbar dafür,
was mir bisher im Leben nicht zugestoßen ist!" Manchmal müssen wir
Menschen uns dies sehr klar vor Augen führen. Ralf Dobelli (2011) etwa
nennt alle diese nicht stattgefundenen Desaster sog. *„alternative Pfade"*.
Diese zeigen Ihnen das auf, was im menschlichen Leben an Gefahren auftauchen kann, was aber in Ihrem Fall nicht eingetroffen ist. Schon Michel
Eyquem de Montaigne (1533 – 1592) stellte fest, dass sein Leben voller ent-
setzlicher Unglücksfälle ist, von denen die meisten sich nie ereignet haben.

Vielleicht ist Ihnen jedoch bei der Durchsicht der obigen Liste auch aufgefallen, dass Sie selbst diese oder jene kleine oder große Straftat in Ihrem
Leben begangen haben. Kein Mensch ist ein reiner Engel.

Aufgabe

Wie gehen Sie damit um, falls Sie sich gegebenenfalls einmal entdeckt oder
unentdeckt kriminell verhalten haben? Bereuen Sie dieses Fehlverhalten?
Haben Sie sich entschuldigt und für Wiedergutmachung gesorgt? Oder haben
Sie noch „Leichen im Keller"? Was können Sie tun, um sich ehrlich von einer
Schuld zu entlasten und die Freiheit eines wirklich guten Gewissens wieder zu
erlangen?

Raffael Bonelli (2016) etwa weist darauf hin, dass viele Anlässe, sich bei
seelischer Pein professionelle psychotherapeutische Hilfe zu suchen, Spät-
folgen vom eigenen Fehlverhalten sein können, welches im blinden Fleck
gelandet ist. Und Epiktet (Guth, 2013) rät:

> „Bei allem, was du tun willst, achte auf das, was vorangeht und was nachfolgt,
> und so mache dich dran. Wo aber nicht, so wirst du zwar anfangs lustig daran
> gehen, weil du nicht bedacht hast, was danach kommt, hernach aber, wenn
> sich etliche Schwierigkeiten zeigen, wirst du mit Schaden davon gehen."

16.4 Eskalationsstufen bei Konflikten nach Glasl

Die meisten Konflikte, die zwischen Menschen, etwa Familienmitgliedern, Paaren oder Freunden, aber auch in Organisationen oder Nationen entstehen, sind oft durch Charakterschwächen verursacht und gestalten sich nach dem Ablauf-Modell von Friedrich Glasl (1980) mit insgesamt neun Stufen, wobei sich drei unterschiedliche „Lösungsinstanzen" feststellen lassen, wie Abb. 16.1 zeigt: Win–Win, Win-lose und Lose-lose.

Lösungsinstanz Win – Win (noch ist alles verhandelbar und offen)

1. Ebene (Verhärtung, Streit)

Unterschiedliche Ansichten treffen aufeinander und führen zu Spannungen zwischen den Beteiligten, was jedoch im Alltag als normal angesehen wird. Der Konflikt spitzt sich erst zu, wenn die unterschiedlichen Meinungen heftig und gelegentlich leicht ausufernd vertreten werden.

2. Ebene (Debatte, Polemisierung, Polarisation)

Hier versuchen die Beteiligten, sich gegenseitig mit Argumenten von der eigenen Sichtweise, natürlich der richtigen, zu überzeugen Notfalls wird

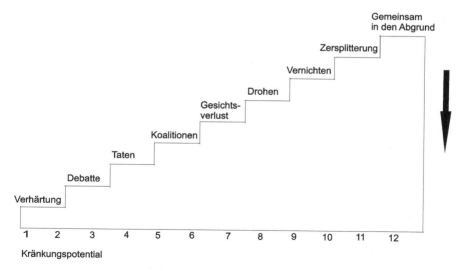

Abb. 16.1 Eskalationsstufen. (nach Glasl 1994)

Druck erzeugt, um zu vermitteln, dass es im Sinne eines Schwarz-Weiss-Denkens nur richtig und falsch gibt.

3. Ebene (Taten statt Worte)

Der Druck zwischen den Kontrahenten wird erhöht, um die eigene Sichtweise durchzusetzen. Gespräche werden abgebrochen oder man verlässt den Raum. Kommunikation findet nicht mehr statt und die Empathie für die andere Seite schwindet.

Lösungsinstanz Win – Lose (ab hier gibt es Gewinner und Verlierer)

4. Ebene (Images und Koalitionen)

Ab hier geht es nicht mehr um die Sachen, sondern darum, zu gewinnen. Um die eigene Position zu stärken und vor allem darum, Recht zu haben, suchen sich die Beteiligten menschliche Unterstützung im Sinne von Sympathisanten von außerhalb.

5. Ebene (Gesichtsverlust)

Durch Schlechtmachen und alle möglichen Unterstellungen versuchen die Gegner, die andere Seite in deren Integrität und Identität zu untergraben und ihre moralische Glaubwürdigkeit zu vernichten. Das gegenseitige Vertrauen ist dann auf dem Nullpunkt angekommen.

6. Ebene (Drohstrategien)

Um die Situation vollkommen zu kontrollieren versuchen die Kontrahenten nun, ihre Macht durch Drohungen zu untermauern. Wenn die jeweils andere Seite sich nicht unterwirft oder fügt, dann werden ihm möglichst glaubhafte negative Sanktionen in Aussicht gestellt, von denen bekannt ist, dass sie den Kontrahenten empfindlich treffen können.

Lösungsinstanz Lose – Lose (ab hier gibt es nur noch Verlierer)

7. Begrenzte Vernichtungsschläge

Auf dieser Stufe wird der andere bereits trickreich und voller Absicht geschädigt, weil er nicht mehr als menschliches Wesen definiert wird. Hier nimmt man sogar die Vernichtungsschläge des Gegenübers stolz und als Gewinn in Kauf, solange die eigenen Aktivitäten diese überbieten.

8. Zersplitterung

Hier werden die Unterstützer-Systeme und Koalitionen des Gegners angegriffen und zerstört, um ihm den Boden unter den Füßen völlig wegzuziehen.

9. Gemeinsam in den Abgrund

Um den Gegner radikal und endgültig zu besiegen wird von nun an auch die eigene Vernichtung mitkalkuliert, frei nach dem Motto „Nach mir die Sintflut".

Dieses letzte Stadium, etwa bei einem Paarkonflikt, können Sie in dem Film „Der Rosenkrieg" aus dem Jahre 1989 in einer atemberaubenden Abschluss-Szene mit Michael Douglas und Kathleen Turner als zerstrittenes Ehepaar bewundern, in der beide nach einem dramatischen Kampf im offenen Treppenhaus und nach einem gemeinsamen Absturz von einem oben an der Decke des ersten Stockwerkes angebrachten Kronleuchter unten sterbend auf dem Fußboden liegen und selbst die dann zur Versöhnung ausgestreckte Hand des Mannes von der Frau abgewiesen wird.

16.5 Langfristige Folgen von Charakterschwächen

Wie Sie oben in der Aufreihung von gängigen Straftaten gesehen haben, führen diese in der Regel entweder zu einer finanziellen oder einer Haftstrafe, die von den Betroffenen, oder zumindest von deren Umfeld, normalerweise als einen Knick im Lebenslauf interpretiert werden. Mit Wohlfühlen hat dies nichts mehr zu tun, auch wenn manche Menschen der Ansicht sind, dass man alles machen kann, solange man sich nicht dabei erwischen lässt, was einer kriminellen Grundeinstellung entspricht, die mit etlichen Charakterschwächen einher geht. Dahinter steht eine Grundeinstellung, die von den Vertretern der Transaktionsanalyse, etwa Thomas A. Harris (1975), als „Ich bin o.k. – Du bist nicht o.k.!" auf den Punkt gebracht wird, wie im Kap. 20 noch näher erläutert wird.

Der alte Spruch „Der Krug geht solange zum Brunnen, bis er bricht!" deutet an, dass Menschen schon vor Jahrhunderten einen Zusammenhang zwischen den persönlichen Eigenschaften eines Menschen und seiner Lebensführung im Zusammenhang mit Regelverstößen meinten wahrzunehmen. Nicht nur wie oben in den Eskalationsstufen nach Glasl spitzen

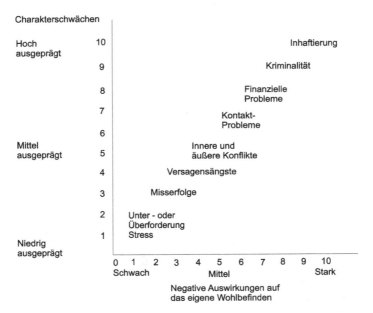

Abb. 16.2 Langfristige Folgen von Charakterschwächen auf das eigene Wohlbefinden. (© Lilo Endriss)

sich negativen Konsequenzen im Zusammenhang mit zwischenmenschlichen Konflikten zu, sondern auch oft mit einer Lebensführung, die sich unbekümmert Straftaten bedient, etwa weil ein Unrechtsbewusstsein fehlt und so auch keine Arbeit an den eigenen Charakterstärken stattfinden kann. Abb. 16.2 stellt diese möglichen Zusammenhänge dar.

Literatur

Bonelli, R. (2016). *Selbst schuld! Ein Wegweiser aus seelischen Sackgassen.* Droemer Knaur.

Dobelli, R. (2011). *Die Kunst des klaren Denkens. 52 Denkfehler, die Sie besser anderen überlassen.* Hanser.

Endriss, L. (2010). *Steh auf Mensch! Über den kreativen Umgang mit Krisen und Misserfolg. Das Praxishandbuch.* Books on Demand.

Glasl, F. (1994). *Ein Handbuch zur Diagnose und Behandlung von Konflikten für Organisationen und ihre Berater.* Freies Denken.

Guth, C.-M. (Hrsg.). (2013). *Epiktet: Handbüchlein der stoischen Moral, S. 15.* Sammlung Hafenberg.

Harris, T.A. (1975). *Ich bin o.k. – Du bist o.k. Wie wir uns selbst besser verstehen und unsere Einstellung zu anderen verändern können. Eine Einführung in die Transaktionsanalyse.* Rowohlt.

Seligman, M. (2001). *Pessimisten küsst man nicht. Optimismus kann man lernen.* Droemer Knaur.

Von Oertzen, R. (2013). *StGB.de. Alles zum Strafgesetzbuch.* www.StGB.de, Hamburg.

17

Narzissmus als Charakterschwäche

Zusammenfassung Ausgehend von den neun Kriterien des Grandiosen Narzissmus bietet das Narzisstische Persönlichkeits-Inventar die Möglichkeit zur Selbstreflektion. Danach zeigt eine Aufreihung von Verhaltensweisen und Kommunikationsstilen, wie sich sog. verdeckte Narzissten über subtile Einflussmöglichkeiten Macht über andere verschaffen können. Die Ausprägungen der impulsiven emotionalen und der absichtsvollen kognitiven Antipathie-Äußerungen durch Narzissten werden in einem Koordinatensystem, dem narzisstischen Antipathiefeld, dargestellt. Eine Tabelle stellt dem narzisstischen Antipathiefeld detailliert die gleichberechtigte und wertschätzende Kommunikation gegenüber. Danach werden mögliche Ursachen narzisstischer Verhaltensweisen erwogen.

Tiefste Unmoral: die Ausbeutung des Menschen durch den Menschen. (Rosa Luxemburg, 1871–1919)

Der Begriff des Narzissmus geht auf die alte griechische Sage zurück, in der sich ein Jüngling in sein eigenes Spiegelbild verliebt, das er unerwarteter Weise plötzlich beim Wassertrinken aus einem Teich vor sich auf der Wasseroberfläche sieht. Die Psychologie bezeichnet heute einen bestimmten Typus Mensch als „Narzissten", der dazu neigt, sich selbst zu idealisieren, andere Menschen abzuwerten und der selbstimmanent ist. Er kennt keine Selbsttranszendenz und ist in sich selbst eingewickelt und damit gefangen.

© Der/die Autor(en), exklusiv lizenziert durch Springer Fachmedien Wiesbaden GmbH, ein Teil von Springer Nature 2021
L. Endriss, *Aufblühen oder Verwelken?*, https://doi.org/10.1007/978-3-658-34410-8_17

17.1 Neun gängige Narzissmus-Kriterien

Allgemein gelten in der Psychologie folgende neun Gesichtspunkte als verbindliche Gesichtspunkte, um einen grandiosen Narzissten zu identifizieren.

1. Grandiosität bzw. ein überwältigendes Selbstwertgefühl
2. Fantasien über grenzenlose eigene Erfolge, Brillanz, Macht, Schönheit, ideale Liebe.
3. Überzeugung, „ganz besonders" und einzigartig zu sein.
4. Erwartung grenzenloser Bewunderung durch andere.
5. Anspruchsdenken und Erwartung einer besonders günstigen Behandlung.
6. Ausnutzen anderer und Funktionalisieren des Gegenübers.
7. Mangel an Empathie.
8. Neid auf andere.
9. Hochmütige Verhaltensweisen und Ansichten anderen gegenüber.

Sie können einmal in folgender Zusammenstellung von narzisstischen und nicht-narzisstischen Selbsteinschätzungen prüfen, in welche Richtung Sie persönlich tendieren, ob Sie mehr oder weniger narzisstisch sind. Sie können damit auch einmal prüfen, wie jemand, den Sie kennen, wohl darauf antworten würde. Die Aussagen orientieren sich an einer Skala, die von Lena Spangenberg et al. (2013) entwickelt wurde und sich auf den grandiosen Narzissmus bezieht. Hier wird davon ausgegangen, dass es sich bei diesen Aussagen nicht um Anzeichen einer Persönlichkeitsstörung handelt, sondern eben um eine besondere Form des Erlebens, dem es an menschlicher Beziehungsfähigkeit mangelt und der über ein ganz besonders hoch ausgeprägtes Selbstwertgefühl verfügt.

17.2 Narzisstisches Persönlichkeits-Inventar

Spangenberg et al. (2013) überprüften eine Kurzform des Narcistic Personality Inventory, die dazu beitragen soll, narzisstische Charakterschwächen zu erheben beziehungsweise auch messbar zu machen. Sie finden hier eine Zusammenstellung von narzisstischen und nicht-narzisstischen Verhaltensweisen.

Narcisstic Personality Inventory (nach Bonelli, 2016).

   1a. Ich kam mit einer bestimmten natürlichen Begabung auf die Welt, die darin besteht, dass ich andere Menschen gut dahingehend beeinflussen kann, dass sie in der Regel genau das tun, was ich von ihnen erwarte.

1b. Es fällt mir eher schwer, andere Leute zu beeinflussen oder erfolgreich Druck auf sie auszuüben.

2a. Ich weiß, was für eine tolle Frau/ein toller Mann ich bin, weil ich das von allen Seiten gesagt bekomme.

2b. Ich werde eher befangen oder manchmal auch peinlich berührt, wenn mir jemand schöne Worte macht oder mir schmeichelt.

3a. Ich vermeide es, in der Öffentlichkeit oder innerhalb einer größeren Gruppe aufzufallen und halte mich lieber im Hintergrund auf.

3b. Ich genieße es, im Mittelpunkt der Aufmerksamkeit zu stehen und alle Blicke auf mich gerichtet zu sehen.

4a. Ich bin im Vergleich zu den meisten anderen Menschen weder besser noch schlechter, sondern befinde mich da eher im mittleren Bereich.

4b. Ich bin der festen Überzeugung, dass ich mit alle meinen Talenten und Begabungen etwas ganz Besonderes bin.

5a. Ich bin nicht hundertprozentig davon überzeugt, dass ich eine gute Führungspersönlichkeit bin, das müssen eventuell andere entscheiden.

5b. Ich erlebe mich als eine hervorragende und überaus kompetente Führungspersönlichkeit.

6a. Ich habe kein Problem damit, Anweisungen zu befolgen, Aufträge zu erledigen und anderen Menschen im besten Sinne zu dienen.

6b. 6b. Ich ziehe es vor, möglichst viel Autorität zu verbreiten und anderen Menschen Anordnungen zu erteilen.

7a. Ich kann Menschen so gut manipulieren, dass sie dies oft gar nicht merken und noch froh darüber sind, dass sie etwas für mich tun dürfen.

7b. Mir gefällt es nicht, andere Menschen unmerklich nach meinen Vorstellungen und Zielen zu lenken.

8a. Ich will ein zufriedenes, einigermaßen entspanntes Leben führen.

8b. Ich will jemand sein und sogar in den Augen der Weltöffentlichkeit etwas besonders bedeuten.

9a. Eine meiner wichtigsten Richtlinien im Leben ist, möglichst viel Macht zu erringen.

9b. Das Prinzip „Macht" interessiert mich persönlich nicht besonders.

10a. Ich erleben eine überaus große Genugtuung, wenn ich im Zentrum der Aufmerksamkeit und des Geschehens stehe.

10b. Wenn ich zu viel Aufmerksamkeit bekomme, dann fühle ich mich unwohl und möchte am liebsten gleich verschwinden.

11a. Stets und überall „on top" zu sein und die 1. Geige zu spielen bedeutet mir wirklich wenig.

11b. Meine besondere Position an der Spitze scheint von jedermann anerkannt zu werden.

12a. Ich möchte unbedingt eine Führungs- oder Leitungsrolle ausfüllen.

12b. Mir persönlich ist es vollkommen egal, ob ich andere anleite oder nicht.

13a. Ich hoffe, dass ich meine Ziele erfolgreich erreiche.

13b. Ich bin auf dem besten Weg, eine bedeutende Persönlichkeit zu werden, die von allen anerkannt wird.

14a. Mir ist es in die Wiege gelegt worden, andere Menschen zu führen und zu leiten.

14b. Wer Menschen gut führen kann, der kann diese Fähigkeit nur durch eine lange Entwicklungszeit erwerben.

15a. Ich weise in vielerlei Hinsicht Ähnlichkeiten mit anderen Menschen auf und unterscheide mich da nicht wesentlich von ihnen.

15b. Ich zeichne mich dadurch aus, dass ich ein für die übrige Menschheit auffallend außergewöhnlicher Mensch bin.

Aufgabe

Prüfen Sie anhand des obigen Fragebogens, inwiefern Sie selbst mehr oder weniger narzisstische Charakterzüge aufweisen.

Ausgeprägte grandiose Narzissten und Narzisstinnen fallen einfach auf und sind leicht zu identifizieren. Sie sind oft charismatisch, interessant und charmant, verfügen über eine besondere Ausstrahlung, die aus ihrer glänzenden Fassade erwächst. Sie sind völlig davon überzeugt, der oder die Größte zu sein, sind oberschlau, wissen alles besser, sind makellos und hegen keinerlei Selbstzweifel. Auffallend ist ihre Arroganz. Am liebsten reden sie über sich, ihre großartigen Erlebnisse und bahnbrechenden Erfolge. Sie demonstrieren ein Selbstwertgefühl, das sich allerdings nicht immer mit ihrer derzeitigen Position, ihren Kenntnissen, ihrer Erfahrung oder ihren nachweisbaren Erfolgen rechtfertigen lässt. Sie sind erfüllt von großartigen Vorstellungen davon, wer sie sind und überschätzen sich und ihre Fähigkeiten in vielerlei Hinsicht.

Häufig sind sie davon überzeugt, zu etwas Höherem in der Gesellschaft bestimmt zu sein. Zudem glauben sie, dass sie sich nur mit besonderen und hochrangigen Menschen umgeben können, denn weniger erfolgreiche Mitmenschen können ihnen im Umgang ja niemals das Wasser reichen. Einige ihrer Lieblingsworte sind „Ich, ich, ich" und viele ihrer Sätze beginnen damit.

Der Kontakt mit dieser Spezies ist in der Regel sehr anstrengend, da sie zwar über eine gewisse kognitive Empathie verfügen, um andere Menschen im Sinne ihrer Ziele zu manipulieren, an einer echten emotionalen Empathie, die eine wichtige Voraussetzung für gelingende gleichberechtigte Beziehungen zu anderen Menschen darstellt, mangelt es ihnen hingegen. Sie erwarten ausschließlich eine Vorzugsbehandlung und nehmen es einem sofort übel, wenn man ihnen diese Sonderstellung nicht gestattet.

Im Kontakt werden sie oft als anstrengend und irritierend erlebt. Viele Narzissten versuchen mit steigendem Alter verzweifelt, ein jugendliches Aussehen zu behalten, indem sie es mit Kosmetik, Schönheitsoperationen, speziellen Diäten, trendiger Kleidung, Fitnesstraining und besonderen körperlichen Anstrengungen maßlos übertreiben. Manche Autoren gehen davon aus, dass ein grandioser Narzisst insgeheim unter einem geringen Selbstwert leidet und sich daher so großartig gebärdet. Diese Vermutung trifft eher auf den Typus des verdeckten Narzissten zu, der im Folgenden näher betrachtet werden soll.

17.3 Kennzeichen des verdeckten Narzissmus

Neben dem gut erkennbaren grandiosen Narzissmus gibt es u. a. auch noch den verdeckten Narzissmus, der schwer zu identifizieren ist und von denjenigen, die ihm im menschlichen Kontakt ausgesetzt sind, kaum erkannt wird, da er sich subtiler Strategien seelischer Gewalt (Endriss, 2018) bedient An den folgenden Punkten können Sie ihn erkennen, allerdings finden Sie dort auch Verhaltensweisen, die jeder einmal mehr oder jeder seinen Mitmenschen gegenüber zeigen kann. Hier geht es darum, dass Sie diese Art von Behandlung konzentriert und über einen längeren Zeitraum erdulden müssen, oft auch nach und nach in sich steigernder Form, nachdem am Beginn des Kontaktes noch alles entspannt und manchmal gerade traumhaft, insbesondere am Beginn einer Liebesaffäre, läuft, worauf etwa die Psychotherapeutin Bärbel Wardetzki (2019) hinweist.

Eine Hauptmotivation auch eines verdeckten Narzissten oder einer Narzisstin besteht darin, Macht und Kontrolle über andere zu gewinnen und zu behalten, insbesondere über deren Gefühlswelt. Und dafür ist ihm oder ihr jedes Mittel recht. Insbesondere unterschwellige Einflussmöglichkeiten dienen dazu, die eigene überlegene Position hinter der Maske der Zurückhaltung durch einen schleichenden Prozess ständig weiter auszubauen, ohne dass das Gegenüber dies überhaupt merkt. Die goldene Regel, dem Gegenüber nicht das zuzufügen, was man sich selbst nicht als

Umgangsform wünscht, ist hier auf verborgene Art und Weise außer Kraft gesetzt. Deswegen wird auch oft darauf hingewiesen, dass Narzissten keine moralischen Werte haben.

Seelische Gewalt im Alltag, wie sie häufig auch von verdeckten Narzissten praktiziert wird, wurde ausführlich von der französischen Psychoanalytikerin und Familientherapeutin Marie-France Hirigoyen (2000) dargestellt. Seit einigen Jahren kursieren zudem im Internet diverse Youtube-Videos, in denen die verschiedenen Formen der Manipulation, die verdeckte Narzissten ihren Zielpersonen gegenüber zeigen, mit wunderbaren Anglizismen auf- klärerisch zu Leibe rücken wollen. Ich erlaube mir, diese Begriffe jeweils in den folgenden Ausführungen mit einzufügen. Abb. 17.1 macht sicht- bar, inwiefern sich impulsive emotionale und absichtsvolle kognitive Äußerungen von Narzissten zu einem Antipathie-Feld zusammensetzen lassen.

- Auffallender emotionaler Empathie-Mangel

Auf den Unterschied zwischen emotionaler und kognitiver Empathie habe ich schon an anderer Stelle hingewiesen. Wenn Sie sich persönlich in einer misslichen Lage befinden, dürfen Sie von Narzissten nicht erwarten, dass diese so etwas wie Rücksicht oder echtes Mitgefühl zeigen. Von sich aus bieten sie niemals Hilfe an und lassen sich selbst sehr lange bitten, wenn

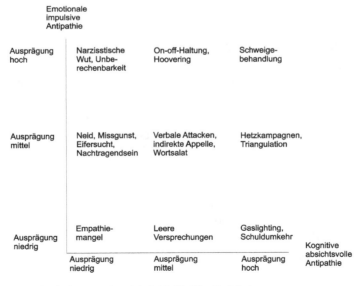

Abb. 17.1 Narzisstisches Antipathiefeld. (© Lilo Endriss)

Sie sich von ihnen Unterstützung wünschen. Im Gegenteil dazu sind intelligente verdeckte Narzissten jedoch durchaus in der Lage, mittels ihres Verstandes kognitive Empathie zu entwickeln, wenn diese ihnen selbst nützt, Wie ein geschickter Verkäufer legt er Ihnen einfühlsam nahe, was etwa für Sie gut ist, auch wenn diese Empfehlung ursprünglich gar nicht in Ihr Leben passt wohl aber in seines. Nach und nach beschäftigen Sie sich nur noch mit seinen Problemen, seine Interessen, seinen Vorteilen und verzichten darauf, Ihr eigenes Revier und Ihre Stellung zu behaupten. Auffallend zudem ist, dass Narzissten kaum jemals selbst Anzeichen von Melancholie, Traurigkeit oder Schwermut zeigen. Allgemein gilt auch, dass Narzissten offensichtlich unfähig sind, Gefühle, Bedürfnisse, Hoffnungen, Sehnsüchte und Herzenswünsche sogar derjenigen, die ihnen nahe stehen, wahrzunehmen. Offensichtlich fehlt ihnen dafür ein Aufnahmeorgan. Diese Menschen hassen es auch, wenn andere damit beginnen, über ihr Gefühlsleben zu reden und blocken dies rasch mit der Bemerkung ab, dass sie keine Lust auf „Beziehungsgequatsche" und „Gefühlsduselei" hätten.

- Mangelnde Fürsorge

Narzissten sind nicht in der Lage, Fürsorge für andere Menschen zu entwickeln. Falls Sie einmal krank werden, ein Notfall vorliegt oder es Ihnen einmal schlecht geht, dann werden Ihre persönlichen Bedürfnisse nicht berücksichtigt, Falls irgendjemand hingegen selbstverständlich Fürsorge und Aufmerksamkeit erwartet oder einfordert, dann ist dies ausschließlich der verdeckte Narzisst, dafür ist ihm manchmal jedes Mittel recht. Berichtet jemand von den eigenen Sorgen oder Schmerzen, dann dient dies dem Narzissten als Stichwort, sofort von den eigenen Belangen zu sprechen: „Und was ich erst auszuhalten habe!" Das kann dann durchaus wie ein Vorwurf klingen. Sie können zudem noch froh sein, wenn Sie nach der Schilderung eines Missgeschicks oder einer problematischen Lage nicht noch eins drauf bekommen, frei nach dem Motto „Daran bist du doch selbst schuld! Das hast du nun davon! Warum bist du auch so blöd!".

- Desinteresse am Gegenüber

Da für Narzissten nur das „Ich, Ich, Ich" gilt, stellen diese Menschen Ihnen kaum Fragen nach Ihrer Welt, Ihrer Meinung, Ihrer Befindlichkeit, Ihren Ängsten und Sorgen oder nach Ihrer Gesundheit. Dies ist für sie persönlich uninteressant, woraus sie oft auch keinen Hehl machen. Dann erscheint es einem geradezu so, als wäre es für den Narzissten eine Zumutung, sich

Geschichten anzuhören, in denen Sie im Mittelpunkt stehen. Narzissten kennen auch in einer länger währenden Beziehung ihre Gefährten nicht besonders genau: weder deren Lieblingsessen, Lieblingsthemen, Lieblingsbeschäftigungen oder brennenden Wünsche, ja, oft noch nicht einmal die Augenfarbe ihres Gegenübers. So erklären sich dann auch oft merkwürdige Geburtstagsgeschenke, die im besten Fall eher etwas mit den Vorlieben des Schenkenden zu tun haben. Im Grunde genommen behandeln Narzissten ihre Mitmenschen nicht wie fühlende Wesen, sondern wie Objekte, weswegen auch von der sog. *„Objektifizierung"* des Mitmenschen gesprochen wird. Einerseits suchen sie sich Vorzeigepersonen, die ihnen bei ihrer politischen, gesellschaftlichen oder beruflichen Karriere nützlich sein können, andererseits beenden sie etwa ohne mit der Wimper zu zucken ihre Freundschaften oder Liebesbeziehungen, sobald ihnen diese nicht mehr finanziell oder gesellschaftlich von Nutzen sind, was als *„discard"* bezeichnet wird.

- Fehlende Dankbarkeit

Aufgrund ihrer Großartigkeit übersehen Narzissten, dass andere Menschen ihnen Gefallen tun, freundlich zu ihnen sind, ihre Wünsche erfüllen, sie unterstützen oder ihnen hilfsbereit zur Seite stehen. Sie zahlen Freundlichkeit, Aufmerksamkeit und Beistand selten mit gleicher Münze zurück, sondern nehmen dies alles aufgrund ihrer Anspruchshaltung gnädig und als eine Selbstverständlichkeit ihnen gegenüber entgegen. Ein Dankeschön fehlt grundsätzlich in ihrem Wortschatz. Aus diesem Grund mangelt es ihnen auch an irgendeiner Form der spirituellen Dankbarkeit, so etwas wie ein Dankesgebet, das Entzünden einer Kerze für einen anderen Menschen oder der Besuch eine Andachts- oder Gedenkstätte ist ihnen völlig fremd und sie verspotten diejenigen Mitmenschen, die so etwas machen.

- Oberflächliche Gespräche

Tiefgehende Gespräche, in denen Offenheit, Gefühle, Interesse an einer fruchtbaren Auseinandersetzung miteinander und Respekt, auch vor der abweichenden Meinung des Gegenübers, mitschwingen, werden Sie im Zusammensein mit Narzissten nicht erleben, dazu würde nämlich ein gegenseitiges Zuhören eine zwingende Voraussetzung sein. Zudem hat ein verdeckter Narzisst immer Recht, er springt mit banalen und dummdreisten Behauptungen wie etwa „Philosophie ist totaler Blödsinn!" mitten in die Rede des Gegenübers, grätscht hinein, wenn sich andere gerade gut unterhalten und findet stets einen Allgemeinplatz, den er als fundierte Kritik verkauft. Statt einen authentischen Austausch miteinander zu pflegen, erfolgt ein hochmütiges phrasenhaftes Politgerede. So wird mit Scheinargumenten, pauschalen Aussagen und unzulässigen Verallgemeinerungen gearbeitet, um Sie verbal in die Ecke zu drängen.

● Erbsenzählerei

Wer mit verdeckten Narzissten zu tun hat, der kann es ihnen niemals rechtmachen, denn sie sind auf unangenehme Art und Weise übertrieben kritisch. Was immer das Gegenüber an Erfolgen vorzuweisen hat, der Narzisst findet prompt das Haar in der Suppe, um der anderen Person indirekt das Gefühl zu vermitteln, nie genug zu sein. Er fängt an, akribisch Fehler und Schwächen seines Gegenübers und dessen Arbeitsergebnisse aufzuzählen, um dieser Person zu vermitteln, dass er nicht mit ihr zufrieden ist. Diese Form der destruktiven Kritik und absurden Standards, wie was zu sein hätte, beabsichtigt, den anderen Menschen persönlich anzugreifen, allerdings ohne ihn direkt herunterzuputzen. Es geht darum, stets der Überlegene zu sein. Wer dann versucht, Gegenargumente oder Verteidigungen vorzubringen, der läuft Gefahr, dass ihn müde zugelächelt wird nach dem Motto: „Lass stecken, das bringt jetzt auch nichts mehr!".

● Neid

Auch wenn Narzissten von Selbstbewusstsein nur so zu strotzen scheinen, sind sie doch von Neid erfüllt, denn andere könnten es besser haben oder etwas besser können als sie. Voller Missgunst achten sie darauf, dass sie zu ihrem Recht kommen und ihre Anspruchshaltung ist grenzenlos. Genug ist nie genug, was sie natürlich niemals zugeben würden. Da sie mangels Selbstreflexion voller blinder Flecken sind, vermuten sie nun im projektiven Umkehrschluss, dass andere Menschen unglaublich neidisch auf sie und ihre Fähigkeiten seien. Sie können sich niemals über die Erfolge anderer freuen und nutzen jede Gelegenheit, ihnen diese madig zu machen. Sie weigern sich, eine Leistung, auf die Sie stolz sind, anzuerkennen oder überhaupt wahrzunehmen. Sie neiden anderen das Glück, das diese empfinden. Nichts ist für sie schlimmer als zu erleben, dass irgendetwas anderes oder irgendjemand anderes als sie persönlich im Fokus des Gegenübers steht und geschätzt, gelobt und bewundert wird. Sie ertragen diese Art der Begeisterung nicht und sorgen prompt dafür, selbige durch Worte oder Taten zu zerstören.

- Herablassung

Da grandiose sowie auch verdeckte Narzissten zutiefst davon überzeugt sind, dass sie über dem Rest der Menschheit oder zumindest über den Menschen stehen, die sich in ihrem Umfeld aufhalten, ist ihnen oft auch neben herablassenden Bemerkungen anderen gegenüber ein herablassender gönnerhafter Tonfall zu eigen. Falls Sie als betroffene Person dann etwas dagegen einwenden oder dies kritisieren, dann bekommen Sie zu hören, dass Sie überempfindlich seien. Auf diese Art und Weise, die auf keinen Fall auf Sie und die von Ihnen vorgebrachte sachliche Ebene eingeht, wird Ihnen plötzlich irgendeine Schuld aufgrund eines persönlichen Mankos zugeschoben. Falls Sie diese Umkehrung annehmen, dann besteht die Gefahr, dass Sie in Zukunft auf Kritik verzichten und in Anwesenheit des Narzissten wie auf Zehenspitzen herumlaufen, was auch als *„Walking on eggshells"* bezeichnet wird, um sich nicht wieder als überempfindlich zu outen. Wenn dazu noch herablassende sarkastische Bemerkungen fallen wie „Na, was hat mein Sensibelchen denn nun wieder?", dann sollten die Alarmglocken schrillen. Narzissten mokieren sich zudem gerne über Mitmenschen, die Regeln einhalten, sich etwa willig in eine Warteschlange einreihen oder bei Rot an der Fußgänger-Ampel stehen bleiben.

- Dicke Luft

Narzissten sind wahre Stimmungsmeister, indem sie neben abfälligen Worten, spitzen Bemerkungen und dramatischen Übertreibungen auch ihre herabwürdigende Körpersprache einsetzen, oft auch verbunden mit einem kalten gruseligen starren Blick, um damit eine sonst übliche zwischenmenschlich entspannte Atmosphäre zu vergiften. Dazu kommt, dass sie häufig Stimmungsschwankungen zeigen, man weiß nie, woran man mit ihnen ist, wann und warum sie aus der Haut fahren, ein Donnerwetter ertönt oder ein Schimpfkanonade losgelassen wird: vielleicht ein Rundumschlag aufgrund eines nichtigen Anlasses, den niemand von außen so recht nachvollziehen kann. Nachfragen werden nicht beantwortet und der Narzisst scheint auch nicht an Lösungen interessiert zu sein. So kann für Sie das Gefühl entstehen, sich in einem Minenfeld aufzuhalten, das jederzeit ohne Vorwarnung explodieren kann: Allgegenwärtig liegt eine bedrückende Vorahnung in der Luft. Auf diese manipulative Art und Weise spielt Ihr Gegenüber mit Ihren Gefühlen.

- Indirekte Huldigungserwartung

Auch wenn verdeckte Narzissten dies nicht offen zugeben, so erwarten sie doch indirekt, dass man ihnen huldigt und stets zu Diensten ist. So ist es selbstverständlich, dass Sie sich in allen Lebenslagen um den Narzissten kümmern, und zwar ausnahmslos. Diese Menschen sind ohne Fehl und Tadel und das müssen natürlich auch alle ihre Bewunderer merken. Da ist es ein No-Go, ihnen die Untertänigkeit zu verweigern. Narzissten erheben den selbstverständlichen Anspruch, dass Sie ihnen stets und überall vermitteln, was für wunderbare Menschen sie sind. Dies gelingt ihnen dadurch, dass sie es geschickt und manipulativ hinbekommen, vor ihrem Gegenüber ein besonders verehrungswürdiges Bild von sich zu konstruieren, das die andere Person dazu bringt, widerspruchslos in der dienenden Rolle zu verharren, aber auch verhindert, dass sich jemand leicht daraus lösen kann.

- Schweigebehandlung

Verdeckte Narzissten bedienen sich häufig einer besonders niederträchtigen Art der Kommunikation: der bewussten Entwertung ihres Gegenübers, indem sie diese durch Ignoranz „auflaufen lassen". Mit diesem Verhalten, auch *„Silent Treatment"* genannt, vermitteln sie auf indirekte Art und Weise, dass der andere Mensch für sie ein „Nichts" ist, der es nicht wert ist, überhaupt in irgendeiner Hinsicht wahrgenommen zu werden. Die Schweigebehandlung, die Sie bereits im Kapitel der non-verbalen Dimensionen der Ab- und Entwertung kennen gelernt haben, dient dem Narzissten dazu, sich selbst an den gekränkten und verletzten Gefühlen des Opfers aufzubauen, welches er, diesmal auch ohne einen verbalen Angriff, so weit gebracht hat, dass es genauso reagiert, wie er es sich gewünscht hat und damit sog. *„narzisstische Zufuhr"* liefert, nämlich den Beweis für seine hervorragende Fähigkeit, heimlich Macht und Kontrolle über andere auszuüben.

- Kommunikation über indirekte Appelle

Wer etwas vom anderen haben will, der kann den anderen klar und deutlich danach fragen. Dies beinhaltet allerdings, dass das Gegenüber auch mal „Nein" sagen kann. Um dies und die damit verbundene Eindeutigkeit sowie eigene Verantwortung zu verhindern, bieten sich indirekte Appelle an. Anstatt direkt darum zu bitten, dass die andere Person das Fenster schließen möge, sagt man: „Ach, mir ist ja so kalt!" Oder in traurigem Tonfall und mit einem herzigen Augenaufschlag: „Ich würde ja so gerne dies oder das besitzen, aber ich bin gerade pleite!" Sie kennen sicherlich den bereits oben erwähnten *„sekundären Krankheitsgewinn"*, der darin besteht, dass Menschen eine besondere Aufmerksamkeit und Fürsorge bekommen, wenn sie krank sind. So lassen sich manchmal mit leidendem Gesichtsausdruck regelrecht feinsinnige Dramen inszenieren, um Mitgefühl und Mitleid zu provozieren, die einen ins Zentrum des Geschehens verfrachten. In diesen Zusammenhang passt auch der Hypochonder, dessen Schilderungen eingebildeter Krankheiten ein hohes Maß an Aufmerksamkeit in seinem Umfeld auf sich ziehen.

- Opferhaltung

Klagen und Jammern gehören sowieso zum allgemeinen Repertoire von verdeckten Narzissten. Sie können sich stundenlang darüber auslassen, was alles falsch gelaufen ist und mit was für Idioten sie zu tun hatten. Und vor allem, dass sie selbst überhaupt keine Schuld daran haben, was schief gelaufen ist. Sie selbst sind ja immer ohne Fehl und Tadel und ein Opfer der Umstände, was auch *„victom game"* genannt wird. Sie übernehmen grundsätzlich keine Verantwortung für ihre Entscheidungen und die Folgen ihrer Handlungen. Dies erklärt auch, warum Narzissten so schlecht mit Geld umgehen können. Sie benehmen sich ihren Mitmenschen gegenüber manchmal wie Kleinkinder, die sagen: „Mama, ich habe keine Hände!", um zu vermeiden, die Bitte „Mach du doch mal mein Schuhband zu!" auszusprechen.

- Verweigerungshaltung

Eine besonders unangenehme Angewohnheit von verdeckten Narzissten ist, ihrem Gegenüber in epischer Breite ein eigenes möglichst dringendes Problem vorzustellen und dann abzuwarten, was das hilfsbereite Gegenüber ihm dann an Lösungen vorschlägt oder sogar schon aktiv wird. Aber egal, was diese Person an guten Ideen vorträgt oder an konkreten Handlungen erledigt, es wird mit einem „Nein" versehen, mit „Ja, aber … !", „Kenn ich schon, bringt nix!" oder „Das hat noch nie geklappt!" Das Spiel, das dahinter steht, heißt: „Ich werde dich mal schön auflaufen und zappeln lassen! Und es macht mir Freude, mitzuerleben, wie du dich vergeblich abmühst!". Narzissten fühlen sich gut, wenn der andere sich schlecht fühlt, was eine höchst niederträchtige Art dem Mitmenschen gegenüber ist.

- Schuldumkehr

Wer unfehlbar ist, der hat nie Schuld. Da entsteht nun für den Narzissten die besondere Situation, für unangenehme Vorkommnisse eine Erklärung zu liefern: Schuld hat immer jemand anderes, nie er persönlich, was auch als *„Blame-shifting"* bezeichnet wird. Nichts bleibt an ihm haften, für jedes Ereignis hat er eine passende Erklärung, die dem Gegenüber die Schuld und Verantwortung für sämtliche Missgeschicke im Leben des Narzissten zuschiebt. So erfinden Narzissten abstruse Erklärungen bei allen möglichen Vorfällen in ihrem Leben, es wimmelt geradezu von grandiosen Ursachen, die nichts mit ihnen zu tun haben. Desgleichen halten sie auch keine Versprechen. Darauf angesprochen können sie sich leider nicht daran erinnern, was sie einmal gesagt haben. Oder sie kommentieren entsprechendes Nachhaken von Ihrer Seite aus damit, dass sie sagen: „Du musst nicht immer alles erst nehmen, was ich so über den Tag hin sage!". Narzissten sind nicht bereit, ihre Unzulänglichkeiten zu sehen und vermeiden es konsequent, zur Verantwortung gezogen zu werden. So nutzen Narzissten auch gerne geschickte Ablenkungsmanöver oder Themenwechsel, um sich einer etwaigen Rechenschaftspflicht zu entziehen.

- Unfähig, Reue zu zeigen

Sie schämen sich auch nicht, wenn sie anderen Menschen absichtlich Unrecht getan haben. Um ihre unangreifbare und überlegene Fassade zu behalten, lügen, tricksen und täuschen sie, was das Zeug hält. Nach Fehltritten wirken sie niemals betroffen oder zerknirscht, zudem entschuldigen sie sich nie. Da sie ohne Moral sind, erleben sie diese Haltung sogar als besondere Stärke und nehmen sich zudem manchmal auch noch die Unverschämtheit heraus, vor anderen damit zu prahlen, was sie alles an krummen Dingern gedreht haben, ohne dass dies aufgefallen wäre. Auch auf dieser Ebene beharren sie auf ihrer Berechtigung zu unmoralischem Handeln. Ein typisches Kennzeichen für Narzissmus ist deswegen auch, dass sie niemals ehrlich um Entschuldigung bitten. Und wenn, dann ist diese aus taktischen Gründen vorgespielt, um eines weiteren zukünftigen Vorteils willen.

- Nachtragend sein

Verdeckte Narzissten sind leicht gekränkt, oft wegen irgendwelcher Kleinigkeiten oder Belanglosigkeiten, für die jemand anderes kein Aufheben macht, etwa ein Hinweis ihnen gegenüber, dass das Essen diesmal nicht so gut gelungen ist oder dass sie vielleicht in Zukunft etwas freundlicher zu den neuen Nachbarn sein sollten. Auf diese als massive Kränkung empfundene Angelegenheit reagieren sie jedoch nicht nach außen hin, sondern sie fressen diese Bemerkung in sich hinein, um die überlegene Fassade zu wahren. Auf der anderen Seite provoziert eine Kränkung narzisstische Wut in ihnen, die dann später plötzlich unvermutet hervorbricht und sich in unerwarteten Schimpfkanonaden, Faustschlägen auf den Tisch oder Fußtritten gegen irgendwelche Gegenstände in der Nähe äußern kann. Manche Narzissten hingegen haben ein Elefantengedächtnis für erlittene Kränkungen und warten nur darauf, sich später dafür zu rächen, dass man sich ihnen gegenüber unangemessen verhalten hat.

- Verwirrende Kommunikation

Mehrdeutige Kommunikation vonseiten des Narzissten führt dazu, dass Sie keine klaren Anhaltspunkte bekommen, woran Sie mit Ihrem Gegenüber sind. Wenn Sie etwa freundlich um einen kleinen Gefallen bitten, dann ertönt in gedehntem Tonfall, gespielt unterwürfig: „Jawohl, Eurer Majestät!". Falls Sie dann darauf aufmerksam machen, was diese Antwort denn soll, dann kommt: „Verstehst du keinen Spaß?" oder „Du hast wohl keinen Humor!". Giftige Äußerungen werden insgesamt gerne als Humor getarnt, so etwa auch, wenn Sie den verdeckten Narzisst auf sein unangemessenes Verhalten aufmerksam machen und er erwidert: „Da siehst du mal, wen du dir da angelacht hast!". Damit zieht sich Ihr Gegenüber aus jeglicher Betroffenheit heraus, als wäre er gar nicht anwesend und eine dritte Person würde die gesamte Situation kommentieren. Solche verwirrende Kommunikation ist auch in den absurden Erklärungen und Kommentaren Ihnen gegenüber verpackt, die etwa Ihrer Klage, dass Sie gerade Bauchschmerzen haben, folgen: „Das kommt vom vielen Lesen!" Diese Art der Kommunikation wird auch als *„Crazy making"* genannt.

- Gaslighting

Dieser Ausdruck bezieht sich auf ein englisches Theaterstück von Patrick Hamilton (1938), das erstmalig 1944 unter dem Titel „Das Haus der Lady Alquist" verfilmt wurde. Die Geschichte stellt dar, wie ein Ehemann seine Frau auf subtile und hinterhältige Art und Weise systematisch in den Wahnsinn treiben will, um eines eigenen finanziellen Vorteils willen. So versucht der Mann etwa, ihr ihre persönliche Wahrnehmung abzusprechen, indem er behauptet, diese könne er partout nicht teilen und sie sei nervlich überreizt. Er sieht etwa das Flackern des Gaslichtes nicht, das im Hause der Beleuchtung dient und das er heimlich manipuliert hat. Er versteckt absichtlich Dinge und versucht sie glauben zu lassen, sie selbst hätte diese verborgen und dies dann vergessen. Wenn das Opfer dann widerspricht und seine eigene Wahrnehmung schildert, dann bekommt sie zu hören, dass es sich das alles nur einbildet. Verdeckte Narzissten sprechen anderen ihre Wahrnehmungen, Erinnerungen und Gefühle ab und leugnen objektiv vorliegende Tatsachen. Reagiert das Gegenüber dann entsprechend verstört, bekommt es zu hören: „Du hast wohl psychische Probleme!".

Die Voraussetzung von *Gaslighting* ist, dass Täter und Opfer in einem Vertrauensverhältnis zueinander stehen und dass die Betroffenen einem Wechselspiel aus positiven und negativen Erfahrungen ausgesetzt sind. Ziel des verdeckten Narzissten ist, die andere Person so sehr zu verwirren, dass diese schließlich an ihrem eigenen Verstand zu zweifeln beginnt, was den Verursacher mit einem Gefühl der Macht erfüllt, die er unentdeckt durch Manipulation erreicht hat.

- Sinnlose Sätze

Narzissten verwenden gerne Sätze, die nicht so recht zu verstehen sind, was als *„Word salad"* bezeichnet wird. Oder sie drehen einem das Wort im Munde herum, sodass man selbst bald nicht mehr weiß, was man zuvor gesagt hat und was nicht. Sämtliche klärende Versuche des Opfers, um eine gemeinsame Basis von geteilter Wahrwahrnehmung zu schaffen, werden boykottiert. „Das habe ich nie gesagt!" „Das hast du wohl falsch verstanden!" „Du hast wohl zu viel Fantasie!" oder „Hey, war nur ein Witz!" als Erwiderungen verursachen Irritation. Insistierende Nachfragen werden mit den Worten „Komm mir bloß nicht wieder damit an!", dem Kommando „Schluss jetzt, aus!" wie bei einem Hund abgewimmelt, enden in einem Mundverbot oder in der herablassenden Bemerkung „Dein Gerede geht mir zum einen Ohr rein und zum anderen wieder heraus!".

- Isolieren

Alles wird schlecht gemacht, was zum Umfeld der angegriffenen Person gehört: Familienmitglieder, Freunde und Bekannte. Spitze Bemerkungen wie „Was du nur für Leute kennst!" sollen dazu führen, dass das Opfer sich immer mehr isoliert und dem Manipulierenden und seiner Einschätzung der Menschen dann völlig ausgeliefert ist. Diese Strategie hat, wie bereits oben schon ausgeführt, Ähnlichkeit mit den Vorgehensweisen von Sekten, die ihre Mitglieder systematisch von deren bisherigen Familien- und Freundeskreis abschneiden, damit sie ungehindert, also ohne kritische Stimmen von außen, über ihre Anhänger und oft auch deren Konto und materiellem Besitz verfügen können.

- Machtausübung durch indirekte Vorgaben

Verdeckte Narzissten sind auch sehr geschickt darin, mehr oder weniger indirekt, etwa für die Nutzung der gemeinsam miteinander verbrachten Zeit, Spielregeln aufzustellen, nach denen sich ihr Gegenüber zu verhalten hat.

Und wehe, Sie stimmen dem nicht zu: Ihre eigene Meinung als Gegenüber wird nicht geduldet, indem diese klammheimlich übergangen wird. Alles muss sich danach richten, was der Narzisst als allgemeinverbindlich vorgibt. Von Ihrer Seite aus wird keinerlei Flexibilität geduldet und was bei normalen Menschen üblich ist, gilt nicht wie etwa gewisse Selbstverständlichkeiten in der Lebensgestaltung, die angeblich etwa „viel zu spießig", „oberaffig" oder „dekadent" sind. Narzissten verlangen, dass andere sich anpassen, damit ihre ureigenen Bedürfnisse erfüllt werden, egal, welche Mühe, Einschränkungen und Kosten dem anderen dadurch entstehen. Alles darüber Hinausgehende wäre ein unverzeihlicher Regelverstoß und man kann damit rechnen, dass er aufgrund dieses „massiven Übergriffes in seine Welt" äußerst schlecht gelaunt wird und gegebenenfalls kommentarlos abgetaucht, was auch als „Ghosting" betitelt wird.

- Energie-Räuber

Verdeckte Narzissten stehen von der Außenwelt mehr oder weniger unbemerkt ständig unter Strom und Anspannung, da sie häufig Klagen äußern und darüber jammern, was wieder alles falsch gelaufen ist und wer im Umfeld zudem auch noch völlig unfähig ist. Diese Anspannung überträgt sich oft unbewusst auf das jeweilige Gegenüber, das anteilnehmend zuhört, weswegen man dieses Phänomen auch gerne „Stress-Impfung" nennt, ein Begriff, den ich schon einmal weiter oben verwendet habe. Da Narzissten es jedoch lieben, jeden Versuch einer Problemlösung, den die andere Person vorschlägt, zu boykottieren und ihr auch noch Vorwürfe zu machen, dass sie ja nicht gerade die Weisheit mit Löffeln gefressen hätte, steigert sich beim Gegenüber das Gefühl, jeden Schwung und jegliche Vitalität zu verlieren.

- Brosamen ausstreuen

Gerade das unberechenbare Hin und Her von Anerkennung und Abwertung, das der verdeckte Narzisst seinem Gegenüber zeigt, birgt eine besondere Schädigung des Opfers, das sehnsuchtsvoll darauf wartet, wieder ein Zeichen von Zuneigung zu bekommen – und sei es noch so winzig. Interessant in diesem Zusammenhang ist, dass die Reaktion auf diese sog. „intermittierende Verstärkung", die mit erhöhtem Cortisol-Ausstoß verbunden ist, nicht nur zu einer psychischen, sondern auch zu einer körperlichen Abhängigkeit führen kann. Häufig befinden sich Narzissten auf mehreren Ebenen in einer ausbeuterischen oder parasitären Beziehung, indem sie sich von ihrem Gegenüber durch Manipulation die narzisstische Zufuhr abholen, es für sich arbeiten lassen und es finanziell ausbeuten.

Oft weigern sie sich, auch wenn sie gesund sind und dazu fähig wären, einer Erwerbstätigkeit nachzugehen. Deswegen werden sie auch gelegentlich als „Energie-Vampire" bezeichnet, die an ihrem Opfer saugen, ihm die Lebendigkeit und die finanziellen Ressourcen rauben und es genießen, ihm auf der Nase herum zu tanzen.

Weitere Strategien im Zusammenhang mit amourösen Abenteuern von verdeckten Narzissten finden Sie etwa im Internet unter anglizistischen Begriffen wie *„Love-bombing"* (Heftiges übertriebenes Werben), *„Fast forwarding"* und *„Rushing intimity"* (Rasche sexuelle Kontaktaufnahme), *„Future faking"* (leere Versprechungen bezüglich einer gemeinsamen Zukunft), *„Triangulation"* (Über Dritte Einfluss nehmen und manipulieren) *„Discard"* (Plötzliches Fallenlassen des Sexualpartners), *„Benching"* (Sich nach einem Discard die betreffende Person noch warm halten), *„Hoovering"* (sich wieder wie der Staubsauger der Marke „Hoover" heftig werbend ins Spiel bringen) und *„Smeer-Campaigne"* (Hetzkampanien als Rachefeldzug).

17.4 Kontrapunkte in der Kommunikation

All diese oben geschilderten Verhaltensweisen können Sie vielleicht auch selbst gelegentlich anderen gegenüber zeigen. Narzissten und besonders verdeckte Narzissten zeigen sie jedoch ständig und in geballter Form. Wenn Sie nun die narzisstischen Verhaltensweisen einmal mit den Ergebnissen der Positiven Psychologie sowie den von mir im Anti-Knigge zusammengestellten ab- und entwertenden wertenden Verhaltensweisen vergleichen, dann ergibt sich daraus, dass Narzissmus durch besondere Charakterschwächen gekennzeichnet ist. Wer ihnen unwissentlich und auf Dauer ausgeliefert ist, der führt kein zufrieden stellendes Leben.

Hier soll daher noch einmal eine Zusammenfassung folgen, in der ich gesunde Verhaltensweisen aufreihe und sie denjenigen gegenüber stelle, die im Bereich der menschlichen Kommunikation in verdeckter und schwer erkennbarer Form zum Verwelken führen können. Tab. 17.1 zeigt, wie sich gesunde und auf Dauer krank machende Kommunikation voneinander unterscheiden.

Aufgabe

Prüfen Sie, ob Sie es in der Vergangenheit oder gegenwärtig mit verdeckten Narzissten zu tun haben und stellen Sie fest, inwiefern Sie sich davon beeinflussen lassen.

Tab. 17.1 Kontrapunkte in der Kommunikation. (© Lilo Endriss)

Normale Kommunikation (dient dem Aufblühen des anderen)	Verdeckt narzisstische Kommunikation (dient dem Verwelken des anderen)
1. Weitgehend realistische Sicht auf den anderen	1. Projektion eigener Anteile auf den anderen
2. Äußern dürfen von sachlicher Kritik am anderen	2. Aus der Luft gegriffene, oft banale Vorwürfe
3. Kontinuum im Kontakt	3. U-Boot-Kontakt (Auftauchen, Chaos, Abtauchen)
4. Kontinuum in der Partnerschaft	4. On–Off-Beziehung
5. Wertschätzung des anderen als menschliches Individuum	5. Objektifizierung des anderen
6. Hilfsbereites Verhalten	6. Pseudoaltruistisches Verhalten, sich bitten lassen
7. Dankbarkeit dem anderen gegenüber	7. Keine ehrliche oder überhaupt keine Dankbarkeit
8. Hervorrufen angenehmer Gefühle	8. Provokation von Enttäuschung, Angst, Tränen
9. Respektieren der Freunde des anderen	9. Verunglimpfung und Abnabeln von Freunden
10. Behandeln von Serviceleistern auf Augenhöhe	10. Behandlung von Serviceleistern von oben herab
11. Reagieren auf Fragen, Statements und Meta-kommunikation	11. Auflaufen lassen und Schweigebehandlung
12. Äußerung einer klaren Meinung oder Stellungnahme	12. Vermeiden von Verantwortung für eigene Worte
13. Verharren beim Thema, Fokussierung	13. Aalmodus, Ablenkungsmanöver, Ausreden
14. Emotional Nähe	14. Emotionale Distanz
15. Ehrlichkeit	15. Tendenz zum Lügen
16. Energiespender	16. Energie-Sauger
17. Vorwiegend geteilte Wahrnehmung	17. Tendenz zu überwiegend ungeteilter Wahrnehmung, Irritationen, Gaslighting
18. Kontaktabbruch mit Erklärung	18. Verschwinden ohne Erklärung, Ghosting
19. Wunsch nach Konfliktlösungen	19. Ausblenden von Konflikten
20. Stabilisierung des anderen, Erwecken von Vertrauen	20. Destabilisierung, Anstiften zum „walking-on-eggshells"
21. Versöhnlichkeit	21. Nachtragendsein
22. Umsetzen gemeinsamer Pläne	22. Leere Versprechungen, „future-faking"
23. Kommunikation auf Augenhöhe	23. Abwertung und Entwertung des anderen
24. Entlastung durch gemeinsames Problemlösen	24. Belastung durch ständige Problempräsentation und indirekte Appelle
25. Beruhigung oder Trösten des anderen	25. Schüren von Beunruhigung des anderen

(Fortsetzung)

Tab. 17.1 (Fortsetzung)

Normale Kommunikation (dient dem Aufblühen des anderen)	Verdeckt narzisstische Kommunikation (dient dem Verwelken des anderen)
26. Angemessene Bescheidenheit	26. Anspruchshaltung
27. Loyalität	27. Mangelnde Loyalität
28. Vergnügter Humor und Necken	28. Bösartiger Humor und Sarkasmus
29. Verzicht auf Drohungen	29. Angedeutete Drohungen
30. Aussprechen von ehrlichen Entschuldigungen	30. Genereller Verzicht auf Entschuldigungen
31. Fähigkeit, direkt um Hilfe zu bitten	31. Einsatz von sekundärem Krankheitsgewinn oder Armes-Opfer-Spiel
32. Entspannung im Kontakt	32. Stress-Impfung des anderen
33. Solidarität	33. Ausnutzen des anderen
34. Impulskontrolle	34. Wutanfälle
35. Berechenbar im Kontakt	35. Unberechenbar im Kontakt
36. Teilnahme am Glück des anderen	36. Neid auf das Glück des anderen
37. Unterstützen des Erfolges des anderen	37. Boykottieren des Erfolges des anderen
38. Stimmigkeit in der verbalen und nonverbalen Kommunikation	38. Widersprüchliche Kommunikation, Double-bind
39. Bereitschaft zu Selbstreflexion über den Umgang mit dem anderen	39. Ablehnung von Selbstreflexion über den Umgang mit den anderen
40. Wechselseitige Erörterung	40. Besserwisserei
41. Rücksichtnahme bei Krankheit des anderen	41. Keine Rücksichtnahme auf das Kranksein des anderen
42. Verzicht auf Schuldzuweisungen	42. Schuldumkehr, Blame-shifting
43. Anteilnahme am anderen und emotionale Empathie	43. Mangelnde oder rein kognitive Empathie
44. Großzügigkeit gegenüber anderen	44. Kleinlichkeit gegenüber anderen, Erbsenzählerei
45. Gegenseitiges Respektieren	45. Huldigungserwartung
46. Wohlwollen dem anderen gegenüber	46. Übellaunigkeit dem anderen gegenüber
47. Verwenden gemäßigter Worte in Anwesenheit von anderen	47. Verwenden von Flüchen, Pöbeleien und Anzüglichkeiten in Anwesenheit anderer
48. Gemeinsames Erwägen von Vorschlägen	48. Ja-Aber-Haltung, ständige Einwände
49. Abgeklärter Rückblick auf frühere Partner, Freunde oder Verstorbene	49. Abwertender Rückblick auf frühere Partner, Freunde oder Verstorbene
50. Konfliktlösung unter vier Augen	50. Vorführen, Triangulation, Schmierkampagnen

17.5 Mögliche Ursachen des Narzissmus

Psychologen untersuchen gerne, ob bestimmte menschliche Verhaltensweisen angeboren, also genetisch bedingt oder ob Umweltfaktoren dafür verantwortlich sind. Die sprichwörtlich mangelnde emotionale Empathie der Narzissten soll auf eine im Vergleich zu anderen Menschen weniger ausgeprägten Gehirnregion zurück zu führen sein, wie durch neurowissenschaftliche Untersuchungen an Erwachsenen festgestellt wurde. Dabei erhebt sich allerdings die Frage, ob diese Minderausprägung gegebenenfalls erst entstanden ist, weil der Betreffende diese Gehirnregion bisher kaum oder gar nicht trainiert hat. Was war zuerst da, die Henne oder das Ei?

Aus diesem Grund möchte ich hier diejenigen Faktoren auflisten, die bekanntermaßen in den Herkunftsfamilien von ausgeprägten Narzissten zu finden sind, wobei diese sich sowohl in einer falschen Erziehung, in einer emotionalen Vernachlässigung als auch in einer Überbehütung zeigen können.

1. Falsche Erziehung

Schon ein Säugling erfährt durch die Behandlung, die es durch seine Eltern erfährt, etwas darüber, wie die Welt ihn auf- und annimmt. Dabei spielt die Fähigkeit der Bezugspersonen, sich empathisch in den neuen Erdenbürger einzufühlen, eine große Rolle, indem diese seine Bedürfnisse und Gefühle erspüren und diese so weit wie möglich befriedigen. Je älter der Säugling wird und je mehr er zum Kleinkind wird, umso mehr müssen Eltern die passenden Reaktionen auf die altersspezifischen Entwicklungsschritte des Kindes zeigen, auch indem sie diese liebevoll und empathisch begleiten. Dadurch lernen Kinder, sich selbst besser zu verstehen und sich als jemand zu erleben, der o.k. ist.

Neben der Unterstützung der Individualität und des Selbstwertgefühls des Nachwuchses ist es auch wichtig, der natürlichen Grandiosität von Kleinkindern Grenzen zu setzen. Manche Eltern versäumen es leider, dem Kind ein gesundes Maß an Frustration zuzumuten und verhindern damit, dass es nach und nach ein realistisches Selbstbild entwickeln kann und darüber hinaus zukünftig auch in der Lage sein wird, sein Verhalten zu steuern. Diese Kinder unterdrücken dann bestimmte Gefühle und Bedürfnisse oder leben sie ungezügelt aus. Die Folge davon ist, dass sie als Erwachsene nicht in der Lage sind, die eigenen Bedürfnisse und Gefühle zu verstehen, sie angemessen auszudrücken und diese im Abgleich mit anderen durchzusetzen. So wissen sie übrigens auch nicht, wie gute Beziehungen funktionieren.

2. Vernachlässigung und elterliche Distanz

Mütter, die ihre Kinder bewusst oder unbewusst ablehnen, schenken ihnen schon frühzeitig im Leben wenig Beachtung oder Anerkennung. Schon als Säugling fehlt diesen Kindern körperliche Nähe und emotionale Wärme. Um Zuwendung und Liebesbeweise zu bekommen orientiert sich das Kind dann an den Erwartungen der Erwachsenen. Anerkennung ist dann an die Erfüllung bestimmter Anforderungen geknüpft. Das Kind wird dann nicht bedingungslos um seiner selbst geliebt, sondern wegen seiner Leistungen.

Häufig kommt es auch vor, dass Kinder mit Eltern aufwachsen, die sich kalt, feindselig und streng ihnen gegenüber verhalten, ihre Bedürfnisse und Gefühle werden durchgehend ignoriert. Die ständigen Bestrafungen, die niederschmetternde Kritik und die massive Ablehnung, wenn dem Kind Fehler oder Misserfolge unterlaufen, führen dazu, dass das Kind ein mangelndes Selbstwertgefühl entwickelt. Zudem gibt die Hypothese, dass der Narzissmus einer Verteidigungshaltung des Kindes gegen seine Eltern entspringt, weil sich das Kind nicht mit seinen Eltern identifizieren kann und damit die sonst übliche und gesunde Idealisierung von Mutter und Vater in der Kindheit entfällt. Durch Maßregelung und Kritik sowie der Orientierung an den Erwartungen der Eltern werden eigene Gefühle und Bedürfnisse abgespalten und verdrängt, was später dazu führen kann, sich diese entgangene Aufmerksamkeit und Wertschätzung von außen auf anderen Wegen zu holen. Ihr Hunger nach Anerkennung wird dann grenzenlos.

3. Überbehütete Kindheit

„Ihre Majestät, das Baby!" persifliert die Tatsache, dass ein Kind manchmal die wichtigste Figur im Elternhaus wird. Dies ist gelegentlich bei alleinerziehenden Müttern der Fall, aber auch bei problematischen Beziehungen zwischen Vater und Mutter. Diese Kinder werden verwöhnt, bewundert und ihnen werden besondere Talente zu gesprochen. Oftmals werden sie auch von ihren Eltern dazu benutzt, um ihre eigenen ehrgeizigen Bestrebungen zu befriedigen, wie dies etwa bei den Bühnenmüttern der Fall ist, die ihr Töchterchen schon als Shootingstar sieht.

Von diesen Kindern werden jegliche Problemsituationen fern gehalten, zudem lernen sie auch durch Beobachtung ihrer Eltern, dass man von Personen außerhalb der Familie Ergebenheit zu erwarten hat. Diese Kinder

erhalten andauernd Aufmerksamkeit und werden auch ständig im über-
tragenen Sinn „gepampert" und überwacht, damit ihnen nur nichts
Unangenehmes zustößt. Sie lernen dadurch keinen Respekt vor anderen
Menschen und kein realistisches Selbstbild, stattdessen entwickeln sie ein
überhöhtes Selbstbewusstsein und gehen davon aus, dass ihnen auch als
Erwachsene die Welt zu Füßen liegt.

17.6 Das narzisstische Elternhaus

Nicht nur die oben erwähnten möglichen Gründe der narzisstischen Persönlichkeitsstörung sowie das Verständnis für diese Zusammenhänge sind für
das Wohlbefinden von Menschen wichtig, sondern auch das Phänomen,
Kind aus einem narzisstischen Elternhaus zu sein, in dem womöglich beide
Elternteile diese besonderen Charakterzüge aufweisen.

- Auch hier ist auffallend, dass in diesen Familien keine wirklich Wärme
  und Nähe vorzufinden sind.
- Ein unglaubliches Stimmungschaos beherrscht die gesamte Szene, in der
  Väter rollenspezifisch wutschnaubend daher kommen und eine hilflos
  weinende Mutter rollenspezifisch Mitleid erregt.
- Die Aufgabe der Kinder ist, diese aufgeheizten Stimmungen aufzufangen
  und die Wogen zu glätten.
- Auf jede angenehme und schöne Zeit folgt ein erschütterndes Desaster im
  Familienrund, denn gute Laune gehört bestraft.
- Die Eltern fokussieren sich auf die vermeintlichen und tatsächlichen
  Misserfolge ihrer Kinder und hacken auf ihren Sprösslingen herum.
- Geschwister werden von den Eltern gegeneinander ausgespielt, indem
  gegenseitig Zwietracht gesät wird. Dieses Verhalten wird dann später auch
  bei den erwachsenen Kindern fortgesetzt.
- Widerrede wird grundsätzlich bestraft.
- Kritische Kindermitteilungen über ein Elternteil werden dem Partner
  mitgeteilt und das entsprechende Kind „ans Messer geliefert".
- Das, was man sich als Kind sehnlichst wünscht, das bekommt man von
  den Eltern extra nicht geschenkt.
- Die ständigen Vorwürfe gegen den Ehepartner oder die Kinder führen zu
  keinerlei Klärung und bleiben im Raum stehen, nach dem Motto: „Du
  verträgst keine Kritik!" oder „Ich mach hier immer viel mehr als du!".

- Die beliebtesten Themen zwischen den Eltern bestehen darin, sich nicht nur übereinander, sondern auch über andere aufzuregen: die eigenen Kinder, die Verwandtschaft, die Kinder der Verwandtschaft, die Nachbarn, die Arbeitskollegen, die Politiker.
- An den Kindern besteht kein Interesse, oft ist auch ein Elternteil nach der Arbeit nicht anwesend oder es gibt eine Fernbeziehung zwischen den Eltern.
- Bei keinem der Eltern können die Kinder ihre Sorgen loswerden oder um Unterstützung bitten.
- Manch ein Kind ist Familienmanagerin oder Familienmanager, indem es Stimmungen auffängt und neutralisiert, fragt, wer was braucht, und die Eltern bei Laune hält.
- Nach außen zu den Nachbarn und anderen Privatpersonen hin sowie in der Öffentlichkeit wird das Bild der perfekten Familie geliefert. Wenn jemand von außen in die Familie kommt, dann müssen alle so tun, als wenn die familiäre Welt in Ordnung sei.

Derartige Familienkonstellationen, die man auch als dysfunktionale Familien-Systeme bezeichnet, kommen übrigens in allen gesellschaftlichen Schichten, also auch in den „besten Familien" vor.

Literatur

Bonelli, R. M. (2016). *Männlicher Narzissmus. Das Drama der Liebe, die um sich selbst kreist*, S. 264 ff. Kösel.

Endriss, L. (2018). *Die psychische Gewalt der Ignoranzfalle. Selbstcoaching und Prävention für Betroffene.* Springer Nature.

Hirigoyen, M.-F,. (2000). *Die Masken der Niedertracht. Seelische Gewalt im Alltag und wie man sich dagegen wehren kann.* Beck.

Spangenberg, L. et al. (2013). Psychometrische Überprüfung einer Kurzform des Narcisstic Personality Inventory (NPI-15): Dimensionalität und psychometrische Eigenschaften des NPI-15 in einer repräsentativen Bevölkerungsstichprobe. In: *Psychotherapie – Psychosomatik – Medizinische Psychologie 63* (8): 341–347.

Wardetzki, B. & S. R. (2019). *Und das soll Liebe sein? Wie es gelingt, sich aus einer narzisstischen Beziehung zu befreien.* dtv.

18

Zeitgeist Narzissmus

Zusammenfassung Der Psychoanalytiker Hans-Joachim Maaz führt die gesellschaftliche Priorisierung der Individualität und der narzisstischen Selbstverwirklichung auf ein falsches Selbst des Individuums zurück und interpretiert dieses als Folge einer Selbstwertstörung und verlorener Lebendigkeit, die sich mehr oder weniger in verschiedenen Kompensations- und Ablenkungsformen äußern wie etwa durch Konsum und häufiger Internetnutzung Ein soziologischer Generationenüberblick bezüglich der letzten 100 Jahre betrachtet die jeweiligen Kennzeichen daraufhin, inwiefern diese durch den Stellenwert des Leistungsprinzips charakterisiert sind. Anschließend wird kritisch hinterfragt, wie weit sich Menschen durch die Meinung anderer und durch Massenmedien beeinflussen und lenken lassen.

Die Ideologien haben unter anderem den Zweck, die nicht mehr gültigen Regeln des gesunden Menschenverstandes zu ersetzen. (Hannah Ahrend, 1906–1975)

Betrachten Sie die soziologischen Kennzeichen der vergangenen Generationen, dann fällt auf, dass immer wieder der *Individualismus* genannt wird. Dies beginnt etwa ab der Baby-Boomer-Generation (geboren von 1945 -1964), in der dann u. a. die Beschäftigung mit der Psychologie als religionsähnliche Heilslehre dazu geführt hat, sich auf den Anspruch und das Recht auf Selbstverwirklichung, koste es, was es wolle, zu fokussieren.

Neue psycho-therapeutische Konzepte schossen wie Pilze aus der Erde und selbsternannte Gurus, natürlich ohne jegliches psychologische Studium,

© Der/die Autor(en), exklusiv lizenziert durch Springer Fachmedien Wiesbaden GmbH, ein Teil von Springer Nature 2021
L. Endriss, *Aufblühen oder Verwelken?*, https://doi.org/10.1007/978-3-658-34410-8_18

boten vielseitige esoterische Übungen und Workshops an, um Menschen angeblich dazu zu verhelfen, sie selbst zu sein und vor allem, sich selbst zu optimieren. Viele Teilnehmer dieser Veranstaltungen verließen diese hinterher mit massiv negativen Erfahrungen, oft auch hilflos einem destruktiven Gruppendruck ausgeliefert, abgewertet und entwürdigt worden zu sein, ein Anpassungsdruck, der zudem noch oft sektenhafte Züge trug und eher etwas mit Psychoterror zu hatte als mit einer konstruktiven Unterstützung.

18.1 Das Psychogramm der narzisstischen Gesellschaft

Auch jenseits eines klinischen Bedarfs wurde es in vielen gesellschaftlichen Gruppen in den Sechziger- und Siebzigerjahren des letzten Jahrhunderts üblich, an Selbsterfahrungsgruppen und mentalen Trainings teilzunehmen. Aus dieser Ära entwickelten sich dann Konzepte, die dem Einzelnen dazu verhelfen sollte, sich besser durchzusetzen, die Ellbogen zu benutzen, sich mit rhetorischen Tricks bauernschlau gegen Andersdenkende zu behaupten, sich optimal nach außen zu präsentieren, sich ohne nachzudenken das zu nehmen, was einem angeblich zusteht, das eigenen Wohl stets über das der anderen zu stellen, viel Wert auf Status und Prestige zu legen, die angeblich zu einer gelungenen Selbstverwirklichung dazu gehören und um das eigene Ich wie um das Goldene Kalb herum zu tanzen. Der Leitspruch lautete stets: *Es gibt nichts Wichtigeres als mich selbst!* Diese Entwicklung führte auch zur Ideologie der Selbsthilfe, die sich in unzähligen, mehr oder weniger professionellen Publikationen niederschlug.

Der Psychoanalytiker Hans-Joachim Maaz (2019) hat nun auffallende Parallelen zwischen den Symptomen einer narzisstischen Störung und der negativen Entwicklung westlicher Gesellschaftssysteme, in denen der Konsum und eine besondere Art der Lebensgestaltung unter dem Motto der Selbstverwirklichung. „Consumo – ergo sum!". ausgemacht. Die maßlose Gier, das kurzfristige Denken, das sich nur am eigenen Vorteil und Nutzen orientiert sowie der Fortschrittsglaube, dass alles machbar ist, haben auch dazu geführt, dass unser schöner blaue Planet, der die Grundlage für das Überleben der Generationen, die nach uns dort leben müssen, systematisch zerstört wird.

Maaz spricht von einer lebenslangen Entfremdung, der die meisten Menschen unterliegen, indem sie nicht mehr das tun, was gut zu ihnen passt und was ihre Lebendigkeit ausmacht, sondern das, was von ihnen erwartet wird. Und zwar all das mit dem Ziel, durch diese Anpassung Bestätigung von außen zu erhalten, indem man durch Lob und Tadel eingeordnet und letztendlich stark manipuliert wird, ohne es zu merken. Diese Prägungen werden in der Kindheit durch einen bestimmten Erziehungsstil der Eltern angelegt, die oftmals das weitergeben, was sie selbst erlebt haben oder was allgemein als „Entwicklungsunterstützung" propagiert wird. So hat er festgestellt, dass sich das wahre Selbst nicht recht entwickeln kann und sich stattdessen zwei Arten von falschem Selbst entwickeln können.

18.2 Narzisstische Selbstverwirklichung

Maaz unterscheidet zwischen dem Größenselbst und Größenklein, wie dies im Folgenden näher erläutert werden soll:

18.2.1 Das Größenselbst

Das falsche Selbst wünscht sich, durch Anstrengungen, Eifer, Bemühungen und Leistungen immer wieder, die Erwartungen der Eltern zu erfüllen. Der Mensch ist davon erfüllt, seine lebensnotwendige Bestätigung im Nachhinein zu bekommen, die allerdings mit all dem leider erreicht wird, was er in seinem Leben in der Leistungsgesellschaft anstellt: weder durch die guten Zensuren, durch akademische Abschlüsse, durch die Karriere im Beruf oder durch den ersten Rang, den er irgendwo einnimmt. Er ist ausschließlich auf äußere Aufmerksamkeit ausgerichtet und schreibt daher seinem sozialen Status größte Wichtigkeit zu.

Typische Zeichen für das Größenselbst sind seine ständige Unruhe, immer auf Achse-sein, seine Getriebenheit, sein Dauerstress, seine seltene oder gar nicht erreichte Zufriedenheit im Leben. Zudem erlebt der Betreffende unverhältnismäßig große Krisen, die durch kleinste Misserfolge ausgelöst werden. Da es ihm wichtig ist, äußere Anerkennung zu erhalten, spielen das körperliche Aussehen, Mode, Kosmetik. Fitness sowie der soziale Status für ihn eine sehr große Rolle. Aus diesem Grund stellt das Älterwerden für ihn ein zusätzlich großes Problem dar, weil dies mit dem Verlust äußerer Attraktivität und beginnender Altersbeschwerden einhergeht. Dadurch werden seine Idealvorstellungen, das Muss, angegriffen und er sieht sich gezwungen, mit teil grotesken Maßnahmen wie Fettabsaugen oder Facelifting dagegen anzugehen.

Das Statusdenken führt dazu, dass etwa Kunst oder Reisen nicht zu Freude, Wohlbefinden oder innerer Erbauung dienen, sondern dazu, sie als Statussymbole zu nutzen, um damit anzugeben, was man alles schon gesehen hat. Zudem werden unendliche viele überflüssige Produkte hergestellt, die keiner braucht, die aber dafür eingesetzt werden, dem Käufer ein kurzfristig gutes Gefühl zu vermitteln, was er sich alles leisten kann.

Vom Ehrgeiz getrieben widmet sich das Größenselbst der Erfolgssucht. Es tritt laut, großspurig und cool auf, demonstriert Souveränität und liefert unentwegt Leistungen. Daneben gibt es auch Erscheinungsformen des narzisstischen Größenselbst, die eher introvertiert daherkommen und außerordentlich bemühte, zuverlässige und fleißige Leistungsträger sind. Niemals würde man vermuten, dass sie ständig wegen ihrer fehlenden Sehnsucht nach liebevoller Zuwendung unter einem inneren Stress leiden, bis sie an den Folgen dieser Überforderung erkranken.

18.2.2 Das Größenklein

Dieser Ausdruck soll verdeutlichen, dass die Selbstabwertung überaus umfassend und eine Fortsetzung der zurückliegenden kindlichen Erfahrung ist. Diesen Menschen fehlte die primäre Bestätigung und rückhaltlose Annahme durch die Eltern, dazu kamen oft noch Abwertung und Ablehnung. Nach dem Motto „Du bist nicht o.k.!". Nach und nach glaubt das Kind diese Äußerungen und identifiziert sich mit sämtlichen negativen Zuschreibungen, weil es noch nicht erkennen kann, wie begrenzt und destruktiv seine Eltern sind. Durch die Annahme der Abwertung und das Geducktsein gelingt es dem Kind, die Aggressionen der Eltern zu beruhigen und ihnen Gelegenheit zu geben, sich selbst überlegen zu fühlen und vielleicht gnädiger Weise dem Kind ein kleines bisschen Aufmerksamkeit zu schenken. Das falsche Selbst erreicht damit, durch Fehler, Versagen, Ungeschicklichkeiten, Schwächen, Hemmungen die Sorge der Eltern zu provozieren. Die typischen Ausdrucksformen des Größenkleins sind daher, zu stöhnen, zu betteln, zu klagen und zu jammern. „Das wird sicherlich nichts!" oder „Das werde ich nie lernen, dazu bin ich zu blöd!" lauten typische Sätze, mit denen das Größenklein sich abwertet und das Gegenüber zu Hilfsangeboten provoziert. Und falls dem Größenklein etwas gelingt und erfolgreich ist, dann wird dies sofort abgewertet: „Das war doch nichts!" oder „Das ist doch selbstverständlich!".

Solch ein Mensch vermeidet es, im Mittelpunkt zu stehen oder sich in irgendeiner Form würdigen zu lassen, weil damit die Abwehr seines narzisstischen Defizits zusammen brechen würde. Zuspruch kann so zur Qual werden. Fatalerweise sollten deshalb besondere Zuwendungen tunlichst vermieden werden. Gelingt dies nicht, so werden diese Würdigungen durch wüste Beleidigungen des anderen, Hohn oder provozierten Streit zunichte gemacht, um einen inneren Konflikt auszublenden. Wenn dem Größenklein nämlich einmal wirkliche Anerkennung, Zuwendung und Zuspruch widerfährt, dann können dadurch das bisherige Weltbild und das Selbstbild völlig erschüttert werden. War alles falsch, was man bisher gesagt und getan hat? Oder stimmt das, was man jetzt über sich gesagt bekommt? Normalerweise hält das Größenklein an seiner Sicht von sich fest und lässt sich auch nicht durch eher oberflächliche Psychotechniken wie „Positives Denken" oder „Ressourcenorientierung" verändern.

Beide Strategien zur Regulierung von Selbstwertstörungen dienen dazu, die Folgen des Verhaltens der Eltern in der eigenen frühen Entwicklung irgendwie zu verkraften, allerdings durch die Entwicklung eines falschen Selbst, das die Lebensbewältigung der Betreffenden besonders schwer macht. Auslöser sind beim Größenselbst und Größenklein die Erfahrungen von Lieblosigkeit, fehlender Zeit, Aufmerksamkeit und dem fehlendem Verständnis der Eltern für das Kind, zudem Kränkungen, Demütigungen, Abwertungen Entwertungen, Alleinlassen und in vielen Fällen körperliche Gewalt, wie sie etwa im vorherigen Kapitel dargestellt wurden.

Maaz sieht in Bezug auf die oben genannten Erscheinungsformen Extrem-Formen in der Gesellschaft. Daneben gibt es aus seiner Sicht eine breite Masse von Menschen die hin und wieder all das zeigt, was oben als ungesunde oder krankhafte Störung dargestellt wurde. Der Übergang von „normal" zu „nicht mehr normal" ist daher fließend, er richtete sich danach, was die Mehrheit der Bevölkerung an Verhaltensweisen zeigt. Hier kann jedoch eine Verzerrung stattfinden, denn was die meisten gutheißen, muss für den Menschen nicht förderlich sein. So kann die Mehrheit einer Bevölkerung etwa völlig von sich selbst entfremdet existieren, ohne dass dies vom Einzelnen wahrgenommen oder erfasst wird, weil die große Masse genau so ist und alle gleich im Gleichmaß ticken. Auf diese Weise kann ein extrem entfremdetes, aber überall kultiviertes Leben zur Norm werden, weil die Mehrheit entsprechend eingestellt ist.

Sie können diese Verzerrung oft daran erkennen, wie in einer Gesellschaft mit Andersdenkenden umgegangen wird, mit Menschen, die eine andere Sicht auf die Welt haben als diejenigen, die von der großen Masse vertreten wird. Werden diese gehört, setzt man sich mit ihren Argumenten ernsthaft auseinander oder werden sie verfolgt und ausgegrenzt? Welches Potenzial an Destruktion entwickelt sich dann? Ist es dann normal, Schlechtes über andere zu äußern, sie abzuwerten oder sich über sie lustig zu machen, weil alle dies tun?

Maaz weist darauf hin, dass die Gefahr besteht, dass destruktives Verhalten sich selbst und anderen gegenüber als „normal" und „richtig" angesehen wird, weil alle es so machen. Er gibt zu bedenken, dass kein Mensch ein Interesse daran haben kann, andere zu verfolgen oder herunter zu machen, wenn man nicht selbst auf dem Pulverfass narzisstischer Kränkungen hockt.

18.2.3 Ablenkung und Kompensation als Entschädigung

Eine starke narzisstische Störung ist das Ergebnis der Überzeugung, an dem Mangel früher Liebe selbst schuld zu sein, weil man es nicht anders verdient hat. Dies wird als Makel empfunden, wobei das Verhalten der Eltern, wie bereits oben angedeutet, als Kind nicht hinterfragt werden kann. Stattdessen entwickeln die Betroffenen eine Daseins-Scham, mit der es sich nicht gut leben lässt. Zwei Wege mit vielseitigen Möglichkeiten eröffnen sich nun aus der Sichtweise von Maaz, um diese Scham wegzudrücken: Ablenkung sowie Kompensation beziehungsweise Überkompensation, also eine Art von Ausgleich und Entschädigung.

- Ablenkung

Alles, was verhindert, zur Ruhe, zum Nachdenken und zur Besinnung zu kommen, eignet sich hervorragend zur Ablenkung. Betreffende wählen etwa luxuriöse Hobbys und Interessen, die sie völlig ausfüllen und mit Beschlag belegen, sie schaffen sich unentwegt kleine und große Probleme, um im Dauerstress zu bleiben, sie beschäftigen sich mit aufregenden Erlebnissen, exotischen Sportarten, außergewöhnlichen Aktivitäten, ereignisreichen Veranstaltungen und Spielen, die große Aufmerksamkeit bei Zuschauern und Bewunderern erfordern und bei denjenigen, die dann im Mittelpunkt stehen, einen besonderen Kick oder Thrill produzieren. Dazu kommen dann noch die Teilnahme an Casting-Shows und öffentlichkeitswirksamen Wettbewerben. Bloß nichts versäumen!

Das Radio, das Fernsehen, das Internet, der Mobilfunk und die sozialen Medien eignen sich hervorragend, um dem Ablenkungszwang Nahrung zu geben. Die Fernsehprogramme bieten dabei oft ein höchst niedriges Niveau, das primitive Sensationslust, Verblödung und aggressive Schadenfreude päppeln und unterstützen kann. Narzisstisch Bedürftige nutzen unentwegt die medialen Angebote aus dem Internet und dem Smartphone, die häufig aus sinnlosen, überflüssigen und verwirrenden Informationen bestehen.

Zudem stehen sie wegen der ständigen Erreichbarkeit und dem Empfang von virtuellen persönlichen Nachrichten über den Mobilfunk etwa per Anruf, SMS oder Whats App permanent unter Dauerstress. Bloß nichts verpassen! Nutzen die Betreffenden ihre Abwehrbemühungen nur einseitig auf ein bestimmtes Ziel oder nur eine bestimmte Ersatzbefriedigung hin, dann besteht die Gefahr der übertriebenen Ablenkung, nämlich süchtig zu werden: etwa fernseh-, onlinespiele- oder internetsüchtig.

- Kompensation

Alles, was es an erfolgsorientierten Leistungen gibt, eignet sich hervorragend zur Kompensation, etwa das Streben nach einem hohen gesellschaftlichen Status, das Karrieredenken, das Machtstreben, die Profitgier, das Anhäufen von Reichtum, die ideologische Orientierung am Fortschrittsglauben, das ausgeprägte Bedürfnis, dazu zu gehören, der Zwang, „forever young" sein zu müssen und sich deswegen schmerzhafter Prozeduren auszusetzen, um Schönheit und Jugendlichkeit zu bewahren oder wieder herzustellen sowie eine übertriebene Aufmerksamkeit dem Thema „Fitness" gegenüber, das erwachsene Menschen mit elektronischen Messgeräten am Arm auf den Gehwegen neben abgasausstoßenden Automobilen schwer atmend durch die Gegend traben lässt. Maaz macht in folgenden Bereichen hervorragende Chancen ausfindig, ungestillte narzisstische Bedürfnisse per Kompensation zu befriedigen:

1. Kompensation durch Arbeit

Die Berufstätigkeit gibt den Betreffenden eine zeitliche und inhaltliche Struktur, die sie über weite Abschnitte ihres Lebens trägt. Arbeit erfordert Einsatz, Anstrengung und Mühe, vermittelt, dass man gebraucht wird und wichtig ist, denn die Arbeit erledigt sich ja nicht allein. Berufstätigkeit ist mit Gesehenwerden, persönlicher sowie finanzieller Anerkennung und Bedeutung verknüpft, man ist gefragt. So entwickelt sich bei manchen Zeitgenossen dann auch das Phänomen des „Workaholic".

Zudem bietet die Arbeit auch jede Menge Möglichkeiten, ein falsches Selbst zu kompensieren und sich nicht mit diesem unangenehmen Thema auseinander setzen zu müssen. Durch übertriebene Anstrengungen und Verpflichtungen, ungelöste Konflikte und Ärgernisse am Arbeitsplatz, chronischen Zeitmangel, schlechte Bezahlung und Ausbeutung, gefährliche, unangenehme und abgewertete Arbeitsinhalte sowie permanente Arbeitsplatzunsicherheit, etwa durch befristete Arbeitsverträge oder eine Soloselbstständigkeit lebt der Mensch im permanenten Dauerstress.

Den übertriebenen Stellenwert der Berufstätigkeit in unserer Gesellschaft erkennen Sie dann daran, dass der innerseelische verdrängte Zustand genau dann hochkocht, wenn Menschen ihre Arbeit durch Krankheit, Arbeitslosigkeit oder Berentung verlieren. Dann kann im seelischen Untergrund das Größenklein an Macht gewinnen. Wenn in diesen Lebensphasen keine anderen Möglichkeiten der Kompensation oder Ablenkung gefunden werden, dann drohen nach Maaz schwere Krisen, die sich entweder psychosomatisch, depressiv oder schlimmstenfalls durch ein vorzeitiges Ableben äußern.

2. Kompensation durch Partnerschaft

Maaz weist darauf hin, dass auch die Partnerschaft zwischen zwei Menschen sehr gut dazu geeignet ist, sich gegenseitig narzisstische Bestätigung oder Abwertung zu verschaffen. Hier wird bei denjenigen, die immer noch unter einer als mangelhaft erfahrenen frühen Liebe aus der Kindheit leiden, versucht, diese Erfahrung später als erwachsener Mensch durch die Wahl der passenden Märchenprinzessin oder des passenden Märchenprinzen zu kompensieren, was jedoch eine Illusion ist. Der andere bietet immer wieder eine Gelegenheit, enttäuscht zu sein und zu wenig Zuwendung zu spenden, was zum ständigen Leid in der Partnerschaft führt. Stets ist das Gegenüber daran schuld, dass es einem nicht gut geht, weil er oder sie nicht die eigenen Erwartungen und Wünsche erfüllt. Und so leistet das Leiden innerhalb der Partnerschaft die Funktion von Kompensation und Ablenkung. Dazu kommt dann noch die hartnäckige Überzeugung, dass alles besser wird, wenn nur der Partner sich bloß endlich ändern würde. Kein Partner der Welt kann jedoch das, was einem an Liebe in der Kindheit gefehlt hat, ersetzen.

Gelungene Partnerschaft zeichnet sich hingegen dadurch aus, dass beide jeweils die Verschiedenheit des anderen akzeptieren und dass beide wissen, dass der andere nicht wirklich im primären narzisstischen Sinn für einen da sein kann. So könnte auch jeder auch für sich selbst gut leben, aber zusammen kann das Leben viel erfüllender sein. Wirkliche Liebe entsteht, wenn Partner dem anderen sein Anderssein verzeihen können. So entsteht gute Partnerschaft dadurch, dass man auf gleicher Augenhöhe miteinander verhandelt, um einen Konsens zu finden, Kompromisse zu erzielen und gegenseitig eigenständiges Handeln zu akzeptieren und zu verantworten.

3. Kompensation durch Elternschaft

Ein Grundbedürfnis von Kindern besteht darin, ihre Eltern zu lieben, daher verehren und begehren sie diese auf ihre kindliche Art und Weise über alle Maße: Mutter und Vater sind die Allergrößten. Gleichzeitig sind Kinder abhängig von den Erwachsenen und auf deren Fürsorge und ihren Schutz angewiesen. Diese positive Einstellungen und Erwartungen des Nachwuchses sind naturgegeben und völlig unabhängig davon, wie perfekt die Eltern ihre Funktion erfüllen oder wie diese charakterlich stark oder schwach sind.

Häufig erleben Eltern durch die Zuwendung ihrer Kinder eine für sie völlig neue faszinierende Erfahrung, nämlich von einem anderen Wesen in der familiären Umgebung und Nähe bedingungslos gebraucht, verehrt und geliebt zu werden. Diese Erfahrung kann dazu führen, dass die Eltern es einrichten, ihre Kinder ein Leben lang dazu zu missbrauchen, sie von sich abhängig zu machen, um für diese auch in deren späteren Lebensjahren wichtig zu bleiben und weiterhin „exklusiv" von ihnen geliebt, verehrt und gebraucht zu werden. Maaz sieht darin eine Umkehrung der naturgegebenen Verpflichtung der Eltern, ihre Kinder zu lieben. So werden die Kinder dazu gebracht, entsprechend „abgerichtet" die emotionalen Bedürfnisse ihrer Eltern zu erfüllen. Daher fällt es vielen Eltern so unglaublich schwer, ihre Kinder später loszulassen und ihnen nach und nach beim Erwachsenwerden zu gestatten, sich abzulösen und autonom zu werden. Dies ist eine Form des narzisstischen Missbrauchs von Kindern.

Wenn Eltern jedoch selbst in ihrer Kindheit nicht genug Liebe erfahren haben, dann können sie diese auch nicht für ihren eigenen Nachwuchs einsetzen. Im Gegenteil: Manche Eltern erleben die bedingungslose Liebe und Anhänglichkeit ihrer Kinder geradezu als bedrohlich und als Belästigung. Dieser Widerspruch wird nur dadurch verständlich, dass die Liebesbeweise des Kindes den eigenen früh erlittenen Liebesmangel schmerzhaft wiederbeleben. Solche Eltern wehren kindliche Liebesbeweise daher grundsätzlich vehement ab, was dazu führt, dass ihre Kinder ein Erfahrungs- und Weltbild entwickeln, dass von Liebesmangel gekennzeichnet ist. Die Folge wiederum davon ist, dass diese Kinder dann später als Erwachsene, wenn sie selbst von anderen Menschen wie Partnern, Freunden oder professionellen Helfern Zuneigungsangebote bekommen, diese massiv ablehnen, weil der Bedrohungscharakter letztendlich auf fatale Art und Weise weitergereicht worden ist. Diese Menschen können dann ihre mitmenschlichen Beziehungen nur höchst distanziert pflegen.

Der narzisstische Missbrauch von Kindern durch ihre Eltern zeigt sich nicht nur in der Ausnutzung der kindlichen Liebe und der dadurch erlebten eigenen Aufwertung, sondern auch in den vielfältigen Möglichkeiten, die eigene narzisstische Enttäuschung an den Schutzbefohlenen auszuleben und sich abzureagieren. Die unbegrenzten Erziehungsmöglichkeiten äußern sich in abwertenden Ermahnungen, räumlichen Einengungen, Tadeln, körperlichen Bestrafungen, Beschimpfungen, Verboten und Entwertungen durch Ignoranz, ständig lässt sich etwas finden, was für eine kleine oder große Attacke geeignet ist.

Zudem zeigt sich ein narzisstischer Missbrauch der eigenen Kinder auch durch übertriebene Sorge und Angst um die Sprösslinge sowie dem ehrgeizigen Wunsch, dass es ihnen einmal besser gehen soll als den Eltern. Sie sollen es anstelle der Eltern zu etwas bringen, erfolgreich sein und Karriere machen. Falls sie diese Vorstellungen nicht erfüllen, dann werden sie zu erwachsenen Prügelknaben oder Sorgenkindern.

Eltern sollten rechtzeitig daran denken, dass ihre Kinder flügge werden und dass sie loslassen müssen. Desgleichen sollten sie sich darüber klar werden, dass sie sich neue Möglichkeiten der unschädlichen Ablenkung und Kompensation der eigenen narzisstischen Defizite suchen, damit sich ihre Kinder ohne Schuldgefühle aus ihrem Einflussbereich loslösen können.

4. Kompensation durch Sexualität

Auch die Sexualität eignet sich natürlich auch wunderbar dazu, um von einem narzisstischen Defizit abzulenken oder dieses zu kompensieren. Zudem herrschen bei diesem mit Tabus besetzten Thema abenteuerliche Vorstellungen, was die Realität der gelebten körperlichen Sexualität betrifft. So prahlen etwa, vorwiegend auch männliche, Jugendliche damit, mit wie vielen vom jeweils anderen Geschlecht sie Sex gehabt hätten, welche Praktiken sie kennen und anwenden, sowie, was für ein toller Typ oder was für ein super „It-Girl" man sei. Bekannt ist allerdings auch, das fast in keinem anderen Gebiet so viel angegeben, gelogen und verschwiegen wird wie bei dem Thema „Sexualität": Aufgrund von Scham, Unerfahrenheit und Unsicherheit sowie oftmals fehlender korrekter anatomischer und psychologischer Kenntnisse der Funktion der männlichen und weiblichen Geschlechtsorgane gibt es nach wie vor völlig falsche Vorstellungen in diesem Bereich.

Dazu kommt, dass Sexualität mit Leistung sowie der Angst zu versagen verknüpft wird. So ist etwa wenig bekannt, dass Erektionsstörungen oder Orgasmus-Schwierigkeiten ganz normale, sehr verbreitete Vorgänge sind, die häufig dadurch bedingt sind, dass die Betreffenden Stress erlebt haben, müde sind, sich Sorgen machen, Konflikte in der Partnerschaft erleben, durch irgendetwas wie etwa „eine unromantische Umgebung" abgelenkt sind, gerade einen weniger gut passenden Hormonstatus haben, die Ernährung eine Rolle spielt, der gerade genossene Alkohol einen Einfluss hat, das fortgeschrittene Alter sich bemerkbar macht, aber auch körperliche und seelische Erkrankungen.

Fatalerweise werden die entsprechenden Probleme oft nur aus der narzisstischen Sichtweise heraus bewertet, Mann oder Frau müssen gut beim Sex sein und da etwas Besonderes leisten und sich nach dem Motto „Mehr desselben" richten. Dies kann dazu führen, die sexuellen Begegnungen immer häufiger, intensiver und abwechslungsreicher zu gestalten, sich technischer Hilfsmittel, erotischer Spiele zu bedienen sowie zu dem Zwang, immer neue Eroberungen zu machen. So bieten auch der Sexmarkt, die vielfältigen erotischen Darstellungen im Internet und die Pornoindustrie geeignete Vorlagen, um auch ohne ein lebendiges Gegenüber ein erotisches Lusterleben zu erfahren. All dies dient der Kompensation der narzisstisch begründeten Schwierigkeit, eine echte Begegnung mit verehrender Hingabe an den anderen Menschen, vielfältiger körperlicher Zärtlichkeit, verzückter Leidenschaft und liebender Zuwendung zu erleben. Hier zeigt sich der gravierende Unterschied zwischen Liebe und Sex, denn viele Menschen scheinen reinen Sex mit Liebe verwechseln, was sich dann manchmal sogar in einer Sex-Sucht äußern kann.

Abschließend lässt sich Folgendes feststellen: Nutzen die Betreffenden ihre Abwehrbemühungen nur einseitig auf ein bestimmtes Ziel oder nur eine bestimmte Ersatzbefriedigung hin, besteht die Gefahr der übertriebenen Kompensation, die sich auch hier, genau wie bei der Ablenkung, im Suchtverhalten äußern kann: Arbeitssüchtig, beziehungssüchtig, Elternschaft fixiert und sexsüchtig werden. Ein weiteres Fazit ist: Alle einseitige Orientierung innerhalb der Bandbreite von Ablenkungs- oder Kompensationsmöglichkeiten führen zu massiven Nachteilen für den betreffenden Menschen. Falls sich das narzisstische Defizit etwa durch eine Therapie nicht auflösen lässt, dann hilft dagegen nach Auffassung von Maaz nur eine sehr bewusste gleichmäßige Verteilung dieser Abwehrstrategien.

Insgesamt beurteilt Maaz die derzeitige Gesellschaft danach, dass ihre Mitglieder vorwiegend der unersättlichen Sucht nach Anerkennung und Geltung unterliegen, unbewusst auf der ständigen Suche nach „wirklicher" Liebe, die ihnen in der Kindheit gefehlt hat und die jedoch durch das ständig gesteigerte Bedürfnis nach noch mehr Anerkennung letztendlich nicht wett gemacht werden kann, was ihnen jedoch leider nicht klar ist. Daher loten die Menschen fatalerweise genau aus, was in der jeweiligen Gesellschaft angesagt und erwünscht ist, richten sich danach aus und betäuben damit ihre verdrängten Gefühle von Schwäche, Ohnmacht und Schmerz. Auf diese Weise entsteht eine überaus starke Ausrichtung auf die aktuellen Normen und Werte der Gesellschaft sowie auf die üblichen Verhaltenstrends – eine Überanpassung, die Maaz „*Normopathie*" nennt.

Diese Überanpassung, die überall herrschende Gier nach mehr sowie die ständige Sucht nach Geltung führen dazu, dass sich die Menschen fast ausschließlich mit ihrer Kompensation und Ablenkung beschäftigen. Kaum jemand schert sich um die Ursachen und die die Lösung der wahren Probleme der Menschheit, die seit Jahrzehnten den Globus bedrohen: die maßlose Ausbeutung der Ressourcen, den Klimawandel, die Umweltzerstörung, das Verschwinden der Arten, die wachsende Kluft zwischen Arm und Reich, die brutalen Kriege um Absatzmärkte, die weltweite Armuts-Migration, die sich ausbreitende Gewalt auf der Erde sowie den wachsender Nationalismus. Dazu kommt noch, jeweils für das, was negativ auffällt, Sündenböcke zu finden, statt sich der eigenen Verantwortung zu stellen: Das Verdrängte wird den anderen zugeschoben.

Gerade die Generation Y (geboren von 1981 – 1995) vertritt die Ansicht, dass die Gesellschaft, in der sie lebt, eine wunderbare Chance der kreativen Selbstverwirklichung bietet, die es zu nutzen gilt. Das Selfie als Lebensinhalt, überall gepostet, entschädigt einen vielleicht für die verdrängte narzisstische Dauerkränkung aus der frühen Kindheit. Und so machen sich diese Menschen in ihrem falschen angepassten Selbst vor, eine exklusive Individualität zu leben. Schauen Sie sich daher im nächsten Abschnitt einmal die typischen soziologischen Kennzeichen einiger vergangener Generationen an.

18.3 Generationenüberblick

Aus soziologischer und sozialpsychologischer Sichtweise, aber auch vor dem Hintergrund von Marketing-Strategien, werden die Generationen der letzten 100 Jahre in besondere Kategorien, wie etwa Mangelsdorf (2015) gezeigt hat, aufgeteilt:

- Die stille Generation (Traditionals), geboren von 1928–1945

Diese Generation ist durch den 2. Weltkrieg, vielseitigen Entbehrungen und durch den Wiederaufbau geprägt. Aufgrund ihrer Erfahrungen aus dem Nationalsozialismus haben sie Angst, ihre Gedanken laut auszusprechen, daher der Name. Insgesamt sind sie eine aktive Generation, die die Dinge anpacken und das Beste daraus machen. Der Stellenwert der Arbeit besteht darin, Geld zu verdienen, daneben spielen das Zuhause und die Familie eine große Rolle. Das typische Statussymbol war das Auto, man kommunizierte per Brief und persönlich.

- Baby-Boomer, geboren von 1945–1964

Nach dem 2. Weltkrieg gibt es sowohl in den Gewinner- wie in den Verliererstaaten den Baby-Boom, in Deutschland etwa ab Mitte der 50iger Jahre. Diese Generation erlebt den kalten Krieg, das Wirtschaftswunder, die Frauenbewegung und die 68er-Revolution. Danach erfolgt aufgrund Erfindung der Anti-Baby-Pille den sog. Pillenknick. Diese Generation wird auch *„glückliche Generation"* genannt, da sie sich nach dem Motto „Leben und leben lassen" ausrichtet. Sie legt Wert darauf, einen sicheren Arbeitsplatz zu haben, daher hat die Arbeit einen allgemein hohen Stellenwert, der mit Konkurrenzverhalten, Aufmerksamkeit und Individualität einhergeht. Das typische Statussymbol war der Fernseher, man kommunizierte per Telefon und persönlich.

- Generation X (Generation Golf), geboren von 1965–1980

Diese Generation wird auch Generation „Slacker" (Herumtreiber) genannt. Sie ist ohne Kriegseinwirkung aufgewachsen, muss aber für die ökonomischen und ökologischen Sünden des 2. Weltkrieges herhalten. Sie erleben das Ende des Kalten Krieges sowie den Fall der Berliner Mauer. Sie wachsen in eine Überflussgesellschaft hinein, die durch einen rasanten technischen Fortschritt gekennzeichnet ist, und sie als erste Generation mit dem Computer bekannt macht, aber auch durch Umweltkatastrophen wie das Ozonloch und den Super-G.A.U. in Tschernobyl. Ihre Eltern sind oft Doppelverdiener, aber es gibt auch eine zunehmende Zahl von Alleinerziehenden und Scheidungskindern. Diese Gesellschaft bietet zu viele Konsumgüter, daher ist diese Generation durch eine gewisse Entscheidungsschwäche und Orientierungslosigkeit gekennzeichnet. Ihr Markenbewusstsein rangiert vor politischem Engagement. Sie ist oberflächlich und egoistisch, geprägt von Interessen- und Perspektivlosigkeit. Ihr Lebensentwurf ist nicht an gewisse Statussymbole gebunden, sie richtet sich nach dem Motto „Weniger ist mehr!". Konjunkturkrisen, wachsende Arbeitslosigkeit und steigende Scheidungsraten beeinflussen ihre Einstellung zur Arbeit, die einerseits als Lebensinhalt wichtig ist, um Karriere zu machen, andererseits aber auch alternative, sehr individuelle Lebensentwürfe zulässt. Geringe Leistungs- und Anpassungsbereitschaft in Schule und Beruf. Eine große

Rolle spielt der neue Begriff der „*Work-Life-Balance*". Das typische Status-symbol war der Computer, man kommuniziert per Email und SMS, also online, sowie persönlich.

- Generation Y (Millennials, Digital natives oder Generation Me), geboren von 1981–1996

Diese Generation ist dadurch gekennzeichnet, dass sie alles hinterfragt, daher auch das Y = Why = Warum. Sie ist die erste Generation, die mit digitalen Medien wie dem Smartphone und dem Tablet aufwächst und von der digitalen Revolution erfasst wird: Sie erlebt die 9/11-Katastrophe und den weltweiten Terror. Statistisch gesehen ist diese Generation gut gebildet, selbstbewusst, ehrgeizig, technik-affin und arbeitet am liebsten in Teams oder flachen Hierarchien, da sie hierarchische Strukturen ablehnt. Es gibt keine festen Arbeitsplätze mehr und nichts ist besonders plan-bar. Sie arbeitet auch gerne im Home-office und Sabbaticals sind mehr oder weniger selbstverständlich. Die Karriere ist nicht all zu wichtig, man will lieber Spaß bei der Arbeit haben, Flexibilität und Freiheit genießen, um der überaus wichtigen Selbstverwirklichung willen, nach dem Pippi-Langstrumpf-Motto: „Ich mach mir die Welt, wie sie mir gefällt!". Ihre Mit-glieder heiraten erst spät. Die Generation verdient gut, ist aber nicht reich. H.E.N.R. Y. ist die Abkürzung für „High earning not rich yet". Sie pflegen einen relativ luxuriösen Lebensstil, den sie auch gerne nach außen hin zeigen, übernachten in Designerhotels, shoppen gerne, haben ein Fitness-center-Abo, machen häufig Kurzurlaube und konsumieren Luxusartikel und entsprechend ausgefallene Dienstleistungen. Das typische Statussymbol war das Smartphone und das Tablet, man kommuniziert bevorzugt per SMS oder Whats-App sowie virtuell face to face.

- Generation Z (Zoomer), geboren von 1997–2010

Diese Generation ist die Generation, die als digital natives" bezeichnet wird, weil sie von Kindesbeinen auf mit digitalen Medien wie das World-Wide-Web, der MP3-Player, SMS, Smartphones, Whats-App sowie Social Media aufwächst. Sie erlebt die Globalisierung, die Klimaveränderungen, die globale Migration und die weltweiten Konflikte. Die sozialen Netzwerke werden ohne Rücksicht auf Privatheit genutzt, da der Schutz der Privat-sphäre keine große Rolle mehr spielt. Sie wünschen sich eine klare Trennung zwischen Berufs- und Privatleben und sehen in ihrem Beruf keine Selbst-erfüllung. Sie bevorzugt Co-Working-Places. Diese Generation wünscht sich Stabilität und Sicherheit sowie klare Strukturen. Ab 17.00 Uhr ist Feierabend. Sie konzentriert sich vorwiegend auf die eigenen persönlichen Ziele, bringt Einzelkämpfer und Individualisten hervor, die ihre Lebenslust durch die Maximierung von aufregenden Erlebnissen auslebt. Das typische Statussymbol ist smarte Telefonie, man kommuniziert bevorzugt virtuell per Social-media.

- Generation Alpha, geboren ab 2010

Zu ihrem Alltag gehört die Nutzung des Smartphones sowie sämtlicher Verhaltensweisen der „Digital Natives": lieber wischen statt sprechen. Sie sind konfrontiert mit dem Klimawandel und dem Umweltschutz, der Wasserknappheit, dem schwindenden sozialen Zusammenhalt und dem Wohlstand in der Gesellschaft, der Digitalisierung und der umfassenden technischen Autonomisierung der Umwelt.

Sämtliche Generationsarten haben sich vor dem Hintergrund der westlichen Zivilisation entwickelt, die dem Leistungsprinzip unterliegt und die narzisstischen Verhaltensweisen Vorschub leisten kann.

Aufgabe

Ordnen Sie sich in das obige Generations-Schema ein und prüfen Sie, inwiefern sich in Ihrem Leben die dort beschriebenen Werte im Zusammenhang mit Status und Prestige wiederfinden lassen und inwiefern Sie der von Maaz so bezeichneten „Normopathie" entsprechen.

18.4 Leistungsprinzip

Das Leistungsprinzip ist das Aushängeschild der Leistungsgesellschaft. Diese basiert auf der Vorstellung, dass angestrebte materielle Güter wie Einkommen, Besitz sowie Vermögen und immaterielle Güter wie Macht, Status sowie Prestige durch entsprechende individuelle Anstrengungen erreicht werden können und dadurch jede Person ihre verdiente Position in der Gesellschaft erhält. Dabei spielt der Begriff der Arbeit eine große Rolle, sollen die anzustrebenden Güter doch erst durch einen entsprechenden Arbeitseinsatz erworben werden. Um diese Vorstellung zu untermauern, musste eine entsprechende sog. *„Leistungsideologie"* entwickelt werden, die die Leistungsfähigkeit, die Leistungsbereitschaft und eine hohe Arbeitsmoral der Bürger garantiert und dem menschlichen Widerwillen gegenüber besonderen Anstrengungen und Herausforderungen entgegen wirken soll.

Bekanntermaßen stellt eine Ideologie ja ein politisches Theoriengebäude dar, in dem Ideen dazu dienen, politische und wirtschaftliche Ziele zu legitimieren.

Einer der Väter der Soziologe Max Weber (2006) etwa hat die Einstellung zur Arbeit, die den Müßiggang ablehnt, mit der protestantischen Ethik in Verbindung gebracht. Dort galt der Beruf als eine dem Menschen von Gott gestellte Aufgabe, die dazu dienen sollte, Gott wohl zu gefallen. So galten Fleiß und Arbeitseifer als irdische Pflicht, der man sich ein Leben lang verbunden fühlte.

In diesem Zusammenhang siedelt sich dann auch der Begriff der „Berufung" an, der für viele Menschen ein besonderes Thema darstellt, welchem sie sich vorwiegend in Arbeitszusammenhängen zuwenden, weil sie sich genau für eine ganz bestimmte berufliche Aufgabe als überaus geeignet empfinden. Einem Ruf folgen heißt letztendlich bedingungslos zu gehorchen. Doch wer „ruft" heute in einer Zeit, in der sich viele Menschen nicht mehr mit religiösen Themen auseinandersetzen und die Kirchenaustritte aufgrund der Doppelmoral von Kirchendienern, die ihre Schutzbefohlenen missbrauchen, stetig ansteigen? Anstelle der göttlichen Berufung scheint das Diktat der Selbstverwirklichung getreten zu sein: So sollen die eigenen Begabungen und Talente der Gesellschaft optimal zur Verfügung gestellt werden, indem sich jeder so weit wie möglich selbstoptimiert. Wer hingegen öffentlich nichts aus sich macht, der bekommt oft das Mitleid und die Häme seiner Mitmenschen zu spüren.

18.5 Die Meinung der anderen

In jedem Fall haben die Reaktionen anderer einen Einfluss auf Ihr Verhalten. insbesondere, wenn Sie die Bewertung, die in einer Du-Botschaft steckt, ungeprüft verinnerlichen und sich dann nach deren Maßgaben richten. „Du bist so jemand und du musst dies oder das tun!" hat immer einen Hauch von Machtanspruch, den der andere geltend machen möchte: Sie sollen zu etwas gebracht werden, was Ihr Gegenüber gerne von Ihnen möchte.

Mehr oder weniger offensichtlich manipulieren wir Menschen uns alle gegenseitig, denn ohne diese Beeinflussung wäre kein Miteinander möglich, schließlich lebt ja keiner isoliert auf einer einsamen Insel. Für ein gelungenes Leben jedoch sollte einem klar sein, wann und wie man sich manipulieren lässt, um auch die negativen Auswirkungen von Manipulation zu kennen,

dagegen anzugehen und ihnen in Zukunft so weit wie möglich zu entkommen. Diese negativen Auswirkungen „unentdeckter" Beeinflussung durch die Meinung anderer können u. a. in folgenden Bereichen entstehen.
Formen negativer Beeinflussung

- Subtile Angriffe auf das Selbstbild
- Unterstellung negativer Absichten
- Verführung durch Versprechungen
- Anleitung zu Fehlentscheidungen
- Wecken falscher Bedürfnisse
- Depotenzierung

Dies führt häufig dazu, dass Menschen an ihrer eigenen Wahrnehmung zweifeln, dass sie ihre Verhaltensspielräume verlieren und dass sie beginnen, passiv und übertrieben duldsam zu werden, weil sie es aufgegeben haben, sich gegen negative Beeinflussung, die sie als solche ja gar nicht realisieren, zu wehren. Oft ist es schwer, sich der Meinung der anderen zu entziehen, insbesondere, wenn diese in der Mehrzahl sind. Genau dann entsteht der sog. „Gruppendruck". Und Sie müssten sich dann fragen, ob Sie sich dem Gruppendruck beugen oder nicht, ob Sie sich konform oder non-konform verhalten.

Dazu gibt es in der Sozial-Psychologie das klassisches Experiment von Solomon Ash (1951) zum Thema „Konformität", in welchem eine Versuchsperson in Anwesenheit von anderen, die jedoch zuvor eine Verhaltensanweisung von Versuchsleiter bekommen hatten, die Länge einer Referenzlinie mit drei nebeneinander präsentierten Linien vergleichen soll, wie Abb. 18.1 zeigt. „Welche Linie entspricht der Referenzlinie? A, B oder C?" Die Versuchsperson nannte die richtige, hier B, während alle anderen, vom Versuchsleiter zuvor dazu angehalten, eine falsche, hier etwa C, als die längste Linie bezeichneten.

Nur ein geringer Teil der Versuchspersonen traute seiner eigenen Wahrnehmung und blieb bei ihrer ersten Äußerung, die meisten anderen jedoch revidierten ihre erste Einschätzung und passten sich plötzlich, nachdem der Versuchsleiter noch einmal in einer 2. Runde alle Anwesenden aufgefordert hatte, eine Längen-Einschätzung abzugeben, dem falschen Gruppen-Ergebnis an. Verschiedene Variationen dieses Experimentes ergaben, dass nur etwa 25 % der Versuchspersonen auf ihrer eigenen Wahrnehmung bestanden. Solche Untersuchungsergebnisse stimmen nachdenklich und sicherlich fragen Sie sich auch manchmal, ob Sie immer Ihrer Wahrnehmung trauen können.

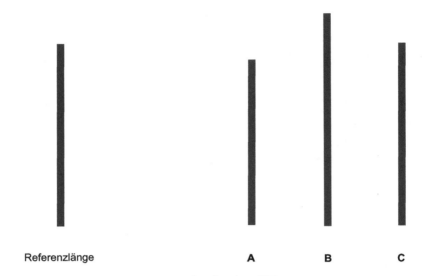

Referenzlänge   A   B   C

Abb. 18.1 Konformitäts-Experiment. (nach Ash, 1951)

Inwiefern sind andere Menschen in der Lage, mir etwas ein- oder auszureden? Und wann und wie wehre ich mich dagegen?

Doch nicht nur der Gruppendruck kann dazu führen, dass Sie Ihrer Wahrnehmung und auch Ihrem moralischen Empfinden nicht mehr trauen, auch selbsternannte Autoritäten wie etwa einzelne Versuchsleiter im Rahmen eines Experimentes können Sie dazu bringen, entgegen Ihrer Überzeugung zu handeln. Bekannt ist in diesem Zusammenhang das *Milgram-Experiment* (1982), in welchem unter dem Vorwand eines Lernexperimentes Menschen dazu verleitet wurden, andere Menschen, angeblich Versuchspersonen, mit nach und nach gesteigerten Stromstößen zu bestrafen, wenn diese eine Aufgabe falsch gelöst hatten. Bei den „Lernenden" handelte es sich jedoch um Schauspieler und die Stromstöße wurde nicht real verteilt, sondern zeigten sich ausschließlich auf der Skala der tatsächlichen Versuchspersonen, die als Bestrafende dahingehend getestet wurden, inwiefern sie den Anweisungen des Versuchsleiters nachkamen, der sie stetig dazu aufforderte, immer höhere Stromstöße zu verabreichen – alles unter dem Deckmantel eines angeblich wissenschaftlichen Experimentes zur Lernfähigkeit.

Wie schnell sich die Vorstellung, dass Menschen moralisch eher autonom und gefestigt sind, auflösen kann, zeigt auch das *Stanford Prison Experiment* des Sozialpsychologen Philip Zimbardo (2008). Auch hier wurde die „Macht der Umstände" dazu genutzt, eher harmlose Menschen im Rahmen eines Rollenspiels dazu anzustiften, Böses zu tun: Freiwillige Teilnehmer, hier Studenten, ließen sich eher zufällig in „Wärter" und „Häftlinge" eines simulierten Gefängnisses aufteilen, in welchem sie für mehrere Tage leben und arbeiten sollten. Das Experiment musste nach einer Woche abgebrochen werden, weil sich die Studenten in menschenverachtende und sadistische Wärter und emotional verzweifelte Gefangene verwandelt hatten. Zimbardo nennt dies den *„Luzifer-Effekt"* und stellt damit die Hypothese auf, dass das soziale Umfeld und das System, in dem sich Menschen aufhalten, das Individuum moralisch umdrehen kann. Doch Zimbardo weist auch darauf hin, dass man dem Bösen bewusst widerstehen und sich damit aus einer möglichen moralischen Schuld rechtzeitig befreien kann.

Aufgabe

Gehen Sie davon aus, dass auch Sie je nach den Umständen nicht immer ein Unschuldslamm gewesen sind. Machen Sie sich klar, wann Sie sich bewusst entschieden haben, das Böse, dass Sie vielleicht geplant haben, doch nicht auszuführen. Vertrauen Sie auf diese innere heroische Stärke und wandeln Sie etwa Ihre bösen Rachegefühle in gute Gefühle um, indem Sie großzügig darauf verzichten, jemand anderen absichtlich zu schaden.

18.6 Massenmedien

Eine besondere Rolle im Zusammenhang mit unbewusster Beeinflussung spielen die Massenmedien, etwa in der westlichen Kultur die Bestseller-Romane des 19. Jahrhunderts, die zur Vorstellung der Liebesehe geführt haben sollen. Zuvor stand bei einer Eheschließung eher die finanzielle Versorgung der Frau im Vordergrund: In der vorindustriellen Zeit brachte die Braut eine mehr oder weniger üppige Aussteuer mit, der Bräutigam hingegen möglichst einen einträglichen Beruf oder einen landwirtschaftlichen oder handwerklichen Betrieb, mit dem er in Zukunft eine Familie ernähren konnte. Man ging davon aus, dass sich die Liebe nach der Eheschließung dann schon irgendwann einmal einstellen würde.

Hier zeigten sich schon erste Massenbeeinflussungen, die sich dann über die klassischen Printmedien wie Tages- und Wochenzeitungen und den Rundfunk im beginnenden 20. Jahrhundert steigerten. Schon 1995 publizierte der Franzose Gustave le Bon (2016) in seinem Werk „Psychologie der Massen", dass das individuelle Verantwortungsgefühl eines Menschen in der Masse schwindet, dass Gefühle und Handlungen auf eine fast hypnotische Art und Weise so ansteckend wirken, dass das persönliche und individuelle lebendige Interesse des Individuums dem Gesamtinteresse weicht und dass sich zudem die besonderen Eigenschaften eines Individuums in der Masse in ihr völliges Gegenteil kehren können.

1928 kam erschien dann ein weiteres klassisches Werk zum Thema „Beeinflussung der Massen", diesmal von dem Journalisten Edward Louis Bernays (2007), übrigens ein Neffe von Sigmund Freud, der heute als Gründungsvater der Public Relation gilt. Bernays nahm an, dass es ein großer Vorteil wäre, die Massen per Propaganda gekonnt zu manipulieren, etwa, um sie gezielt zu steuern, durchaus mit dem Ziel, ihnen damit Gutes zu tun. So sollten sie nicht unterdrückt werden, sondern durch geschickte Lenkung dazu gebracht werden, über diverse Belange aufgeklärt zu werden, seien dies die Absichten der Regierung oder etwa die hilfreichen Angebote eines Unternehmens über das Mittel der Werbung. Dabei entstand auch die Notwendigkeit, möglichst vielen Menschen das Lesen und Schreiben beizubringen, da sonst die Botschaften der Propaganda nicht bei ihnen ankommen würden.

Neben der Judikative, der Exekutive und der Legislative entstand nun eine vierte Macht im Staate: die Macht der Medien. So wie in kleineren Gruppen die sog. „*opinion-leaders*" den Ton angeben, so nutzen die Politiker nun die immer weiter sich entwickelnden Massenmedien. So wurde nicht nur ein einziger und allgemeiner Rundfunksender für alle, sondern es wurden verschiedene angeboten, die jeweils auf unterschiedliche Zielgruppen spezialisiert waren. Nach der Erfindung des Fernsehers kamen neben dem gesprochenen Wort bewegte Bilder, zuerst schwarz-weiße, später dann farbige dazu, die allesamt die Aufmerksamkeit der Menschen in einen besonderen Bann ziehen können. Überall auf der Welt wird nun gezielte Werbung eingesetzt, die oft auch indirekt in den Statements der Journalisten verborgen ist. Werbung preist nicht nur mehr oder weniger lebenswichtige Produkte und Dienstleistungen an, sondern vermittelt auch nebenbei, wie man zu denken und zu leben hat. Und natürlich auch, welche Partei man zu wählen hat, eine, die besonders gut zu einem passt.

Mittlerweile hat sich über die Erfindung des Internets eine weitere und fünfte Macht im Staate etabliert: Über die digitalen Medien, insbesondere über Social-Media-Kanäle, wird weitreichend Propaganda verbreitet sowie Meinung beziehungsweise auch Stimmung gemacht, die sogar ortsunabhängig und sekundenaktuell per Smartphone abgerufen werden kann.

Aufgabe

Starten Sie einmal das Experiment, nämlich ein Wochenende ohne Propaganda und Werbung, d. h. ohne Radio, ohne Zeitungen, ohne Internet und ohne das Smartphone zu verbringen. Welche Erfahrungen machen Sie mit dieser Mediendiät?

Literatur

Ash, S. (1951). Effects of group pressure upon the modification and distortion of judgement. In H. Guetzkow (Hrsg.) *Groups, leaderships and men*. Carnegie Press.

Bernays, E. (2007). *Propaganda. Die Kunst der Public Relation*. Orange Press.

Le Bon, G. (2016). *Psychologie der Massen*. Anaconda.

Maaz, H. J. (2019). *Die narzisstische Gesellschaft. Ein Psychogramm*. Beck.

Milgram, S. (1982). *Das Milgram-Experiment. Zur Gehorsamsbereitschaft gegenüber Autoritäten*. Rowohlt.

Mangelsdorf, M. (2015). *Von Babyboomern bis Generation Z. Der richtige Umgang mit unterschiedlichen Generationen im Unternehmen*. GABAL.

Weber, M. (2006). *Die protestantische Ethik und der Geist des Kapitalismus*. Avea Verlag.

Zimbardo, P. (2008). *Der Luzifer-Effekt. Die Macht der Umstände und die Psychologie des Bösen*. Spektrum.

19

Überlebensstrategien für kreative Köpfe

Zusammenfassung Aufbauend auf den fünf Axiomen der Kommunikation werden hier zahlreiche Strategien zum Selbstschutz gegen den Aufenthalt im narzisstischen Antipathiefeld aufgezählt sowie noch einmal die grundlegende Thematik der „Definition der Situation", also der persönlichen Bewertung von Situationen, aufgegriffen. Anschließend nimmt das Gable-Modell der vier grundsätzlichen Reaktionsstile noch einmal die verbalen und non-verbalen Dimensionen der Bestätigung und Abwertung von Menschen auf. Im Zusammenhang mit Gewinnen und Verlieren bietet das Thomas-Kilmann-Modell eine weitere Hilfe und die drei Siebe des Sokrates verweisen auf Filterfragen, die man sich selbst stellen kann, um die eigene Kommunikation zu verbessern.

Du sollst Schmach nicht achten. Du sollst Ehren, Pein und Gut nicht beachten. (Mechthild von Magdeburg, ca. 1210 – 1294)

Menschen, für die die kreative Selbstverwirklichung wichtig ist, sollten stets die menschlichen Kommunikation im Auge behalten und sich so weit wie möglich mit deren Aufbau, Strukturen und Wirkungen auf sich und andere auskennen.

L. Endriss, *Aufblühen oder Verwelken?*, https://doi.org/10.1007/978-3-658-34410-8_19

19.1 Grundsätze der Kommunikation nach Watzlawick et al.

Der österreichische Psychologe Paul Watzlawick (1974) untersuchte zusammen mit Janet H. Beavin und Don D. Jackson die Strukturen der menschlichen Kommunikation und fand fünf allgemeingültige Grundprinzipien, die für alle Menschen gelten, heraus:
Die fünf Axiome der Kommunikation

1. Man kann nicht nicht kommunizieren: Selbst das Schweigen drückt also etwas aus.
2. Jede Kommunikation hat einen Inhalts- und einen Beziehungsaspekt, wobei letzterer den ersten bestimmt: Die Art der Beziehung, die man zu seinem Gegenüber hat, beeinflusst also den Sachinhalt.
3. Kommunikation ist immer Ursache und Wirkung (Die Natur einer Beziehung ist immer durch die Interpunktion oder auch Zeichensetzung seitens des Partners bestimmt): Jeder kommunikative Akt ist also zugleich Eigenausdruck und Eindruck auf das Gegenüber.
4. Menschliche Kommunikation bedient sich analoger und digitaler Modalitäten: Also gehören etwa eine Zeichnung oder ein körpersprachlicher Ausdruck zur analogen, hingegen das direkt bezeichnende und gesprochene Wort zur digitalen Kommunikation. Die analoge Kommunikation ist mehrdeutig, die digitale unterliegt der Logik.
5. Kommunikation ist symmetrisch oder komplementär: Also ist die jeweilige Beziehungsebene im Fall der Symmetrie gleichgewichtig, im Fall der komplementären Kommunikation unterschiedlich.

Im Kontext mit dem Thema kreative Selbstverwirklichung wurden bisher vorwiegend diejenigen betrachtet, die sich im 2. und 4. Axiom finden lassen, d. h., Menschen sind in hohem Maße von ihren Beziehungen untereinander beeinflusst, wobei die nonverbale Kommunikation ebenfalls von großer Wichtigkeit ist. Nehmen Sie sich nun noch das 3. Axiom vor, dann macht Sie dieses dezent darauf aufmerksam, dass alles, was Sie mitteilen, von Ihrem Gegenüber falsch verstanden werden kann und auch umgekehrt, dass Sie das, was Ihnen der andere mitteilt, ebenfalls bei Ihnen ins falsche Halsloch geraten kann.

Friedemann Schulz von Thun (1998) vertiefte diese Erkenntnis, indem er das sog. „Modell der Anatomie einer Nachricht" entwickelte. So kann sich jede Nachricht zwischen einem Sender und einem Empfänger eines besonderen Aspektes von vier möglichen bedienen: 1. Dem *Sachinhalt,* als das, worüber ein Mensch informieren möchte, 2. der *Selbstoffenbarung,* also das, was jemand über sich selbst kundgibt, 3. der *Beziehung,* also was man vom anderen hält und wie man zu diesem steht und 4. dem *Appell,* also das, wozu das Gegenüber veranlasst werden soll. Daraus ergibt sich, dass Sie der Welt als Empfänger mit unterschiedlich gespitzten Ohren und als Sender mit unterschiedlich ausgeprägten Schnäbeln begegnen, was wiederum insgesamt das menschliche Miteinander bestimmt.

19.2 Selbstschutz

Im Folgenden möchte ich verschiedene Vorgehensweisen vorstellen, wie Sie sich persönlich weiterentwickeln können, um besser mit Lebenssituationen, die Sie am kreativen Aufblühen hindern, umgehen zu können. Nutzen Sie dabei Ihre Charakterstärken. Sie können dabei auch stets den Vierklang der „existentiellen Reaktionen" herausfinden, der da etwas flapsig lautet: *Fight, Flight, Freeze, oder Fawn:* 1. Entweder Sie setzen sich reflektiert für sich und Ihr Wohlbefinden ein, oder 2. Sie fliehen und lassen alles unreflektiert hinter sich, oder 3. Sie erstarren innerlich und verzichten auf Ihre Lebendigkeit oder 4. Sie bleiben und verwandeln sich in ein sanftes Reh, das sich alles gefallen lässt, was man Ihnen an Negativen antut.

- Vergleiche mit gesundem Verhalten

Sie können mithilfe von Selbstreflexion und dem Benutzen von Vergleichsmaßstäben in unaufgeregter Form einmal herausfinden, ob Sie sich von Ihrem Gegenüber wertgeschätzt fühlen oder nicht. Dazu dienen die bisher vorgestellten sehr unterschiedlichen förderlichen und hinderlichen Verhaltensweisen, die von außen kommen und die eine detaillierte Hilfe zum Vergleichen darstellen können. Diese Verhaltensweisen wirken in jedem Fall, im Positiven wie im Negativen. Sie können zwar versuchen, sich so weit wie möglich von der Außensicht durch andere und deren Außenreaktionen auf Sie unabhängig zu machen, aber Ihr Selbstbild sollte auch immer in gewissem Maß von außen gestützt werden.

- Analyse der Situation

Es liegt nun an Ihnen, sich von negativen Einflüssen frei zu machen, indem Sie vorerst Ihren Verstand walten lassen und die Situation so nüchtern wie möglich analysieren. Eine derzeitige schwierige persönliche Situation aus der eigenen Sichtweise heraus zu betrachten ist immer ein subjektiver Akt. Nachdem Sie Ihre oft heftigen Bauchgefühle zugelassen haben, betrachten Sie Ihre Lage so weit wie möglich mithilfe der Selbstdistanzierung, indem Sie die Situation mit dem Verstand prüfen und zeitlichen oder räumlichen Abstand einnehmen von dem, was Ihnen von außen präsentiert wird. Finden Sie Mittel und Wege, um Ihre Gelassenheit zu behalten, kein Mensch auf der Welt soll so viel Macht über Sie gewinnen, dass er Ihre Gefühlswelt auf Dauer negativ beeinflusst.

- Neutralisieren

Der gerne von mir zitierte antike Philosoph Epiktet drückte sich, wie bereits an anderer Stelle bemerkt, folgendermaßen aus: „Nicht die Dinge selbst, sondern unsere Meinung von den Dingen beunruhigen den Menschen." Es geht also immer wieder um Ihre Sichtweise, um Ihre Wirklichkeit, je nachdem, was Sie wahrnehmen, wie Sie dies interpretieren und im hiesigen Zusammenhang vor allem, wie Sie das Vorgefundene bewerten, also auch, inwiefern Sie selbiges beunruhigt oder Ihre Stimmung verdirbt.

Die Psychotherapeutin Bärbel Wardetzki etwa hat dazu einen ganzen Youtube-Vortrag zum Thema „Nehmen Sie es nicht persönlich!" ins Netz gestellt und dazu Empfehlungen gegeben. Und so können gewisse hilfreiche Selbst-Instruktionen dazu führen, sich aus der unangenehmen Verwicklung zu befreien, die dadurch entsteht, dass jemand versucht, Sie negativ zu beeinflussen oder Sie zum Opfer machen will. Dazu gehört etwa „Ich muss das jetzt nicht bewerten!" oder „Ich lass das jetzt mal so stehen!" oder „Ich werde jetzt nicht die beleidigte Leberwurst spielen!".

- Vermeiden von Rechtfertigungen

Wer mit Ihnen auf Augenhöhe verkehrt, der inszeniert eher keine Situationen, in denen Sie sich für Ihr Verhalten rechtfertigen und erklären müssen. Falls Sie das Bedürfnis verspüren, Ihr Verhalten lang und breit erklären zu müssen, weil der andere Ihnen direkt oder indirekt Vorwürfe macht, inquisitorische Fragen stellt und versucht, Sie geradezu durch insistierende Fragen in eine Verhörsituation zu manövrieren, dann sollten Sie diese Art der Aufforderungen zur Rechtfertigung und Verteidigung zurückweisen. Verzichten Sie darauf, Hintergründe und Tiefen Ihres Verhaltens darzulegen, wenn man Ihnen die Pistole auf die Brust setzt.

• Angriffe ins Leere laufen lassen

Angriffe direkter Art sowie die subtile Attacken Ihres Gegenübers mit dem Ziel, Sie zu dominieren, werden sowohl von Ihren Gefühlen als auch über Ihren Verstand registriert. Überhören Sie in Zukunft diese Provokationen und gehen Sie nicht darauf ein. Sie werden sich auch diverse verdeckte Anspielungen gefallen lassen müssen, jedoch Sie müssen diese nicht aufnehmen, lassen Sie diese nicht in Ihr Inneres dringen. Verzichten Sie auch auf einen schmollenden Rückzug, der würde Ihrem Gegenüber dann vielleicht ein Triumpf-Gefühl vermitteln, weil Sie sich dann genau so verhalten, wie dies von der anderen Person gewünscht wird. Wenn weitere Angriffe erfolgen, dann nehmen Sie diesen den Wind aus den Segeln, indem Sie sagen: „Ja, du hast sicherlich recht!" oder „Da muss ich erst einmal darüber nachdenken!".

• Distanz einnehmen

Überlegen Sie sich, welche Möglichkeiten der äußeren und inneren Distanz Sie einnehmen können. Einerseits kommt da eine räumliche Distanz in Frage, soweit dies möglich ist, können Sie dafür sorgen, dass es einen räumlichen Abstand zwischen Ihnen und der Person, die Sie schlecht behandelt, gibt. Darüber hinaus gibt es auch die zeitliche Distanz: Sie müssen sich nicht täglich mit Menschen umgeben, die Ihnen nicht wohlgesonnen sind. Und wenn dies nicht möglich ist, dann gibt es immer noch die innere Distanz. Sie müssen etwa auf „Fangfragen" nicht ehrlich bemüht antworten, wenn Sie merken, dass Ihr Gegenüber Sie wieder in absurde negative Unterstellungen und Teufelskreise verwickeln will. Sie können auch einen Themenwechsel vorschlagen oder ihn einfach vollziehen. Eine durchaus hilfreiche Vorstellung ist zudem, sich eine Drachenhaut zu imaginieren, durch die keinerlei Schwertschläge dringen können. Manch einer verwendet im Stillen auch folgenden Satz: „Was stört es die Eiche, wenn sich das Wildschwein daran reibt?!".

• Verantwortung beim Gegenüber lassen

In manchen Familien ist es üblich, jeweils einem anderen Familienmitglied die Verantwortung für dessen Gefühlsleben zuzuschieben, nach dem Motto „Damit, etwa mit Zimmer aufräumen oder nicht, Essen aufessen oder nicht, Schularbeiten machen oder nicht, machst du Mutti oder Vati glücklich oder traurig!". So werden manche Kinder frühzeitig dazu erzogen, sich durch ihr Verhalten für die Befindlichkeit von Erwachsenen zuständig zu fühlen und es ihnen immer Recht zu machen. Diese Prägung führt dazu, sich auch als Erwachsener leicht beeinflussen zu lassen. Lassen Sie sich nicht die Rolle eines übereifrigen Helfers zuschanzen, der sich für das gefühlsmäßige Wohlergehen anderer zuständig fühlt. Wenn etwa Ihr Gegenüber schlechte Laune verbreitet, dann ist es nicht Ihre Aufgabe, ihn davon wegzubringen.

- Denkfehler erkennen

Wir Menschen unterliegen gelegentlich sog. Denkfehlern – so handeln Sie vielleicht häufig höchst unvernünftig, weil Sie geliebt werden möchten. Denkfehler können auch entstehen, wenn viele Menschen eine Dummheit behaupten, die dadurch nicht zur Wahrheit wird, etwa, weil es angeblich sehr gesund sein soll, stets am Abend ein Viertelchen Rotwein zu trinken – eine Empfehlung, der Sie nicht unbedacht folgen sollten. Sie unterliegen wie alle Menschen auch leicht dem sog. *„Rückschaufehler"* (Dobelli, 2011), der Sie Vergangenes falsch erinnern lässt, weswegen etwa ein Tagebuch eine gute Korrektur anbieten kann. Darüber hinaus gibt es auch sog. *„falsche Kausalitäten"*, also angeblich ursächliche Zusammenhänge wie etwa die steigende Anzahl von Störchen in genau den Jahren, in denen auch mehr Kinder geboren werden… Oder Scheinargumente, wie etwa das sog. *„Argument aus Nichtwissen"*, in denen jemand versucht Thesen zu stützen, die nicht widerlegbar sind: Wenn keiner bisher beweisen konnte, dass Feen und Elfen nicht existieren, dann spricht das für ihre Existenz.

- Bewusstes Abgrenzen nach außen

Wer damit beginnt, sich bewusst nach außen abzugrenzen, der riskiert, dass er sein Gegenüber damit provoziert. Daher sollten Sie damit rechnen, dass diese Person nicht gerade begeistert sein wird von Ihrer Reaktion. Seien Sie also bereit, dass Sie abgelehnt werden. Verweisen Sie Ihr Gegenüber ruhig in dessen Schranken und zeigen Sie nicht allzu viel Freundlichkeit dabei. Sie können sich dadurch nach außen hin abgrenzen, indem Sie „Hören Sie bitte sofort damit auf!" sagen, das nannte man früher, „ein Machtwort aussprechen".

- Perspektivwechsel

Wie schon an anderer Stelle im Zusammenhang mit dem Thema Empathie und Resonanz dargestellt, ist es einerseits höchst lobenswert, sowohl über emotionale als auch über kognitive Empathie zu verfügen, allerdings wurde schon einmal darauf hingewiesen, dass die Gefahr besteht, allzu sehr beim anderen und dessen Bedürfnislage zu verweilen. Da wir Menschen nicht wirklich zum Multitasking fähig sind, können durch die Fokussierung auf das Gegenüber die eigenen Interessen und Bedürfnisse zu kurz kommen. Wer dazu neigt, sich allzu sehr um andere zu kümmern, der gerät in die Gefahr einer Durchhalte-Ideologie, die auf die Dinge, die einem selbst gut tun können, verzichtet und verhindert, die eigenen Batterie wieder aufzuladen. Böse Zungen sprechen dann sogar von einer Art Selbstausbeutung, denen Menschen unterliegen, die nicht in der Lage sind, zur Abwechslung mal einen Perspektivwechsel auf sich selbst vorzunehmen.

- Schönes visualisieren

Menschen können lernen, ihre Gedanken bewusst zu lenken, was als sog. „*Selbstinstruktion*" bezeichnet wird. So sollten Sie sich einen inneren Vorrat mit Erinnerungen an Situationen anlegen, in denen Sie sich wohl gefühlt haben, eine Oase der guten Gefühle, der erfreulichen Gedanken und der Ihnen wohlgesonnenen Menschen – und seien dies auch nur ganz kurze Momente einer Begegnung gewesen, die Sie in bester Erinnerung behalten haben. Auf diese Weise können Sie sich in schwierigen Situationen für eine Weile aus einer schwierigen Situation „wegbeamen", so wie Sie dies vielleicht einmal in einem Science-Fiction-Film gesehen haben.

- Konsequenter Kontaktabbruch

Wenn Sie mit jemandem trotz aller Bemühungen um ein konstruktives Miteinander nicht weiter kommen und Sie unter diesem Kontakt massiv leiden, dann sollten Sie einen Kontaktabbruch erwägen. Überlegen Sie sich einerseits, was für realistische Konsequenzen dies mit sich bringen wird, falls Sie gegebenenfalls finanziell von diesem Menschen abhängig sind. Andererseits achten Sie auch auf die Gefühle, die durch einen Kontaktabbruch bei Ihnen oder bei der anderen Person ausgelöst werden können. Werden Sie diesem Menschen hinterhertrauern oder ihn schmerzlich vermissen? Befürchten Sie Rache oder Vergeltung? Wie wird sich Ihre gesamte Lebenssituation verändern? Sind die zu erwartenden Konsequenzen zu vernachlässigen oder wirken sich diese gravierend auf Ihren Alltag aus? Und was können Sie trotz des konsequenten Kontaktabbruchs tun, um sich zu erden?

Aufgabe

Prüfen Sie einmal, welche der oben aufgeführten Selbstschutz-Strategien Sie schon einmal verwendet haben und welche Sie gegebenenfalls in Zukunft in Ihr Repertoire der Lebenskunst aufnehmen wollen.

19.3 Die Definition der Situation

Eine Situation zu definieren heißt, sie auf eine besondere Art und Weise zu interpretieren, ihr also eine ganz eigene Situationsdeutung zu geben. Epiktet (Guth, 2013) meinte vor knapp 2000 Jahren dazu:

> „Bedenke, dass nicht derjenige dich kränkt, welcher dich schmäht oder schlägt, sondern die Meinung, es liege darin etwas Kränkendes. Wenn dich also jemand ärgert, so wisse, dass dich deine Meinung geärgert hat."

Der Philologe und Soziologe W. Thomas und die Soziologin und Ökonomin, Dorothy Thomas (Thomas & Thomas, 1928) wiesen darauf hin, dass für Menschen, die bestimmte Situationen als real definieren, auch die Folgen, die daraus entstehen, für sie ebenfalls real sind, ganz unabhängig davon, wie falsch ihre Ausgangsinterpretation auch gewesen sein mag. Nach dieser Theorie interpretieren und konstruieren sich die Menschen ihre erlebte Wirklichkeit selbst, da sie dann auch nach ihren jeweiligen Interpretationen Folgehandlungen begehen, die ursächlich mit ihrer jeweiligen Situationsdeutung stimmig zusammenhängen.

Dieses Phänomen kann sowohl in einer einzelnen Person als auch zwischen zwei oder mehreren Personen und Gruppen stattfinden. Für einen Menschen, der etwa an Paranoia leidet, sind sämtliche Hinweise im Alltag dafür geeignet, dass man ihn verfolgt und ihm übel will. Seine Wirklichkeit unterscheidet sich massiv von dem, was andere Menschen wahrnehmen und interpretieren Plötzlich ist etwa ein beliebig herumliegender Gegenstand in seiner Wohnung der Beweis dafür, dass jemand in seiner Abwesenheit dort bewusst nach dem Motto „Wir beobachten dich!" ein Zeichen hinterlassen hat. Der Betreffende wird dann in tiefe Beunruhigung verfallen und gegebenenfalls die Polizei alarmieren. Vor diesem Hintergrund werden etwa auch psychische Störungen verständlich (Watzlawick, 1976).

Situationsdeutungen haben also reale Konsequenzen, und zwar dadurch, dass das Handeln von Akteuren auf deren „Definition der Situation" beruht. Dieser erkenntnistheoretische Ansatz wird sog „*Konstruktivismus*" genannt und zeigt, welche Macht eigene Gedanken haben können, insbesondere auch, wenn es um die Interpretation und Bewertung von Situationen und den daraus entstehenden Folgen geht, wie bereits oben u. a. im Zusammenhang mit der Life-Event-Forschung in Kap. 3 erläutert wurde.

19.4 Vier grundsätzliche Reaktionsstile nach Gable

Wenn wir etwas von anderen erzählt bekommen, sie uns etwas mitteilen oder wir mit ihnen telefonieren, dann können wir nach Auffassung von Shelly Gable, Psychologieprofessorin an der University of California in Santa Barbara (2006) auf vier verschiedene Art und Weisen sprachlich und gleichzeitig körpersprachlich antworten, wie dies Abb. 19.1 darlegt. Beim Telefonieren reduziert sich die Körpersprache allerdings auf den Klang der Stimme Ihres Gesprächspartners. In der Psychologie werden diese Reaktionen ja auch, wie oben bereits erläutert, allgemein „Feedback" oder „Rückmeldung" genannt.

Anhand verschiedener Beispiele möchte ich diese Matrix veranschaulichen.

Beispiel

„Liebling, ich habe eine Zusage von einem Verlag bekommen, der mein Buch veröffentlichen will!".

Vier verschiedene Kommunikationsstile	
Passiv konstruktiv sachlich positiv bewerten, zustimmen Körpersprache: wenig Emotionen zeigen, wenig Emotionen ansprechen	**Aktiv konstruktiv** positive Gefühle des Partners ansprechen offene Fragen eigene positive Gefühle äußern Körpersprache: Blickkontakt, zuwenden, lächeln
Passiv destruktiv Thema wechseln Den Partner / Beitrag ignorieren Körpersprache: keine Körperreaktionen abwenden	**Aktiv destruktiv** Kritisieren, mögliche Probleme ansprechen „Ausfragen", „Verhör" eigene negative Emotionen ansprechen dem Partner negative Emotionen unterstellen Körpersprache: abwenden, abwehrende Bewegung Stirnrunzeln u.a.

Abb. 19.1 Gable-Matrix. (Nach Gable 2006)

- 1. Aktiv und konstruktiv

Wenn Sie Ihrem Gegenüber etwas mitteilen und dieser sowohl sprachlich als auch körpersprachlich bestätigend darauf eingeht, dann wirkt das auf Sie unterstützend und empathisch.

Feedback:

„Das ist ja wunderbar! Ich bin stolz auf dich. Ich weiß ja, wie lange du schon engagiert an dem Werk gearbeitet hast. Wann genau hast du das denn erfahren? Na, das sollten wir feiern!"

Nonverbal:

Ihr Gegenüber bleibt im Augenkontakt und vermittelt durch einen echten Gesichtsausdruck, etwa durch ein Lächeln, sowie durch eine freundliche Berührung, dass er sich mitfreut.

- 2. Passiv und konstruktiv

Wenn Sie Ihrem Gegenüber etwas mitteilen und dieser sowohl sprachlich als auch körpersprachlich eher sachlich und nüchtern darauf eingeht und kaum Gefühle zeigt, dann wirkt das auf Sie zwar bestätigend, aber nicht besonders „mitschwingend".

Feedback:

„Gratulation! Das ist ja erfreulich. Das hast du wirklich verdient – du hast ja lange genug daran gesessen!"

Nonverbal:

Ihr Gegenüber schaut Sie an, zeigt jedoch wenig körpersprachlichen Ausdruck im Gesicht und wirkt eher ruhig und etwas verhalten.

- 3. Aktiv und destruktiv

Wenn Sie Ihrem Gegenüber etwas mitteilen und dieser sprachlich Bedenken äußert und dies auch körpersprachlich zum Ausdruck bringt, dann bekommen Sie zwar ein Feedback, aber das wirkt nicht besonders unterstützend auf Sie, sondern eher ablehnend. Außerdem drückt die Körpersprache Ihres Gegenübers negative Gefühle aus.

Feedback:

„Na, da kommt dann ja noch viel Extra-Arbeit auf dich zu, da wirst du dann noch weniger Freizeit mit mir verbringen! Lohnt sich das überhaupt? Einen Bestseller wirst du ja wohl nicht schreiben."

Nonverbal:

Ihr Gegenüber schaut Sie an, manchmal mit einem durchdringenden Blick, und zeigt seine negativen Gefühle durch Stirnrunzeln, schmale

Lippen sowie eine abwehrende Körpersprache, etwa durch das Verschränken der Arme vor der Brust.

- 4. Passiv und destruktiv

Wenn Sie Ihrem Gegenüber etwas mitteilen und dieser sowohl sprachlich als auch körpersprachlich nicht darauf eingeht, dann erhalten Sie zwar eine beliebige und belanglose Reaktion, die jedoch nichts mit Ihrer Mitteilung zu tun hat. Dies ist dann überhaupt kein Feedback im Sinn. Dies kann auf Sie entwertend wirken.
Feedback:
„Was essen wir nachher zu Abend?"
Nonverbal:
Ihr Gegenüber schaut Sie mit unbeweglicher Miene fast gar nicht oder überhaupt nicht an, wendet sich ab, hantiert mit irgendwelchen Dingen herum oder verlässt schweigend den Raum.
Ich füge gerne noch ein weiteres Beispiel an, diesmal geht es um eine weniger erfreuliche Mitteilung.

Beispiel

„Liebling, ich habe leider vorhin beim Einkaufen meine schöne Sonnenbrille verloren oder irgendwo liegen lassen!".

- Feedback aktiv und konstruktiv:

„Das ist ja schade – wo du die doch so toll findest! Vielleicht findet sie ja jemand und gibt sie ab. Du kannst ja nochmal in den Geschäften oder im Fundbüro nachfragen. Wenn das nicht klappt, dann kann ich Dir ja eine neue zum Geburtstag schenken!"
Nonverbal:
Ihr Gegenüber bleibt im Augenkontakt und vermittelt durch einen echten Gesichtsausdruck, dass er Mitgefühl mit Ihnen hat und Ihren Verlust ebenfalls bedauert – sowie auch durch eine freundliche Berührung, dass er sie trösten möchte.

- Feedback passiv und konstruktiv

„Hm, das ist ja schade. Tja, kann mal passieren. Was hast du vor? Wirst du dir gleich morgen ein neue kaufen?"

Nonverbal:
Ihr Gegenüber schaut Sie an, zeigt jedoch wenig körpersprachlichen Ausdruck im Gesicht und wirkt eher ruhig und etwas verhalten.

- Feedback passiv und destruktiv

„Du bist aber auch ein Schussel! Das ist ja nicht das erste Mal, dass du was verlierst! Warum passt du nicht besser auf deine Sachen auf?"
Nonverbal:
Ihr Gegenüber schaut Sie an, manchmal mit einem durchdringenden Blick, und zeigt seine negativen Gefühle durch Stirnrunzeln, schmale Lippen sowie eine abwehrende Körpersprache, etwa durch das Verschränken der Arme vor der Brust.

- „Feedback" passiv und destruktiv

„Ich hatte heute einen schlechten Arbeitstag und seit kurzem habe ich auch noch Zahnschmerzen!"
Nonverbal:
Ihr Gegenüber schaut Sie mit unbeweglicher Miene fast gar nicht oder überhaupt nicht an, wendet sich ab, hantiert mit irgendwelchen Dingen herum oder verlässt schweigend den Raum.

Aufgabe

Analysieren Sie auch hier, welche Reaktions- bzw. Feedbackformen auf Dauer für ein Aufblühen oder ein Verwelken von Menschen verantwortlich sein kann, wie Sie dies auch in den vorherigen Kapiteln unter den detailliert dargestellten Dimensionen der Anerkennung, Abwertung und Ignoranz im Wohlfühl-Knigge und im Anti-Knigge kennen gelernt haben.

19.5 Thomas-Kilmann-Modell

Dieses System verdeutlicht fünf verschiedene Möglichkeiten des menschlichen Umgangs miteinander, die sich aus dem Aufeinandertreffen zwischen einerseits der Durchsetzung eigener Interessen und andererseits der Anpassung an die Interessen anderer ergeben. Dafür verwendet das Modell zusätzlich typische Tiereigenschaften, wie Abb. 19.2 zeigt.

Abb. 19.2 Thomas-Kilmann-Modell. (Nach Thomas & Kilmann, 1974)

In unserer Kultur und insbesondere im Geschäftsleben scheint es üblich zu sein, sich als Haifisch zu gebärden und auf Teufel komm raus zu dominieren, zu konkurrieren und zu dominieren. Das Wort „konkurrieren" leitet sich allerdings ursprünglich aus „zusammen laufen" ab, wenn Sie etwa einmal an das gemeinsame Laufen beim Joggen denken, bei dem jeder Freude an der Bewegung teilt. Ein Pferderennen hat da dann schon mehr vom Gewinnenwollen an sich, birgt jedoch immer noch einen spielerischen Aspekt in sich und die Verlierer nehmen es wie bei den Olympischen Spielen in Kauf, dass das Motto „Dabei sein ist alles!" gilt. Dies klingt insgesamt nach einem gewissen Wohlwollen und erleichtert es den Menschen, ihre Fähigkeiten mehr oder weniger unabhängig von anderen weiter zu trainieren.

19.6 Siebe des Sokrates

Mit den drei Sieben des Sokrates sind Filterfragen gemeint, die man sich selbst stellen kann, um die eigene Kommunikation zu verbessern. Sie können diese aber auch dazu verwenden, um das, was Ihnen von anderen mitgeteilt wird, kritisch zu hinterfragen, insbesondere auch dann, wenn Sie das Gesagte in schriftlicher Form durch die Medien mitgeteilt bekommen, egal ob Print- oder digitale Medien. Diese Filterfragen beruhen auf einer Anekdote, die sich auf ein Treffen von Sokrates mit einem seiner Schüler bezieht, der eine abfällige Bemerkung über einen anderen und gerade abwesenden Schüler des Sokrates macht, die Quelle ist unbekannt.

1. Sieb: Sokrates fragt zurück: „Stimmt das, was du da behauptest? Bevor du etwas aussprichst, das du mir sagen willst, prüfe es bitte! Hast du sichergestellt, dass es wahr ist, was du mir mitteilen willst?"

(Dies ist das Sieb der *Wahrheit*).

Der Schüler wird nachdenklich und erwidert: „Also so genau weiß ich das nicht ...!"

2. Sieb: Sokrates fragt weiter: „Ist das, was du mir über jemand anderes erzählen möchtest, etwas Gutes, etwas Schönes oder Positives? Hast du sichergestellt, dass das, was du über jemand anderes weißt, womöglich etwas Schlechtes ist? Stimmt das wirklich?"

(Dies ist das Sieb der *Güte*).

Der Schüler stutzt und meint dann: „Ehrlich gesagt, ich habe das ja von einer dritten Person gehört. Und die ist massiv über deinen Schüler hergezogen ...!"

3. Sieb: Sokrates fragt ein ihn drittes Mal: „Ist das, was du mir jetzt erzählen willst, nützlich für mich? Ist es hilfreich?"

(Dies ist das Sieb der *Notwendigkeit*).

Der Schüler druckst herum: „Im Grunde genommen nicht ...!"

Abschließend meint Sokrates: „Wenn es weder wahr ist, noch gut und noch nicht mal nützlich, warum erzählst Du es mir dann?" Daraufhin weiß sein Schüler keine Antwort.

Sicherlich haben Sie beim Durchlesen gemerkt, dass die drei Siebe auch die sog. Gerüchteküche verhindern können, denn allzu schnell sind Menschen bereit, etwas weiter zu verbreiten, was überhaupt nicht stimmt. Daher kommt auch der Ausdruck, etwas vom Hörensagen wissen.

So sollten Tatsachen und Fakten für sich sprechen, insbesondere auch in den Massenmedien, die ja, worauf ich oben hinwies, auch gerne einmal verkaufsorientiert mit den Gefühlen der Leser spielen, um etwa durch Sensationsmeldungen und Übertreibungen um Aufmerksamkeit zu heischen. So behaupten Spötter, dass schlechte Nachrichten in den Schlagzeilen für das Blatt „gute Nachrichten" sind, denn die Neugier der Leser ist geweckt, was in der Regel dazu führt, das Printmedium zu kaufen oder etwa die online-Nachrichten durch die Freigabe der Zustellung von Werbung nutzen zu dürfen.

Literatur

Dobelli, R. (2011). *Die Kunst des klaren Denkens. 53 Denkfehler, die Sie besser anderen überlassen.* Hanser.

Gable, S., & Gonzaga, G. (2006). Will you be there for me when things go right? Supportive responses to positive event disclosures. *Journal of Personality and Social Psychology 91* (5): 904– 917.

Guth, K.-M. (Hrsg.). (2013). *Epiktet: Handbüchlein der stoischen Moral*, S. 11. Sammlung Hofenberg im Verlag Contumax.

Thomas, K. W., & Kilmann, R. (1974). *The Thomas-Kilman conflict mode instrument.* Tuxedo. Xicom.

Thomas, W. J., & Thomas, D. S. (1928). *The methodology of behaviour study. The child in America: Behaviour problems and programs.* Alfred A. Knopf.

von Schulz Thun, F. (1998). *Miteinander reden. Störungen und Klärungen. Allgemeine Psychologie der Kommunikation.* Rowohlt.

Watzlawick, P. et al. (1974). *Menschliche Kommunikation. Formen, Störungen, Paradoxien.* Huber.

Watzlawick, P. (1976). *Wie wirklich ist die Wirklichkeit? Wahn, Täuschung, Verstehen.* Piper.

20

Selbstverpflichtende Zielbindung

Zusammenfassung Ausgehend von den verschiedenen Ich-Zuständen der Transaktionsanalyse nach Harris werden vier verschiedene Grundeinstellungen dem Leben gegenüber vorgestellt, wobei nur eine davon die Gleichberechtigung dem Mitmenschen gegenüber vertritt. Dabei wird auf Auswirkungen der Einflüsse der vorherrschenden Leistungsgesellschaft auf die Erziehung hingewiesen, die zu einer leistungsorientierten Selbstwertbindung führen kann. Dem gegenüber steht die selbstverpflichtende Zielbindung, durch die Menschen sich jenseits der Verknüpfung ihres Selbstwertes mit dem Erfolg oder Misserfolg einer Aufgabe einem übergeordneten Ziel widmen. Das Modell vom Inneren Königreich mit entweder einem Weisen oder einem Tyrannen an der Spitze verdeutlicht diese Gegensätze und Checklisten zur Selbstreflektion helfen dabei, die entsprechende eigene Grundeinstellung herauszufinden. Oberziele erfolgreich anzustreben kann auch damit zusammen hängen, wie groß der jeweilige Fiaskofaktor bei zwischenzeitlichen Misserfolgen eingeschätzt wird.

Was und wie der Mensch vorwiegend geistig tätig ist, davon wird seine ganze Weltauffassung bestimmt. (Edith Stein, 1891–1942)

Das Modell von Inneren Königreich (Endriss, 2010) stellt ein Verfahren dar, das einerseits die gesunde Selbstliebe unterstützen, andererseits jedoch die ungesunde Eigenliebe verhindern kann. Die gesunde Selbstliebe bezieht mit ein, dass es etwas gibt, das auch außerhalb der Ich-Zentrierung existiert, etwa dann, wenn sich der Mensch auf ein Oberziel konzentriert, welches nicht er selbst ist und dass das Gegenüber als gleichberechtigten Mitmenschen akzeptiert, der ebenso okay ist wie man selbst.

20.1 Kind-Ich, Eltern-Ich-Erwachsenen-Ich

Psychologen der Transaktionsanalyse, etwa Thomas Harris (1978), unterscheiden drei verschiedene Ich-Zustände, die sich in Ihren persönlichen Verhaltensformen nach außen hin, der Welt gegenüber, zeigen: Ihr Kind-Ich, Ihr Eltern-Ich und Ihr Erwachsenen-Ich. Das Kind-Ich lässt sich wegen unterschiedlicher Zielrichtungen noch einmal in das *angepasste,* das *rebellische* und in das *freie Kind-Ich* unterteilen und das Eltern-Ich in das *kritische* und das *fürsorgliche Eltern-Ich* aufgliedern, wobei die einzelnen Ich-Zustände auch noch jeweils in eine positive oder eine negative Richtung ausschlagen können.

1. Das Erwachsenen-Ich

Hier finden Sie eine Haltung, die sich auf die Gegenwart, die Realität, Ergebnisse, Daten und Fakten sowie Alternativen fokussiert. Diese Haltung wird von Harris nicht weiter unterteilt. Wer diese Haltung zeigt, befindet sich im *„Hier-und-Jetzt"*, ist interessiert und aufgeschlossen, hört zu, holt Informationen ein, beobachtet, erfasst und analysiert, ordnet und überlegt, wägt ab und fragt nach, wägt Wahrscheinlichkeiten ab, entscheidet sich nach reiflichen Überlegungen ganz bewusst, handhabt und managt, erzielt Ergebnisse mit voller Absicht, bleibt sachlich, nachdenklich und zuversichtlich.

2. Das Eltern-Ich

Das Eltern-Ich fächert sich in unterschiedliche Haltungen ihrem Kind gegenüber auf. Es zielt durch seine Verhaltensweisen in unterschiedlicher Art und Weise auf die Vermittlung von Zivilisation, Kultur, Moral, Normen, Werten, Erziehung und Gewissen.

2a. Das fürsorgliche Eltern-Ich

Dies wird auch das nährende Eltern-Ich genannt, denn es bezieht sich auf die Zeit, in der die Eltern das kleine Kind umfassend umsorgt, gepflegt und betreut haben und damit ihrer kulturell verankerten Rolle als Eltern nachgekommen sind.

- Positive Ausprägung

Wer im Zustand des positiven fürsorglichen Eltern-Ichs ist, der respektiert seinen Mitmenschen und hilft und unterstützt ihn, wenn dies vom anderen gewünscht wird. Das positiv fürsorgliche Eltern-Ich lehrt und erzieht, es lobt und belohnt – und es zeigt sich empathisch, umsorgend und gebend. Außerdem macht es Mut und tröstet.

- Negative Ausprägung

Die angebotene Hilfe wird aus einer Überlegenheitsposition heraus gewährt und würdigt damit den anderen dabei ab. Diese Haltung entmutigt das Gegenüber, indem ihm jegliche Eigeninitiative abgenommen wird. So kann etwa eine überbesorgte Mutter durch ihre Überfürsorge und klammernde oder „aufopfernde" Liebe einem Kind „die Luft zum Atmen nehmen".

2b. Das kritische Eltern-Ich

Diese Haltung ist dadurch geprägt, dass sie dem Gegenüber Grenzen setzt.

- Positive Ausprägung

Diese Haltung sorgt ursprünglich durch entsprechende Anweisungen und Hinweise für den Schutz des Kindes und will es behüten. Sie will vor Gefahren warnen und das Gegenüber durch die Vermittlung von sachdienlichen Informationen in seiner Entwicklung fördern.

- Negative Ausprägung

Hier zeigen sich negative Verhaltensweisen, die den anderen durch Verbote und Disziplinierungsmaßnahmen züchtigt, herunter macht und abwertet, sowie ihn mit Vorwürfen konfrontiert, um ein schlechtes Gewissen zu erzeugen. Diese Haltung ist richtend, autoritär und moralisierend. Das negative kritische Eltern-Ich weiß alles besser.

3. Das Kind-Ich

Das Kind-Ich stammt aus den ersten drei Lebensjahren und hängt auch stark von den Erziehungsmethoden ab, die die Eltern ihm gegenüber angewendet haben.

3a. Das angepasste Kind-Ich

Hier finden Sie jene Reaktionsmuster, die sich direkt durch die Auseinandersetzung des Kindes mit den Anforderungen und Zuwendungsmustern der Betreuungspersonen entwickelt haben. So richtet sich das Kind nach dem, was die Erwachsenen von ihm verlangen und wofür es belohnt oder bestraft wird. Die Zuwendung durch das Gegenüber wird durch Anpassung erreicht.

- Positive Ausprägung

Der Vorteil des positiv angepassten Kind-Ichs besteht darin, dass es von seinen Eltern bestimmte gesellschaftliche Regeln und Normen vermittelt bekommt, die es ihm später im Erwachsenenleben leichter machen, sich an unterschiedliche Situationen anzupassen, ohne jedes Mal überlegen zu müssen, wie es sich verhalten soll, um „mitmachen zu dürfen". Es lernt vielleicht auch, sich gut und höflich zu benehmen, was ihm ebenfalls im späteren Leben zu Gute kommen kann, da es auch darüber Zuwendung bekommen kann. Diese produktiven Verhaltensweisen aus dem angepassten Kind-Ich heraus sind innerhalb eines angemessenen Rahmens als förderlich zu betrachten.

- Negative Konsequenzen

Die Nachteile der Haltung des angepassten Kind-Ich können darin bestehen, sich ohne eigene Meinung stets nach dem zu richten, was einem gesagt wird und nicht in der Lage zu sein, einmal eine oppositionelle Haltung einzunehmen, weil man immer brav sein möchte, auch als Erwachsener. Dinge um ihrer selbst willen zu tun, auch ohne dafür Zuwendung von anderen zu erhalten oder womöglich dafür abgelehnt zu werden, fällt dann praktisch unter den Tisch.

3b. Das freie Kind-Ich

Diese Haltung entwickelt sich in der Kindheit genau dann, wenn die Eltern nicht anwesend sind und man sich unbeaufsichtigt, unkontrolliert und unbekümmert so benehmen kann, wie einem gerade zu Mute ist. Das heißt, dass viel Raum dafür vorhanden ist, ungehindert eigenen Gefühlen und Bedürfnissen nachzugehen.

● Positive Ausprägungen

Diese Haltung ist von starker Neugier, Entdeckungslust und Experimentier-
freudigkeit gekennzeichnet, das Kind ist spontan und gibt seinen positiven
und negativen Gefühlen freien Lauf und Ausdruck. Es kann sich für etwas
begeistern, ist pfiffig, clever und kreativ. Dazu kommt, dass es furchtlos,
voller Energie und Schaffenskraft ist sowie in hohem Maße produktiv.

● Negative Ausprägungen

Die Nachteile des freien Kind-Ichs bestehen darin, manchmal die eigenen
Grenzen nicht mehr wahrzunehmen und sich in der Selbsteinschätzung zu
übernehmen. Das kann auch dazu führen, andere Menschen an die Wand
zu spielen und ihnen keinen Raum mehr zu geben. Außerdem fehlt hier die
sogenannte Impulskontrolle, was dazu führen kann, im Alleingang gefährliche und für einen selbst nachteilige Abenteuer zu beginnen. Im Kontakt
mit anderen zeigen sich zudem Rücksichtslosigkeit und Egoismus der
manchmal grausame Zügen annehmen kann.

3c. Das rebellische Kind-Ich

Diese Haltung entspringt letztendlich aus dem Gegenteil des angepassten
Kind-Ichs. Es grenzt sich von den Wünschen und Erwartungen der Eltern
und später von denen ihrer menschlichen Umgebung ab, überschreitet
bewusst Grenzen und verhält sich gegenüber Anforderungen ausgesprochen
trotzig. Es liebt es, genau das Gegenteil von dem zu tun, was von ihm
erwartet wird. Es lehnt jegliche Autorität ab.

● Positive Ausprägung

Hier zeigt sich die Haltung, eigene Bedürfnisse, Wünsche und Ideen ohne
Rücksicht auf andere durchzusetzen und sich selbst damit eine besondere
Autonomie zu beweisen.

● Negative Ausprägung

Aus lauter Trotz werden Vorteile und Hilfsangebote anderer in den Wind
geschlagen und nicht genutzt. Jemand mit dieser Haltung wird dann stets
die negativen Folgen dieser Einstellung in Kauf nehmen.
    Jeder Mensch kann zwischen diesen Ich-Zuständen hin und her wechseln,
woraus sich vielfältige Probleme im Kontakt, auch *„Transaktion"* genannt,
mit seiner Umwelt ergeben können, aber auch konstruktive Lösungen,

werden diese Ich-Zustände jeweils analysiert und bewusst verändert (Berne, 1970). Dies ist ein besonderes Anliegen der Vertreter der sog. Transaktionsanalyse, Eric Berne und Thomas Harris.

20.2 Vier Grundeinstellungen dem Menschsein gegenüber

Hier möchte ich einen weiteren Gedankenansatz vorstellen, der von Eric Berne und Thomas Harris vertreten wird. Sie gehen von vier Grundeinstellungen aus, mit denen ein Mensch sich und andere im Leben betrachten kann: Drei davon werden im Laufe der ersten beiden Lebensjahre gebildet und bestimmen die innere Haltung, auf die sich der Mensch meist ganz automatisch und eher unbewusst während seines gesamten Lebens zurück bezieht. Die Früherfahrungen, die zu der grundlegenden Position, die ein Mensch sich selbst und anderen gegenüber einnimmt, geführt haben, sind zwar nicht mehr völlig zu löschen, aber es besteht später im Leben die Möglichkeit, die einstige Grundeinstellung zu verändern und eine vierte – für das Wohlbefinden dienliche – Haltung zu erwerben.

Die 4 Grundeinstellungen

1. Ich bin nicht o.k. – Du bist o.k.
2. Ich bin nicht o.k. – Du bist nicht o.k.
3. Ich bin o.k. – Du bist nicht o.k.
4. Ich bin o.k. – Du bist o.k.

Schauen Sie sich nun die vier möglichen Grundeinstellungen genauer an:
Ich bin nicht o.k. – Du bist o.k.
Die angsterfüllte Abhängigkeit des unreifen Menschen
Um überleben zu können, wird jeder Säugling im ersten Lebensjahr gestreichelt, berührt, hochgenommen, oft direkt mit Muttermilch genährt, um versorgt zu werden. Das verursacht „Ich bin o.k."-Gefühle. Gleichzeitig entsteht aber auch eine erdrückende Vielzahl von „Ich bin nicht o.k."-Gefühlen, schon allein dadurch, dass das Kind klein und hilflos ist und sich der erwachsenen Person gegenüber unterlegen fühlt. Darüber hinaus ist seine Selbsteinschätzung völlig auf die Bewertung durch andere Menschen angewiesen: Ihm fehlen ja die Ausrüstung und die Erfahrung, um sich ein genaues Bild von sich zu machen. Sein Selbstbild hängt damit komplett von seinen Bezugspersonen ab, da es weder gegen die Bewertung, die diese durch

ihre Worte und ihr Verhalten vermitteln, rebellieren oder diese anfechten kann.

Solange der Mensch in dieser Lebensanschauung verharrt, ist er von der Gnade anderer abhängig. Er hat ein großes Bedürfnis nach Gestreicheltwerden – im konkreten wie im übertragenen Sinn. Letzteres äußert sich in seinem Bedürfnis nach Anerkennung, nach jemandem, der ihn durch Wohlwollen und Lob „streichelt", also o.k. ist. So steht er immer vor der Frage: „Was muss ich tun, um die Anerkennung oder das „Streicheln" einer „Ich bin o.k."-Person zu bekommen?".

Ich bin nicht o.k. – Du bist nicht o.k.

Die Grundeinstellung der Verzweiflung und Resignation

Was geschieht, wenn sich aus der anfänglichen Einstellung „Ich bin nicht o.k. – Du bist o.k." die zweite Lebensanschauung ergibt, wenn die Bezugsperson plötzlich keine Streicheleinheiten mehr spendet? Gegen Ende des ersten Lebensjahres entwickelt das Kind seine Mobilität: Es lernt laufen und muss nicht länger getragen werden, d.h. der Körperkontakt, der durch das Getragenwerden entsteht, entfällt. Falls die Bezugsperson von sich aus nicht gerne streichelt, dann bedeutet das für das Kind das Ende seiner paradiesischen Babyzeit: Es gibt keine Zärtlichkeiten mehr. Dafür gibt es Gebote, Verbote und Strafen, da das Kleinkind jetzt die Umwelt erobert und immer häufiger nicht da bleibt, wo es bleiben soll, sondern Dinge zerbricht, irgendwo dazwischen gerät, sich häufiger selbst verletzt, Treppen hinab plumpst und viel Unruhe in Wohnung und Haus bringt.

Wenn dieser Zustand des nicht mehr gestreichelt Werden und der stattdessen erfolgenden Bestrafungen im zweiten Lebensjahr anhält, dann folgert das Kind daraus: „Ich bin nicht o.k. – Du bist nicht o.k.", die Entwicklung seines Erwachsenen-Ich wird dann nur minimal ausgebildet und der Zustand der Verlassenheit und der Bedrängnis wird diesen Menschen später zu Hoffnungslosigkeit und Hilflosigkeit führen. Eine Person mit dieser Lebenseinstellung gibt auf. In extremen Fällen vegetiert er dahin und stumpft schließlich völlig ab, sodass er in eine Heilanstalt gebracht werden muss, wo sein regressives Verhalten seine Sehnsucht nach seinem ersten Lebensjahr widerspiegelt, die Sehnsucht nach seiner Babyzeit, in der er das einzige Streicheln erhalten hat, das er jemals bekam: nämlich als er als Säugling im Arm gehalten und gefüttert wurde.

Wenn dieser Mensch nun unbewusst zu dem Schluss gekommen ist: „Du bist nicht o.k.", dann lehnt er später ein Streicheln von anderen Menschen ab, da dies nun nicht mehr zu seiner unbewussten Lebenseinstellung hineinpasst. Das Erwachsenen-Ich stagniert, und in der Therapie wird es schwierig, sein verkümmertes Erwachsenen-Ich zu erreichen, da ja auch der Therapeut aus Sicht des Patienten zur Kategorie „Du bist nicht o.k." gehört.

Ich bin o.k. – Du bist nicht o.k.

Die kriminelle Grundeinstellung

Wenn ein Kind lange genug von seinen Eltern bzw. Bezugspersonen terrorisiert worden ist, dann schlägt das anfängliche „Du bist o.k." des andern ins Gegenteil um: „Du bist nicht o.k.". Diese Grundhaltung entwickelt sich im zweiten oder dritten Lebensjahr, wenn das Kind die leidvolle Erfahrung machen muss, von den Bezugs- und Vertrauenspersonen gequält, geschlagen, misshandelt und missbraucht zu werden. Doch wie entsteht das „Ich bin o.k." – das Selbststreicheln? Harris geht davon aus, dass das Selbststreicheln dann auftritt, wenn sich das kindliche Opfer von den großen schmerzhaften Verletzungen erholt, wie sie misshandelte und missbrauchte Kinder erleiden, wenn die Schmerzen von Knochenbrüchen, starken Prellungen und Quetschungen oder Schädelfrakturen nachlassen. Es liegt da und leckt seine Wunden, allein. Es empfindet, dass mit ihm alles in Ordnung kommt, wenn man es nur allein lässt. Es fürchtet das Auftauchen der Peiniger, da es vermuten muss, dass die Qualen wieder von vorne anfangen.

Solch ein Kind hat Brutalität erlebt und gelernt, äußerste Schmerzen zu ertragen, doch hat es auch erfahren, dass es überlebt hat. Wenn es älter wird, dann wird sein Verhalten von Hass geprägt sein und es wird anfangen zurück zu schlagen. Sein inneres Eltern-Ich wird ihm die Erlaubnis geben, hart, brutal und grausam zu sein, so wie es selbst Härte, Brutalität und Grausamkeit erfahren hat. Die Lebensanschauung dieses Heranwachsenden ist zwar eine lebensrettende Entscheidung, die sich aus der Verdrängung tiefer Verletzungen speist, aber die Tragödie für ihn und die Gesellschaft besteht darin, dass er sich weigern wird, nach innen zu schauen.

Er ist unfähig, eine zwischenmenschliche Situation aus einer anderen Warte als aus der seinen zu sehen. Er wir immer behaupten, dass „immer die anderen Schuld haben". Er wird sein kriminelles Verhalten ohne Gewissensbisse konsequent mit der vollen Überzeugung durchziehen, dass er ein Recht dazu hat. Er schließt aus, dass irgendein anderer Mensch auf der Welt o.k. ist und gleichzeitig leidet er unter fehlenden Streicheleinheiten durch andere. Da diese aber nicht o.k. sind, traut er ihrem Streicheln nicht. Je mehr er von seinem Ja-Sager-Gefolge unermüdlich gelobt wird, umso mehr verachtet er diese, weil er sich diese ja selbst hat arrangieren und inszenieren müssen, so wie er damals für sein eigenes Streicheln hat sorgen müssen. In letzter Konsequenz kann er zu einem hasserfüllten Mörder werden, der seine Tat noch als gerechtfertigt empfindet.

Ich bin o.k. – Du bist o.k.

Die Reaktion des erwachsenen Menschen

Die vierte Lebenseinstellung ist im Gegensatz zu den drei bisher geschilderten und von unbewussten Gefühlen geprägten Grundanschauungen eine bewusste Einstellung, die im Erwachsenen-Ich angesiedelt ist. „Ich bin o.k." beruht auf Denken, Glauben und Einsatzbereitschaft. Sie stellt eine bewusste Wahl dar und ist nichts, in das der Mensch hineingedrängt wird, er selbst entscheidet sich dafür. Er hat sich mit vielen Informationen über die Bedingungen und Umstände dieser ursprünglichen drei Anschauungen wissend gemacht, die so früh im menschlichen Leben unbewusst geformt werden.

Mit diesem theoretischen Hintergrund im Gepäck lassen sich nun weitere Überlegungen und Beobachtungen im Verbindung mit Wohlbefinden, Gesundheit und kreativer Selbstverwirklichung anstellen.

20.3 Gefahren der modernen Leistungsgesellschaft

Die weit verbreitete Grundeinstellung „Ich bin nicht o.k. – Du bist o.k.", also die angstvolle Abhängigkeit des unreifen Menschen, äußert sich alltäglich in der Lebensanschauung eines „erfolgreichen" und eines „erfolglosen" Menschen. Um damit fertig zu werden inszenieren sie als Erwachsene Verhaltensspiele, die ihren Ursprung im Kinderspiel von Dreijährigen haben, im Sinne von „Meins ist besser als deins!" Diese Lösung entlastete damals vorübergehend von der Bürde des „Ich bin nicht o.k."-Seins, denn ein Dreijähriger versteht darunter: „Ich bin ein Winzling, ich bin machtlos, schmutzig, meine Nase läuft, ich mache alles falsch, bin ungeschickt, schutzlos und habe keinerlei Möglichkeit, diesen Gefühlen durch Worte Ausdruck zu verleihen. Aber „Du bist o.k.". Du bist viel größer als ich, du bist kräftig, du riechst gut, du hast stets Recht, du weißt auf alles eine Antwort, du bist klug, du bist mein Richter über Leben und Tod. Du kannst mich züchtigen und mich quälen und trotzdem ist immer alles noch o.k.!" (Endriss, 2010).

Die Vorzüge liegen beim anderen, die Nachteile bei einem selbst. Und dann ist jedes Mittel geeignet, diese ungerechte Verteilung abzufedern und zu mildern, sich ein größeres Stück Schokolade zu ergattern, sich vorzudrängeln und als erster das Zimmer zu betreten, den schickeren Kinderrucksack vorzeigen, über die Tollpatschigkeit der jüngeren Schwester zu lachen, die Katze treten, das Meerschweinchen piesacken und mehr Spielzeug haben zu wollen. Die momentane Erleichterung hält so lange, bis die kommende Selbstwert-Katastrophe schon vor der Tür steht: Der ältere

Bruder schnappt sich die ganze Schokolade, das andere Kind stellt einem ein Bein beim Betreten des Raumes, die Kinder in der Kita haben viel schönere Markenrucksäcke, die Schwester legt einem einen nassen Waschlappen unter die Bettdecke, die Katze beißt einen in den Finger, das Meerschweinchen kackt auf den Teppich und der neue Nachbarsjunge hat noch viel mehr und schöneres Spielzeug.

Dieses Spiel, das sich nach „erfolgreich" und „erfolglos" ausrichtet und das darauf erpicht ist, dass „meins besser ist als deins" wird mit Begeisterung auch von Erwachsenen gespielt, die allerdings die darin liegende Programmierung aus ihren Kindheitstagen nicht erkennen können. Sie verschaffen sich gegenseitig durch die Kompensation des „Ich bin nicht o.k. – Du bist o.k." eine vorübergehende Erleichterung, indem sie Besitztümer anhäufen und dafür sorgen, dass ihre Habe besser, größer, schöner und exklusiver ist als die der anderen. Doch auch hier steht die kommende Katastrophe schon vor der Tür: Eine drückende Hypothek, Überschuldung und hohe unbezahlte Rechnungen sorgen dafür, dass viele Menschen „auf Pump" existieren und ein Leben lang schuften oder sich illegaler Wege bedienen müssen, um sich Luxus zu leisten. All diesen Einschätzungen liegt ein logischer Fehler zugrunde, auf den Epiktet (Guth, 2013) bereits vor 2000 Jahren hingewiesen hat.

> „Folgende Schlüsse sind nicht richtig: „Ich bin reicher als du, somit besser als du"; - ich bin beredter als du, somit besser als du".- Richtiger sind die folgenden: „Ich bin reicher als du, somit ist mein Besitz mehr wert, als der deinige", „Ich bin beredter als du, somit ist meine Ausdrucksweise besser, als die deinige". Du selbst bist aber weder Besitz noch Ausdrucksweise."

Unter der Leistungsgesellschaft wird eine ja Gesellschaft ve standen, in der Prestige, Status, Einkommen, Macht und Einfluss der Individuen von ihren gesellschaftlichen und wirtschaftlichen Leistungen abhängen. Idealerweise erreicht jede Person ihre verdiente Position in der Gesellschaft und wird entsprechend entlohnt. So ist etwa der Lebensstandard eines Menschen und nicht etwa seine gereifte Persönlichkeit, sein gesellschaftliches Engagement oder sein besonderer Charakter ein Kennzeichen für seinen Rang. Die Leistungsgesellschaft ist u. a. durch diese Merkmale gekennzeichnet.

Kennzeichen der Leistungsgesellschaft

- Arbeit und Arbeitsleistung als Lebensinhalte
- Permanentes Streben nach Anerkennung von außen

- Abhängigkeit der sozialen Anerkennung von der individuellen Leistungsstärke
- Klassifizierung nach dem individuellen Leistungsvermögen
- Konkurrenzdenken
- Selbstoptimierung
- Eigeninteresse-Orientierung
- Beschleunigung
- Ausgeprägte Konsumorientierung
- Selbstverherrlichung
- Aufwertung des Selbst
- Kontrolle

Aufgrund dieser Kennzeichen lassen sich diverse Gefahren der Leistungsgesellschaft ableiten, die den Menschen in eine Position versetzen, dass er sich ständig von außen und oft auch von innen, kontrolliert fühlt. Durch die Schaffung von künstlichen Bedürfnissen wird er zudem dazu manipuliert, gegen seine ursprünglichen Bedürfnisse zu verstoßen. Die vorherrschende Rücksichtslosigkeit und das Konkurrenzdenken führen oft zu Überforderung und zur Unsicherheit in der Lebensgestaltung, die durch Selbstausbeutung gekennzeichnet ist. Der Omnipotenzwahn und die ständige Selbstoptimierung ergeben das sog. *„Burn-out-Phänomen"* und können dadurch zum Verlust der künstlerischen und spirituellen Ich-Ressourcen führen.

Die Entscheidung zu der Haltung „Ich bin o.k. – Du bist o.k." ist dagegen die bewusste Entscheidung eines erwachsenen Menschen. Sie beinhaltet nicht, dass durch diese Entscheidung nun die „Ich bin nicht o.k."-Aufzeichnungen aus der Kindheit gelöscht sind. Diese sind immer noch vorhanden, aber der Erwachsene wird nach und nach eine Sammlung von „Ich bin o.k."-Beweisen aus dem Erwachsenen-Ich vorzeigen können, er wird Erfolge im Sinne von Ergebnissen und ganzheitlichen Handlungen anzubieten haben, er wird vergangene Erlebnisse betrachten können, von denen er sagen kann, so und so funktioniere ich, und er wird mit Sicherheit feststellen können, wie er selbstgesteckte Ziele erreicht hat. Zudem wird er mit dieser Einstellung sich selbst und anderen gegenüber Geduld, Vertrauen und Zuversicht bereithalten.

20.4 Selbstverpflichtende Zielbindung versus leistungsorientierte Selbstwertbindung

Die leistungsorientierten Selbstwertbindung, geht etwas burschikos ausgedrückt davon aus, dass ein Mensch selbst eine „Fünf" ist, wenn dies im Zeugnis steht oder im umgekehrte Fall selbst eine „Eins", wenn eine entsprechende Beurteilung von außen erfolgt, d. h., wenn er vermittelt bekommen hat, dass sein Selbstwert mit der jeweiligen Beurteilung zusammenhängt. Wie oben dargestellt hängen diese Beurteilungen mit dem zusammen, was Kinder in den ersten Jahren ihres Lebens verinnerlicht haben. So setzen sie später oftmals ihren Selbstwert mit den Leistungen gleich, die sie erbringen, was ja in einer Leistungsgesellschaft höchst erwünscht ist.

Doch es gibt nach Joachim Brunstein (1995) auch eine andere Haltung, die den Selbstwert von der jeweiligen Leistung abkoppelt und „sich vergisst" – die selbstverpflichtende Zielbindung. Hier steckt das Ziel sozusagen nicht im Selbst, in der Person, sondern außerhalb oder höher, ist also übergeordnet, wenn Sie sich diese Haltung bildlich vorstellen möchten. Das Ziel kann selbstgewählt oder von jemand anderem vorgegeben sein – auf alle Fälle ist es etwas, dem der Mensch dann im weitesten Sinne „dient", indem er sich ihm gegenüber verpflichtet fühlt und das ihn auch über zwischenzeitliche Misserfolge hinweg trägt, solange, bis er sein Oberziel erreicht hat. Dazu gibt es nach Antoine de Saint-Exupéry folgende Lebensweisheit:

> „Wenn du deine Leute dazu anleiten willst ein Schiff zu bauen, dann sprich mit ihnen nicht vorrangig über die Beschaffung von Holz, über das Sägen, das Zusammenfügen und das Abdichten, sondern lehre sie die Sehnsucht nach dem Meer und dem weiten Horizont."

Die Zielerreichung erfüllt dann nicht mehr den Zweck der Selbsterhöhung, sondern ausschließlich der Erfüllung einer Aufgabe, der Selbstwert ist davon befreit oder „entkoppelt". Im Zusammenhang mit der Motivationsforschung wird auch gerne der Begriff *„self-commitment"* (Heckhausen & Kuhl, 1985) verwendet. Zu den beiden oben beschriebenen Bindungsformen habe ich zwei Checklisten zur Selbstreflektion entwickelt (Endriss, 2010), um den Unterschied zwischen ihnen noch deutlicher zu machen.

Aufgabe

Bitte gehen Sie die folgenden Sätze nacheinander durch und kennzeichnen Sie diejenigen, die auf Sie zutreffen.

Checkliste: Leistungsorientierte Selbstwertbindung (Endriss, 2010).

1. Ich kann mich gut für hochgesteckte Ziele anderer Menschen einsetzen, wenn die Zielerreichung mir persönliches Ansehen verschafft.
2. Ich bin vorwiegend stolz auf mich, wenn ich auch viel geleistet habe.
3. Wenn ich Teiletappen auf dem Weg zum Ziel nicht erreiche, dann werde ich ungeduldig und zweifle an meinen Fähigkeiten.
4. Ich erwarte häufig von mir, dass ich Leistung „mit links" erbringe, auch wenn die Realität anders aussieht und ich richtig schuften muss.
5. Ich fühle mich rasch niedergeschlagen und persönlich getroffen, wenn gar nichts mehr klappt und ich nicht erreiche, was ich mir vorgenommen habe.
6. Ich neige dazu, mir sehr viel Arbeit aufzuhalsen und dies auch nach außen hin kenntlich zu machen, sodass meine Wichtigkeit im Vergleich mit anderen dadurch unterstrichen wird.
7. Über eigene Fehler und Missgeschicke kann ich nur selten oder gar nicht lachen.
8. Wenn ich viel leiste und andere dies wertschätzen, dann erlebe ich dies als die größte Belohnung für meinen Einsatz und fühle mich großartig.
9. Materielle Belohnungen, Macht, Anerkennung und ein hoher Status in der Gesellschaft bedeuten mir sehr viel.
10. Manchmal erlebe ich im Stillen Momente der Sinnlosigkeit und frage mich, wofür ich mich eigentlich so abrackere.

Auswertung

Wenn Sie sieben oder mehr Äußerungen angekreuzt haben, dann liegt bei Ihnen eher eine leistungsorientierte Selbstwertbindung vor.

Aufgabe

Bitte gehen Sie die folgenden Sätze nacheinander durch und kennzeichnen Sie diejenigen, die auf Sie zutreffen.

Checkliste: Selbstverpflichtende Zielbindung (Endriss, 2010)

1. Wenn mir ein Ziel persönlich wichtig ist und es in mein Wertesystem passt, dann verpflichte ich mich innerlich, dieses Ziel zu erreichen und mache es zur inneren Chefsache.
2. Ich versuche immer wieder, mir meine inneren Werte und Normen bewusst zu machen.
3. Häufig stelle ich mir selbst Aufgaben, die ich in Eigenregie löse, wobei ich bei deren Bewältigung ein Gefühl höchster Befriedigung erlebe.
4. Ich vereinbare häufig mit mir selbst, dass ich meine großen Ziele nur in Teiletappen erreichen kann. Wenn ich ein Teilziel nicht erreiche, dann denke ich an das große Ziel und suche nach anderen Lösungen.
5. Häufig gehe ich davon aus, dass ich die passenden Eigenschaften besitze oder entwickeln kann, um meine Ziele zu erreichen.
6. Ich habe die Erfahrung gemacht, dass ich viele Situationen in meinem Sinne positiv beeinflussen kann.

7. Ich weiß, dass ich Ziele manchmal eher durch einen Slalomlauf als mit einem Durchmarsch erreiche.
8. Ich kenne meine Leistungsgrenzen und beute mich nicht aus. Ich kann aber, wenn ich mich durch ein großes Ziel gefordert fühle, ungeahnte Kräfte entwickeln.
9. Ich kann auch an einem Ziel arbeiten, ohne dass diese Leistung von außen wertgeschätzt oder wahrgenommen wird.
10. Ich versuche immer wieder in meinem Leben, Bestandsaufnahme zu machen und darauf zu achten, dass meinen inneren Werte und Normen mit meinem äußeren Leben im Einklang stehen.

Auswertung
Wenn Sie sieben oder mehr Äußerungen angekreuzt haben, dann liegt bei Ihnen eher eine selbstverpflichtende Zielbindung vor.

Das Interessante an diesen Betrachtungen ist ja, herauszufinden, inwiefern Sie Ihr Selbstbild von Ihrer Leistung abkoppeln und damit aus der frühkindlichen Prägung entkommen können, die darin besteht, das Selbstbild mit den Leistungen, die Menschen nach außen hin präsentieren, gleichzusetzen, stets in der Hoffnung, dafür geliebt oder zumindest anerkannt zu werden.

20.5 Das Modell vom Inneren Königreich

Um die oben vorgestellten psychologischen Zusammenhänge in ein gesamtes System zu bringen, habe ich das sog. *„Modell vom Inneren Königreich"* (Endriss, 2010) entwickelt, das auf einem kybernetischen Regelkreis mehrerer Hierarchien von Feedback-Schleifen beruht, wie dies Carver & Scheier (1979) im Zusammenhang mit dem Thema „Motivation" entwickelt haben, worauf Brunstein (1995) hinweist: Um das Handeln eines Menschen in Übereinstimmung mit seinen Zielen zu bringen, müssen die Feedbackschleifen garantieren, dass keine Abweichungen von dem entstehen, was er sich insgesamt vorgenommen hat.

An der Spitze des kybernetischen Regelkreises stehen sog. *„Systemkonzepte"*, die die angestrebten Idealzustände des Selbst repräsentieren. Unterhalb der Systemkonzepte lassen sich in der Hierarchie die sog *„Handlungsrichtlinien"* (Prinzipien) finden, nach denen der Mensch sich ausrichtet, die dann wiederum in der darunter liegenden Stufe in spezifische sog. *„Ausführungsschritte"* (Programme) übersetzt werden. Allgemein bedeutet dies, dass ein übergeordnetes Ziel stets durch die darunter angeordneten Ziele verfolgt und dann durch die entsprechenden ausführenden Aktivitäten umgesetzt wird. Das funktioniert auch dann, wenn mal ein besonderes Unterziel verfehlt wird, solange sich alles dem angestrebten Idealzustand des

Selbst annähert, das sich einem sog. „*Oberziel*" gegenüber verpflichtet hat. Genau dann werden alternative Wege gesucht und gefunden, um trotzdem das übergeordnete Systemkonzept zu erreichen. Wenn das Systemkonzept allerdings nicht in einem Selbstideal des Erwachsenen-Ich besteht, sondern in einem ungünstigen Selbstbild, dann funktioniert das Ganze nicht und Ziele werden aufgegeben.

Hier stehen sich also zwei unterschiedliche innere Haltungen des tagtäglichen Erlebens gegenüber: Das Königreich des „*Inneren Weisen*" (Günstiges Systemkonzept) und das Königreich des „*Inneren Tyrannen*" (Ungünstiges Systemkonzept): Wie Abb. 20.1 darstellt ist das Königreich des Inneren Weisen mit der selbstverpflichtenden Zielbindung verknüpft und enthält das Selbstbild und die Grundeinstellung: „Ich bin o.k. – Du bist o.k." – also die Reaktion des erwachsenen Menschen.

Das *Königreich des Inneren Weisen* richtet sich nach Handlungsrichtlinien und Prinzipien, zu denen unter anderem ein innerer Minister für die Entkopplung von Selbstwert und Leistung gehören, ein innerer verantwortungsvoller Minister, einer, der früheren eigenen Leistungen gegenüber respektvoll ist und einer, der vorwiegend innengesteuert ist, was die eigene Motivation betrifft. Die Ausführungsprogramme sind in Hinblick auf langfristige Handlungsfolgen durchweg konstruktiv und beherbergen einen Hofstaat, der etwa experimentell ausgerichtet ist oder gelassen etwa austüftelt. Werden Ziele nicht erreicht, dann werden Fehler gefunden und weitere Anläufe gestartet.

Abb. 20.2 hingegen macht sichtbar, dass das *Königreich des Inneren Tyrannen* mit der leistungsorientierten Selbstwertbindung verknüpft ist und die übrigen drei oben vorgestellten Selbstbilder und Grundeinstellungen enthält, nämlich: Die Grundeinstellung „Ich bin nicht o.k. – Du bist nicht o.k.", also die angsterfüllte Abhängigkeit des unreifen Menschen, die Grundeinstellung „Ich bin nicht o.k. –Du bist o.k.", die Grundeinstellung der Verzweiflung und der Resignation sowie „Ich bin o.k. – Du bist nicht o.k." – die kriminelle Grundeinstellung.

Das Königreich des Inneren Tyrannen richtet sich nach völlig anderen Handlungsrichtlinien bzw. Prinzipien als die des Königreiches des Inneren Weisen, zu denen u. a. ein innerer Minister für die Gleichsetzung von Selbstwert und Leistung gehört, ein verantwortungsvermeidender Minister, auch einer, der eigenen früheren Erfolgen gegenüber respektlos und abfällig eingestellt ist und ein Außengesteuerter, der stark von äußerem Erfolg abhängig ist. Die entsprechenden Ausführungsprogramme sind in der Regel bezüglich der langfristigen Handlungsfolgen destruktiv, der Hofstaat

Das Königreich des inneren Weisen

Selbstverpflichtende Zielbindung

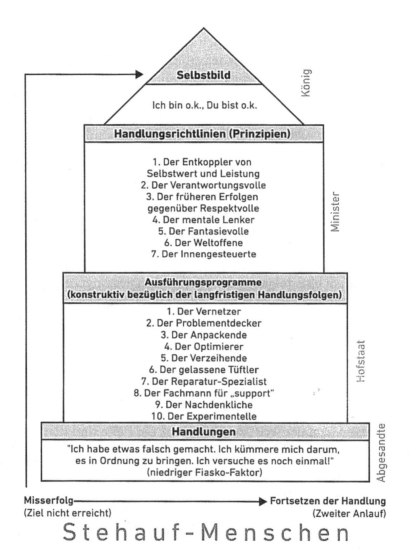

Abb. 20.1   Innerer Weiser. (© Lilo Endriss, 2010)

Das Königreich des inneren Tyrannen

Leistungsorientierte Selbstwertbindung

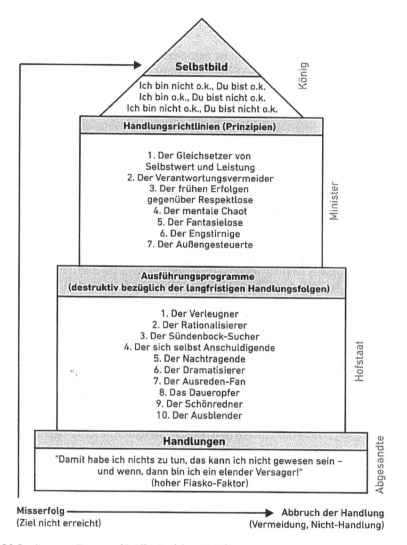

Abb. 20.2 Innerer Tyrann. (© Lilo Endriss, 2010)

setzt sich unter anderem aus einem Ausreden-Fan und einem Daueropfer zusammen. Werden Ziele nicht erreicht, dann werden Fehler vertuscht und kein weiterer Anlauf gestartet.

Insgesamt lässt sich festhalten, dass Menschen, die sich der selbstverpflichtenden Zielbindung verschreiben, im Leben mehr Erfolgserlebnisse vorfinden als andere und damit auch mehr Wohlbefinden und Zufriedenheit erleben.

20.6 Der Fiasko-Faktor – Umgang mit Krisen und Misserfolg

Ein Begriff, den ich oben im Zusammenhang mit der Life-Event-Forschung schon einmal erwähnte, in meiner psychologischen Praxis gerne verwende, ist der sog. *„Fiaskofaktor"* (Endriss, 2010), der den jeweiligen Katastrophen-Grad bei der Bewertung eigener Misserfolge oder Krisen bezeichnet und sich von 1 (sehr niedrig) bis 10 (sehr hoch) erstreckt. Erfahrungsgemäß werden Menschen durch einen hohen Fiaskofaktor oft davon abgehalten, sich in einer für sie als dramatisch eingeordneten Situation mit möglichen Lösungsideen zu beschäftigen.

Wie Sie etwa am Flow-Modell ablesen können, befinden sich die Betroffenen dann in einem Modus, der ihnen vermittelt, den Herausforderungen nicht mehr mit den eigenen Stärken begegnen zu können, sondern der sie in Angst und Sorge versetzt. So führt ihre pessimistische Einstellung auch oft dazu, den hohen Fiaskofaktor dazu zu nutzen, keine Veränderungen anzugehen und im Status quo zu verharren. Und wer zudem der leistungsorientierten Selbstwertbindung anhängt, der kommt fatalerweise noch dazu, zu behaupten, er persönlich sei ein Fiasko und ein „Walking desaster".

In derartigen Gemütslagen ist dann hilfreich, sich zu sagen: „Alles nicht so schlimm, wie es gerade aussieht!" und zu lernen, den jeweiligen Fiaskofaktor im Leben so niedrig wie möglich zu halten oder ihn nach und nach herunter zu fahren. Fragen Sie sich „Was kann ich jetzt tun, um diese Situation jetzt weniger schlimm zu erleben? Was brauche ich dafür und wie kann ich mir das beschaffen?" Der Vorteil dieses Verfahrens ist, von der gefühlsmäßigen Fixierung (Schlimm, schlimm, schlimm!) wegzukommen und sich auf Veränderungsideen sowie deren Umsetzung zu konzentrieren. Jeder Mensch kann ja zurzeit nur einen einzigen Gedanken fassen und so kann die Aufmerksamkeit auf Lösungen fokussiert und nicht darauf, im derzeitigen Dramamodus zu verharren.

Gerade Menschen, die sich der kreativen Selbstverwirklichung verschrieben haben, können von der Beschäftigung mit dem Fiaskofaktor profitieren, indem sie sich diese Zusammenhänge klar machen und sich eher nüchtern und wenig dramatisierend auf die Behebung ihrer kreativen Blockaden fokussieren, stets ihr selbst gestecktes Ziel vor Augen, das sie vom eigenen Selbstwert abgekoppelt haben. Diese kreativen Blockaden (Endriss, 2019) können, wie bereits oben in Kap. 10 im Zusammenhang mit den verhaltensbezogenen Kreativitätstechniken erwähnt, systematisch in folgenden Bereichen aufgedeckt werden: bei 1. den äußeren Anregern, 2. im Innenleben des Menschen mit der eigenen Wahrnehmung, 3. mit dem Erfassenden Denken; 4. mit den Emotionen, 5. mit der eigenen Sozialisation, 6. mit den personalen Dispositionen, 7. mit der Kultur und Gesellschaft, in der jemand lebt oder aufgewachsen ist, 8. mit der persönlichen Motivation, 9. mit dem Planenden Denken, 10. mit der Art des eigenen Ausdrucks zu tun haben, aber auch 11. außerhalb des eigenen Seelenlebens im Bereich der eigenen äußeren Handlungen sowie 12. des persönlichen Umfeldes.

20.7 Stehaufmenschen – hinfallen, aufstehen, Krone aufsetzen

Wer seine Krisen und Misserfolge nicht so stark persönlich nimmt, dass er daran zerbricht, der ist meistens dazu in der Lage, sich durch Selbstreflexion auch unten auf dem Boden klar zu machen, dass das Lebens niemals ein Höhenflug ist oder sein kann. Hilflosigkeit und Gefühle der Verzweiflung können jedem Menschen erfassen. Die Lösung aus einer misslichen Situation besteht nicht darin, in ihr auf Dauer zu verharren. Wie das Wort „Lösung" schon beinhaltet, haftet diesem Begriff etwas wie „sich loslösen von etwas" an. Wer sich allzu sehr und womöglich ausgesprochen selbstmitleidig oder voller Selbstvorwürfe mit seinem Elend arrangiert, dem fehlt das Loslassenkönnen und er klebt dort unverändert und auf Dauer an seinem selbst gewählten und immer noch hohen Fiaskofaktor fest, „beunruhigt von den Meinungen von den Dingen" wie Epiktet dies bereits feststellte. Mithilfe der Resilienzfaktoren sowie dem Zugang zum eigenen inneren Königreich, das möglichst von einem Weisen regiert wird, der die selbstverpflichtende Zielbindung vertritt, können sich Niederschläge und Krisen so bewältigen lassen, dass der Mensch irgendwann wieder innerlich und äußerlich gerade steht und Wohlempfinden erlebt.

Literatur

Berne, E. (1970). *Spiele der Erwachsenen. Psychologie der menschlichen Beziehungen.* Rowohlt.

Brunstein, J. C. (1995). *Motivation nach Misserfolg.* Hogrefe.

Carver, C. (1979). A cybernetic model of self-attention processes. *Journal of Personality and Social Psychology, 37* (8), 1251–1281.

Endriss, L. (2010). *Steh auf Mensch! Über den kreativen Umgang mit Krisen und Misserfolg. Das Praxisbuch.* Books on Demand.

Endriss, L. (2019). *Fahrplan für den Flow. Kreative Blockaden analysieren und mit Coaching auflösen.* Springer Nature.

Guth, K.-M. (Hrsg.). (2013). *Epiktet: Handbüchlein der stoischen Moral* (S. 25–26). Sammlung Hofenberg im Verlag Contumax.

Harris, T. (1978). *Ich bin o.k. Du bist o.k. Wie wir uns selbst besser verstehen und unsere Einstellung zu anderen verändern können. Eine Einführung in die Transaktionsanalyse.* Rowohlt.

Heckhausen, H., & Kuhl, J. (1985). From wishes to action: The dead ends and short cuts on the long way to action. In M. Frese & J. Sabini (Hrsg.), *Goal directed behavior: The concept of action in psychology* (S. 134–159). Erlbaum.

21

Kopf, Herz und Bauch – ein psychologisches Modell mit Charakter

Zusammenfassung Das leicht verständliche psychologische Modell des Neurologen und Psychiaters Raffael Bonelli unterteilt den Menschen in drei Bereiche, die aus seinem Bauch mit den Gefühlen, seinem Kopf mit dem Verstand und seinem Herzen mit der moralischen Entscheidungsmitte bestehen. Im letzteren Bereich finden sich seine persönlichen Werte, die wiederum durch seine Charakterstärken gelebt werden können. Daran knüpfen sich die Überlegungen der Positiven Psychologie, dass sich durch den Einsatz und die bewusste Weiterentwicklung der eigenen Charakterstärken das Wohlbefinden des Menschen steigert.

21.1 Einführung

Abb. 21.1 zeigt ein anschauliches Modell der menschlichen Psyche, das den Begriff des Charakters integriert, richtet sich nach den Ideen des österreichischen Neurowissenschaftlers, Psychiaters und systemischen Therapeuten Raffael Bonelli. Sein Modell verwendet ein menschliches Schema mit den drei Organsysteme Bauch, Kopf und Herz als verschiedene Aspekte der Persönlichkeit im Sinne von Symbolen bzw. metaphorischen Bedeutungen. Es kann zur Selbstreflektion genutzt werden, aber auch zur Erhellung der zwischenmenschlichen Kommunikation, indem etwa zwei Figuren nebeneinander aufgezeichnet werden und jeweils in Anwesenheit etwa eines betroffenen Paares geprüft wird, auf welcher Reaktions-Ebene die eigenen Mitteilungen beim Gegenüber landen.

L. Endriss, *Aufblühen oder Verwelken?*, https://doi.org/10.1007/978-3-658-34410-8_21

359

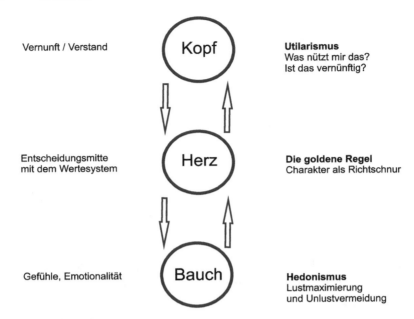

Vernunft / Verstand

Utilarismus
Was nützt mir das?
Ist das vernünftig?

Entscheidungsmitte
mit dem Wertesystem

Die goldene Regel
Charakter als Richtschnur

Gefühle, Emotionalität

Hedonismus
Lustmaximierung
und Unlustvermeidung

Abb. 21.1   Kopf Herz Bauch-Modell. (nach Bonelli, 2016)

21.2 Bauch

Der Bauch befindet sich im Modell „unten" an der Basis und steht für die kurzfristigen Instinkte, Intuitionen und Gefühle beziehungsweise die Emotionalität, im Griechischen „*Eros*" genannt. Gefühle streben entweder nach Lustmaximierung oder nach Unlustvermeidung. Sie dienen der Selbsterhaltung und dem Überleben des Systems als Ganzem, das sich nach dem Individuum, der Sippe, der Art, der Gruppe oder der Organisation ausrichtet. Sämtliche Emotionen, die dem Überleben dienen, können hier zugeordnet werden: Aggression, Wut, Gier, Leidenschaft, Begierde, Sexualität, Schmerz, Angst vor aktuellen Angriffen, Todesangst.

Alles, was dem Überleben, der Vitalität und dem Wachstum dient, wird vorwiegend über den Bauch gesteuert. Er sorgt für die Ernährung, für die jeweiligen Vorräte und die dafür notwendigen Ressourcen, die notfalls auch gegen konkurrierende Systeme verteidigt werden. Er grenzt sich ab und kämpft notfalls auch gegen Konkurrenten. Dem Bauch geht es um seine eigenen Interessen und seine eigenen Erweiterungen, im Zweifelsfall auch auf Kosten anderer Menschen. Seine Gefühle kennen keine Moral, seine Gefühle sind schlicht und einfach da. Sie können von außen betrachtet auch falsch sein. Der Bauch fragt: „Bedroht es mein Leben?" „Ist das angenehm oder unangenehm für mich?", „Kann ich es mir einverleiben?" „Kann ich es für mein Wachstum verwenden?".

21.3 Kopf

Der Kopf befindet sich „oben" und steht für den Verstand und wird durch das Denken charakterisiert, im Griechischen *„Filia"* genannt: Er erfasst die äußeren und inneren Wahrnehmungen des Menschen, er ordnet diese mittels des logischen Denkens zu, indem er Ursache und Wirkung im Sinne der Kausalität betrachtet, er orientiert sich in Zeit und Raum, er analysiert Probleme, entwickelt Maßstäbe und er bewertet danach Ergebnisse. Er ist in der Lage, zu planen, Konzepte und Methoden zu entwickeln und rational zu entscheiden. Er entwickelt Projekte und setzt diese zielorientiert um. Er nutzt die Sprache, er definiert Begriffe, er kreiert ganze Gedankengebäude und macht messbar, was sich messen lässt. Und was nicht messbar ist, das macht er möglichst messbar.

Er ist davon überzeugt, dass seine Art, die Dinge zu sehen, zu beurteilen und zu entscheiden, die einzig richtige ist. Im Kopf waltet das kognitive Korrektiv, das die Bauch-Reaktionen, die nur instinkt- oder gefühlsmäßig gesteuert sind, beurteilt. Der Kopf fragt kühl: „Ist dies vernünftig?" „Ist dies nützlich?". Er ist vorwiegend extrinsisch motiviert.

21.4 Herz

Das Herz mit dem *Ich-Ideal* befindet sich in der Mitte und steht seinem Wesen nach als Entscheidungsinstanz für zeitnahe oder zukünftige Handlungen im Zentrum des Menschen, im Griechischen *„Agape"* genannt. Es vermittelt zwischen der nützlichen Logik beziehungsweise der Kausalität des Kopfes und den Eigeninteressen des Bauches. Diese Instanz ist in der Lage, eine automatische Reaktion oder spontane Handlung, die aufgrund eines „Bauchgefühls" auf einen Reiz hin entstehen könnte, durch Selbstreflexion, also dem Nachdenken über sich selbst, abzufedern, bewusst umzusteuern und zu einer überlegten Handlung zu führen.

Das Herz ist kraftvoll und koordiniert die anderen beiden Systeme. Es enthält das innere Wertesystem des Menschen, das ihn mit der Welt des

Sozialen, der Mitmenschen und der Umwelt verbindet. Es ist intrinsisch motiviert. Als Richtschnur dient ihm der eigene Charakter. Je nachdem, welche Charakterstärken und -schwächen ein Mensch entwickelt hat, wirkt sich dies auf sein Handeln aus. Hier lauert allerdings auch die Gefahr des Selbstbetruges, wenn Menschen für sie unangenehme Themen nicht wahrhaben wollen und diese verdrängen. Daher spielt die Selbstreflexion eine so große Rolle: Sie erkennt, welchen eingeschliffenen Habitus die Menschen bisher jeweils mitbringen.

Das Herz ist jedoch auch in der Lage, das eigene Handeln dahingehend zu befragen: „Ist dies gut oder böse?" und „Entspricht dies meinen Werten?", um danach Stellung zu beziehen. Auch hier hilft einem dann wieder die goldene Regel „Was du nicht wünschst, das man dir tu, das füg auch keinem andren zu!".

Vielleicht ist Ihnen dabei etwa aufgefallen, dass Sie einem falschen Ich-Ideal anhängen können, etwa, wenn Sie feststellen, dass Sie angeblich völlig berechtigt sind, Rache zu nehmen? Falls Ihnen nun auffällt, dass Sie nicht unbedingt ebenfalls ein rachsüchtiger Mensch sein wollen, womöglich genau wie der, der sich Ihnen gegenüber gerade schädigend verhalten hat, dann können Sie per freiem Willen entscheiden, an den eigenen Stärken und Schwächen zu arbeiten, um zu einer Stimmigkeit zwischen den drei Systemen Bauch, Kopf und Herz zu gelangen. Letztendlich ist fast jeder Mensch dazu in der Lage, sich für eine charakterliche Weiterentwicklung zu entscheiden.

21.5 Fazit

In diesem Modell stoßen Sie wieder auf den Begriff der Charakterstärken, den Sie ja auch bei den persönlichen Fähigkeiten und „Skills" auf der horizontalen X-Achse des Flow-Modells und im Tugendmodell der Positiven Psychologie kennengelernt haben. Charakterstärken dienen ja dazu, den situativen Herausforderungen des Lebens optimal zu begegnen und auch, um möglichst häufig den kreativen Flow-Zustand zu erlangen. Ich hatte mir ja erlaubt, innerhalb des Flow-Modells die situativen Herausforderungen des Lebens insbesondere unter dem Gesichtspunkt der Einflüsse der menschlichen Umwelt zu betrachten, die je nachdem zu Unter- oder Überforderung des Menschen führen können, was einem Verwelken durch Angst, Sorge, Apathie und Langeweile entspricht oder aber mit einem Aufblühen korrespondiert, was durch Entspannung, zuversichtliche Kontrolle, angenehme Erregung und dem kreativen Flow gekennzeichnet ist. Dabei habe ich mich auf das 2. Axiom von Watzlawick (siehe Kap. 19.1) gestützt, dass nämlich jede Kommunikation einen Inhalts- und einen Beziehungsaspekt hat, wobei letzterer den ersten bestimmt: Die Art der Beziehung, die man zu seinem Gegenüber hat, beeinflusst den Sachinhalt der Kommunikation – und nicht umgekehrt! Da ist es dann auch vergebene Liebesmüh, wenn Sie in angespannten Situationen dem anderen wohlwollend darauf hinzuweisen, doch gefälligst sachlich zu bleiben.

Literatur

Bonelli, R. M. (2016). *Selbst schuld! Ein Wegweiser aus seelischen Sackgassen.* Droemer Knaur.

22

Watzlawicks Ebenen

Zusammenfassung Die Betrachtung der allgemeinen Struktur von Problemlösungsarten nach Weakland, Fisch & Watzlawick geht vom Prinzip des Wandels als Loslösung von Problemen aus. Die Autoren unterscheiden grundsätzlich zwischen denjenigen Lösungsarten, die funktionieren und denjenigen, die niemals funktionieren können, was anhand von Beispielen erläutert wird. Anhand der Lösungen des Neun-Punkte-Problems wird verdeutlicht, dass das Wesen des Wandels und erfolgreicher Lösungen oftmals damit zusammenhängt, dass es etwas außerhalb des Systems gibt, in dem Menschen verhaftet sind.

> Die Kontemplation ist das einzig denkbare Verhältnis zur Transzendenz. (Simone de Beauvoir, 1908–1986)

Sich mit den Widrigkeiten des Daseins auseinander zu setzen und diesen möglichst nicht hilflos ausgeliefert zu sein, stellt eine lebenslange Herausforderung dar. Auf einer abstrakten Ebene geht es dabei allgemein um Probleme, die immer irgendwie gelöst werden müssen.

22.1 Lösungsarten

Der geniale Kommunikationsforscher Paul Watzlawick hat sich zusammen mit seinen Kollegen (Weakland, Fisch & Watzlawick, 1974) mit der allgemeinen Struktur von Problemlösungen beschäftigt, indem er die üblichen Lösungsarten

L. Endriss, *Aufblühen oder Verwelken?*, https://doi.org/10.1007/978-3-658-34410-8_22

prüfte, die Menschen anwenden, um aus einer misslichen Lage wieder heraus zu finden. Sie untersuchten Probleme, die in Betroffenen selbst, aber auch mit deren Kontakt zu anderen Menschen entstehen können. Wissenschaftler, insbesondere Psychologen, verwenden dazu gerne die Sicht aus der Vogelperspektive herab auf das Geschehen, um Probleme zu analysieren. So wurde erst einmal ganz allgemein formuliert, was eigentlich ein Problem ist: *Was ist ein Problem?* Ein Problem entsteht in der Regel, wenn plötzlich etwas anders läuft, als wir es vorher gewohnt waren. Etwas weicht also von der „eingespielten" Norm ab und wir suchen nach einer Lösung, die in einem Wandel besteht, d. h., wir selbst müssen dann irgendwie nachziehen. Die Wissenschaftler stellten nun grundsätzlich fest, dass es Lösungsarten gibt, die funktionieren und welche, die leider nicht funktionieren, an denen jedoch fatalerweise oft festgehalten wird.

22.2 Problem-Lösungsarten, die funktionieren

- Veränderung dadurch, dass wir das *Gegenteil* von dem tun oder veranlassen, was die „Normabweichung" hervorgerufen hat.

Beispiel 1

Der Winter zieht ein und Ihnen wird plötzlich kalt. Hier bezieht sich die „Normabweichung" auf die Temperatur. Die Lösung besteht darin, Wärme zu erzeugen – entweder Sie stellen die Heizung an oder Sie hüllen sich in wärmende Kleidung. Problem gelöst!

Beispiel 2

Sie sitzen am PC, die Sonne geht unter und es wird Abend. Plötzlich wird es dunkel im Raum, sodass Sie Ihre Tastatur nicht mehr klar erkennen. Hier bezieht sich die „Normabweichung" auf die Lichtverhältnisse. Die Lösung besteht darin, eine künstliche Lichtquelle zu nutzen – etwa eine Lampe anzumachen. Problem gelöst!

- Veränderung dadurch, dass wir *mehr desselben* tun oder veranlassen, was die „Normabweichung" hervorgerufen hat.

Beispiel 1

Sie haben nach dem Frühstück schon eine Weile gearbeitet. Plötzlich – etwa zur Mittagszeit – bekommen Sie zuerst Appetit und dann Hunger. Hier bezieht sich die „Normabweichung" auf die Essensaufnahme. Die Lösung besteht darin, dass Sie in die Kantine, in Ihre Küche oder in ein Restaurant gehen und sich satt essen. Problem gelöst!

Beispiel 2

Sie lauschen genüsslich zuhause der Musik aus dem Radio. Plötzlich ertönen von nebenan aus der Nachbarwohnung abwechselnd Geräusche von einem Bohrer und einem Hammer. Sie können kaum mehr die Klänge aus dem Radio hören. Hier bezieht sich die „Normabweichung" auf Ihre empfangene Lautstärke. Die Lösung besteht darin, dass Sie den Regler für die Lautstärke am Radio weiter aufdrehen. Problem gelöst!

- Veränderung dadurch, dass wir *weniger desselben* tun oder veranlassen, was die „Normabweichung" hervorgerufen hat

---

Beispiel 1

Sie sitzen friedlich mit der Familie am Abendbrottisch. Plötzlich beginnt Ihre Partnerin oder Ihr Partner darüber zu klagen, dass am Ende des Monats zu wenig Geld in der Haushaltskasse übrig bleibt und dass Sie daran schuld wären, weil Sie sich immer so teure Sachen kaufen. Sie verteidigen sich und werfen dem anderen vor, dass er nie Belege und Rechnungen sammelt. Bald schieben Sie sich beide gegenseitig die Schuld für die leere Kasse zu und regen sich immer mehr über den anderen auf. Hier bezieht sich die „Normabweichung" auf die plötzlich erfolgenden gegenseitigen Schuldzuweisungen „aus dem Nichts" heraus. Die Lösung besteht darin, sofort mit den Schuldzuweisungen aufzuhören und gemeinsam zusammen zu überlegen, wie man in Zukunft gemeinsam eine bessere Übersicht über die Ausgaben erzielen kann, etwa durch das Führen eines Haushaltsbuches. Problem gelöst!

Beispiel 2

Sie sind ein gut erzogener Mensch mit höflichen Umgangsformen und auch stets bereit, Freunde und Freundinnen bei Bedarf durch Rat und Tat zu unterstützen. Dafür sind Sie bekannt, das ist Ihr Stil. Plötzlich jedoch attackiert Sie eine Freundin mit beleidigenden Worten nach dem Motto, Sie wären immer so überfreundlich, da würde doch sicherlich eine geheime Absicht dahinter stecken. Sie fallen aus allen Wolken. Hier bezieht sich die „Normabweichung" auf Ihren eingespielten entspannten Kommunikationsstil. Die Lösung besteht darin, sich nicht provozieren zu lassen, sich also weder zu verteidigen noch sich vehement gegen den Angriff zu wehren, sondern sich für die Rückmeldung zu bedanken und ruhig nachzufragen, dass die andere Seite sicherlich einen triftigen Grund zu dieser Vermutung hätte. Gerne würden Sie diesen erfahren, um Ihr Verhalten dann dieser Person gegenüber zu verbessern. Problem gelöst!

22.3 Fehllösungen

Diese Problem-Lösungsarten funktionieren leider aus folgenden Gründen nicht:

- Das Bestehen eines Problems oder einer Schwierigkeit *wird ignoriert.*

Theoretisch ist eine Lösung dringend notwendig, doch nach dem Motto „Lieber den Kopf in den Sand stecken" passiert nichts und das Problem bleibt bestehen. Hierher gehören zum Beispiel die Verleugnung, die Verwerfung und die Simplifizierung durch Flachdenker, die alles bagatellisieren. Diese Art der Fehllösung besteht also darin, so zu tun, als bestünden gewisse Schwierigkeiten nicht.

Beispiel 1

Denken Sie etwa daran, dass es in Deutschland ein riesiges Problem mit dem Hausmüll gibt. Zwar wurde flächendeckend die Mülltrennung eingeführt, um einen Teil davon zu recyceln, aber bei der Reduzierung von Verpackungsmüll aufseiten der Hersteller wurde seit 40 Jahren nicht viel Gravierendes anders gemacht. Im Gegenteil: Durch den immer weiter ansteigenden Online-Handel verschärft sich die Situation noch. Und es wird auch nichts grundsätzlich verändert, was die Weiterverwendung des Restmülls, insbesondere des Plastikmülls, betrifft: Der wird dann gerne in fernab liegende Länder exportiert, aus den Augen, aus dem Sinn!

Beispiel 2

Stellen Sie sich vor, Sie hätten Ihren Arbeitsplatz verloren und bekämen staatlich Unterstützung, auf die Sie ja in diesem Land ein Recht haben. Als Sie noch gut verdient hatten, haben Sie diverse Ratenkreditverträge abgeschlossen, um sich sofort ein paar schöne Anschaffungen zu gönnen. Nun müssen Sie auf jeden Cent achten, was Sie auch gewissenhaft befolgen. Trotzdem landen regelmäßig unpersönlich wirkende Briefumschläge in Ihrem Briefkasten und Sie ahnen schon, dass es sich dabei um Mahnungen handelt. Also lieber die Umschläge nicht öffnen und sie entweder gleich wegwerfen oder ganz unten in eine Schublade stopfen.

- Ein unlösbares Problem oder eine Schwierigkeit, die *unlösbar* ist, wird versucht zu lösen.

Hierzu gehört auch, ein Problem zu lösen, dass de facto gar nicht besteht. Hier spricht Watzlawick von utopischen Lösungsversuchen und vom „Utopisten", der eine unmögliche Lösung für möglich hält. In diesem Zusammenhang können drei verschiedene Wege beschritten werden:

1. Der unmögliche „introjektive" Lösungsversuch

Der Herd des Konfliktes liegt dabei direkt im betreffenden Menschen und seinem tiefsitzenden Selbstvorwurf, dass er ein utopisches Ziel, das er sich gesetzt hat, nicht erreicht hat, und dass dies damit zusammenhängt, dass er unzulänglich ist.

Beispiel

Jemand lebt in einer Situation, wo er von allen Seiten vorgemacht bekommt, wie es ist, schön, reich und gebildet zu sein, einem kultivierten Lebensstil zu frönen, eine glückliche Familie sein eigen zu nennen und sich über persönliche Luxusgüter wie etwa eine Segelyacht oder ein Haus in der Karibik als Zweitwohnsitz zu freuen. Dies kann etwa über Massenmedien und Werbung vermittelt werden oder dadurch, dass diese Person in einem entsprechenden Umfeld hervorragend honorierte Dienstleistungen vollbringt. Da kann dann durchaus die utopische Vorstellung auftauchen, auch so ein exklusives Leben führen zu wollen. Stattdessen jedoch sieht die eigene Realität ganz anders aus, nämlich voller alltäglicher Banalitäten und Langeweile. Und man selbst ist daran schuld! Dies kann zu dramatischen Folgen führen wie Selbstmordgedanken, Scheidungen oder die Flucht in die Welt der Drogen.

2. Der unmögliche Lösungsversuch durch Prokrastination

Hier haben wir es mit dem Phänomen zu tun, das sich jemand ein durchaus erreichbares Ziel gesetzt hat für das er auch alle Fähigkeiten mitbringt, dass er sich jedoch auf all das konzentriert, was den Weg dorthin betrifft, nicht aber das reale Ankommen: Umfangreiche Vorüberlegungen und praktische Vorbereitungen, absichernde Vorkehrungen und fantasievolle Ausschmückungen und Schwärmereien verhindern, dass das Ziel erreicht wird. Die Reise, nicht das Ankommen, ist hier das Ziel. Verschieben wir es auf morgen!

> **Beispiel**
>
> Der ewige Student setzt alles daran, sich wirklich sehr gründlich vorzubereiten. Er besucht immer wieder neue Seminare, gerade auch zu aktuellen Themen, er kauft sich Fachliteratur und liest alle Seiten genau durch, er macht Randnotizen und schreibt Zusammenfassungen am PC, er ergänzt dies dadurch, dass er regelmäßig die Universitätsbibliothek aufsucht, aber auch online-Angebote nutzt, er besucht virtuelle Vorlesungen und lernt noch ein paar Fremdsprachen, um die Originaltexte zu verstehen. Er beantragt wegen der Studienzeitbegrenzung Urlaubssemester und findet auch sonst weitere Möglichkeiten, das Examen zu umgehen. Ähnliches können Sie bei Doktoranden erleben, die sich über zehn Jahre mit der Dissertation abmühen, aber niemals fertig werden.

3. Der unmögliche „projektive" Lösungsversuch

In diesem Fall steht ein Mensch zur Diskussion, der aus seiner Sicht tiefgreifende Erkenntnisse über die Welt erlangt hat und im Besitz der allumfassenden Wahrheit ist, wie das Übel auf Erden verhindert werden kann. So verkündet er aufgrund seiner moralischen Verpflichtung mit Nachdruck und missionarischem Eifer, wie und womit die Welt verbessert werden kann. Wenn dann vom Rest der Menschheit seine wunderbaren Lösungsvorschläge nicht angenommen werden und sie unkluger Weise auf ihre Glückseligkeit verzichten, dann liegt das natürlich an irgendeinem, außerhalb von ihm, dem Heilsversprecher, liegenden Grund, der das alles erklärt.

Beispiel

Ein medizinisch interessierter Mensch hat für sich herausgefunden, dass die tägliche Einnahme eines bestimmten Nahrungsergänzungsmittels zum Alt-werden in Gesundheit und Würde führt. Voller Bekehrungseifer wendet er sich nun an offizielle oder inoffizielle Stellen, um sie von der fantastischen Wirkung dieses überall für wenig Geld zu erwerbenden Mittels zu überzeugen. Aber er stößt auf taube Ohren. Sofort ist ihm klar, dass sämtliche Gegner Pharma-konzern-Lobbyisten sind und diese aus miesen raffgierigen Gründen seine wunderbare Lösung für die gesamte Menschheit boykottieren, weil ja sonst die teuren Medikamente der Pharmakonzerne nicht mehr verkauft werden würden. Alles klar?

- Ein Problem oder eine Schwierigkeit wird *auf der falschen logischen Ebene* angegangen und ein Spiel ohne Ende entsteht

Zuerst möchte ich mit einem einfachen Beispiel erklären, was mit „logischen Ebenen" gemeint ist: Eine Menge ähnlicher Dinge, wie etwa Äpfel, Birnen, Trauben oder Ananas stellen eine gewisse Einheit oder Gruppe dar. Wenn Sie nun über diese Menge reden, dann gelangen Sie auf eine höhere logische Ebene und landen beim Obst. Wenn Sie sich mit jemand anderem zanken, dann tauschen Sie gegenseitig unfreundliche Bemerkungen aus. Erst auf der nächsthöheren Ebene stellen Sie fest, dass es sich da wohl um einen Streit handelt. Dann nämlich könnten Sie zum Beispiel sagen: „Ich habe keine Lust mehr zum Streiten!" Oder „Wollen wir den Streit nicht beilegen und uns wieder vertragen?" Oder wenn Ihnen jemand mit ärgerlichem Gesichts-ausdruck gegenüber behauptet, er würde Sie abgöttisch lieben, dann können Sie erst auf einer höheren logischen Ebene feststellen, dass das ja wohl ein Widerspruch ist. Was gilt denn nun? Körpersprache oder verbal geäußerte Behauptung? Nur auf der 2. Ebene können Sie Ihr Gegenüber auf diesen Widerspruch aufmerksam machen.

Beispiel

Bekannt ist die unmögliche Lösung des „Sei spontan!" – Problems sowie des Festhaltens an einer entsprechenden Fehllösung. Dabei handelt es sich um die Forderung nach einem menschlichen Verhalten, das sich von seinem Wesen nach nur spontan, beziehungsweise ausschließlich nur aus freien Stücken, auto-matisch und unüberlegt ergeben kann, dessen Spontaneität und damit der Möglichkeit seines Eintretens jedoch durch die Anweisung unmöglich gemacht wird. Dazu gehören solche Bonmots wie: „Ich möchte, dass du mich liebst!"

oder „Ich möchte, dass du jetzt wirklich freiwillig den Müll runterbringst!"
oder „Du sollst froh und glücklich sein, das du so liebevolle Eltern hast, die sich
immer um dich sorgen!". Gefühle können nicht anempfohlen werden und so
befinden sich die Betreffenden in einer paradoxen Situation mit einem Spiel
ohne Ende.

Hiermit ist die Liste der Fehllösungen mit dem Hinweis, diese rechtzeitig zu
erkennen, damit Sie sich möglichst selbst nicht in diesen Bereichen erfolglos
abzuarbeiten, erst einmal abgeschlossen.

22.4 Das Neun-Punkte-Problem

Die Aufgabe, neun Punkte – wie Abb. 22.1 zeigt – auf einem Blatt Papier
miteinander in einem geraden Linienzug zu verbinden, also weder abzu-
setzen oder Bögen zu zeichnen, stellt für viele Menschen eine besondere
Herausforderung dar.

Die Lösung liegt, wie Sie sehen, „außerhalb" und „transzendiert" das
innere System, das durch die Punkte als äußere Begrenzung präsentiert wird.
Oftmals hindern die Vorannahmen des Menschen ihn daran, eine zufrieden
stellende Antwort für ihre Belange zu finden und erst in der Distanzierung
kann dies gelingen, wie Sie dies an der Lösung des Neun-Punkte-Problems
erkennen können.

Darüber hinaus gibt es sogar noch weitere Möglichkeiten, diese Aufgabe zu lösen, wie etwa Mario Priggen (2001) dies darstellte, etwa mit einer
großen Zickzacklinie, die das innere System sprengt, indem die Linie nicht
jeweils durch den Mittelpunkt der „fetten" Punkte geführt wird. Zudem hat

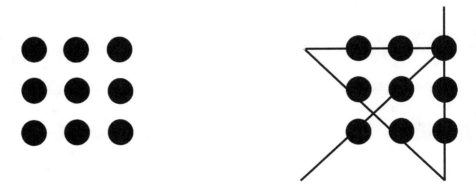

Abb. 22.1 Das 9-Punkte-Problem. (nach Loyds, 1914)

auch keiner vorher behauptet, dass die Linie dünn sein muss. So kann eine weitere Lösung darin bestehen, dass Sie mit einem sehr breiten Strich, etwa mit einem dicken Quast, über alle 9 Punkte hinweg eine weitere Lösung finden. Oder Sie wickeln das Blatt Papier um einen Bleistift und verbinden dann die Punkte in einem Zug – spiralig gezeichnet – miteinander, denn keiner hat ja vorher gesagt, dass Sie das Papier nicht krümmen dürfen.

Was ich damit durch eine Analogie zeigen möchte ist, dass wir Menschen oft im Vorgegebenen, in Vorannahmen und in uns selbst verhaftet und verfangen sind, was uns daran hindert, über den Tellerrand hinaus zu schauen und über uns selbst hinaus zu wachsen.

Literatur

Loyd, S. (1914). *Sam Loyds cyclopedia of 5000 puzzles, tricks and cunen drums with answers* (S. 301, 380). The Lambspublishing Company.

Pricken, M. (2001). *Kribbeln im Kopf: Kreativitätstechniken & Braintools für Werbung & Design*. Verlag Hermann Schmidt & Mario Pricken.

Weakland, Fisch & Watzlawick (1974). *Lösungen: Zur Theorie und Praxis des menschlichen Wandels*. Hans Huber.

23

Lösungs-Ideen für das Wohlbefinden

Zusammenfassung Das Phänomen der Selbstdistanzierung wird hier unter dem Gesichtspunkt der Unterscheidung zwischen horizontaler und vertikaler Selbstdistanzierung betrachtet und der Selbsttranszendenz gegenüber gestellt, zu der u. a. das Selbstvergessen im Dienste einer Sache oder eines Menschen gehört. Anschließend werden noch einmal diejenigen menschlichen Fähigkeiten und psychologischen Modelle aufgezählt, die im Rahmen dieses Werkes als Hinweis dafür aufgeführt worden sind, dass zur kreativen Selbstverwirklichung die Haltung des Sich-Widmens gehört, woraus der Begriff des Sich-Widmen-Glücks abgeleitet werden kann. Abschließend werden die drei Formen des Wohlfühl-, des Werte- und des Sich-Widmen-Glücks noch einmal als gleichberechtigte Phänomene im Leben eines jeden Menschen gewürdigt.

Das wahre Leben welkt nicht in seiner Jugendschönheit und erschöpft sich nicht in der Reife des Alters. (Hildegard von Bingen, 1098 – 1179)

Zu allen Zeiten haben sich Denkerinnen und Denker darüber Gedanken gemacht, wie im Leben der Menschen einerseits belastende Situationen gelöst werden können und andererseits auch von vorne herein gar nicht erst zwangsläufig entstehen müssen. So möchte ich hier verschiedene Gedankengebäude zu diesem Thema vorstellen, die mit Lösungen vorhandener Fragen, die sich auf die Lebensgestaltung und das Wohlbefinden beziehen, zu tun haben.

L. Endriss, *Aufblühen oder Verwelken?*, https://doi.org/10.1007/978-3-658-34410-8_23

23.1 Theoretischer Hintergrund der Selbsttranszendenz

Sicherlich gibt es etliche Situationen im Leben eines Menschen, in denen er erstmal damit konfrontiert ist, dass nichts mehr machbar erscheint und er sich völlig gelähmt fühlt, weil er diese Situationen gerade nicht in seinem Sinne positiv beeinflussen kann und die eigene, von den Psychologen so bezeichnete sog. „Selbstwirksamkeit" daniederliegt. Natürlich ist nicht alles machbar, auch wenn uns das manchmal von Superoptimisten so versprochen wird. Wir können schwere Erkrankungen nicht mal eben selbst kurieren, wenn das Haus abgebrannt ist, dann ist erstmal alles weg, wenn wir einen geliebten Menschen verloren haben, dann erfüllt uns oft tiefe Trauer und irgendwann müssen wir alle auch mal sterben. Grundsätzlich gibt es nur zwei Möglichkeiten, mit den Ereignissen des Lebens umzugehen: Sie können Ihre Haltung dazu ändern und Sie können die Situation direkt ändern, andere Menschen jedoch können Sie nicht verändern.

Falls Sie der Annahme sind, dass Sie oftmals von anderen zum Opfer gemacht werden, also im weitesten Sinne ein Verlierer oder eine Verliererin sind, dann lohnt es sich, Ihre Haltung zu ändern, denn damit verändern Sie auch die gesamte Situation und Ihre Peiniger werden dadurch gezwungen, nun auf etwas zu reagieren, was für diese neu ist. Die Opferrolle ist von Hilflosigkeit gekennzeichnet und fühlt sich in der Regel nicht gut an, besonders dann, wenn man, wie oben schon einmal erwähnt, gesagt bekommt „Und was ist Ihr Anteil an der misslichen Situation?". In der Regel leiden Menschen nicht freiwillig, sondern bemühen sich, Kummer und Seelenschmerz zu vermeiden. Trotzdem können sie mit ihren Mitmenschen in Situationen geraten, die ihnen entgleiten und die sie nur durch eine Instanz von außen, etwa durch einen kompetenten Berater, einen Therapeuten oder einen Rechtsanwalt, wieder ins Lot kommen lässt.

23.2 Selbstdistanzierung

Eine Möglichkeit auf dem Weg, die eigene Haltung zu ändern, ist die Selbstdistanzierung Ich unterscheide zwischen einer horizontalen und einer vertikalen Selbstdistanzierung, beide helfen, Lösungen zu finden, sind aber noch keine Selbsttranszendenz im engeren Sinne.

- Bei der *horizontalen Selbstdistanzierung* kreist die entsprechende geistige Tätigkeit immer noch um das Selbst und führt wie in einer Schleife wieder zurück zum Ausgangspunkt, beispielsweise indem Sie innerlich einen Schritt zurück treten und die Gesamtsituation einschließlich Ihrer derzeitigen Lage aus der Sicht eines anderen prüfen. Dies bietet sich etwa mit der Methode des „Rollentausches" an, z. B. indem Sie sich fragen, was Ihnen ein guter Freund oder eine Freundin jetzt raten würde, desgleichen auch, wenn Sie sich selbst kontrollieren, indem Sie zu sich sagen: „Halt, jetzt bloß keinen Fehler machen, der könnte zu unangenehmen Folgen führen!". Eine weitere Möglichkeit besteht auch darin, eine Umkehrung der Zeit in eine entfernte Zukunft vorzunehmen, wie dies die lösungsorientierte Kurzzeittherapie mit der „Wunderfrage" (nach de Shazer et al., 2013) vornimmt und die dazu dient, Stärken und resilientes Verhalten von Menschen anzuregen.
- Bei der *vertikalen Selbstdistanzierung* stehen Sie sozusagen „entspannt" über den Dingen", lassen sich nicht in sinnlose Diskussionen verwickeln und verwirren oder betreiben zusammen mit anderen „Metakommunikation", um Situationen zu klären. Hier finden Sie auch die oben schon erwähnte Vogelperspektive wieder oder den etwas martialisch anmutenden Begriff des „Feldherrenhügels" nach Schulz von Thun (1981). Stets stehen dabei Ihr Selbst, Ihr Verhalten sowie Ihre geistige Tätigkeit im Fokus der Betrachtungen, etwa auch, wenn Sie sich persönlich nach dem Motto „Das ist mir jetzt doch nicht so wichtig!" selbst nicht mehr so ernst nehmen.

23.3 Die Entdeckung des Sich-Widmen-Glücks

In Abgrenzung zur oben dargestellten Selbstdistanzierung „verschwindet" das Selbst im zustande der Selbsttranszendenz in Selbstvergessenheit, da es sich auf einen „höheren" äußeren Referenzpunkt bezieht, beispielsweise, wenn Sie sich hingebungsvoll Ihrer Gartenpflege widmen und sich vorübergehend Zeit und Raum aufzulösen scheinen, oder Sie sich ohne Rücksicht auf Ihre körperliche Anstrengung und den Aufwand für die Rettungssituation eines anderen – Ihnen bekannten oder unbekannten – Menschen, einsetzen.

Vielleicht ist Ihnen beim Durchlesen der vielen Kapitel, in denen sich Autoren darüber Gedanken gemacht haben, was dem Menschen zu einem zufrieden stellenden Leben verhelfen kann, ein bestimmtes Muster aufgefallen, das Viktor Frankl (1986) sinngemäß etwa in folgende Worte fasste:

„Selbsttranszendenz ist der grundlegende anthropologische Tatbestand, dass der Mensch immer über sich hinaus auf etwas verweist, das nicht wieder er selbst ist. Wirklich Mensch ist er nur da, wo er auf etwas oder auf jemanden, auf einen Sinn, ausgerichtet ist. Und nur in dem Maße, in dem der Mensch sich selbst transzendiert, verwirklicht er auch sich selbst: im Dienst einer Sache oder in der Liebe zu einem anderen Menschen. Er wird ganz er selbst, wo er sich selbst übersieht und vergisst."

In der Absicht einer abschließenden Meta-Analyse fasse ich im Folgenden diejenigen Anteile der vorgestellten psychologischen Modelle zum menschlichen Wohlbefinden und Aufblühen zusammen, in denen das Thema „Selbsttranszendenz" zu finden sind.

1. Die Fähigkeit, Unglück im Leben dadurch zu bewältigen, indem man einen höheren Sinn in seinem Leben findet und sich durch spirituelle Rituale, die über einen selbst hinausweisen, stärkt sowie aus Krisen lernt (Resilienz-Modell).
2. Die Fähigkeit, körperlich und geistig so lange wie möglich fit zu bleiben, indem man sich einem religiösen Leben widmet, wie dies die Nonnenstudie ergab (Modell der Kohärenz).
3. Die Fähigkeit, sich mitfühlend in einen anderen Menschen hinein zu versetzen und dabei für eine Weile die eigene Befindlichkeit oder Interessen zurück zu stellen (Modell der emotionalen Empathie).
4. Die Fähigkeit, durch sprachliche und nicht-sprachliche Mitteilungen sowie entsprechende Handlungen anderen Menschen gegenüber Wertschätzung und Anerkennung entgegen zu bringen und dabei gleichzeitig auf das neidische Vergleichen und die Selbstverwirklichung auf Kosten anderer zu verzichten (Modell der 3 Dimensionen der Anerkennung).
5. Die Fähigkeit, über eine ich-zentrierte Selbstverwirklichung hinaus zu wachsen, indem man das Thema „Selbsttranszendenz" als etwas ansieht, das über einem steht (Modell der erweiterten Bedürfnispyramide).
6. Die Fähigkeit, kreativ zu sein und sich mit Themen aus der Kunst, der Wissenschaft, der Kultur und des Alltags zu beschäftigen, um etwas Neues und Nützliches zu schaffen, das nicht man selbst ist (Flow-Modell der Kreativität).
7. Die Fähigkeit, aus dem Käfig der erlernten Hilflosigkeit zu entkommen und sich nicht mehr selbstzentriert als Opfer wahrzunehmen, sondern aus einer neuen Haltung heraus Hoffnung, Zuversicht und Optimismus entwickeln zu können (Modell der Deutungsmuster).

8. Die Fähigkeit, sich als Künstler der Kreativität zu verschreiben, die als Wert und Leitstern über einem steht und damit auch mit Spiritualität verbunden ist (Modell der Künstlermotivation).

9. Die Fähigkeit, sich nach einem inneren ethischen Wertesystem auszurichten, welches von äußerer Belohnung und Anerkennung unabhängig ist (Modell der intrinsischen Motivation).

10. Die Fähigkeit, am eigenen Charakter zu arbeiten, indem man sich den 6 Tugenden und den dazu gehörigen 24 Charakterstärken widmet, zu denen auch die Transzendenz gehört (Modell der Positiven Psychologie).

11. Die Fähigkeit, Krisen und Misserfolg dadurch zu bewältigen, dass sich der Mensch aus einer leistungsbezogenen Selbstwertbindung löst und sich stattdessen der selbstverpflichtenden Zielbindung zuwendet, die etwa die Fixierung auf den eigenen Perfektionismus auflöst und sich an etwas, das außerhalb seiner selbst liegt, ausrichtet (Modell vom Inneren Königreich).

12. Die Fähigkeit, sich bewusst zwischen Verstand und Bauch-Gefühlen mittels einer dritten Instanz zu entscheiden, die auf dem Wahren, dem Schönem und dem Guten beruht, die nicht mit dem rücksichtslosen Ausleben der eigenen Gefühle oder der Fixierung auf die Nützlichkeit für einen selbst beruht (Kopf-Herz-Bauch-Modell).

13. Die Fähigkeit, aus einem Teufelskreis um sich selbst, in welchem man sich vergeblich um eine Lösung bemüht, herauszukommen, indem man sich aus der anhaftenden Verknüpfung von Ursache und Wirkung löst und diese überschreitet (Modell der Lösungen der 2. Ordnung).

Voraussetzungen für Selbsttranszendenz sind also die außerhalb des Menschen gelegenen Bezugs- oder Referenzpunkte, also die verbindlichen Werte – oder wie Epiktet (Guth, 2013) empfiehlt:

„Stelle dir ein Muster oder ein Vorbild auf, und lebe ihm nach, sowohl wenn du allein bist, als wenn du unter Leute kommst."

23.4 Drei Arten des Glücks

Vom Wohlfühlglück und dem Werteglück war ja schon weiter oben die Rede. Ich möchte gerne aus dem Kanon der anzustrebenden Tugenden, die die Positive Psychologie als besondere Basis für ein Wohlbefinden im Leben benennt, die Tugend der Spiritualität hervorheben und ihr einen besonderen Platz innerhalb einer humanen Gesellschaft zuordnen. Aus diesem Grund entwickelte ich hier für diese Art von Glück einen neuen Begriff, der aus dem Überschreiten der eigenen Ichhaftigkeit „nach oben" besteht, nach einem übergeordneten Ziel im Sinne des Wahren, des Guten und des Schönen, einem Ziel, das außerhalb des eigenen in sich verhaftet Seins liegt und das einen umgekehrt innerlich wachsen lässt, weil man sich diesem Etwas widmet, einer Sache oder einem Menschen. Dieses Glück nenne ich das „Sich- Widmen-Glück".

Das Sich-widmen-Glück vereinigt u. a. Ergebnisse aus der Resilienzforschung, der Nonnenstudie, den Neurowissenschaften, der Motivationsforschung, der Kreativitätsforschung, der Erforschungen der Tugenden durch die Positive Psychologie, der Narzissmusforschung sowie auf einer abstrakteren Ebene Problemlösungsarten, die das vorhandene System transzendieren. Das Sich-widmen-Glück sollte neben dem Wohlfühl- und dem Werteglück einen angemessenen Platz im menschlichen Leben bekommen und folgender Glücksvorstellung (Schumaker, 2009) entsprechen:

„Auf einer ganz grundlegenden Ebene besteht Glück im Einssein mit den eigenen Wesen, mit der eigenen sozialen und spirituellen Natur."

Literatur

De Shazer, S., et al. (2013). *Mehr als ein Wunder. Die Kunst der lösungsorientierten Kurzzeittherapie.* Carl Auer.

Frankl, V., & Kreuzer, F. (1986). *Am Anfang war der Sinn. Von der Psychoanalyse zur Logotherapie. Ein Gespräch* (S. 78). Piper.

Guth, K.-M. (Hrsg.). (2013). *Epiktet: Handbuch der stoischen Moral* (S. 19). Sammlung Hofenberg im Verlag Contumax.

Schumaker, J. F. (2009). *Das manipulierte Glück. Von den trügerischen Verheißungen der Konsumwelt.* Wolf Jobst Siedler jr. Verlag.

Schulz von Thun, F. (1981). *Miteinander reden: Störungen und Klärungen. Psychologie der zwischenmenschlichen Kommunikation.* Rowohlt.